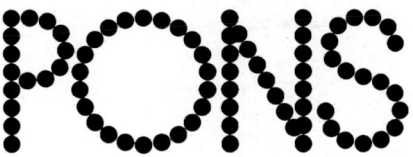

Reisewörterbuch

Dänisch

bearbeitet von
Jørgen Lund
neu bearbeitet von Lise Bostrup

Ernst Klett Verlag für Wissen und Bildung
Stuttgart · Dresden

PONS Reisewörterbuch
Bearbeitet von Jørgen Lund
Neu bearbeitet von Lise Bostrup

Redaktion:
Barbara Pflüger
Regina Reinboth

Phonetische Umschrift:
Dr. Hans Fix, Greifswald

Grammatik:
Dr. Hans Fix, Greifswald
Lise Bostrup, Kopenhagen
bearbeitet von Dr. Wilhelm Gerdener, Marklohe-Lemke

Die Deutsche Bibliothek – CIP-Einheitsaufnahme
Pons-Reisewörterbuch. – Stuttgart; Dresden:
Klett-Verl. für Wissen und Bildung.
NE: Reisewörterbuch
Dänisch. [Hauptw.]. Bearb. von Jørgen Lund. –
[Neuausg.], 1. Aufl. / neu bearb. von Lise Bostrup. – 1992
ISBN 3-12-518131-3
NE: Lund, Jørgen; Bostrup, Lise

1. Auflage 1992
© Ernst Klett Verlag für Wissen und Bildung GmbH, Stuttgart 1992
Alle Rechte vorbehalten.
Umschlaggestaltung: BSS, Sachse und Partner GmbH, Bietigheim-Bissingen
Fotosatz: Fotosatz Kaufmann, Stuttgart
Reproduktionen: Günther Piltz, Esslingen
Druck: Konkordia Druck GmbH, Bühl/Baden
Printed in Germany.

ISBN 3-12-518131-3

Inhalt

Vorwort

Das PONS Reisewörterbuch Dänisch ist ein „Verständigungsführer". Mit ihm lernen Sie nicht nur einzelne Wörter, sondern wie Sie sich tatsächlich im Ausland verständigen können.

Für Alltagssituationen, in die Sie bei Ihrer Reise geraten, sind die gebräuchlichsten Redewendungen aufgeführt. Diese sind dialogisch aufgebaut, so daß Sie nicht nur wissen, was Sie zu sagen haben, sondern auch die entsprechenden Antworten verstehen können.
Beachten Sie die blauen Punkte. Sie markieren Äußerungen oder Sätze, mit denen Sie auf Ihrer Auslandsreise am häufigsten konfrontiert werden.

Das PONS Reisewörterbuch Dänisch ist in 11 Themenbereiche gegliedert. Es begleitet Sie auf allen Etappen Ihrer Auslandsreise: auf der Anreise oder bei der Ankunft im Hotel, am Strand genauso wie bei einem Treffen mit Geschäftsfreunden.
Zu jedem dieser Themenbereiche finden Sie die wichtigsten Redewendungen mit thematisch geordneten Wortlisten. In ihnen sind die wichtigsten Begriffe aufgeführt, die in den jeweiligen Situationen vorkommen können.
Mit Hilfe dieser Wortlisten sowie des zusätzlichen Wörterbuchteils am Ende des Buches können Sie die aufgeführten Beispielsätze den konkreten Situationen individuell anpassen.

Darüber hinaus sind alle dänischen Begriffe und Redewendungen in Lautschrift angegeben. Die Kurzgrammatik hilft Ihnen, sich rasch über den Aufbau der dänischen Sprache zu orientieren.

Bilder und nützliche Tips informieren Sie und stimmen Sie auf kulturelle Besonderheiten und die landschaftlichen Reize Dänemarks ein.

Aussprache

'	vor einer Silbe bedeutet, daß die nachfolgende Silbe den Haupton des Wortes – bei den Redewendungen einen Haupton im Satz – trägt.		
ˌ	vor einer Silbe bedeutet, daß die nachfolgende Silbe einen Nebenton trägt.		
:	bedeutet, daß der vorhergehende Laut lang zu sprechen ist.		
ˀ	*stød*, vgl. S. 186. Silben, die ˀ haben, sind immer betont.		
◌̯	markiert unsilbische Vokale		
[i:]	geschlossener als in M**ie**te	vise	['vi:sə]
[i]	dasselbe kurz	hilse	['hilsə]
[e:]	geschlossener als in B**ee**t	bede	['be:ðə]
[e]	dasselbe kurz	inne	['enə]
[ɛ:]	geschlossener als in R**ä**te	læbe	['lɛ:bə]
[ɛ]	dasselbe kurz	nemlig	['nɛmli]
[ɛ̝:]	etwas offener als in R**ä**te	male	['mɛ̝:lə]
[ɛ̝]	dasselbe kurz	bær	[bɛ̝ɐ̯]
[æ]	wie engl. h**a**m	han	[hæn]
[a:]	wie in L**a**den, nur in Verbindung mit [ʁ]	rase	['ʁa:sə]
[a]	dasselbe kurz	gang	[gaŋˀ]
[y:]	geschlossener als in H**ü**te	byde	['by:ðə]
[y]	dasselbe kurz	tyst	[tysd]
[ø:]	geschlossener als in b**ö**se	bøde	['bø:ðə]
[ø]	dasselbe kurz	øst	[øsd]
[œ:]	geschlossener als in G**ö**tter (aber lang)	høne	['hœ:nə]
[œ]	dasselbe kurz	hønse	['hœnsə]
[œ̞:]	wie in frz. s**œu**r, nur in Verbindung mit [ʁ]	større	['sdœ̞:ɒ]
[œ̞]	dasselbe kurz	grøn	[gʁœ̞nˀ]

[u:]	wie in M**u**t	bug	[buːˀ]
[u]	dasselbe kurz	kusk	[kusg]
[o:]	etwas geschlossener als in **O**fen	bod	[boːˀð]
[o̞:]	offener als in **O**fen	gå	[go̞ːˀ]
[o̞]	dasselbe kurz	smuk	[smo̞g]
[ɒ:]	etwas offener als in **o**ffen, nur vor **r**	kort	[kɒːd]
[ɒ]	dasselbe kurz	normal	[nɒˈmɛ̞ːˀl]
[ɔ]	offener als in **o**ffen, zentralisiert	post	[pɔsd]
[ə]	wie in bitt**e**, nie betont	kaffe	[ˈkafə]
[p]	wie in **P**ol	penge	[ˈpɛŋə]
[b]	wie in **B**ohne, jedoch kaum stimmhaft	bakke	[ˈbagə]
[t]	wie in **T**eller	tid	[tiðˀ]
[d]	wie in **D**elle, jedoch kaum stimmhaft	dame	[ˈdɛ̞ːmə]
[k]	wie in **K**ahn	kaffe	[ˈkafə]
[g]	wie in **G**ans, jedoch kaum stimmhaft	gade	[ˈgɛ̞ːðə]
[f]	wie in **f**allen	fad	[fæð]
[v]	wie in **W**asser, **V**ioline	vej	[vaiˀ]
[s]	wie in rei**ß**en, la**ss**en	sag	[sɛ̞ːˀ]
[ş]	zwischen [ç] und [ʃ]	sjov	[şɔʏˀ]
[ð]	ähnlich wie engl. **th**e, aber viel schwächeres Reibegeräusch	mad	[mæð]
[j]	wie in **j**eder	jul	[juːˀl]
[h]	wie in **H**alle	hals	[hælˀs]
[l]	wie in **L**uft	Luft	[lo̞fd]
[ʁ]	geriebenes Zäpfchen-r, nur im Silbenanlaut	rose	[ˈʁoːsə]
[m]	wie in **M**ut	mand	[mænˀ]
[n]	wie in **N**ase	nat	[næd]
[ŋ]	wie in la**ng**	lang	[laŋˀ]

Anmerkung zur Aussprache

In Kopenhagener Aussprache hört sich [t] oft wie [ts] an:
Tivoli ['tsivoli].

Das dänische Alphabet

A	a	[ɛ:ˀ]	K	k	[kɔ:ˀ]	U	u	[u:ˀ]
B	b	[be:ˀ]	L	l	[ɛl]	V	v	[ve:ˀ]
C	c	[se:ˀ]	M	m	[ɛm]	W	w	['dɔbəld ve:ˀ]
D	d	[de:ˀ]	N	n	[ɛn]	X	x	[ɛgs]
E	e	[e:ˀ]	O	o	[o:ˀ]	Y	y	[y:ˀ]
F	f	[ɛf]	P	p	[pe:ˀ]	Z	z	[sɛd]
G	g	[ge:ˀ]	Q	q	[ku:ˀ]	Æ	æ	[ɛ:ˀ]
H	h	[hɔ:ˀ]	R	r	[ɛɒ]	Ø	ø	[ø:ˀ]
I	i	[i:ˀ]	S	s	[ɛs]	Å	å	[ɔ:ˀ]
J	j	[jɔð]	T	t	[te:ˀ]			

Abkürzungen im Reisewörterbuch

adj	Adjektiv, Eigenschaftswort	adjektiv
adv	Adverb, Umstandswort	adverbium
conj	Konjunktion, Bindewort	konjunktion
el	Elektrizität	elektricitet
etw	etwas	noget
f	Femininum, weiblich	hunkøn
jdm	jemandem	nogen
jdn	jemanden	nogen
m	Maskulinum, männlich	hankøn
med	Medizin	medicin
n	Neutrum, sächlich	intetkøn
pers prn	Personalpronomen	personligt pronomen
pl	Plural, Mehrzahl	flertal
poss prn	Possessivpronomen	possessivt pronomen
prn	Pronomen, Fürwort	pronomen
prp	Präposition, Verhältniswort	præposition
rel	kirchlich, geistlich	religion
s.	sich	sig
sing	Singular, Einzahl	ental
tele	Telefon, Telegraf	telefonvæsen
verb	Verb, Zeitwort	verbum

Allgemeine Abkürzungen

A/S	aktieselskab	Aktiengesellschaft
bl.a.	blandt andet	unter anderem
DSB	Danske Statsbaner	Dänische Staatsbahnen
e.Kr.	efter Kristi fødsel	nach Christi Geburt
f. eks.	for eksempel	zum Beispiel
f. Kr.	før Kristi fødsel	vor Christi Geburt
FDM	Forenede Danske Motorejere	Dänischer Automobilclub
FN	Forenede Nationer	UNO
frk.	frøken	Fräulein
fru	frue	Frau
hr.	herre	Herr
kgl.	kongelig	königlich
kl.	a) klokken b) klasse	Uhr Klasse
kr.	kroner	Kronen
N	nord	Norden
nr.	nummer	Nummer
o.s.v.	og så videre	und so weiter
pr.	per	pro
S	syd	Süden
tlf.	telefon	Telefon
V	vest	Westen
Ø	Øst	Osten

Hinweis zur Benutzung des Wörterbuches

Im Wörterbuch steht das Substantiv in der Grundform. An erster Stelle folgt der bestimmte Artikel (-**en** oder -**n**, -**et** oder -**t**), der an die Grundform angehängt wird. An zweiter Stelle steht die Plural-endung, die an den Stamm angehängt wird, oder die vollständige Pluralform.

Bei den schwachen Verben ist jeweils die Endung des Präteritum und des Partizip Perfekt angegeben.

Auf einen Blick
Et overblik

1

Oft gesagt und oft gehört
Ofte sagt og ofte hørt

Ja.	Ja. [jæ]
Nein.	Nej. [ˈnɑi̯]
Bitte.	Undskyld./Vær så venlig./Tak. [ˈɔnˌsgylˀ/ˈvɛːɔ sɔ ˈvɛnli/tag]
Danke.	Tak. [tag]
Wie bitte?	Hvad behager? [ˈva bəˈhaːˀ]
Selbstverständlich.	Selvfølgelig. [sɛlˈføljəli]
Einverstanden!	Enig! [ˈeːni]
Okay!	Okay! [ˈœu̯ˌkɛi̯]
In Ordnung!	Det er i orden! [de ɛɒ i ˈɒːˀdən]
Verzeihung!	Undskyld! [ˈɒnsgylˀ]
Einen Augenblick, bitte.	Et øjeblik! [ed ˈɔi̯əˌbleg]
Genug!	Det er nok! [de ɛɒˈnɔg]
Hilfe!	Hjælp! [jɛlˀb]
Wer?	Hvem? [vɛmˀ]
Was?	Hvad? [væð]
Welcher/Welche/Welches?	Hvad for en/et/nogen? [væ fɔ ˈeːˀn/ed/ˈnoːən]
Wem?	Hvem? [vɛmˀ]
Wen?	Hvem? [vɛmˀ]
Wo?	Hvor? [vɒːˀ]
Wo ist/Wo sind . . .?	Hvor er . . .? [vɒ ɛɒ]
Woher?	Hvor . . . fra? [vɒ ... fʁa]
Wohin?	Hvor . . . hen? [vɒ ... hɛnˀ]
Warum? Weshalb?	Hvorfor? [ˈvɒfɔ]
Wofür? Wozu?	Hvad ... til? [væð ... ˈtel]
Wie?	Hvordan? [vɒˈdæn]
Wieviel?	Hvor meget? [vɒ ˈmai̯əð]

Wie viele?	Hvor mange? [vɒ ˈmaŋə]
Wie lange?	Hvor længe? [vɒ ˈlɛŋə]
Wann?	Hvornår? [vɒˈnɒːˀ]
Ich möchte . . .	Jeg vil gerne . . . [jəi vel ˈgɛɒnə]
Gibt es . . .?	Er der . . .? [ɛɒ dɔ]

Zahlen/Maße/Gewichte
Tal/Mål/Vægt

0	nul [nɒl]
1	en [eːˀn]
2	to [toːˀ]
3	tre [tʁɛːˀ]
4	fire [ˈfiːɒ]
5	fem [fɛmˀ]
6	seks [sɛgs]
7	syv [syuˀ]
8	otte [ˈɒːdə]
9	ni [niːˀ]
10	ti [tiːˀ]
11	elleve [ˈɛlvə]
12	tolv [tɔlˀ]
13	tretten [ˈtʁædən]
14	fjorten [ˈfjoɒdən]
15	femten [ˈfɛmdən]
16	seksten [ˈsajsdən]
17	sytten [ˈsødən]
18	atten [ˈædən]
19	nitten [ˈnedən]

20	tyve ['ty:və]
21	enogtyve ['e:ʔnɔˌty:və]
22	toogtyve ['to:ʔɔˌty:və]
23	treogtyve ['tʁɛ:ʔɔˌty:və]
24	fireogtyve ['fi:ɔˌty:və]
25	femogtyve ['fɛmʔɔˌty:və]
26	seksogtyve ['sɛgsɔˌty:və]
27	syvogtyve ['syuʔɔˌty:və]
28	otteogtyve ['o̝:dɔˌty:və]
29	niogtyve ['ni:ʔɔˌty:və]
30	tredive ['tʁæðvə]
31	enogtredive ['e:ʔnɔˌtʁæðvə]
32	toogtredive ['to:ʔɔˌtʁæðvə]
40	fyrre [fœ̝:ɔ]
50	halvtreds [hæl'tʁɛs]
60	tres [tʁɛs]
70	halvfjerds [hæl'fjɛɒ̯s]
80	firs [fi:ʔɒ̯s]
90	halvfems [hæl'fɛmʔs]
100	et hundrede ['ed 'hunʁɔðə]
101	et hundrede og én ['ed hunʁɔðə ɔ 'e:ʔn]
200	to hundrede ['to:ʔ hunʁɔðə]
300	tre hundrede ['tʁɛ:ʔ hunʁɔðə]
1000	et tusinde ['ed tu:ʔsənə]
2000	to tusinde ['to:ʔ tu:ʔsənə]
3000	tre tusinde ['tʁɛ:ʔ tu:ʔsənə]
10000	ti tusinde ['ti:ʔ tu:ʔsənə]
100000	et hundrede tusinde ['ed hunʁɔðə tu:ʔsənə]
1000000	en million [en mil'jo:ʔn]

1.	første [ˈfœɐ̯sdə]
2.	anden [ˈænən]
3.	tredje [ˈtʁɛðjə]
4.	fjerde [ˈfjɛːɔ]
5.	femte [ˈfɛmdə]
6.	sjette [ˈsɛːdə]
7.	syvende [ˈsyu̯ˀənə]
8.	ottende [ˈɔdənə]
9.	niende [ˈniːˀənə]
10.	tiende [ˈtiːˀənə]
1/2	en halv [en hælˀ]
1/3	en tredjedel [en ˈtʁɛðjəˌdeːˀl]
1/4	en fjerdedel [en ˈfjɛːɔˌdeːˀl]
3/4	tre fjerdedele [ˈtʁɛːˀ ˈfjɛːɔˌdeːlə]
3,5 %	tre komma fem procent [ˈtʁɛːˀ kɔmæ fɛmˀ pʁoˈsɛnˀd]
27 °C	syvogtyve grader Celcius [ˈsyu̯ˀɔˌtyːvə ˈgʁaːðɔ ˈsɛlˀsus]
-5 °C	minus 5 grader Celcius [ˈmiːnus ˈfɛmˀ gʁaːðɔ ˈsɛlˀsus]
1992	Nittenhundredeogtooghalvfems [ˈnedənˌhunʁɔðo ˈtoːˀɔhælˈfɛmˀs]
Millimeter	millimeter [miliˈmeːˀdɔ]
Zentimeter	centimeter [sɛntiˈmeːˀdɔ]
Meter	meter [ˈmeːˀdɔ]
Kilometer	kilometer [kiloˈmeːˀdɔ]
Meile	mil [miːˀl]
Seemeile	sømil [ˈsøˌmiːˀl]
Quadratmeter	kvadratmeter [kvæˈdʁaːdˌmeːˀdɔ]
Quadratkilometer	kvadratkilometer [kvæˈdʁaːdkiloˌmeːˀdɔ]
Ar	ar [aːˀ]
Hektar	hektar [hɛgˈtaːˀ]

Liter	liter [ˈlidɔ]
Gramm	gram [gʁam ?]
Pfund	pund [pun ?]
Kilogramm	kilogram [kiloˈgʁam ?]
Dutzend	dusin [duˈsiːˀn]

Zeitangaben
Tidsangivelser

Uhrzeit   Klokken

Wieviel Uhr ist es?	Hvad er klokken? [væð ɛɒ ˈklɔgən]
Können Sie mir bitte sagen, wie spät es ist?	Undskyld, hvad er klokken? [ɒnˌsgylˀ væð ɛɒ ˈklɔgən]
Es ist (genau/ungefähr) ...	Den er (præcis/cirka) ... [dɛn ɛɒ (pʁɛˈsiːˀs/ˈsiɒgæ)]
3 Uhr.	tre. [ˈtʁɛːˀ]
5 nach 3.	fem minutter over tre. [fɛmˀ miˈnudɔ ɔu̯ˀɔ ˈtʁɛːˀ]
3 Uhr 10.	ti minutter over tre. [ˈtiːˀ miˈnudɔ ɔu̯ˀɔ ˈtʁɛːˀ]
Viertel nach 3.	kvart over tre. [ˈkvaːd ɔu̯ˀɔ ˈtʁɛːˀ]
halb 4.	halv fire. [ˈhælˀ fiːɔ]
Viertel vor 4.	et kvarter i fire. [ed kvaˈteːˀɒ i ˈfiːɔ]
5 vor 4.	fem minutter i fire. [ˈfɛmˀ miˈnudɔ i ˈfiːɔ]
1 Uhr.	ét. [ˈed]
12 Uhr mittag/Mitternacht.	tolv middag/midnat. [ˈtɔlˀ ˈmedæ/ˈmiðˌnæd]
Geht diese Uhr richtig?	Går det her ur rigtigt? [gɒːˀ de hɛːˀɒ uːˀɒ ˈʁegdi]
Sie geht vor/nach.	Det går for hurtigt/langsomt. [de gɒːˀ fɒ ˈhuɒdid/ˈlaŋsɔmˀd]
Es ist spät/zu früh.	Det er sent/for tidligt. [de ɛɒ seːˀnd/fɒ ˈtiðlid]
Um wieviel Uhr?/Wann?	Hvornår? [vɒˈnɒːˀ]
Um 1 Uhr.	Klokken ét. [ˈklɔgən ˈed]

Um 2 Uhr.	Klokken to. [ˈklɔgən ˈtoːˀ]
Gegen 4 Uhr.	Lidt i fire. [led iˈfiːɔ]
In einer Stunde.	Om en time. [ɔm en ˈtiːmə]
In zwei Stunden.	Om to timer. [ɔm ˈtoːˀ tiːmɔ]
Nicht vor 9 Uhr morgens.	Ikke før (klokken) ni om morgenen. [ˈegə ˈfœːˀo̥ klɔgən ˈniːˀ ɔm ˈmɔːɒnən]
Nach 8 Uhr abends.	Efter klokken otte om aftenen. [ˈɛfdɔ klɔgən ˈo̥ːdə ɔm ˈafdənən]
Zwischen 3 und 4.	Mellem tre og fire. [mɛlˀəm ˈtʁɛːˀ ɔ ˈfiːɔ]
Wie lange?	Hvor længe? [vɒ ˈlɛŋə]
Zwei Stunden (lang).	To timer. [ˈtoːˀ ˈtiːmɔ]
Von 10 bis 11.	Fra ti til elleve. [fʁa ˈtiːˀ tel ˈɛlvə]
Bis 5 Uhr.	Til klokken fem. [tel ˈklɔgən ˈfɛmˀ]
Seit wann?	Siden hvornår? [siːðən vɒˈnɒːˀ]
Seit 8 Uhr morgens.	Siden klokken otte i morges. [ˈsiːðən klɔgən ˈo̥ːdə i ˈmɔːɒs]
Seit einer halben Stunde.	I en halv time. [i en ˈhælˀ ˈtiːmə]
Seit acht Tagen.	I otte dage. [i ˈo̥ːdə ˈdɛ̥ːə]

Sonstige Zeitangaben   Øvrige tidsangivelser

abends	om aftenen [ɔm ˈafdənən]
alle halbe Stunde	hver halve time [vɛːˀo̥ ˈhælvə ˈtiːmə]
alle zwei Tage	hver anden dag [vɛːˀo̥ ˈænən ˈdɛ̥ːˀ]
am Sonntag	på søndag [pɒ ˈsœnˀdæ]
am Wochenende	i weekenden [i ˈviːgˌɛndən]
bald	snart [snaːˀd]
diese Woche	denne uge [ˈdɛnə ˈuːə]
gegen Mittag	henimod middag [ˈhɛnimoðˀ ˈmedæ]
gestern	i går [i ˈgɒːˀ]
heute	i dag [i ˈdɛ̥ːˀ]
heute morgen/abend	i morges/aftes [i ˈmɔːɒs/ˈafdəs]

in 14 Tagen	om fjorten dage [ɔm 'fjoɳdən 'dɛːə]
innerhalb einer Woche	i løbet af en uge [i 'løːʔbəð æ en 'uːə]
jeden Tag	hver dag [vɛːʔɒ dɛːʔ]
jetzt	nu [nu]
kürzlich	for nylig [fɔ 'nyːli]
letzten Montag	sidste mandag ['sisdə 'mænʔdæ]
manchmal	somme tider [sɔmə 'tiðɔ]
mittags	om middagen [ɔm 'medɛːʔən]
morgen	i morgen [i 'mɒːɒn]
morgen früh/abend	i morgen tidlig/aften [i'mɒːɒn 'tiðli/'afdən]
morgens	om morgenen [ɔm 'mɒːnən]
nachmittags	om eftermiddagen [ɔm 'ɛfdɔmeˌdɛːʔən]
nächstes Jahr	til næste år [tel 'nɛsdə ɒːʔ]
nachts	om natten [ɔm 'nædən]
stündlich	time for time ['tiːmə fɔ 'tiːmə]
täglich	daglig ['daɥli]
tagsüber	dagen igennem ['dɛːʔən i'gɛnʔəm]
übermorgen	i overmorgen [i 'ɔɥʔɔˌmɒːɒn]
um diese Zeit	på denne tid [pɒ 'dɛnə tiðʔ]
von Zeit zu Zeit	fra tid til anden [fɥa 'tiðʔ tel 'ænən]
vor zehn Minuten	for ti minutter siden [fɔ tiːʔ mi'nudɔ 'siːðən]
vorgestern	i forgårs [i 'fɔːgɒːʔs]
vormittags	om formiddagen [ɔm 'fɔːmeˌdɛːʔən]

Wochentage

Ugedage

Montag	mandag [ˈmænˀdæ]
Dienstag	tirsdag [ˈtiɒˀsdæ]
Mittwoch	onsdag [ˈɔnˀsdæ]
Donnerstag	torsdag [ˈtɔːˀsdæ]
Freitag	fredag [ˈfʁeːˀdæ]
Samstag	lørdag [ˈlœɒdæ]
Sonntag	søndag [ˈsœnˀdæ]

Monate

Måneder

Januar	januar [ˈjænuaːˀ]
Februar	februar [ˈfebʁuaːˀ]
März	marts [maːds]
April	april [aˈpʁiˀl]
Mai	maj [majˀ]
Juni	juni [ˈjuːˀni]
Juli	juli [ˈjuːˀli]
August	august [aˌˈɡɒsd]
September	september [sɛbˈtɛmˀbɒ]
Oktober	oktober [ogˈtoːˀbɒ]
November	november [noˈvɛmˀbɒ]
Dezember	december [deˈsɛmˀbɒ]

Jahreszeiten

Årstider

Frühling	forår, -et, - [ˈfɒːˌɒːˀ]
Sommer	sommer, -en, somre [ˈsɔmɒ]
Herbst	efterår, -et, - [ˈɛfdɒˌɒːˀ]
Winter	vinter, -en, vintre [ˈvenˀdɒ]

Feiertage   Helligdage

Neujahr   nytår, -et, - [ˈnydˌɒːˀ]

Dreikönigstag   helligtrekongersaften, -en, -er
                           [ˈhɛlitʊɛˈkɔŋɔsˌafdən]

Karneval   fastelavn [fæsdəˈlaʊ̯ˀn]

Rosenmontag   fastelavnsmandag, -en, -e
                           [fæsdəˈlaʊ̯nsˌmænˀdæ]

Karfreitag   langfredag, -en, -e [laŋˈfʊeːˀdæ]

Ostern   påske, -n [ˈpɔːsgə]

Ostermontag   anden påskedag, -en, -e
                           [ˈænən ˈpɔːsgəˌdɛːˀ]

1. Mai   den første maj [den ˈfœɒsdə maiˀ]

Christi Himmelfahrt   Kristi himmelfartsdag
                           [ˈkʊesdi ˈheməlfaːˀdsˌdɛːˀ]

Pfingsten   pinse, -n [ˈpensə]

Pfingstmontag   anden pinsedag, -en, -e
                           [ˈænən ˈpensəˌdɛːˀ]

Heiliger Abend   juleaften, -en, -er [ˈjuːləˌafdən]

Weihnachten   jul, -en, -e [juːˀl]

1. Weihnachtsfeiertag   første juledag, -en, -e
                           [ˈfœɒsdə ˈjuːləˌdɛːˀ]

2. Weihnachtsfeiertag   anden juledag, -en, -e
                           [ˈænən ˈjuːləˌdɛːˀ]

Silvesterabend   nytårsaften, -en, -er
                           [ˈnydɒːˀsˌafdən]

Datum   Dato

Den Wievielten haben   Hvad for en dato har vi i dag?
wir heute?   [væð fɔ en ˈdɛːto haːˀ vi i ˈdɛːˀ]

Heute ist der 1. Mai.   I dag er det den første maj.
                           [i ˈdɛːˀ ɛɒ de dɛnˀ ˈfœɒsdə maiˀ]

Wetter

Vejret

Wie wird das Wetter heute?	Hvordan bliver vejret i dag? [vɒˈdæn bliˑʔɒ ˈvɛːʔɒð i dɛːʔ]
Wir bekommen schönes/schlechtes/unbeständiges Wetter.	Vi får smukt/dårligt/ustadigt vejr. [vi fɒˑʔ smɔgd/ˈdɒːlid/ˈusdɛːʔðid vɛːʔɒ]
Es bleibt schön/schlecht.	Det bliver ved med at være godt/dårligt vejr. [de bliːʔɒ ˈveð mɛ æ ˈvɛːɒ ˈgɔd/ˈdɒːlid ˈvɛːʔɒ]
Es wird wärmer/kälter.	Det bliver varmere/koldere. [de bliːʔɒ ˈvaːmɔɔ/ˈkɔlɔɔ]
Es soll regnen/schneien.	Det bliver regnvejr/snevejr. [de bliːʔɒ ˈʁaɪ̯nˌvɛːʔɒ/ˈsneˌvɛːʔɒ]
Es ist kalt/heiß/schwül.	Det er koldt/varmt/lummert. [de ɛɒ ˈkɔlʔd/ˈvaːʔmd/ˈlɒmʔɔd]
Es zieht ein Gewitter auf.	Det bliver tordenvejr. [de bliːɒ ˈtoɒ̯dənˌvɛːʔɒ]
Wir bekommen Sturm.	Vi får storm. [vi fɒˑʔ ˈsdɒːʔm]
Es ist neblig/windig.	Det er tåget/blæsende. [de ɛɒ ˈtɒːʊ̯əð/ˈblɛːsənə]
Die Sonne scheint.	Solen skinner. [ˈsoːʔlən sgenʔɔ]
Der Himmel ist wolkenlos/bedeckt.	Det er skyfrit/overskyet. [de ɛɒ ˈsgyˌfʁid/ˈɔʊɔˌsgyːʔəð]
Wieviel Grad haben wir heute?	Hvor mange grader er det i dag? [vɒ ˈmaŋə ˈgʁaːðɔ ɛɒ de i ˈdɛːʔ]
Es ist 20 Grad Celsius.	Det er 20 grader (celsius). [de ɛɒ ˈtyːvə ˈgʁaːðɔ (ˈsɛlʔsus)]
Wie ist der Straßenzustand in Jütland/auf Fyn?	Hvordan er vejene i Jylland/på Fyn? [vɒˈdæn ɛɒ ˈvajənə i ˈjylænʔ/pɒ ˈfyːʔn]
Die Sicht beträgt nur 20 m/weniger als 50 m.	Man kan kun se 20 m frem./Man kan se mindre end 50 m frem. [mæn kæn ˈkun seːʔ ˈtyːvə ˈmeːʔdɔ fʁæmʔ ˈmendʁɔ ɛn hælˈtʁɛs ˈmeːʔdɔ]

Die Straßen sind glatt.	Vejene er isglatte. ['vaiənə ɛɒ 'isglædə]
Schneeketten sind erforderlich.	Der kræves snekæder. [dɔ kʁɛ:vəs 'sne,kɛ:ðɔ]

Wortliste Wetter

Barometer	barometer, -et, -metre [bao'me:ˀdɔ]
bewölkt	skyet ['sgy:əð]
Blitz	lyn, -et, - [ly:ˀn]
Bö	vindstød, -et, - ['ven,sdøð]
Dämmerung	dæmring, -en ['dɛmʁɛŋ]
	skumring, -en ['sgɔmʁɛŋ]
diesig	tåget ['tɔ:uəð]
Donner	torden, -en, -er ['toɒdən]
Ebbe	ebbe ['ɛbə]
Eis	is, -en [i:ˀs]
feucht-kühl	råkold ['ʁɔ,kɔlˀ]
Flaute	vindstille, -t ['ven,sdelə]
Flut	flod [flo:ˀð]
Frost	frost, -en [fʁɒsd]
Glatteis	isslag, -et ['is,slɛ:ˀ]
Hagel	hagl, -et, - [hauˀl]
heiß	varm [va:ˀm]
heiter	klar [kla:ˀ]
Hitze	hede, -n ['he:ðə]
~welle	hedebølge, -n, -r ['he:ðə,bøljə]

Hoch	højtryk, -ket, - [ˈhɔiˌtʁɶeg]
kalt	kold [kɔlˀ]
Klima	klima, -et, -er [ˈkliːmæ]
Luft	luft, -en, -e [lɔfd]
~druck	lufttryk, -ket, - [ˈlɔfdˌtʁɶeg]
naß	våd [vɔːˀð]
Nebel	tåge, -n, -r [ˈtɔːɥə]
Niederschlag	nedbør, -en [ˈneðˌbøːˀɒ]
Nieselregen	finregn, -en [ˈfiːnˌʁaiˀn]
Pulverschnee	pulversne [ˈpɒlˀvɔˌsneːˀ]
Regen	regn, -en [ʁaiˀn]
~schauer	regnbyge, -n, -r [ˈʁainˌbyːə]
regnerisch	regnfuld [ˈʁainˌfulˀ]
Schnee	sne, -n [sneːˀ]
~sturm	snestorm, -en, -e [ˈsneˌsdɒːˀm]
schwül	lummer [ˈlɔmˀɒ]
Sonne	sol, -en, -e [soːˀl]
Sonnen|aufgang	solopgang, -en, -e [ˈsoːlɔbˌgaŋˀ]
~untergang	solnedgang, -en, -e [ˈsoːlneðˌgaŋˀ]
sonnig	solrig [ˈsoːlʁiːˀ]
sternenklar	stjerneklar [ˈsdjɛɒnəˌklaːˀ]
Tauwetter	tøvejr, -et [ˈtøˌvɛːˀɒ]
Temperatur	temperatur, -en, -er [tɛmbəʁaˈtuːˀɔ]
Tief	lavtryk, -ket, - [lauˌtʁɶeg]
Trockenheit	tørke, -n, -r [ˈtœɒgə]
Überschwemmung	oversvømmelse, -n, -r [ˈɔɥɔˌsvœmˀəlsə]
warm	varm [vaːˀm]
wechselhaft	skiftende [sgifdənə]
Wetter|bericht	vejrmelding, -en, -er [ˈvɛːɒmeleŋ]
~vorhersage	vejrudsigt, -en, -er [ˈvɛːɒuðsegd]
Wind	vind, -en, -e [venˀ]
~stärke	vindstyrke, -n, -r [ˈvenˌsdyɒgə]
Wolke	sky, -en, -er [sgyːˀ]
Wolkenbruch	skybrud, -det, - [ˈsgyˌbʁuð]

Wortliste Farben

beige	beige [bɛːs]
blau	blå [blɒ:ʔ]
braun	brun [bʁuːʔn]
kastanien~	kastaniebrun [kæˈsdænjəˌbʁuːʔn]
farbig	farvet [ˈfaːvəð]
ein~	ensfarvet [ˈeːʔnsˌfaːʔvəð]
mehr~	flerfarvet [ˈfleɒˌfaːʔvəð]
gelb	gul [guːʔl]
golden	gylden [ˈgylʔən]
grau	grå [gʁɒ:ʔ]
grün	grøn [gʁœnʔ]
lila	lilla [ˈlelæ]
orange	orange [oˈʁaŋsə]
rosa	rosa [ˈʁoːsæ]
rot	rød [ʁœːʔð]
schwarz	sort [soɒd]
silbern	sølv [søl]
türkisfarben	turkisfarvet [tyɒˈkiʔːsˌfaːʔvəð]
violett	violet [vioˈlɛd]
weiß	hvid [viðʔ]
hell…	lyse… [ˈlyːsə]
dunkel…	mørke… [ˈmœɒgə]

2 | **Kontakte**
Kontakt

Begrüßung/Vorstellung/Bekanntschaft
Velkomst/Præsentation/Bekendtskab

Guten Morgen! — Godmorgen! [goˈmɒːɒn]

Guten Tag! — Goddag! [goˈdɛ:ʔ]

Guten Abend! — Godaften! [goˈafdən]

Hallo!/Grüß dich! — Hallo/Hej! Dav! [hæˈlo/haj daṷʔ]

Wie ist Ihr Name, bitte? — Undskyld, hvad er Deres navn? [ˈɒnˌsgylʔ ˈvæð ɛɒ dɛːɔs ˈnaṷʔn]

Wie heißt du? — Hvad hedder du? [væð ˈheðʔɔ ˈdu]

Mein Name ist …/Ich heiße … — Mit navn er …/Jeg hedder … [mid ˈnaṷʔn ɛɒ … /jaj ˈheðʔɔ]

Darf ich bekannt machen? Das ist … — Må jeg præsentere? Det er … [mɒ jaj pʁɛsənˈteːʔɔ de ɛɒ]
    Frau X. — fru X. [fʁu]
    Herr X. — hr. X. [hɛɒ]
    mein Mann. — min mand. [min ˈmænʔ]
    meine Frau. — min kone. [min ˈkoːnə]
    mein Sohn. — min søn. [min ˈsœnʔ]
    meine Tochter. — min datter. [min ˈdædɔ]
    mein Bruder/meine Schwester. — min bror/min søster. [min bʁoːɒ/min ˈsøsdɔ]
    mein Freund/meine Freundin. — min ven/min veninde. [min vɛn/min vɛnˈenə]
    mein Kollege/meine Kollegin. — min kollega. [min koˈleːgæ]

Wie geht es Ihnen? — Hvordan har De det? [vɒˈdæn ˈhaːʔ di de]

Wie geht's? — Hvordan går det? [vɒˈdæn gɒːʔ de]

Danke. Und Ihnen/dir? — Godt tak. Hvad med dig/Dem? [ˈgɔd ˈtag væð mɛ ˈdɛm/ˈdaj]

Woher kommen Sie/kommst du? — Hvor kommer De/du fra? [vɒ ˈkɔmʔɔ di/du fʁa]

Ich bin aus … — Jeg kommer fra … [jaj kɔmʔɔ fʁa]

Sind Sie/Bist du schon lange hier? — Har De/du været her længe? [haːʔ di ˈvɛːɒð ˈhɛːʔɒ ˈlɛŋə]

Ich bin seit ... hier.	Jeg har været her siden .../Jeg har været her i ... [jai̯ ha:ˀ vɛːˀð ˈhɛːˀɒ siːðən/jai̯ ha:ˀ ˈvɛːˀð ˈhɛːɒ i]
Wie lange bleiben Sie/bleibst du?	Hvar længe skal De/du blive her? [vɒ ˈlɛŋə sgæ di/du bliːˀ hɛːˀɒ]
Sind Sie/Bist du zum ersten Mal hier?	Er det første gang, De/du er her? [ɛɒ de ˈfœɒsdə gaŋˀ di/du ɛɒ ˈhɛːˀɒ]
Sind Sie/Bist du allein?	Er De/du alene? [ɛɒ di/du æˈleːnə]
Nein, ich bin mit meiner Familie hier/mit Freunden unterwegs.	Nej, jeg er her med min familie/med mine venner. [nai̯ jai̯ ɛɒ hɛːˀɒ mɛ min fæˈmilˀjə/miːnə ˈvɛnɒ]
Sind Sie/Bist du auch im Hotel Astoria/auf dem Campingplatz ...?	Bor De/du også på Hotel Astoria/på campingpladsen? [ˈboːˀɒ di/du ˈɔsə pɒ hoˈtɛlˀ æˈsdoːˀiæ/pɒ ˈkambeŋˌplæsən]

Alleine unterwegs/Verabredung

Ude på egen hånd/Aftale

Warten Sie/Wartest du auf jemanden?	Venter De/du på nogen? [ˈvɛndɒ di/du pɒ ˈnoːən]
Haben Sie/Hast du für morgen schon etwas vor?	Skal de/du noget i morgen? [sgæ di/du ˈnɒːəð i ˈmɒːɒn] Har De/du nogen planen for i morgen? [ha:ˀʁ di/du ˈnoːən ˈplɛːnɒ fɒ i ˈmɒːɒn]
Wollen wir zusammen hingehen?	Skal vi gå derhen sammen? [sgæ vi gɒ dɛɒˈhɛn ˈsamˀən]
Wollen wir heute abend miteinander ausgehen?	Skulle vi ikke gå ud sammen i aften? [ˈsgulə ˈvi ˈegə gɒːˀ ˈuðˀ samˀən i ˈafdən]
Darf ich Sie/dich zum Essen einladen?	Må jeg invitere Dem/dig ud at spise? [mɒ jai̯ enviˈteːˀɒ dɛm/dai̯ ˈuðˀ ɔ ˈsbiːsə]
Wann treffen wir uns?	Hvornår skal vi mødes? [vɒˈnɒːˀ sgæ vi ˈmøːðəs]
Darf ich Sie/dich abholen?	Må jeg hente Dem/dig? [mɒ jai̯ ˈhɛndə dɛm/dai̯]
Wann soll ich kommen?	Hvornår skal jeg komme? [vɒˈnɒːˀ sgæ jai̯ ˈkɔmə]

Treffen wir uns um 9 Uhr ...
Vi mødes klokken 9 ...
[vi ˈmøːðəs klɔgən ˈniːˀ]

  vor dem Kino.
  foran biografen. [ˈfɔːæn bioˈgʁaːˀfən]

  auf dem ... Platz.
  på ... pladsen. [pɔ ... ˈplæsən]

  im Café.
  i cafeen. [i kæˈfeːˀən]

Sind Sie/bist du verheiratet?
Er De/du gift? [ɛɐ di/du gifd]

Hast du einen Freund/ eine Freundin?
Har du en kæreste?
[haː ˀdu en ˈkɛˀʁəsdə]

Darf ich Sie/dich nach Hause bringen?
Må jeg have lov at følge Dem/dig hjem?
[mɔ jai hɛː ˈlɔu ɔ ˈføljə dɛm/dai ˈjɛmˀ]

Ich bringe Sie/dich noch zum/zur ...
Jeg følger Dem/dig til ...
[jai ˈføljɔ dɛm/dai te]

Kann ich Sie/dich wiedersehen?
Skal vi ikke ses igen?
[sgæ vi ˈegə seːˀs iˈgɛn]

Ich hoffe, Sie/dich bald wiederzusehen.
Jeg håber snart at se Dem/dig igen.
[jai ˈhɔːbɔ snaːˀd ɔ ˈseːˀ dɛm/dai iˈgɛn]

Vielen Dank für den netten Abend.
Mange tak for den dejlige aften.
[ˈmaŋə tag fɔ dɛn ˈdailiːə ˈafdən]

Lassen Sie mich bitte in Ruhe!
Vær venlig at lade mig være i fred!
[vɛːˀ ˈvɛnli ɔ læ mai vɛːɔ i ˈfʁɛð]

Hau ab!
Skrid! [sgʁiːð]

Jetzt reicht's!
Så er det nok! [sɔ ɛʁ de ˈnɔg]

Besuch

Besøg

Entschuldigen Sie, wohnt hier Herr/Frau X?
Undskyld, bor hr./fru X her?
[ˈɔnˌsgylˀ ˈboːˀɔ hɛɔ/fʁu ... ˈhɛːˀɔ]

Nein, er/sie ist umgezogen.
Nej, han/hun er flyttet.
[ˈnai hæn/hun ɛɔ ˈflødəð]

Wissen Sie, wo er/sie jetzt wohnt?
Ved De, hvor han/hun bor nu?
[ˈveð di ˈvɔːˀ hæn/hun ˈboːˀɔ nu]

Kann ich mit Herrn/Frau X sprechen?
Må jeg tale med hr./fru X?
[mɔ jai ˈtɛːlə mɛ hɛɔ/fʁu]

Wann ist er/sie zu Hause?
Hvornår er han/hun hjemme?
[vɔˈnɔːˀ ɛɔ hæn/hun ˈjɛmə]

Kann ich eine Nachricht hinterlassen?
Kan jeg lægge en besked? [kæ jai 'lɛgə en be'sge:ʔð]

Ich komme später noch einmal vorbei.
Jeg kommer forbi senere. [jai kɔmʔɔ fɔ'bi:ʔ 'se:nɔɔ]

● Kommen Sie/Komm herein.
Kom ind. [kɔm 'enʔ]

● Nehmen Sie/Nimm bitte Platz.
Vær venlig at tage plads. [vɛ:ʔɒ 'vɛnli ɔ tæ 'plæs]

Ich soll Sie/dich von Paul grüßen.
Jeg skal hilse Dem/dig fra Paul. [jai sgæ 'hilsə dɛm/dai fɐa 'pau̯l]

● Was darf ich Ihnen/dir zu trinken anbieten?
Hvad må jeg byde Dem/dig at drikke? [væð mɔ jai 'by:ðə dɛm/dai ɔ 'dʁɛgə]

Auf Ihr/dein Wohl!
Skål! [sgɒ:ʔl]

● Können Sie/Kannst du nicht zum Mittagessen/Abendessen bleiben?
Vil De/du ikke blive til frokost/aftensmad? [vel di/du 'egə bli:ʔ tel 'fʁɒkɔsd/ 'afdəns,mæð]

Vielen Dank. Ich bleibe gern, wenn ich nicht störe.
Mange tak. Jeg vil gerne blive, hvis jeg ikke forstyrrer. ['maŋə tag. jai vel 'gɛɒnə bli:ʔ ves jai 'egə fɔ'sdyɒʔɔ]

Es tut mir leid, aber ich muß jetzt gehen.
Jeg er ked af det, men jeg må gå. [jai ɛɒ 'ke:ʔð æ de mɛn jai mɔ 'gɔ:ʔ]

Abschied

Afsked

Auf Wiedersehen!
Farvel! [fa'vɛl]

Bis bald!
Vi ses! [vi 'se:ʔs]

Bis später!
Vi ses senere! [vi 'se:ʔs 'se:nɔɔ]

Bis morgen!
Vi ses i morgen! [vi 'se:ʔs i 'mɒ:ɒn]

Gute Nacht!
Godnat! [go'næd]

Tschüß!
Farvel!/Hej-hej! [fa'vɛl/'hai ,hai]

Alles Gute!
Hav det godt! ['hɛ:ʔ de gɔd]

Viel Vergnügen!
God fornøjelse! ['go:ʔ fɔ'nɔiʔəlsə]

Gute Reise!
God rejse! ['go:ʔ ʁai̯sə]

Ich lasse von mir hören.
Du hører fra mig. [du 'hø:ɔ fɐa mai]

Grüßen Sie/Grüß ... von mir.
Hils ... fra mig. ['hilʔs ... fɐa mai]

Bitte und Dank

Høflighed og tak

Ja, bitte.	Ja tak. [jæ ˈtag]
Nein, danke.	Nej tak. [ˈnai̯ tag]
Darf ich Sie/dich um einen Gefallen bitten?	Vil De/du gøre mig en tjeneste? [vel di/du ˈgœːɒ mai̯ en ˈtjɛːnəsdə]
Erlauben Sie?	Må jeg? [mɒ jai̯]
Können Sie mir bitte helfen?	Undskyld, kan De hjælpe mig? [ˈon̩ˌsgylˀ kæ di ˈjɛlbə mai̯]
Danke.	Tak. [tag]
Vielen Dank.	Mange tak. [ˈmaŋə tag]
Danke, sehr gern.	Tak, meget gerne. [tag ˈmai̯əð ˈgɛɒnə]
Danke, gleichfalls!	Tak i lige måde! [ˈtag i ˈliːə ˈmɒːðə]
Das ist nett, danke.	Det er fint, tak. [de ɛɒ ˈfiːˀnd ˈtag]
Vielen Dank für Ihre Hilfe/Mühe.	Mange tak for hjælpen/besværet. [ˈmaŋə tag fɒ ˈjɛlˀbən/beˈsvɛːˀð]
Bitte sehr./Gern geschehen.	Det var så lidt. [de ˈva sɒ ˈled]

Entschuldigung/Bedauern

Undskyldning

Entschuldigung!	Undskyld! [ˈon̩ˌsgylˀ]
Ich muß mich entschuldigen.	Jeg må undskylde. [jai̯ mɒ ˈons̩ˌgylˀə]
Das tut mir leid.	Det gør mig ondt. [de gœːɒ mai̯ ˈond]
Es war nicht so gemeint.	Det var ikke sådan ment. [de va ˈegə ˈsɒdæn ˈmeːˀnd]
Schade!	Det er en skam! [de ɛɒ en ˈsgam]
Es ist leider nicht möglich.	Det er desværre ikke muligt. [de ɛɒ desˈvɛːɔ ˈegə ˈmuːlid]
Vielleicht ein andermal.	Måske en anden gang. [mɔˈsgeːˀ en ænən ˈgaŋˀ]

Glückwunsch

Lykønskning

Herzlichen Glückwunsch!	Hjertelig til lykke! [ˈjɛɐdəli te ˈløgə]
Alles Gute!	Hav det godt! [ˈhɛ̩ːˀ de gɔd]
Alles Gute zum Geburtstag!	Til lykke med fødselsdagen! [te ˈløgə mɛ ˈføsəlsˌdɛ̩ːˀən]
Viel Erfolg/Glück!	Held og lykke! [ˈhɛlˀ ɔ ˈløgə]
Gute Besserung!	God bedring! [ˈgoːˀ ˈbɛðɐeŋ]
Schöne Feiertage!	God ferie! [ˈgoːˀ ˈfeːˀɐiə]

Verständigungsschwierigkeiten

Besvær med at forstå

Wie bitte?	Hvad behager? [ˈva bəˈhaːˀ]
Ich verstehe Sie/dich nicht. Bitte, wiederholen Sie/wiederhole es.	Jeg forstår Dem/dig ikke. Vær venlig at gentage det. [jaj̯ fɔˈsdɒːˀ dem/daj̯ ˈegə. vɛːˀɒ ˈvenli ɔ ˈgenˌtɛ̩ːˀ de]
Bitte sprechen Sie/sprich etwas langsamer/lauter.	Vær venlig at tale langsommere/højere. [vɛːˀɒ ˈvenli ɔ tɛ̩ːlə ˈlaŋsɔmˀɔ/ˈhɔjɔɔ]
Ich verstehe/habe verstanden.	Jeg forstår/har forstået. [jaj̯ fɔˈsdɒːˀ/ha fɔˈsdɒːˀəð]
Sprechen Sie/Sprichst du …	Taler De/du … [ˈtɛ̩ːˀlɒ di/du]
Deutsch?	tysk? [ˈtysg]
Englisch?	engelsk? [ˈɛŋˀəlsg]
Französisch?	fransk? [ˈfʁanˀsg]
Ich spreche nur wenig …	Jeg kan kun lidt … [jaj̯ kæ kun ˈled]
Was heißt … auf dänisch?	Hvad hedder … på dansk? [ˈvæð heðˀɔ … pɒ ˈdænˀsg]
Was bedeutet das?	Hvad betyder det? [væð beˈtyːˀɒ ˈde]
Wie spricht man dieses Wort aus?	Hvordan udtaler man det her ord? [vɒˈdæn ˈuðˌtɛ̩ːˀlɒ mæn ˈde ˈhɛːˀɒ oːˀɒ]
Schreiben Sie/Schreibe es mir bitte auf!	Vil De/du ikke skrive det op til mig! [vel di/du ˈegə sgʁiːvə de ˈɔb te maj̯]
Buchstabieren Sie/Buchstabiere es bitte!	Vil De/du ikke stave det! [vel di/du ˈegə ˈsdɛ̩ːvə de]

Meinungsäußerung

Sige sin mening

Das gefällt mir (nicht).	Det kan jeg (ikke) lide. [de kæ jai ('egə) 'li:ðə]
Ich möchte lieber …	Jeg vil hellere … [jai vel 'hɛlɔɔ]
Am liebsten wäre mir …	Jeg ville allerhelst … [jai vilə 'æl'ɔ,hɛl'əsd]
Das wäre nett.	Det ville være dejligt. [de vilə vɛ:ɔ 'dailid]
Mit Vergnügen.	Med fornøjelse. [mɛ fɔ'nɔiˀəlsə]
Prima!	Fint! [fiːˀnd]
Ich habe keine Lust da-zu.	Det har jeg ikke lyst til. [de ha:ˀ jai 'egə 'løsd tel]
Ich will nicht.	Det vil jeg ikke. [de 'vel jai 'egə]
Das kommt nicht in Frage.	Ikke tale om. ['egə 'tɛ:lə ɔmˀ]
Auf gar keinen Fall.	På ingen måde. [pɔ 'eŋən 'mɔ:ðə]
Ich weiß noch nicht.	Det ved jeg ikke endnu. [de 'vɛ:ˀð jai 'egə e'nu]
Vielleicht.	Måske. [mɔ'sge:ˀ]
Wahrscheinlich.	Sandsynligvis. [sænˀsyːˀnli,vi:ˀs]

Angaben zur Person

Personlige oplysninger

Alter	**Alder**
Wie alt sind Sie/bist du?	Hvor gammel er De/du? [vɒ 'gaməl ɛɒ di/du]
Ich bin 39.	Jeg er niogtredive. [jai ɛɒ 'ni:ˀɔ'tʁæðvə]
Wann haben Sie/hast du Geburtstag?	Hvornår har De/du fødselsdag? [vɒ'nɒ:ˀ ha:ˀ di/du 'føsəls,dɛ:ˀ]
Ich bin am 12. April 1954 geboren	Jeg er født den tolvte april nittenhun-dredeogfireoghalvtreds. [jai ɛɒ fø:ˀd dɛn 'tɔldə a'pʁi:ˀl 'nedən,hunʁɔðɔ'fi:ɔ ɔhæl,tʁɛs]

Beruf/Studium/ Ausbildung

Arbejde/Studium/Uddannelse

Was machen Sie/machst du beruflich?

Hvad laver De/du? [væð ˈlɛːvɔ di/du]

Ich arbeite als …

Jeg arbejder som … [jai ˈaːbajˀdɔ sɔm]

Ich bin Angestellte/r.

Jeg er funktionær. [jai ɛɒ fɒŋgsoˈnɛːˀɒ]

Ich bin Beamter/Beamtin.

Jeg er embedsmand. [jai ɛɒ ˈɛmbeðsˌmænˀ]

Ich bin Freiberufler.

Jeg har et liberalt erhverv. [jai ha ed libəˈʁaːˀld ɛɒˈvɛɒˀv]

Ich bin Rentner/in.

Jeg er pensionist. [jai ɛɒ paŋʃoˈnisd]

Ich bin arbeitslos.

Jeg er arbejdsløs. [jai ɛɒ ˈaːbajdsˌløːˀs]

Ich arbeite bei …

Jeg arbejder hos/på … [jai ˈaːbajˀdɔ hos/pɒ]

Ich gehe noch zur Schule.

Jeg går i skole endnu. [jai gɒːˀ i ˈsgoːlə eˈnu]

Ich gehe ins Gymnasium.

Jeg går i gymnasiet. [jai gɒːˀ i gymˈnɛːsiəð]

Ich bin Student/in.

Jeg studerer. [jai sduˈdeːˀɔ]

Wo/Was studieren Sie/ studierst du?

Hvor/Hvad studerer De/du? [ˈvɒːˀ/ˈvæð sduˈdeːˀɔ di/du]

Ich studiere … in München.

Jeg studerer … i München. [jai sdudeːˀɔ … i ˈmønʂən]

Was für Hobbies haben Sie/hast du?

Hvad for nogen hobbier har De/du? [væð fɔ noːən ˈhɔbiːˀɔ haːˀ di/du]

Wortliste Berufe/Studium/Ausbildung

Altenpfleger/in
plejehjemsassistent, -en, -er [ˈplajəjɛmsæsiˌsdɛnˀd]

Angestellte/r
funktionær, -en, -er [fɒŋgsoˈnɛːˀɒ]

Anglistik
engelsk filologi, -en [ˈɛŋˀəlsg filoloˈgiːˀ]

Apotheker/in
apoteker, -en, -e [apoˈteːˀgɒ]

Arbeiter/in
arbejder, -en, -e [ˈaːbajˀdɔ]

Archäologe
arkæolog, -en [aːkɛoˈloːˀ]

Architekt/in	arkitekt, -en, -er [aːkiˈtɛgd]
Architektur	arkitektur, -en, -er [aːkitɛgˈtuˈʔɒ]
Arzt/Ärztin	læge, -n, -r [ˈlɛːə]
Arzthelferin	lægesekretær, -en, -er [ˈlɛːəsekʁɐˌtɛːʔɒ]
Auszubildende/r	lærling, -en, -e [ˈlɛɒleŋ]
Automechaniker	automekaniker, -en, -e [ˈaʊtomeˌkɛˌʔnigɒ]
Bäcker/in	bager, -en, -e [ˈbɛːɒ]
Beamter/Beamtin	embedsmand, -en, -mænd [ˈɛmbeðsˌmænʔ]
Berufsschule	erhvervsskole, -n, -r [ɛɒˈvɛɒʔʊsˌsgoːlə]
Betriebswirt/in	økonom, -en, -er [økoˈnoːʔm]
Betriebswirtschaft	forretningsadministration, -en, -er [fɒˈʁædneŋsæðminisdʁaˌsoːʔn]
Bibliothekar/in	bibliotekar, -en, -er [biblioteˈkaːʔ]
Biologe/in	biolog, -en, -er [bioˈloːʔ]
Biologie	biologi, -en [bioloˈgiːʔ]
Briefträger/in	postbud, -et, -e [ˈpɒsdbuð]
Buchhalter/in	bogholder, -en, -e [ˈbɒʊˌhɒlʔɒ]
Buchhändler/in	boghandler, -en, -e [ˈbɒʊˌhænʔlɒ]
Chemie	kemi, -en, -er [keˈmiːʔ]
Chemiker/in	kemiker, -en, -e [ˈkeːʔmigɒ]
Dachdecker/in	tækkemand, -en, mænd [ˈtɛgəˌmænʔ]
Dekorateur/in	dekoratør, -en, -er [dekoʁaˈtøːʔɒ]
Designer/in	designer, -en, -e [diˈsaɪnɒ]
Dolmetscher/in	tolk, -en, -e [tɒlʔg]
Dozent/in	lektor, -en, -er [ˈlɛgtɒ]
Drogist/in	materialist, -en, -er [mæteɒiæˈlisd]
EDV-Fachmann/frau	EDB-specialist, -en, -er [eːdeˈbeːʔ sbeɕæˈlisd]
Eisenbahner	jernbanearbejder, -en, -e [ˈjɛɒnbɛˌnəˌaˌbaɪʔdɒ]
Elektriker/in	elektriker, -en, -e [eˈlɛgtʁigɒ]
Erzieher/in	børnehavelærer, -en, -e [ˈbøɒnəhɑˌvəˌlɛːɒ]
Facharbeiter/in	faglær arbejder [ˈfaʊˌlɛɒʔd ˈaːbaɪʔdɒ]
Fahrlehrer/in	kørelærer, -en, -e [ˈkøːɒˌlɛːɒ]

Die abgeleiteten Berufsbezeichnungen für Frauen (z. B. lærerinde) sind im Dänischen eher unüblich bzw. haben einen negativen Beigeschmack. Deshalb wird im allgemeinen die männliche Berufsbezeichnung gleichermaßen für Frauen wie für Männer benutzt.

Fischer/in	fisker, -en, -e ['fesgɔ]
Florist/in	florist [flo'ʁisd]
	blomsterhandler, -en, -e ['blɔmsdɔˌhæn²lɔ]
Förster/in	skovfoged, -en, -er ['sgɔu̯ˌfo:əð]
Fotograf/in	fotograf, -en, -er [foto'gʁa:²f]
Friseur, Friseuse	frisør, -en, -er [fʁi'sø:²ɔ]
Gärtner/in	gartner, -en, -e ['ga:dnɔ]
Gastwirt/in	krovært, -en, -er ['kʁo:²vɛɐd]
Geographie	geografi, -en [geogʁa'fi:²]
Geologie	geologi, -en [geolo'gi:²]
Germanistik	germanistik, -ken [gɛɐmæni'sdig]
Geschäftsführer/in	forretningsfører, -en, -e
	[fɔ'ʁædneŋsˌfø:ɔ]
Geschichte	historie, -n, -r [hi'sdo:²ɐiə]
Glaser	glarmester, -en, -e ['gla:ˌmɛsdɔ]
Handelsschule	handelsskole, -n, -r ['hæn²əlsˌsgo:lə]
Handwerker/in	håndværker, -en, -e ['hɔnˌvɛɐgɔ]
Haus|frau	husmoder/-mor, -en, -mødre
	['husˌmo:ɔ]
~mann	hjemmegående husfar, -en, husfadre
	['jɛməˌgɔ:²ənə 'husˌfa]
~meister/in	vicevært, -en, -er ['vi:səˌvɛɐd]
Hebamme	jordemoder, -en, -mødre ['jo:ɔmo:ɔ]
Heilpraktiker/in	alternativ behandler
	[æl'tɛɐnætiu̯² be'hæn²lɔ]
Hochschule	højskole, -n, -r ['hɔi̯ˌsgo:lə]
Informatik	datalogi [dætolo'gi:²]

Ingenieur/in	ingeniør, -en, -er [enʂəˈnjøːˀɒ]
Installateur/in	installatør, -en, -er [ensdælæˈtøːˀɒ]
Institut	institut, -tet, -ter [ensdiˈtud]
Journalist/in	journalist, -en, -er [ʂuɒnæˈlisd]
Jura	jura, -en [ˈjuːʁa]
Juwelier	juveler, -en, -er [juvəˈleːˀɒ]
Kassierer/in	kasserer, -en, -e [kæˈseːˀɔ]
Kaufmann/frau	købmand, -en, -mænd [ˈkømænˀ]
Kellner/in	tjener, -en, -e/servitrice, -n, -r [ˈtjɛːnɔ/sɛɒviˈtʁiːsə]
Koch/Köchin	kok, -ken, -ke [kɔg]
Konditor/in	konditor, -en, -er [kɔnˈdidɔ]
Kraftfahr|er	chauffør, -en, -er [ʂoˈføːˀɒ]
~zeugmechaniker/in	bilmekaniker, -en, -e [ˈbiːlmeˌkɛˀniɡɔ]
Kranken|gymnast/in	fysioterapeut [fyʂoteʁaˈpœu̯ˀd]
~pfleger/~schwester	sygeplejerske, -n, -r [ˈsyːəˌplaiɔsgə]
Künstler/in	kunstner, -en, -e [ˈkɔnsdnɔ]
Kunst|akademie	kunstakademi, -et, -er [ˈkɔnsdækæˌdemiˀ]
~geschichte	kunsthistorie, -n, -r [ˈkɔnsdhisˌdoːˀɒiə]
Laborant/in	laborant, -en, -er [læboˈʁanˀd]
Landwirt/in	landmand, -en, landmænd [ˈlænˌmænˀ]
Lehrer/in	lærer, -en, -e [ˈlɛːɔ]
Lehrling	lærling, -en, -e [ˈlɛɒleŋ]
Leiter/in	leder, -en, -e [ˈleːðɔ]
Makler/in	mægler, -en, -e [ˈmɛːlɔ]
Maler/in	maler, -en, -e [ˈmɛːlɔ]
Mannequin	mannequin, -en, -er [mænəˈkɛŋ]
Maschinenbau	maskinkonstruktion, -en [mæˈsgiːnkɔnsdʁugˌʂoːˀn]
Masseur/in	massør, -en, -er [mæˈsøːˀɒ]
Mathematik	matematik, -ken [mædəmæˈtig]
Matrose	matros, -en, -er [mæˈtʁoːˀs]
Maurer	murer, -en, -e [ˈmuːɔ]
Mechaniker/in	mekaniker, -en, -e [meˈkɛˀniɡɔ]
Medizin	medicin, -en [mediˈsiːˀn]
Meteorologe/in	meteorolog, -en, -er [meteoʁoˈloːˀ]
Metzger/in	slagter, -en, -e [ˈslagdɔ]
Monteur	montør, -en, -er [mɔnˈtøːˀɒ]
Musik	musik, -ken [muˈsig]
Musiker/in	musiker, -en, -e [ˈmuːˀsiɡɔ]
Notar/in	notar, -en, -er [noˈtaːˀ]
Optiker/in	optiker, -en, -e [ˈɔbtiɡɔ]
Pfarrer/in	præst, -en, -e [pʁæsd]

Pförtner/in	portner, -en, -e ['poɒdnɔ]
Pharmazie	farmaci, -en [faˈmæˈsiːˀ]
Philosophie	filosofi, -en [filosoˈfiːˀ]
Physik	fysik, -ken [fyˈsig]
Physiker/in	fysiker, -en, -e ['fyːˀsigɔ]
Pilot/in	pilot, -en, -er [piˈloːˀd]
Politikwissenschaft	statskundskab, -en ['sdɛːˀdskɔnˌsgɛːˀb]
Polizist/in	politibetjent, -en, -e [poliˈtibeˌtjɛnˀd]
Postbeamter/beamtin	postfunktionær, -en, -er ['pɔsdfɒŋgsoˌnɛːˀɒ]
Professor/in	professor, -en, -er [pʁoˈfɛsɔ]
Psychologe/in	psykolog, -en, -er [sykoˈloːˀ]
Psychologie	psykologi, -en [sykoloˈgiːˀ]
Rechtsanwalt/anwältin	sagfører, -en, -e ['saʊˌføːˀɒ]
Redakteur/in	redaktør, -en, -er [ʁɛdagˈtøːˀɒ]
Reiseleiter/in	rejseleder, -en, -er ['ʁajsəˌleːðɒ]
Rentner/in	pensionist, -en, -er [paŋʃoˈnisd]
Restaurator/in	restaurator, -en, -er [ʁɛsdaʊˈʁaːtɔ]
Richter/in	dommer, -en, -e ['dɔmɒ]
Romanistik	romanske sprog *pl* [ʁoˈmɛːˀnsgə sbʁɒːˀʊ]
Sachbearbeiter/in	sagsbehandler, -en, -e ['sɛːˀsbeˌhænˀlɔ]
Schauspieler/in	skuespiller, -en, -e ['sguːəˌsbelɔ]
Schlosser/in	klejnsmed, -en, -e ['klajnˌsmeð]
Schneider/in	skrædder, -en, -e ['sgʁæðɒ]
Schreiner/in	snedker, -en, -e ['sneːˀgɔ]
Schriftsteller/in	forfatter, -en, -e [foˈfædɔ]
Schuhmacher/in	skomager, -en, -e ['sgoˌmɛːˀɔ]
Schule	skole, -n, -r ['sgoːlə]
Gesamtschule	enhedsskole, -n, -r ['eːnheːˀɒsˌsgoːlə]
Grundschule	grundskole, -n, -r ['gʁʊɒnˌsgoːlə]
Gymnasium	gymnasi|um, -et, -er [gymˈnɛːˀsiɒm]
Realschule	realskole [ʁɛːˀɛːˀlˌsgoːlə]
Schüler/in	elev, -en, -er [eˈleːˀv]
Sekretär/in	sekretær, -en, -er [sekʁɛˈtɛːˀɒ]
Slawistik	slavisk filologi ['slɛːˀvisg filoloˈgiːˀ]
Sozialarbeiter/in	socialarbejder/socialpædagog [soˈsɛːˀlˌaːbajdɔ/soˈsɛːˀlpɛdæˌgoːˀ]
Soziologie	sociolog [soʃoˈloːˀ]
Steuerberater/in	revisor, -en, -er [ʁɛˈviːsɔ]
Steward/ess	steward, -en, -er/stewardesse, -n, -r ['sdjuːad/sdjuaˈdɛsə]
Student/in	student, -en, -er [sduˈdɛnˀd]
Studienfach	studiefag, -et, - ['sduːˀdiəˌfɛːˀ]
Studium	studi|um, -et, -er ['sduːˀdiɒm]

Taxifahrer/in	taxachauffør, -en, -er [ˈtagsæˌʃoˌføːˀɒ]
Techniker/in	tekniker, -en, -e [ˈtɛgnigɒ]
Technische Hochschule	teknisk højskole, -n, -r [ˈtɛgnisg ˈhɔiˌsgoːlə]
Technische(r) Zeichner/in	teknisk tegner [ˈtɛgnisg ˈtainɒ]
Theaterwissenschaft	teatervidenskab, -en [teˈɛːˀdɔviðənˌsgɛːˀb]
Theologie	teologi [teoloˈgiːˀ]
Therapeut/in	terapeut, -en, -er [tɛʁaˈpœuˀd]
Tierarzt/ärztin	dyrlæge, -n, -r [ˈdyːɒˌlɛːə]
Übersetzer/in	oversætter, -en, -e [ˈɔuɔˌsɛdɒ]
Uhrmacher/in	urmager, -en, -e [ˈuɒˌmɛːˀɔ]
Universität	universitet, -et, -er [univɛɒsiˈteːˀd]
Verkäufer/in	sælger, -en, -e [ˈsɛljɒ]
Vertreter/in	repræsentant, -en, -er [ʁɛpʁɛsɛnˈtænˀd]
Vorlesungen	forelæsninger *pl* [ˈfɔːɔˌlɛːˀsneŋɒ *pl*]
Werkzeugmacher/in	værktøjsmager, -en, -e [ˈvɛɒgtɔisˌmɛːˀɔ]
Wirtschafts|prüfer/in	revisor [ʁɛˈviːsɒ]
~wissenschaftler/in	økonom [økoˈnoːˀm]
Wissenschaftler/in	videnskabsmand, -en, -mænd [ˈviðənsgæbsˌmænˀ]
Zahnarzt/ärztin	tandlæge, -en, -er [ˈtænˌlɛːɔ]
Zahntechniker/in	tandtekniker, -en, -e [ˈtænˌtɛgnigɒ]
Zimmermann	tømrer, -en, -e [ˈtœmʁɒ]

3 **Unterwegs**
På vej

Ortsangaben
Stedsangivelser

links	venstre [ˈvɛnsdʁɐ]
rechts	højre [ˈhɔi̯ʁɐ]
geradeaus	lige ud [ˈliːə uð̩]
vor	før [fœɐ̯]
hinter	efter [ˈɛfdɐ]
neben	ved siden af [veð ˈsiːðən æ]
gegenüber	over for [ou̯ˀɔ fɔ]
hier	her [hɛːˀɐ̯]
dort	der [dɛːˀɐ̯]
nah	tæt [tɛd]
weit (weg)	fjernt [fjɛɐ̯ˀnd]
nach	mod [moːˀð]
Straße	gade, -n, -r [ˈgɛːðə]
Kreuzung	kryds, -et, - [kʁys]
Kurve	kurve, -n, -r [ˈkuɒvə]

Auto/Motorrad/Fahrrad
Bil/Motorcykel/Cykel

Auskunft	**Information**
Entschuldigung, wie komme ich bitte nach …?	Undskyld, hvordan kommer jeg til …? [ˈɒnˌsgylˀ vɒˈdæn kɔmˀɔ jai̯ tel]
Können Sie mir die Strecke/das auf der Karte zeigen?	Undskyld, vil De vise mig strækningen/det på kortet? [ˈɒnˌsgylˀ vel di ˈviːsə mai̯ ˈsdʁægneŋən/de pɒ ˈkɒːdəð]
Wie weit ist das?	Hvor langt er der? [vɒ ˈlaŋˀd ɛɐ̯ dɛɐ̯]
Bitte, ist das die Straße nach …?	Undskyld, er det vejen til …? [ˈɒnˌsgylˀ ɛɐ̯ de ˈvai̯ˀən tel]
Wie komme ich zur Auto-bahn nach …?	Hvordan kommer jeg til motorvejen til …? [vɒˈdæn ˈkɔmˀɔ jai̯ tel ˈmoːtɒˌvai̯ˀən tel]

● Immer geradeaus bis …
Dann …
   bei der Ampel
   an der nächsten Ecke
links/rechts abbiegen.

Lige ud til … så ['liːə uð⁹ tel … sɔ]

   ved lyskurven [veð 'lyːs͜kuɒ⁹vən]
   på næste hjørne [pɒ 'nɛsdə 'jœɒnə]
dreje til venstre/til højre.
['dʁajə tel 'vɛnsdʁɒ/tel hɔjʁə]

● Folgen Sie den Schil-
dern.

Følg skiltene. [føl⁹ 'sgeldənə]

Gibt es auch eine wenig
befahrene Straße nach …?

Er der også en mindre trafikeret vej til …?
[ɛɒ dɒ 'ɔsə en 'mendʁɒ tʁafi'keːⁿɔð vaj tel]

● Sie sind hier falsch.
Sie müssen zurückfahren
bis …

De er kørt forkert. De må tilbage til …
[di ɛɒ køɒ⁹d fɒ'keːⁿɒd. di mɒ kø:ɒ te'bɛːə
tel]

An der Tankstelle

Ved tankstationen

Wo ist bitte die nächste
Tankstelle?

Undskyld, hvor er den nærmeste tank-
station? ['ɒn͜sgyl⁹ 'vɒːⁿ ɛɒ dɛnⁿ
'nɛɒməsdə 'taŋgsdæˌsoːⁿn]

Ich möchte … Liter …

Jeg vil gerne have … liter …
[jaj vel 'gɛɒnə hɛːⁿ … lidɒ]

   Normalbenzin.
   Super.

   oktan 93. [ɔg'tɛːⁿn 'tʁɛːⁿɔhælˈfɛmⁿs]
   oktan 96/98. [ɔg'tɛːⁿn
   'sɛgsɔhælˈfɛmⁿs/'ɒːdɒɔhælˈfɛmⁿs]

   Diesel.
   Gemisch.

   diesel. ['diːⁿsəl]
   blandet. ['blænəð]

bleifrei/verbleit/mit …
Oktan.

blyfri/blyholdig/med … oktan.
['blyˌfʁiːⁿ/'blyˌhɔlⁿdi/mɛ … ɔg'tɛːⁿn]

Volltanken, bitte.

Vær venlig at fylde helt op.
[vɛːⁿɒ 'vɛnli ɔ fylə 'heːⁿld ɔb]

Prüfen Sie bitte …

Vær venlig at kontrollere …
[vɛːⁿɒ 'vɛnli ɔ kɒntʁo'leːⁿɔ]

   den Ölstand.
   den Reifendruck.

   oliestanden. ['oljəsdænⁿən]
   dæktrykket. ['dɛgˌtʁɒœgəð]

Sehen Sie bitte auch das
Kühlwasser nach.

Vil De være venlig også at kontrollere
kølervæsken. [vel di vɛːɒ 'vɛnli 'ɔsə ɔ
kɒntʁo'leːⁿɒ 'kø:lɒˌvɛsgən]

Könnten Sie mir einen
Ölwechsel machen?

Vil De være venlig at skifte olie?
[vel di vɛːɒ 'vɛnli ɔ sgifdə 'oljə]

Ich möchte den Wagen waschen lassen.

Jeg vil gerne have bilen vasket.
[jai vel ˈgɛɒnə hɛˑˀ ˈbiˑˀlən ˈvæsgəð]

Ich möchte eine Straßenkarte dieser Gegend, bitte.

Jeg vil gerne have et vejkort over dette område. [jai vel ˈgɛɒnə hɛˑˀ ed ˈvai̯ˌkɒːd ɔu̯ˀɔ ˈdɛdə ˈɔmˌʁɒːðə]

Wo sind bitte die Toiletten?

Undskyld, hvor er toiletterne?
[ˈɔnˌsgylˀ vɒˑˀ ɛɒ toæˈlɛdənə]

Parken / Parkering

Gibt es hier in der Nähe eine Parkmöglichkeit?

Er det muligt at parkere her i nærheden?
[ɛɒ de ˈmuːlid ɔ paˈkeˑˀɔ hɛˑˀɒ i ˈnɛɒ̯heˑˀðən]

Kann ich den Wagen hier abstellen?

Kan jeg stille vognen her?
[kæ jai sdelə ˈvɒu̯ˀnən ˈhɛˑˀɒ]

Könnten Sie mir ... Kronen für die Parkuhr wechseln?

Kan De veksle ... kroner til parkometeret? [kæ di ˈvɛgslə ... ˈkʁoːno tel pakoˈmeˑˀdʁɒð]

Ist der Parkplatz bewacht?

Er der opsyn? [ɛɒ dɔ ˈɔbˌsyˑˀn]

● Wir sind leider voll besetzt.

Vi har desværre alt optaget.
[vi haˑˀ desˈvɛ̞ˑɔ æld ˈɔbˌtɛˑˀð]

Wie lange kann ich hier parken?

Hvor længe kan jeg parkere her?
[vɒ ˈlɛŋə kæ jai paˈkeˑˀɔ ˈhɛˑˀɒ]

Wie hoch ist die Parkgebühr pro ...

Hvor stor er parkeringsafgiften pr. ...
[vɒ ˈsdoˑˀɒ ɛɒ paˈkeˑˀɒɛŋsˌau̯gifdən pɛɒ]

    Stunde?

    time? [ˈtiːmə]

    Tag?

    dag? [ˈdɛ̞ˑˀ]

    Nacht?

    nat? [ˈnæd]

Ist das Parkhaus die ganze Nacht geöffnet?

Er parkeringshuset åbent hele natten?
[ɛɒ paˈkeˑˀɒɛŋsˌhuˑˀsəð ˈɒːbənd ˈheːlə ˈnædən]

Eine Panne / Et uheld

Ich habe eine Panne/einen Platten.

Jeg har en skade på bilen/en punktering. [jai haˑˀ enˈsgɛ̞ˑðə pɒ ˈbiˑˀlən/en pɒŋˈteˑˀɒɛŋ]

Würden Sie bitte den Pannendienst anrufen?

Vil De være venlig at ringe til vej-patruljen? [vel di 'vɛːɔ 'vɛnli ɔ 'ʁɐŋə tel 'vajpæˌtʁuljən]

Meine Auto-/Motorrad-nummer ist ...

Nummeret på min bil/motorcykel er ... ['nɔmˀʁɔð pɔ min 'biːˀl/'moːtɒˌsygəl ɛɐ̯]

Würden Sie mir bitte einen Mechaniker/einen Abschleppwagen schicken?

Vil De være venlig at sende mig en mekaniker/en kranvogn? [vel di 'vɛːɔ 'vɛnli ɔ 'sɛnə maj̞ en me'kɛːˀnigɔ/en 'kʁaːnˌvɔu̯ˀn]

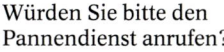Könnten Sie mir mit Ben-zin aushelfen?

De kunne vel ikke hjælpe mig med noget benzin? [di ku vɛl 'egə 'jɛlbə maj̞ mɛ nɔ̞ːəð bɛn'siːˀn]

Könnten Sie mir beim Reifenwechsel helfen?

De kunne vel ikke hjælpe mig med at skifte dæk? [di ku vɛl 'egə 'jɛlbə maj̞ mɛ ɔ sgifdə 'dɛg]

Würden Sie mich bis zur nächsten Werkstatt/Tankstelle abschleppen/mitnehmen?

De ville vel ikke trække mig/tage mig med til det nærmeste værksted/den nærmeste tankstation? [di vilə vɛl 'egə 'tʁægə maj̞/tɛːˀ maj̞ mɛð tel de 'nɛɒməsdə 'vɛɒɡˌsdɛð/den 'nɛɒməsdə 'taŋgsdæˌɕoːˀn]

In der Werkstatt	**I værkstedet**

Wo ist hier in der Nähe eine Werkstatt?

Hvor er der et værksted?
['vɒːˀ ɛɒ dɒ ed 'vɛɒgˌsdɛˀ]

Mein Wagen springt nicht an.

Min vogn kan ikke starte.
[min 'vɒuˀn kæ 'egə 'sdaːdə]

Ich weiß nicht, woran es liegt.

Jeg ved ikke, hvad det skyldes.
[jai 'veːˀð 'egə væð de 'sgyləs]

Können Sie mit mir kommen/mich abschleppen?

Kan De komme med mig/slæbe mig?
['kæ di komə 'mɛð maj/'slɛːbə maj]

Mit dem Motor stimmt was nicht.

Der er noget galt med motoren.
[dɒ ɛ nɒːəð 'gɛːˀld með 'moːtɒɒn]

Die Bremsen funktionieren nicht.

Bremserne fungerer ikke.
['bʁæmsɒnə foŋˈgeːˀɒ 'egə]

… ist/sind defekt.

… er i stykker. [ɛɒ i 'sdøgɒ]

Der Wagen verliert Öl.

Bilen mister olie. ['biːˀlən 'mesdɒ 'oljə]

Können Sie mal nachsehen?

Vil De være venlig at se efter?
[vel di vɛːɒ 'vɛnli ɒ seːˀ 'ɛfdɒ]

Wechseln Sie bitte die Zündkerzen aus.

Vær venlig at udskifte tændrørene.
[vɛːˀɒ 'vɛnli ɒ 'uðˌsgifdə 'tɛnʁœˀɒnə]

Haben Sie (Original-) Ersatzteile für diesen Wagen?

Har De (originale) reservedele til denne vogn? [haːˀ di (ɒigiˈnɛːˀlə) ʁɛˈsɛɒvəˌdeːlə tel 'dɛnə vɒuˀn]

Machen Sie bitte nur die nötigsten Reparaturen.

Vær venlig kun at udføre de nødvendigste reparationer. [vɛːˀɒ 'vɛnli kɒn ɒ 'uðˌføːˀɒ di nøðˈvɛnˀdisdə ʁɛpaaˈʂoːˀnɒ]

Wann ist der Wagen/das Motorrad fertig?

Hvornår er bilen/motorcyklen færdig?
[vɒˈnɒːˀ ɛɒ 'biːˀlən/'moːtɒˌsyglən 'fɛɒdi]

Was wird es kosten?

Hvad kommer det til at koste?
[væð 'kɒmˀɒ de tel ɒ 'kɒsdə]

Verkehrsunfall

Færdselsuheld

Es ist ein Unfall passiert.

Der er sket en ulykke.
[dɔ ɛɒ ˈsgeˈˀd en ˈuˌløgə]

Rufen Sie bitte schnell ...
  einen Krankenwagen.
  die Polizei.
  die Feuerwehr.

Tilkald hurtigt ... [ˈtelˌkælˀ ˈhoɒdid]
  en ambulance. [en ambuˈlaŋsə]
  politiet. [poliˈtiˈˀəð]
  brandvæsenet. [ˈbʁanˌvɛˈˀsənəð]

Können Sie sich um die
Verletzten kümmern?

Kan De tage Dem af de kvæstede?
[kæ di tɛˈˀ dɛm æ di ˈkvɛsdəðə]

Haben Sie Verbands-
zeug?

Har De forbindssager?
[haˈˀ di foˈbenˀsˌsɛˈɔ]

Es war meine/Ihre
Schuld.

Det var min/Deres skyld.
[de va ˈmiˈˀn/ˈdɛˈɔs sgylˀ]

Sie haben ...
  die Vorfahrt nicht be-
  achtet.
  die Kurve geschnitten.

De har ... [di ha]
  ikke respekteret forkørselsretten.
  [ˈegə ʁɛsbɛgˈteˈˀɔð ˈfɔˌkøɒˀsəlsˌʁædən]
  kortet svinget af. [ˈkɔːdəð ˈsveŋˀəð ˈæ]

Sie sind ...
  zu schnell gefahren.
  zu dicht aufgefahren.
  bei Rot über die Kreu-
  zung.

De har ... [di ha]
  kørt for hurtigt. [ˈkøɒˀd fɒ ˈhoɒdid]
  ikke holdt afstand. [ˈegə hɔlˀd ˈauˌsdænˀ]
  kørt over for rødt. [køɒˀd ˈɔuˀɔ fɒ ˈʁœd]

Ich bin ... km/h gefahren.

Jeg kørte ... km i timen.
[jai ˈkøɒdə ... kiloˈmeˈˀdɔ i ˈtiːmən]

Sollen wir die Polizei ho-
len, oder können wir uns
so einigen?

Skal vi hente politiet, eller kan vi blive
enige her? [sgæ vi ˈhɛndə poliˈtiˈˀəð ɛlɔ
kæ vi bliˈˀ ˈeːniˈə ˈhɛˈˀɒ]

Ich möchte den Schaden
durch meine Versiche-
rung regeln lassen.

Jeg vil anmelde skaden til min forsik-
ring. [jai vel ˈænˌmɛlˀə ˈsgæːðən te min
fɒˈsegʁɛŋ]

Ich gebe Ihnen meine An-
schrift und Versiche-
rungsnummer.

Jeg giver Dem min adresse og mit for-
sikringsnummer. [jai ˈgiːɒ dɛm min
æˈdʁæsə ɔ fɒˈsegʁɛŋsˌnɒmˀɔ]

Geben Sie mir bitte Ihren
Namen und Ihre An-
schrift/Namen und An-
schrift Ihrer Versicherung.

Vær venlig at give mig Deres navn og
adresse/navn og adresse på Deres for-
sikring. [vɛˈˀɒ ˈvenliˈə giˈˀ mai dɛˈɔs
ˈnauˀn ɔ æˈdʁæsə/ˈnauˀn ɔ æˈdʁæsə pɒ
dɛːɔs fɒˈsegʁɛŋ]

Können Sie für mich
Zeuge sein?

Vil De vidne for mig.
[vel di ˈviðnə fɔ mai]

Vielen Dank für Ihre
Hilfe.

Mange tak for Deres hjælp!
[ˈmaŋə ˈtag fɔ dɛːɔs ˈjɛlˀb]

Auto-/Motorrad-/Fahrradvermietung

Leje af bil, motorcykel og cykel

Ich möchte für 2 Tage/
eine Woche ... mieten.
  einen Wagen
  ein Motorrad
  einen Motorroller
  ein Moped
  ein Mofa
  ein Fahrrad

Jeg vil gerne leje ... i to dage/i en uge.
[jai vel ˈgɛɒnə ˈlaiə ... i toːˀ ˈdɛːə/i en ˈuːə]
  en bil [en biːˀl]
  en motorcykel [en ˈmoːtɒˌsygəl]
  en scooter [en ˈsguːdɒ]
  en knallert [en ˈknælˀɒd]
  en knallert [en ˈknælˀɒd]
  en cykel [en ˈsygəl]

Wie hoch ist die Tages-/
Wochenpauschale?

Hvad koster det pr. dag/pr. uge?
[væð ˈkɔsdɒ de pɐɒ ˈdɛːˀ/pɐɒ ˈuːə]

Wieviel verlangen Sie pro
gefahrenen km?

Hvor meget forlanger De pr. km?
[vɒ ˈmaiəð fɒˈlaŋˀɔ di pɐɒ kiloˈmeːˀdɒ]

Wieviel muß ich als Kaution hinterlegen?

Hvad skal der gives i depositum?
[væð sgæ dɒ ˈgiːvəs i deˈpoːˀsitɒm]

Ich nehme den .../das ...

Jeg tager ... [jai taːˀ]

● Möchten Sie eine Zusatzversicherung?

Vil De have en tillægsforsikring?
[vel di hɛːˀ en ˈtelɛgsfɒˌsegʁɛŋ]

Ist das Fahrzeug vollkaskoversichert?

Er bilen 100% kaskoforsikret?
[ɛɒ biːˀlən ˈhunʁɔðə pʁɒˈsɛnˀd ˈkæsgofɒˌsegʁɔð]

● Darf ich Ihren Führerschein sehen?

Må jeg se Deres kørekort?
[mɒ jai ˈseːˀ dɛːɔs ˈkøːɔˌkɒːd]

Kann ich den Wagen
gleich mitnehmen?

Kan jeg tage vognen med med det
samme? [kæ jai tɛːˀ ˈvɔuˀnən ˈmeð mɛ de ˈsamə]

Ist es möglich, das Fahrzeug in ... abzugeben?

Er det muligt at aflevere bilen i ...?
[ɛɒ de ˈmuːlid ɒ ˈauleˌveːˀɔ ˈbiːˀlən i]

Hinweise und Informationen

Autoreparation	Autoreparatur
Benzintank	Tankstelle
Ensrettet færdsel	Einbahnstraße
Farligt vejsving	Gefährliche Kurve
Gennemkørsel forbudt	Durchfahrt verboten
Grænse	Grenze
Hovedvej	Vorfahrtsstraße
Højeste Hastighed	Höchstgeschwindigkeit
Indkørsel	Einfahrt
Kør forsigtigt	Vorsichtig fahren
Kør langsomt	Langsam fahren
Ligeud	Geradeaus
Livsfare	Lebensgefahr
Overhaling Forbudt	Überholen verboten
Omkørsel	Umleitung
Parkering Forbudt	Parkverbot
Parkeringsplads	Parkplatz
Pas på	Vorsicht!
Spærret	Gesperrt
Stop	Halt
Sygehus	Krankenhaus
Til højre	Nach rechts
Til leje	Zu vermieten
Til venstre	Nach links
Told	Zoll
Udkørsel	Ausfahrt
Ujævn vej	Querrinne
Vejarbejde	Straßenarbeiten
Værelser til leje	Zimmer zu vermieten

Wortliste Auto/Motorrad/Fahrrad

abbiegen	dreje af, -ede ['dʁɑjə 'ɛ:ˀ]
abblenden	blænde ned, -ede ['blɛnə 'neðˀ]
Abblendlicht	nærlys, -et, - ['nɛɒ̯ˌlyːˀs]
Abschleppdienst	falck [fælg]
abschleppen	slæbe bort, -te ['slɛːbə 'bɒːd]
Abschlepp|seil	slæbetov, -et, -e ['slɛːbəˌtou̯]
~wagen	kranvogn, -en, -e ['kʁɑːnˌvɔu̯ˀn]
Achse	aksel, -en, aksler ['agsəl]
Hinter~	bagaksel, -en, aksler ['bau̯ˌagsəl]
Vorder~	foraksel, -en, aksler ['fɒːˌagsəl]
Alarmanlage	alarmsystem, -et, -er [æ'laˀmsyˌsdeːˀm]
Allradantrieb	firhjulstræk, -ket, - ['fiɒ̯juˌlsˌtʁæg]
Ampel	lyskurv, -en, -e ['lysˌkuɒ̯ˀv]
Anhänger	anhænger, -en, -e ['ænˌhɛŋˀɒ]
Anlasser	starter, -en, -e ['sdaːdɒ]
auskuppeln	koble ud, -ede ['kɔblə 'uðˀ]
Auspuff	udstødningsrør, -et, - ['uðˌsdøːˀðneŋsˌʁœ:ˀɒ]
Autobahn	motorvej, -en, -e ['moːtɒ̯ˌvaiˀ]
~gebühren	motorvejsafgift ['moːtɒvaisˌau̯gifd]
Automatik(getriebe)	automatgear, -et, - [au̯to'mɛ:ˀdˌgiːˀɒ]
Autoreifen	bildæk, -ket, - ['biːˀlˌdɛg]
Baustelle	byggeplads, -en, -er ['bygəˌplæs]
Benzin	benzin, -en, - [bɛnˈsiːˀn]
~gutschein	benzinkupon, -en, er [bɛnˈsiːˀnkuˌpɒŋ]
~kanister	benzindunk, -en, -e [bɛnˈsiːˀnˌdɒŋˀg]
~pumpe	benzinpumpe, -n, -r [bɛnˈsiːˀnˌpɒmbə]
blenden	blænde, -ede ['blɛnə]
Blinker	blinklys, -et, - ['bleŋˌlyːˀs]
Bremsbelag	bremsebelægning, -en, -er ['bʁæmsəbeˌlɛgneŋ]
Bremse	bremse, -n, -r ['bʁæmsə]
bremsen	bremse, -ede ['bʁæmsə]
Brems|flüssigkeit	bremsevæske, -n, -r ['bʁæmsəˌvɛsgə]
~hebel	bremsepedal, -en, -er ['bʁæmsəpeˌdɛ:ˀl]
~lichter	bremselys, -et, - ['bʁæmsəˌlyːˀs]
Bußgeld	bøde, -n, -r ['bøːðə]
Defekt	fejl, -en, - [faiˀl]
Dichtung	pakning, -en, -er ['pagneŋ]
Düse	strålespids, -en, -er ['sdʁɒːləˌsbes]
Einspritzpumpe	indsprøjtningspumpe, -n, -r ['enˌsbʁɒiˀðneŋsˌpɒmbə]

Ersatz|rad	reservehjul, -et, - [ʁɛˈsɛɒvəˌjuːˀl]
~teile	reservedele [ʁɛˈsɛɒvəˌdeːlə]
Fahrrad	cykel, -en, -ler [ˈsygəl]
Drei-/Zehngangrad	tre-/ti-gearscykel [ˈtʁɛˈ/ˈtigiːˀɒsˌsygəl]
Rennrad	racercykel [ˈʁɛːsɒˌsygəl]
Fahrradweg	cykelsti, -en, -er [ˈsygəlˌsdiːˀ]
Fahrspur	opmarchbås, -en, -e [ˈɔbmaːsˌbɒːˀs]
Fehlzündung	fejltænding, -en, -er [ˈfailˌtɛneŋ]
Felge	fælg, -en, -e [fɛlˀj]
Fernlicht	fjernlys, -et, - [ˈfjɛɒnˌlyːˀs]
Flickzeug	lappegrej, -et, - [ˈlabəˌgʁaiˀ]
Frostschutzmittel	frostvæske, -n, -r [ˈfʁɒsdˌvɛsgə]
Führerschein	kørekort, -et, - [ˈkøːɒˌkɒːd]
Fußbremse	fodbremse, -n, -r [ˈfoðˌbʁæmsə]
Gang	gear, -et, - [giːˀɒ]
erster ~	første gear [ˈfœɒsdə giːˀɒ]
Leerlauf	tomgang, -en, -e [ˈtɔmˌgaŋˀ]
Rückwärts~	bakgear, -et, - [ˈbagˌgiːˀɒ]
Gangschaltung	gearskifte, -t, -r [ˈgiːˀɒˌsgifdə]
Gas geben	give gas, gav, givet [giːˀ ˈgæs]
Gaspedal	speeder, -en, -e [ˈsbiːdɒ]
Gebläse	blæser, -en, -e [ˈblɛːsɒ]
gebrochen	knækket [ˈknɛgəð]
Gepäckträger	bagagebærer, -en, -e [bæˈgɛːsəˌbɛː]
Getriebe	gearkasse, -n, -r [ˈgiːˀɒˌkæsə]
Handbremse	håndbremse, -n, -r [ˈhɔnˌbʁæmsə]
Hebel	håndtag, -et, - [ˈhɔnˌtɛːˀ]
Heizung	varme, -n [ˈvaːmə]
Hinterrad	baghjul, -et, - [ˈbauˌjuːˀl]
~antrieb	baghjulstræk, -ket, - [ˈbaujuːlsˌtʁæg]
Hupe	horn, -et, - [hoɒˀn]
Licht~	advarselsblink, -et, - [ˈæðvaːsəlsˌbleŋˀg]
Kabel	kabel, -et, kabler [ˈkɛːˀbəl]
Karosserie	karosseri, -et, -er [kaʁɒsˈʁiːˀ]
Keilriemen	kilerem, -men, -me [ˈkiːləˌʁæmˀ]
Kette	kæde, -n, -r [ˈkɛːðə]
Klingel	ringeklokke, -n, -r [ˈʁɛŋəˌklɔgə]
klopfen *(Motor)*	banke, -de, - [ˈbəŋgə]
Kofferraum	bagagerum, -met, - [bæˈgɛːsəˌʁɒmˀ]
Kolben	stempel, -let, stempler [ˈsdɛmˀbəl]
Kotflügel	skærm [sgɛɒˀm]
Kugellager	kugleleje, -t, -r [ˈkuːləˌlaiə]
Kühler	køler, -en, -e [ˈkøːlɒ]
Kühlwasser	kølervæske, -n, -r [ˈkøːlɒˌvɛsgə]

Kupplung	kobling, -en, -er [ˈkɔbleŋ]
Kupplungspedal	koblingspedal, -en, -er [ˈkɔbleŋspeˌdɛːˀl]
Kurzschluß	kortslutning, -en, -er [ˈkɔːdˌsludneŋ]
Landstraße	landevej, -en, -e [ˈlænəˌvaiˀ]
Lastwagen	lastbil, -en, -er [ˈlæsdˌbiːˀl]
Lenker *(Zweirad)*	styr, -et, - [sdyːˀɒ]
Lenkrad	rat, -tet, - [ʁad]
Lichtmaschine	dynamo, -en, -er [dyˈnɛːmo]
Luft|filter	luftfilter, -et, -re [ˈlɔfdˌfilˀdɒ]
~pumpe	luftpumpe, -n, -r [ˈlɔfdˌpɒmbə]
Mantel *(Reifen)*	dæk, -ket, - [dɛg]
Mofa	knallert, -en, -er [ˈknælˀɒd]
Moped	knallert, -en, -er [ˈknælˀɒd]
Motor	motor, -en, -er [ˈmoːtɒ]
~haube	motorhjelm, -en, -e [ˈmoːtɒjɛlˀm]
~rad	motor|cykel, -cyklen, -cykler [ˈmoːtɒˌsygəl]
~roller	scooter, -en, -e [ˈsguːdə]
Mountain bike	mountain bike [ˈmaʊntin ˈbaig]
Nabe	nav, -et, - [naʊ]
Nierengurt	bælte, -t, -r [ˈbɛldə]
Notrufsäule	nødtelefon, -en, -er [ˈnøðteləˌfoːˀn]
Nummernschild	nummerplade, -n, -r [ˈnɒmˀɒˌplɛːðə]
Oktanzahl	oktantal, -let, - [ɔgˈtɛːˀnˌtæl]
Öl	olie, -n, -r [ˈoljə]
~meßstab	oliemålepind, -en, -e [ˈoljəmɔːləˌpenˀ]
~wechsel	olieskift, -et, - [ˈoljəˌsgifd]
Packtasche	cykeltaske, -n, -r [ˈsygəlˌtæsgə]
Panne	uheld, -et, - [ˈuˌhɛlˀ]
Papiere	papirer [pæˈpiːˀɒ]
Park|haus	parkeringshus, -et, -e [paˈkeːˀɒeŋsˌhuːˀs]
~platz	parkeringsplads, -en, -er [paˈkeːˀɒeŋsˌplæs]
~scheibe	p-skive, -n, -r [ˈpeːˀˌsgiːvə]
~uhr	parkometer, -et, -re [paːkoˈmeːˀdɒ]
Pedal	pedal, -en, -er [peˈdɛːˀl]
Plattfuß	et punkteret hjul [ed pɒŋˈteːˀɒð juːˀl]
Promille	promille, -n, -r [pʁoˈmilə]
PS	hestekraft, -en, -kræfter [ˈhɛsdəˌkʁafd]
Rad	hjul, -et, - [juːˀl]
Radarkontrolle	radarkontrol, -len, -ler [ˈʁaːdakɔnˌtʁɔlˀ]
Raststätte	rasteplads, -en, -er [ˈʁasdəˌplæs]
Reflektor	refleksbrik, -ken, -ker [ʁɛˈflɛgsˌbʁɛg]

Regenkombi	regntøj, -et [ˈʁainˌtɔi]
Reifen	dæk, -ket, - [dɛg]
Rück|licht	baglys, -et, - [ˈbauˌlyːˀs]
~spiegel	bagspejl, -et, -e [ˈbagˌsbaiˀl]
~tritt *(Fahrrad)*	frihjulsbremse, -n, -r [ˈfʁijuːlsˌbʁæmsə]
Sattel	saddel, -en, sadler [ˈsæðəl]
Schalthebel	gearstang, -en, -stænger [ˈgiːˀɒˌsdaŋˀ]
Scheibenwischer	vinduesvisker, -en, -e [ˈvenduˌvesgɒ]
Scheinwerfer	forlygte, -n, -r [ˈfɒːˌløgdə]
Schiebedach	skydetag, -et, -e [ˈsgyːðəˌtɛ̟ːˀ]
Schlauch *(Reifen)*	slange, -n, -r [ˈslaŋə]
schmieren	smøre, smurte, smurt [ˈsmœːɒ]
Schmirgelpapier	sandpapir, -et, - [ˈsænpæˌpiːˀɒ]
Schnellstraße	motortrafikvej, -en, -e [ˈmoːtɒʁaˌfigˌvaiˀ]
Schraube	skrue, -n, -r [ˈsgʁuːə]
Schrauben|mutter	møtrik, -ken, -ker [ˈmøtʁɛg]
~schlüssel	skruenøgle, -n, -r [ˈsgʁuːəˌnɔilə]
~zieher	skruetrækker, -en, -e [ˈsgʁuːəˌtʁægɒ]
Schutzblech	skærm, -en, -e [sgɛɒˀm]
Sicherheitsgurt	sikkerhedssele, -n, -r [ˈsegɒheðsˌseːlə]
Sicherung	sikring, -en, -er [ˈsegʁɛŋ]
Speiche	eger, -en, - [ˈeːɒ]
Ständer	støtteben, -et, - [ˈsdødəˌbeːˀn]
Standlicht	parkeringslys, -et, - [paˈkeːˀɒɛŋsˌlyːˀs]
Starthilfekabel	startkabler [ˈsdaːdˌkɛ̟ːˀblɒ]
Stau	kø, -en, -er [køːˀ]
Steckschlüssel	topnøgle, -n, -r [ˈtɔbˌnɔilə]
Stoß|dämpfer	støddæmper, -en, -e [ˈsdøðˌdɛmbɒ]
~stange	kofanger, -en, -e [ˈkoːˀˌfaŋɒ]
Straßenkarte	vejkort, -et, - [ˈvaiˌkoːd]
Sturzhelm	styrthjelm, -en, -e [ˈsdyɒdˌjɛlˀm]
Tachometer	speedometer, -et, -metre [sbidoˈmeːˀdɒ]
Tank	tank [taŋˀg]
~stelle	tankstation, -en, -er [ˈtaŋgsdæˌʂoːˀn]
Teilkasko	delvis kaskoforsikring [ˈdeːlˌviːˀs ˈkæsgofɒˌsegʁɛŋ]
trampen	blaffe, -ede [ˈblafə]
Tramper	blaffer, -en, -e [ˈblafɒ]
Tretlager	krankleje [ˈkʁaŋgˌlaiə]
Umleitung	omkørsel, -en, omkørsler [ˈɔmˌkøɒsəl]
Ventil	ventil, -en, -er [vɛnˈtiːˀl]
Vergaser	karburator, -en, -er [kabuˈʁaːtɒ]
Versicherungskarte, grüne	grønt forsikringskort, -et, -e [gʁɶnd fɒˈsegʁɛŋsˌkɒːd]

Verteiler	fordeler, -en, -e [fɔˈdeːˀlɔ]
vierspurig	firsporet [ˈfiɒ̯ˌsboːˀð]
Vollkasko	100% kaskoforsikret [ˈhunʁɔðə pʁɒˈsɛnˀd ˈkæsgofɔˈsegʁɔð]
Vorder|licht	forlys, -et, - [ˈfɒːˌlyːˀs]
~rad	forhjul, -et, - [ˈfɒːˌjuːˀl]
~radantrieb	forhjulstræk, -ket, - [ˈfɒːjuːlsˌtʁæg]
Wagen|heber	donkraft, -en, -e [ˈdɒŋˌkʁafd]
~wäsche	bilvask, -en, -e [ˈbiːˀlˌvæsg]
Warn|blinker	advarselslys, -et, - [ˈæðvaːsəlsˌlyːˀs]
~dreieck	advarselstrekant, -en, -er [ˈæðvaːsəlsˌtʁɛkænˀd]
Wegweiser	vejviser [ˈvaiˌviːsɔ]
Werk|statt	værksted, -et, -er [ˈvɛɒ̯gˌsdɛð]
~zeug	værktøj, -et, -er [ˈvɛɒ̯gˌtɔi]
Windschutzscheibe	vindspejl, -et, -e [ˈvenˌsbaiˀl]
Winterreifen	vinterdæk, -ket, - [ˈvenˀdɔˌdɛg]
Zünd|kerze	tændrør, -et, - [ˈtɛnˌʁœːˀɒ]
~schloß	tændingslås, -en, -e [ˈtɛneŋsˌlɒːˀs]
~schlüssel	tændingsnøgle, -n, -r [ˈtɛneŋsˌnɔilə]
Zündung	tænding, -en, -er [ˈtɛneŋ]
Zylinder	cylinder, -en, cylindre [syˈlenˀdɔ]
~kopf	cylinderhoved, -et, -er [syˈlenˀdɔhoːəð]

SCANDINAVIAN AIRLINES SYSTEM
DENMARK   NORWAY   SWEDEN

Flugzeug

Fly

Im Reisebüro/ Am Flughafen

I rejsebureauet/I lufthavnen

Wo ist der Schalter der ...-Fluggesellschaft?

Hvor er … billetkontor?
['vɒːˀ ɛɒ … biˈlɛdkɔnˌtoːˀɒ]

Wann fliegt die nächste Maschine nach ...?

Hvornår går det næste fly til …?
[vɒˈnɒːˀ gɒːˀ deˀ ˈnɛsdə flyːˀ tel]

Ich möchte einen einfachen Flug/Hin- und Rückflug nach ... buchen.

Jeg vil gerne have en enkeltbillet/retur-billet til … [jai vel ˈgɛɒnə hɛːˀ en ˈɛŋˀgəldbeˌlɛd/ʁɛˈtuːˀɒbeˌlɛd te]

Sind noch Plätze frei?

Er der stadig pladser fri?
[ɛɒ dɔ ˈsdɛːði ˈplæsɔ fʁiːˀ]

Gibt es auch Charterflüge?

Er der også charterfly?
[ɛɒ dɔ ˈɔsə ˈtjɑːdɔˌfly]

Was kostet der Flug Touristenklasse/1. Klasse?

Hvad koster flyrejsen på turistklasse/ første klasse? [væð ˈkɔsdɔ ˌflyːˀˌʁaisən pɒ tuˈʁisdˌklæsə/ˈfœɒsdə ˈklæsə]

Wieviel Gepäck ist frei?

Hvor megen bagage kan jeg medbringe?
[vɒ ˈmaiən bæˈgɛːˌʃə kæ jai ˈmɛðˌbʁɛŋˀə]

Was kostet das Kilo Übergepäck?

Hvad koster det pr. kilo overvægt?
[væð ˈkɔsdɔ de pɛɒ kilo ˈɔuɒˌvɛgd]

Ich möchte diesen Flug stornieren/umbuchen.

Jeg vil gerne annullere/ombestille denne flyrejse. [jai vel ˈgɛɒnə ænuˈleːˀɔ/ ˈɔmbeˌsdelˀə dɛnə ˈflyːˀˌʁaisə]

Wann muß ich am Flughafen sein?

Hvornår skal jeg være i lufthavnen?
[vɒˈnɒːˀ sgæ jai ˈvɛːɔ i ˈlɔfdˌhauˀnən]

Wo ist der Informationsschalter/Warteraum?

Hvor er informationen/ventesalen?
['vɒːˀ ɛɒ enfɒmæˈsoːˀnən/ˈvɛndəˌsɛːˀlən]

Kann ich das als Handge-
päck mitnehmen?

Kan jeg tage det med som håndbagage?
[kæ jaɪ tɛːˀ de ˈmɛð sɔm ˈhɔnbæ͜gɛːˀɕə]

Hat die Maschine nach
... Verspätung?

Er maskinen til ... forsinket?
[ɛɒ mæˈsgiːnən tel ... fɔˈseŋˀgəð]

Wieviel Verspätung hat
sie?

Hvor meget er det forsinket?
[vɒ ˈmaɪəð ɛɒ de fɔˈseŋˀgəð]

Ist die Maschine aus ...
schon gelandet?

Er maskinen fra ... landet?
[ɛɒ mæˈsgiːnən fʉa ... ˈlænəð]

● Letzter Aufruf. Die Passa-
giere nach ..., Flug-Nr. ...,
werden gebeten, sich zum
Ausgang ... zu begeben.

Sidste udkald. Passagererne til ... rute
... bedes begive sig til udgang ...
[ˈsisdə ˈuðˌkælˀ pæsæˈɕeːˀɒnə tel ... ˈʉuːdə
... ˈbeːðəs beˈgiːˀ saɪ tel ˈuðˌgaŋˀ]

An Bord

Om bord

● Bitte das Rauchen einstel-
len! Anschnallen, bitte!

Rygning er ikke længere tilladt. Vær
venlig at spænde sikkerhedsbælterne.
[ˈʁyːneŋ ɛɒ ˈegə lɛŋɔ ˈtelæd. ˈvɛːɒ ˈvɛnli
ɔˈsbɛnə ˈsegɔheðsˌbɛldɔnə]

Was ist das für ein Fluß/
See?

Hvad er det for en flod/sø?
[væð ɛɒ ˈde fɔ en ˈfloːˀð/ˈsøːˀ]

Wo sind wir jetzt?

Hvor er vi nu? [ˈvɒːˀ ɛɒ vi ˈnu]

Wann landen wir in ...?

Hvornår lander vi i ...? [vɒˈnɒːˀ ˈlænɒ vi i]

● Wir landen in etwa ... Mi-
nuten.

Vi lander om cirka ... minutter.
[vi ˈlænɒ ɔm ˈsiɒkæ ... miˈnudɒ]

Wie ist das Wetter in ...?

Hvordan er vejret i ...?
[vɒˈdæn ɛɒ ˈvɛːˀɒð i]

Ankunft

Ankomst

▶ **auch Kap. 9 – Fundbüro**

Ich finde mein Gepäck/
meinen Koffer nicht.

Jeg kan ikke finde min bagage/kuffert.
[jaɪ kæ ˈegə ˈfenə min bæˈgɛːɕə/ˈkɔfɔd]

Mein Gepäck ist verlo-
rengegangen.

Min bagage er væk.
[min bæˈgɛːɕə ɛɒ ˈvɛg]

Mein Koffer ist beschä-
digt worden.

Min kuffert er blevet beskadiget.
[min ˈkɔfɔd ɛɒ bleːəð beˈsgɛːˀðiːəð]

An wen kann ich mich wenden?	Hvem kan jeg henvende mig til? ['vɛmˀ kæ jaɪ 'hɛnˌvɛnˀə maɪ tel]
Von wo fährt der Bus zum Air Terminal ab?	Hvorfra kører bussen til lufthavnster- minalen? ['voːˀˌfʁaːˀ køːɔ 'busən tel 'lɒfdˌhaʊnsˌtɛɒmiˀnɛːˀlən]

Wortliste Flugzeug ▶ auch Wortliste Eisenbahn

Abflug	afrejse, -n, -r ['aʊˌʁaɪsə]
Air Terminal	lufthavnsterminal, -en, -er ['lɒfdˌhaʊnsˌtɛɒmiˀnɛˀl]
Anflug	ankomst, -en ['ænˌkɒmˀsd]
Anhänger *(am Koffer)*	mærkeseddel, -en, -sedler ['mɛɒɡəˌsɛðˀəl]
Ankunft	ankomst, -en ['ænˌkɒmˀsd]
Ankunftszeit	ankomsttid, -en, -er ['ænkɒmsdˌtiðˀ]
Anschluß	forbindelse, -n, -r [fɔˈbenˀəlsə]
anschnallen, sich	spænde sig fast ['sbɛnə saɪ 'fæsd]
Anschnallgurt	sikkerhedsbælte, -t, -r ['seɡɔheðsˌbɛldə]
auschecken	checke ud ['tjɛɡə 'uðˀ]
Auslandsflug	udenrigsfly, -et, -e ['uðənʁisˌflyːˀ]
Besatzung	besætning, -en, -er [beˈsɛdnen]
an Bord	om bord [ɒm 'boːˀɒ]
Bordkarte	boardingkort, -et, - ['boːɒɛŋsˌkɒːd]
buchen	bestille, -te [beˈsdelˀə]
Buchung	bestilling, -en, -er [beˈsdelˀen]
Business class	Business class ['bisnɛs 'klæs]
Chartermaschine	chartermaskine, -n, -r ['tjaˈdɔmæˌsgiːnə]
Direktflug	direkte forbindelse, -n ,-r [diˈʁægdə fɔˈbenˀəlsə]
Düsenmaschine	jetmaskine, -n, -r ['jɛdmæˌsgiːnə]
Economy class	Economy class [ɛˈkonomi 'klæs] økonomiklasse [økonoˈmiːˀˌklæsə]
einchecken	checke ind ['tjɛɡə 'enˀ]
Fenstersitz	vinduesplads, -en, -er ['vendusˌplæs]
Flug	flyrejse, -n, -r ['flyːˀˌʁaɪsə]
~gast	flypassager, -en, -er ['flyːˀpæsæˌsɛːˀɒ]
~gesellschaft	flyselskab, -et, -er ['flyːˀˌsɛlsgɛːˀb]
~hafen	lufthavn, -en, -e ['lɒfdˌhaʊˀn]
~hafenbus	lufthavnsbus, -sen, -ser ['lɒfdhaʊnsˌbus]
~hafengebühr	lufthavnsskat, -ten, -ter ['lɒfdhaʊnsˌsgæd]
~plan	flyplan, -en, -er ['flyːˀˌplɛːˀn]

Flug|schein	flybillet, -ten, -ter [ˈflyːʔbiˌlɛd]
~strecke	flyrute, -n, -r [ˈflyːʔʁuːdə]
~zeug	flyvemaskine, -n, -r [ˈflyːvəmæsgiːnə]
Gang	gang, -en, -e [gaŋʔ]
Gepäck	bagage, -n [bæˈgɛːsə]
~abfertigung	bagageekspedition, -en, -er [bæˈgɛːsæɛgsbediˌsoːʔn]
~ausgabe	bagageudlevering, -en, -er [bæˈgɛːsəuðleˌveːʔʁeŋ]
Handgepäck	håndbagage, -n [ˈhɔnbæˌgɛːsə]
Heck	agterende, -n, -r [ˈagdɔˌɛnə]
Hubschrauber	helikopter, -en, -e [hɛliˈkʌbdɔ]
Inlandsflug	indenrigsfly, -et, - [ˈenənʁisˌflyːʔ]
Kapitän	kaptajn, -en, -er [kabˈtɑjʔn]
Kofferkuli	bagagevogn, -en, -e [bæˈgɛːsəˌvʌuʔn]
landen	lande, -ede [ˈlænə]
Landung	landing, -en, er [ˈlæneŋ]
Last-minute-Flug	stand by-billet, -ten [ˈsdæn bɑj biˌlɛd]
Linienmaschine	rutemaskine, -n, -r [ˈʁuːdəmæˌsgiːnə]
Nichtraucher	ikke-ryger [ˈegəˌʁyːɔ]
Not|ausgang	nødudgang, -en, -e [ˈnøðuðˌgaŋʔ]
~landung	nødlanding, -en, -er [ˈnøðˌlæneŋ]
~rutsche	nødslisk, -en, -er [ˈnøðˌslesg]
Passagier	passager, -en, -er [pæsæˈsɛːʔɒ]
Pilot	pilot, -en, -er [piˈloːʔd]
planmäßiger Abflug	planmæssig afgang [ˈplʔɛːnˌmɛsi ˈauˌgaŋʔ]
Raucher	ryger [ˈʁyːɔ]
Reiseziel	rejsemål, -et, - [ˈʁɑjsəˌmɔːʔl]
Rollfeld	startbane, -n, -r [ˈsdaːʔdˌbɛːnə]
Schalter	luge, -n, -r [ˈluːə]
Schwimmweste	redningsvest, -en, -e [ˈʁɛðneŋsˌvɛsd]
Sicherheitskontrolle	sikkerhedscheck -en, - [ˈsegɔheðsˌtjɛg]
Steward/eß	steward, -en, -er / stewardesse, -n, -r [ˈsdjuːad/sdjuaˈdɛsə]
stornieren	afbestille, -te [ˈauˌbeˌsdelʔə]
umbuchen	booke om [ˈbugə ɔmʔ]
Verspätung	forsinkelse, -n, -r [fɔˌsenʔgəlsə]
zollfreier Laden	toldfri butik, -ken, -ker [ˈtɔlˌfʁiːʔ buˈtig]
Zwischenlandung	mellemlanding, -en, -er [ˈmɛləmˌlæneŋ]

Eisenbahn
Jernbane

| **Im Reisebüro/Auf dem Bahnhof** | **I rejsebureauet/På banegården** |

Eine einfache Fahrt 2. Klasse/1. Klasse nach ..., bitte.

En enkeltbillet 2. klasse/første klasse til ..., tak. [en ˈɛŋˀɡəldbiˌled ˈænən ˈklæsə/ ˈfœɒsdə ˈklæsə tel ... ˈtag]

Zweimal ... hin und zurück, bitte.

To tur-retur ..., tak. [ˈtoːˀ ˈtuːˀɒ ʁɛˈtuːˀɒ ... ˈtag]

Gibt es eine Ermäßigung für Kinder/Studenten?

Er der rabat for børn/studerende? [ɛɒ dɔ ʁaˈbæd fɒ ˈbœɒˀn/sduˈdeːˀnə]

Bitte eine Platzkarte für den Zug um ... Uhr nach ...

En pladsbillet til toget klokken ... til ... [en ˈplæsbiˌled tel ˈtɔːˀ ʊəð klɔgən ... tel]

● Einen Fensterplatz?

En vinduesplads? [en ˈvendusˌplæs]

Ich möchte einen Liegewagenplatz/Schlafwagenplatz für den Nachtzug nach ...

Jeg vil gerne have en liggevognsplads/sovevognsplads til nattoget til ... [jai vel ˈgɛɒnə ˈhɛːˀ en ˈlegəvoʊˀnsˌplæs/ ˈsoʊəvoʊˀnsˌplæs tel ˈnædˌtɔːˀ ʊəð tel]

Gibt es einen Autoreisezug nach ...?

Er der et biltog til ...? [ɛɒ dɔ ed ˈbiːˀlˌtɔːˀʊ tel]

Was kostet das für ein Auto mit vier Personen?

Hvad koster det for en bil med fire personer? [væð ˈkɔsdɒ de fɒ en ˈbiːˀl mɛ ˈfiːɒ pɛɒˈsoːˀnɒ]

Ich möchte diesen Koffer als Reisegepäck aufgeben.

Jeg vil gerne indskrive denne kuffert. [jai vel gɛɒnə ˈenˌsgʁiːˀvə dɛnə ˈkɔfɒd]

Wo kann ich mein Fahrrad aufgeben?

Hvor kan jeg aflevere min cykel? [vɔːˀ kæ jai ˈaʊleˌveːˀɒ min ˈsygəl]

● Wollen Sie Ihr Gepäck versichern?

Vil De forsikre Deres bagage? [vel di fɒˈsegʁɒ dɛːɒs bæˈgɛːsə]

Geht das Gepäck mit dem ...-Uhr Zug ab?

Kommer bagagen med toget klokken ...? [ˈkɔmˀɒ bæˈgɛːsən mɛð ˈtɔːˀ ʊəð ˈklɔgən]

Wann kommt es in ... an?

Hvornår ankommer det til ...? [vɒˈnɒːˀ ˈænˌkɔmˀɒ de tel]

Hat der Zug aus ... Verspätung?

Er toget fra ... forsinket? [ɛɒ ˈtɔːˀ ʊəð fʁa ... fɒˈseŋˀgəð]

Habe ich in … Anschluß nach …/an die Fähre?
Er der forbindelse til …/færgen i …?
[ɛ ɒ ˈfɔˈbenˀəlsə tel …/ˈfɛ̞ɒ̯uən i]

(Wo) Muß ich umsteigen?
(Hvor) Skal jeg skifte? [(ˈvɒːˀ) sgæ jai̯ ˈsgifdə]

Von welchem Gleis fährt der Zug nach … ab?
Fra hvilket spor afgår toget til …?
[fʉa ˈvelgəð sbɒːˀɒ̯ ˈau̯gɒːˀ ˈtɒːˀuəð tel]

● Der Zug Nr. … aus … nach … fährt auf Gleis 1 ein.
Tog nr. … fra … til … ankommer i spor 1. [ˈtɒːˀu ˈnɒmˀɔ … fʉa … tel … ˈænˌkɔmˀɔ i sbɒːˀɒ̯ ˈed]

● Der Zug Nr. … aus … hat 10 Minuten Verspätung.
Tog nr. … fra … er 10 minutter forsinket. [ˈtɒːˀu ˈnɒmˀɔ … fʉa … ɛɒ ˈtiːˀ miˈnudɒ fɒˈsenˀɡəð]

● Achtung, Reisende nach …! Bitte einsteigen und die Türen schließen.
Rejsende til … Vær venlig at tage plads og luk dørene. [ˈʁai̯sənə tel … vɛːˀɒ̯ ˈvɛnli ɔ tɛːˀ ˈplæs ɔ lɒg ˈdœːɒnə]

Im Zug

I toget

Verzeihung, ist dieser Platz noch frei?
Undskyld, er denne plads fri?
[ˈɒnˌsgylˀ ɛɒ ˈdɛnə plæs ˈfʉiːˀ]

Können Sie mir bitte helfen?
Undskyld, kan De hjælpe mig?
[ˈɒnˌsgylˀ kæ di ˈjɛlbə mai̯]

Darf ich das Fenster öffnen/schließen?
Må jeg åbne/lukke vinduet?
[mɒ jai̯ ˈɒːbnə/ˈlɒgə ˈvenˌduːəð]

Entschuldigen Sie, bitte. Dies ist ein Nichtraucherabteil.
Undskyld. Dette er en ikke-ryger kupé.
[ˈɒnˌsgylˀ ˈdɛdə ɛɒ en ˈegə ˌʁyːɔ kuˈpeːˀ]

Entschuldigen Sie, das ist mein Platz. Ich habe eine Platzkarte.
Undskyld, det er min plads. Jeg har pladsbillet. [ˈɒnˌsgylˀ de ɛɒ ˈmiːˀn plæs. jai̯ haːˀ ˈplæsbiˌlɛd]

● Die Fahrkarten, bitte.
Må jeg se billetterne? [mɒ jai̯ ˈseːˀ biˈlɛdɒnə]

● Noch jemand zugestiegen?
Nye rejsende? [ˈnyːə ˈʁai̯sənə]

Hält dieser Zug in …?
Holder dette tog i …? [ˈhɔlˀɔ dɛdə ˈtɒːˀu i]

Wo sind wir jetzt?
Hvor er vi nu? [ˈvɒːˀ ɛɒ vi ˈnu]

Wie lange haben wir hier Aufenthalt?
Hvor længe har vi ophold her? [vɒ ˈlɛŋə haːˀ vi ˈɔbˌhɔlˀ ˈhɛːˀɒ]

Kommen wir pünktlich an?
Ankommer vi til tiden? [ˈænˌkɔmˀɔ vi tel ˈtiðˀən]

Hinweise und Informationen

Adgang forbudt	Kein Zutritt
Afgang	Abfahrt
Ankomst	Ankunft
Billetter	Fahrkarten
Damer	Damen
Fri	Frei
Garderobe	Garderobe, Gepäckaufbewahrung
Herrer	Herren
Ikke-rygere	Nichtraucher
Indgang	Eingang
Indstigning	Einstieg
Luk døren	Türe schließen
Lukket	Geschlossen
Læn dem ikke ud	Nicht hinauslehnen
Nødbremse	Notbremse
Nødudgang	Notausgang
Oplysning	Auskunft
Optaget	Besetzt
Overgang forbudt	Übergang verboten
Rygere	Raucher
Sovevogn	Schlafwagen
Spisevogn	Speisewagen
Spor	Gleis
Toiletter	Toiletten
Tryk	Drücken
Træk	Ziehen
Udgang	Ausgang
Udstigning	Ausstieg
Ventesal	Wartesaal
Åben	Geöffnet

Wortliste Eisenbahn   ▶ auch Wortliste Flugzeug

Abfahrt	afgang, -en, -e [ˈauˌɡaŋˀ]
Abfahrtszeit	afgangstid, -en, -er [ˈauɡaŋsˌtiðˀ]
Abteil	kupé, -en, -er [kuˈpeːˀ]
ankommen	ankomme, -kom, -kommet [ˈænˌkɔmˀə]
Aufenthalt	ophold, -et, - [ˈɔbˌhɔlˀ]
aussteigen	stige ud, steg, steget [ˈsdiːə ˈuðˀ]
Autoreisezug	biltog, -et, - [ˈbiːˀlˌtʰɔːˀu]
Bahn|hof	banegård, -en, -e [ˈbɛːnəˌɡɔːˀ]
~hofsrestaurant	banegårdsrestaurant, -en, -er [ˈbɛːnɡɒːsʁæsdoˌʁaŋ]
besetzt	optaget [ˈɔbˌtʰɛːəð]
D-Zug	eksprestog, -et, - [ɛɡsˈpʁæsˌtʰɔːˀu]
EC (Eurocity)	EC (Eurocity) [ˈeːseːˀ/ˈœuʁoˌsiti]
Eilzug	iltog, -et, - [ˈiːlˌtʰɔːˀu]
einsteigen	stige ind, steg, steget [ˈsdiːə ˈenˀ]
Eisenbahn	jernbane, -n, -r [ˈjɛɒnbɛːnə]
~fähre	jernbanefærge, -n, -r [ˈjɛɒnbɛːnəˌfɛɒʉə]
Ermäßigung	rabat, -ten, -ter [ʁaˈbæd]
Fahr|karte	billet, -ten, -ter [biˈlɛd]
~kartenkontrolle	billetkontrol, -len, -ler [biˈlɛdkɔnˌtʰʁʌlˀ]
~kartenschalter	billetluge, -n, -r [biˈlɛdˌluːə]
~plan	køreplan, -en, -er [ˈkøːɔˌplɛːˀn]
~preis	billetpris, -en, -er [biˈlɛdˌpʁiːˀs]
Fensterplatz	vinduesplads, -en, -er [ˈvendusˌplæs]
frei	ledig [ˈleːði]
Gang	gang, -en, -e [ɡaŋˀ]
Gepäck	bagage, -n [bæˈɡɛːsə]
~ablage	bagagehylde [bæˈɡɛːsəˌhylə]
~aufbewahrung	bagageopbevaring, -en, -er [bæˈɡɛːsəɔbbeˌvaːˀeŋ]
~schalter	bagageluge, -n, -r [ˈbæˈɡɛːsəˌluːə]
~schein	garantiseddel, -en, -sedler [ɡaʁanˈtiˌsɛðˀəl]
~schließfach	bagageboks, -en, -e [bæˈɡɛːsəˌbɔɡs]
~träger	bagagedrager, -en, -e [bæˈɡɛːsəˌdʁaːɔ]
~wagen	bagagevogn, -en, -e [bæˈɡɛːsəˌvɔʉˀn]
Gleis	spor, -et, - [sboːˀɒ]
Großraumwagen	vogn uden kupeopdeling [ˈvɔʉˀn uðən kuˈpeːˀɔbdeːˀleŋ]
Hauptbahnhof	hovedbanegård, -en, -e [ˈhoːəðbɛːnəˌɡɔːˀ]

Hochgeschwindigkeitszug	hurtigtkørende tog, -et, - ['hoɒdid̩kø:ɔnə 'tɔ:ʔu]
IC (Intercity)	IC (Intercity) ['i:se:ʔ/'endɔˌsiti]
ICE (Intercity Expreß)	ICE (Intercity expres) ['i:seˌe:ʔ/'endɔˌsiti ɛgs'pʁæs]
Interrail	interrail ['endɔˌʁɛi̯l]
Kinderfahrkarte	børnebillet, -ten, -ter ['bœɒnəbiˌlɛd]
Kurswagen	gennemgående vogn, -en, -e ['gɛnəmˌgɔ:ənə 'vɔu̯ʔn]
Liegewagenkarte	liggevognsbillet, -ten, -ter ['legəvɔu̯ʔnsbiˌlɛd]
Lokomotive	lokomotiv, -et, -er [lokomo'ti:ʔv]
Nichtraucherabteil	ikke-ryger-kupé, -en, -er ['egəˌʁy:ɔ ku'pe:ʔ]
Notbremse	nødbremse, -n, -r ['nøðˌbʁæmsə]
Platzkarte	pladsbillet, -ten, -ter ['plæsbiˌlɛd]
Raucherabteil	rygerkupé, -en, -er ['ʁy:ɔkuˌpe:ʔ]
Reservierung	reservering, -en, -er [ʁɛsɛɒ've:ɒɛŋ]
Rückfahrkarte	returbillet, -ten, -ter [ʁɛ'tu:ʔɒbiˌlɛd]
Rundreisefahrschein	turistbillet, -ten, -ter [tu'ʁisdbiˌlɛd]
Sammelfahrschein	gruppebillet, -ten, -ter ['gʁubəbiˌlɛd]
Schlafwagenkarte	sovevognsbillet, -ten, -ter ['sɔu̯əvɔu̯ʔnsbiˌlɛd]
Schnellzug	hurtigtog, -et, - ['hoɒdiˌtɔ:ʔu]
Speisewagen	spisevogn, -en, -e ['sbi:səˌvɔu̯ʔn]
Toilette	toilet, -tet, -ter [toæ'lɛd]
Wagennummer	vognnummer, -et, -numre ['vɔu̯nˌnɒmʔɔ]
Wartesaal	ventesal, -en, -e ['vɛndəˌsɛ:ʔl]
Waschraum	vaskerum, -met, - ['væsgəˌʁɒmʔ]
Zug	tog, -et, - [tɔ:ʔu]
Zuschlag	tillæg, -get, - ['teˌlɛ:ʔg]
zuschlagpflichtig	tillægspligtig ['telɛgsˌplegdi]

Thorshavn mit Halbinsel Tinganes

Schiff

Skib

Auskunft	Oplysning

Welche ist die beste
Schiffsverbindung
nach ...?

Hvilken skibsforbindelse er den bedste til ...? ['velgən 'sgibsfɔˌbenˀəlsə ɛɒ dɛn 'bɛsdə tel]

Wo/Wann fährt das
nächste Schiff/die nächste Fähre nach ... ab?

Hvor/Hvornår afgår det næste skib/
den næste færge til ...? ['vɒːˀ/vɒˈnɒːˀ 'auˌgɒːˀ de 'nɛsdə 'sgiːˀb/dɛn 'nɛsdə 'fɛɒ̯ə tel]

Wie lange dauert die
Überfahrt?

Hvor længe varer overfarten?
[vɒ 'lɛŋə vaːa 'ɔu̯ɒˌfaːˀdən]

Welche Häfen werden
angelaufen?

Hvilke havne anløber vi?
['velgə 'hau̯nə 'ænˌløːˀbɒ vi]

Wann legen wir in ... an?

Hvornår lægger vi til i ...?
[vɒˈnɒːˀ lɛgɒ vi 'tel i]

Wie lange haben wir Aufenthalt in . . ?

Hvor længe har vi ophold i ...?
[vɒ 'lɛŋə ha vi 'ɔbˌhɔlˀ i]

Ich möchte eine Schiffs-karte nach …	Jeg vil gerne have billet til … [jai vel ˈgɛɒnə hɛːˀ biˈlɛd tel]
1. Klasse	første klasse [ˈfœɒsdə ˈklæsə]
Touristenklasse	turistklasse [tuˈʁisdˌklæsə]
eine Einzelkabine	en enkeltkahyt [en ˈɛŋˀgəldkæˌhyd]
eine Zweibettkabine	en dobbeltkahyt [en ˈdɔbəldkæˌhyd]
Ich möchte eine Karte für die Rundfahrt um … Uhr.	Jeg vil gerne have en billet til rundfar-ten klokken … [jai vel gɛɒnə ˈhɛːˀ en biˈlɛd tel ˈʁɒnˌfaːˀdən klɔgən]

An Bord / Om bord

Bitte, ich suche Kabine Nr. …	Undskyld, jeg leder efter kahyt nr. … [ˈɒnˌsgylˀ jai ˈleːðɒ ɛfdɒ kæˀhyd nɒmˀɔ]
Kann ich eine andere Kabine haben?	Kan jeg få en anden kahyt? [kæ jai ˈfɔːˀ en ˈænən kæˀhyd]
Wo ist mein Koffer/mein Gepäck?	Hvor er min kuffert/min bagage? [ˈvɒːˀ ɛɒ min ˈkɒfɒd/bæˈgɛːʂə]
Wo ist der Speisesaal/der Aufenthaltsraum?	Hvor er spisesalen/opholdsrummet? [ˈvɒːˀ ɛɒ ˈsbiːsəˌsɛːˀlən/ˈɔbhɔlsˌʁɒmˀəð]
Wann wird gegessen?	Hvornår er det spisetid? [vɒˈnɒːˀ ɛɒ de ˈsbiːsəˌtiðˀ]
Steward, bringen Sie mir bitte …	Steward, vær venlig at bringe mig … [ˈsdjuːad vɛːˀɒ ˈvɛnli ɔ ˈbʁɛŋə mai]
Ich fühle mich nicht wohl.	Jeg føler mig utilpas. [jai føːˀlɔ mai ˈutelˌpæs]
Rufen Sie bitte den Schiffsarzt!	Vær venlig at tilkalde skibslægen. [vɛːˀɒ ˈvɛnli ɔ ˈtelˌkælˀə ˈsgibsˌlɛːən]
Geben Sie mir bitte ein Mittel gegen Seekrank-heit.	Vær venlig at give mig et middel mod søsyge. [vɛːˀɒ ˈvɛnli ɔ ˈgiːˀ mai ed ˈmiðˀəl moð ˈsøˌsyːə]

Wortliste Schiff ▶ auch Wortlisten Flugzeug, Eisenbahn

Anker	anker, -et, -e [ˈɑŋɡɐ]
anlaufen	anløbe, anløb, anløbet [ˈænˌløːˀbə]
anlegen in	lægge til i, lagde, lagt [ˈlɛɡə ˈtel i lɛˌlagd]
Anlegeplatz	kajplads, -en, -er [ˈkɑiˌplæs]
auslaufen	løbe ud, løb, løbet [ˈløːbə ˈuðˀ]
ausschiffen	udskibe, -ede [ˈuðˌskiːˀbə]
Backbord	bagbord [ˈbɑuˌboːˀɐ̯]
Bettkarte	køjebillet, -ten, -ter [kɔjəbiˌlɛd]
an Bord	om bord [ɔm boːˀɐ̯]
Buchung	bestilling, -en, -er [beˈsdelˀeŋ]
Bug	bov, -en, -e [bɔuˀ]
Dampfer	damper, -en, -e [ˈdambɐ]
Deck	dæk, -ket, - [dɛg]
einschiffen	indskibe, -ede [ˈenˌsgiːˀbə]
Fähre	færge, -n, r [ˈfɛɐ̯ɐ]
Auto~	bilfærge, -n, -r [ˈbiːˀlˌfɛɐ̯ɐ]
Eisenbahn~	jernbanefærge, -n, -r [ˈjɛɐ̯nbɛːnəˌfɛɐ̯ɐ]
Fahrkarte	billet, -ten, -ter [biˈlɛd]
Festland	fastland, -et, -e [ˈfæsdˌlænˀ]
Hafen	havn, -en, -e [ˈhɑuˀn]
~gebühr	havnegebyr, -et, -er [ˈhɑunəɡeˌbyːˀɐ̯]
Heck	agterende, -n, -r [ˈagdɔˌɛnə]
Jacht	yacht, -en, -er [jagd]
Kabine	kabine, -n, -r [kæˈbiːnə]
Kai	kaj, -en, -er [kɑiˀ]
Kajüte	kahyt, -ten, -ter [kæˈhyd]
Kapitän	kaptajn, -en, -er [kabˈtɑiˀn]
Knoten	knob, -en, - [knoːˀb]
Kreuzfahrt	krydstogt, -et, -er [ˈkʁysˌtɔgd]
Kurs	kurs, -en, -er [kuɐ̯ˀs]
Küste	kyst, -en, -er [køsd]
Landausflug	udflugt, -en, -er [ˈuðˌflɔgd]
Landesteg	landgangsbro, -en, -er [ˈlænɡɑŋsˌbʁoːˀ]
Leuchtturm	fyrtårn, -et, -e [ˈfyɐ̯tɒːˀn]
Luftkissenboot	luftpudebåd, -en, -e [ˈlɔfdpuːðəˌbɒːˀð]
Mannschaft	mandskab, -et, -er [ˈmænˌsgɛːˀb]
Matrose	matros, -en, -er [mæˈtʁoːˀs]
Motorboot	motorbåd, -en, -e [ˈmoːtɒbɒːˀð]
Passagier	passager, -en, -er [pæsæˈɡeːˀɐ̯]
Promenadendeck	promenadedæk, -ket, - [pʁomeˈnɛːðəˌdɛg]

Rettungs|boot	redningsbåd, -en, -e [ˈʁɛðneŋsˌboˌːʔð]
~ring	redningskrans, -en, -e [ˈʁɛðneŋsˌkʁanʔs]
Ruder	åre [ˈɒːɒ]
~boot	robåd, -en, -e [ˈʁoːʔˌboˌːʔð]
Rundfahrt	rundfart, -en, -er [ˈʁɒnˌfaːʔd]
Schwimmweste	redningsvest, -en, -e [ˈʁɛðneŋsˌvɛsd]
Seegang	søgang [ˈsøˌgaŋʔ]
seekrank	søsyg [ˈsøˌsyːʔ]
Segelboot	sejlbåd, -en, -e [ˈsajlˌboˌːʔð]
Sonnendeck	soldæk, -ket, - [ˈsoːlˌdɛg]
Steuerbord	styrbord [ˈsdyɒˌboːʔɒ]
Steward	steward [ˈsdjuːad]
Tragflächenboot	flyvebåd, -en, -e [ˈflyːvəˌboˌːʔð]
Überfahrt	overfart, -en, -er [ˈɔuɔˌfaːʔd]
Welle	bølge, -n, -r [ˈbøljə]
Zwischendeck	mellemdæk, -ket, - [ˈmɛləmˌdɛg]

An der Grenze

Ved grænsen

Paskontrol

● Ihren Paß, bitte!

Må jeg se Deres pas!
[mɔ jai̯ 'se:ˀ dɛ:ɔs 'pæs]

● Ihr Paß ist abgelaufen.

Deres pas er udløbet.
[dɛ:ɔs 'pæs ɛɐ̯ 'uðˌlø:ˀbəð]

Ich gehöre zu der Reise-
gesellschaft aus …

Jeg er med rejsegruppen fra …
[jai̯ ɛɐ̯ mɛð 'ʁai̯saˌgʁubən fʁa]

● Könnte ich bitte … für
Ihren Hund/Ihre Katze
sehen?

Må jeg se Deres hunds/Deres kats …?
[mɔ jai̯ 'se:ˀ dɛ:ɔs hunˀs/dɛ:ɔs kæds]

das amtstierärztliche
Gesundheitszeugnis

sundhedsattest ['sɔnheðsæˌtɛsd]

die Tollwutimpfbe-
scheinigung

bevis på vaccination mod hundegals-
kab [be'vi:ˀs pɔ vagsinæ'ʂo:ˀn moð
'hunəˌgɛ:lsgɛ:ˀb]

● Haben Sie ein Visum?

Har De visum? [ha:ˀ di 'vi:sɔm]

Kann ich das Visum hier
bekommen?

Kan jeg få visum her?
[kæ jai̯ fɔ:ˀ 'vi:sɔm 'hɛ:ˀɐ̯]

Toldkontrol

● Haben Sie etwas zu ver-
zollen?

Har De noget at fortolde?
[ha:ˀ di 'nɔ:əð ɔ fɔ'tɔlˀə]

Nein, ich habe nur ein
paar Geschenke.

Nej, jeg har kun et par gaver.
['nai̯ jai̯ ha 'kɔn ed pa 'gɛ:vɔ]

● Fahren Sie bitte rechts/
links heran.

Vær venlig at køre til højre/venstre.
[vɛ:ˀɐ̯ 'vɛnli ɔ 'kø:ɔ tel 'hɔi̯ʁɐ/'vɛnsdʁɐ]

● Öffnen Sie bitte den Kof-
ferraum/diesen Koffer.

Vær venlig at åbne bagagerummet/
denne kuffert. [vɛ:ˀɐ̯ 'vɛnli ɔ 'ɔ:bnə
bæ'gɛ:ʂəˌʁɔmˀəð/'dɛnə 'kɔfəd]

Muß ich das verzollen?

Skal jeg fortolde det? [sgæ jai̯ fɔ'tɔlˀə de]

Wieviel Zoll muß ich be-
zahlen?

Hvor meget skal jeg betale i told?
[vɒ 'majəð sgæ jai̯ be'tɛ:ˀlə i 'tɔlˀ]

Wortliste Grenze

Ausfuhr	eksport, -en, -er [ɛgsˈpɒːd]
Ausreise	udrejse, -n, -r [ˈuðˌʁajsə]
Bestimmungen	bestemmelser [beˈsdɛmˀəlsɔ]
Einfuhr	import, -en, -er [emˈpɒːd]
Einreise	indrejse, -n, -r [ˈenˌʁajsə]
Familien	name	efternavn, -et, -e [ˈɛfdɔˌnauˀn]
~stand	civilstand, -en [siˈviːˀlˌsdænˀ]
ledig	ugift [ˈuˌgifd]
verheiratet	gift [gifd]
verwitwet	enkemand/enke [ˈɛŋɡəˌmænˀ/ˈɛŋɡə]
Führerschein	kørekort, -et, - [ˈkøːɔˌkɒːd]
Geburts	datum	fødselsdato, -en, -er [ˈføsəlsˌdɛːto]
~name	fødselsnavn, -et, -e [ˈføsəlsˌnauˀn]
~ort	fødested, -et, -er [ˈføːðəˌsdɛð]
Grenzübergang	grænseovergang, -en, -e [ˈgʁænsəɔuˌɔgaŋˀ]
grüne Versicherungskarte	grønt forsikringskort [gʁœnd fɔˈsegʁeŋsˌkɒːd]
gültig	gyldig [ˈgyldi]
internationaler Impfpaß	internationalt vaccinationskort, -et, - [ˈendɔnæʂɔˌnɛ̝ːˀld vagsinæˈʂoːˀnsˌkɒːd]
Kinderausweis	børnepas, -set, - [ˈbœ̝ɒnəˌpæs]
Nationalitätskennzeichen	nationalitetsmærke, -n, -r [næʂɔnæliˈteːˀdsˌmɛ̝ɒg]
Paßkontrolle	paskontrol, -len, -ler [ˈpæskɔnˌtʁɒlˀ]
Personalausweis	identitetskort, -et, - [idɛntiˈteːˀdsˌkɒːd]
Reisepaß	rejsepas, -set, - [ˈʁajsəˌpæs]
Sichtvermerk	visum, -et, visa [ˈviːsɔm]
Staatsangehörigkeit	nationalitet, -en, -er [næʂɔnæliˈteːˀd]
Tollwut	hundegalskab, -en, - [ˈhunəˌgɛːlsgɛ̝ːˀb]
Visum	visum, -et, visa [ˈviːsɔm]
Vorname	fornavn, -et, -e [ˈfɒːˌnauˀn]
Wohnort	bopæl, -en, -e [ˈboˌpɛːˀl]
Zoll	told, -en [tɔlˀ]
~amt	toldkontor, -et, -er [ˈtɔlkɔnˌtoːˀɒ]
~beamter	tolder, -en, -e [ˈtɔlɔ]
~frei	toldfri [ˈtɔlˌfʁiːˀ]
~gebühren	toldafgift, -en, -er [ˈtɔlˌauˌgifd]
~kontrolle	toldkontrol, -len, -ler [ˈtɔlkɔnˌtʁɒlˀ]
~pflichtig	toldpligtig [ˈtɔlˌplegdi]

Nahverkehrsmittel

Lokaltrafik

Welcher Bus/Welche U-Bahnlinie fährt nach ...?	Hvad for en bus/hvad for et S-tog kører til ... [væð fɔ en ˈbus/ed ˈɛsˌtɔːˀu̯ køːɔ tel]
Bitte, wo ist die nächste ...	Undskyld, hvor er det nærmeste ... [ˈɔnˌsgyl ˈvɒːˀ ɛɒ de ˈnɛɒ̯məsdə]
Bushaltestelle?	busstoppested? [ˈbussdɔbəˌsdɛð]
U-Bahnstation?	S-togstation? [ˈɛstɔːˀu̯sdæˌsoːˀn]
Welche Linie fährt nach ...?	Hvilken linie kører til ...? [ˈvelgən ˈlinjə køːɔ tel]
Ist dies der richtige Bus nach ...?	Er det her den rigtige bus til ...? [ɛɒ de hɛːˀɒ dɛn ˈʁɛgdiːə bus tel]
Wann/Wo fährt der Bus ab?	Hvornår/Hvorfra kører bussen? [vɒˈnɒːˀ/ˈvɒːˀfʁaːˀ køːɔ ˈbusən]
Wann fährt die erste/letzte U-Bahn nach ...?	Hvornår kører det første/sidste s-tog til ...? [vɒˈnɒːˀ køːɔ dɛn ˈfœɒsdə/ˈsisdə ˈɛsˌtɔːˀu̯ tel]
In welche Richtung muß ich fahren?	Hvad for en retning skal jeg køre i? [væð fɔ en ˈʁædneŋ sgæ jai̯ ˈkøːɔ i]
Wie viele Haltestellen sind es?	Hvor mange stoppesteder er der? [vɒ ˈmaŋə ˈsdɔbəˌstɛːðɒ ɛɒ dɔ]
Wo muß ich aussteigen/ umsteigen?	Hvor skal jeg stige ud/skifte? [ˈvɒːˀ sgæ jai̯ sdiːə ˈuð/ˈsgifdə]
Geben Sie mir bitte Bescheid, wenn ich aussteigen muß.	Vær venlig at sige til, når jeg skal af. [vɛːɒ ˈvɛnli ɔ siːə ˈtel ˈnɒːˀ jai̯ sgæ ˈɛːˀ]
Wo kann ich den Fahrschein kaufen?	Hvor kan jeg købe billet? [ˈvɒːˀ kæ jai̯ ˈkøːbə biˈlɛd]
Bitte, einen Fahrschein nach ...	En billet til ..., tak. [en biˈlɛd tel ... ˈtag]
Gibt es auch Mehrfahrten-/Wochenkarten?	Er der klippekort/ugekort? [ɛɒ dɔ ˈklebəˌkɒːd/ˈuːəˌkɒːd]

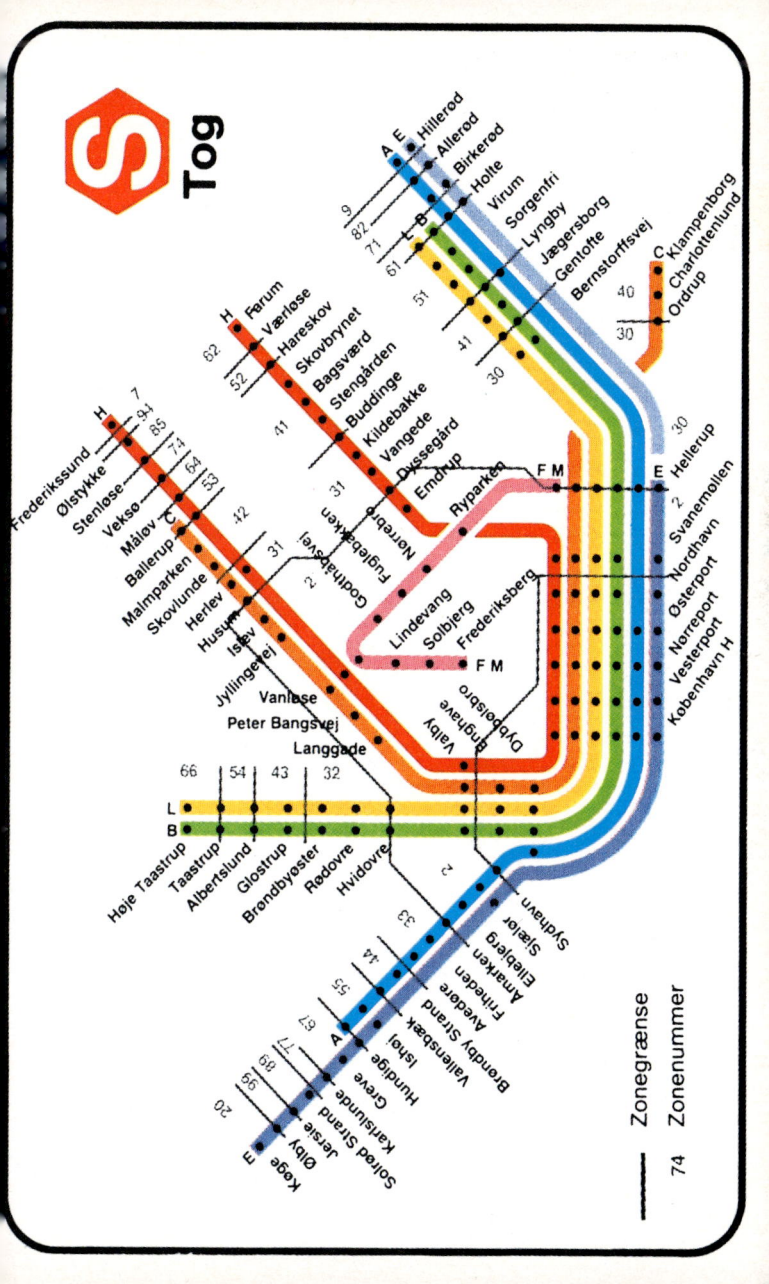

Taxi

Taxi

Wo ist der nächste Taxi-stand?	Hvor er den nærmeste taxaholde-plads? [ˈvɒːˀ ɛɒ dɛn ˈnɛɒməsdə ˈtagsæˌhɔləplæs]
Zum Bahnhof.	Til banegården. [tel ˈbɛːnəˌgɒːˀɒn]
Zum ... Hotel.	Til hotel ... [tel hoˈtɛlˀ ...]
In die ...-Straße.	Til ... gade/vej. [tel ... ˈgɛːðə/ˈvaiˀ]
Nach ..., bitte.	Til ... tak. [tel ... ˈtag]
Wieviel kostet es nach ...?	Hvor meget koster det til ...? [vɒ ˈmaiəð ˈkɔsdɒ de tel]
Halten Sie bitte hier.	De må gerne holde her. Tak. [di mɒ ˈgɛɒnə ˈhɔlə ˈhɛːˀɒ]
Warten Sie bitte. Ich bin in 5 Minuten zurück.	Vær venlig at vente. Jeg er tilbage om 5 minutter. [vɛːˀɒ ˈvɛnli ɔ ˈvɛndə jai ɛɒ teˈbɛːɒ ɔm ˈfɛmˀ miˈnudɒ]
Das ist für Sie.	Det er til Dem. [de ɛɒ tel ˈdɛm]

Zu Fuß

Til fods

Bitte, wo ist ...?	Undskyld, hvor er ...? [ˈɒnˌsgylˀ ˈvɒːˀ ɛɒ]
Können Sie mir sagen, wie ich nach ... komme?	Kan De sige mig, hvordan jeg kommer til ...? [kæ di ˈsiːə mai vɒˈdæn jai ˈkɔmˀɔ tel]
• Tut mir leid, das weiß ich nicht.	Det ved jeg desværre ikke. [de ˈveːˀð jai desˈvɛːɒ ˈegə]
Welches ist der kürzeste Weg nach/zu ...?	Hvilken vej er den korteste til ...? [ˈvelgən vaiˀ ɛɒ dɛn ˈkɒːdəsdə tel]
Wie weit ist es zum/zur ...?	Hvor langt er der til ...? [vɒ ˈlaŋˀd ɛɒ dɒ tel]
• Es ist (nicht) weit.	Der er (ikke) langt. [dɒ ɛɒ (ˈegə) ˈlaŋˀd]

- Es ist ganz in der Nähe.

  Det er lige i nærheden.
  [de ɛɒ̯ ˈliːə i ˈnɛɒ̯ˌheːˀðən]

- Gehen Sie geradeaus/
  nach links/nach rechts.

  De skal gå lige ud/dreje til venstre/
  højre. [di sgæ gɒ̯ ˈliːə ˈuðˀ ˈdʁajə tel
  ˈvɛnsdʁɒ/ˈhɔjʁɒ]

- Erste/Zweite Straße
  links/rechts.

  Første/Anden gade til venstre/højre.
  [ˈfœɒ̯sdə/ˈænən gɛːðə tel ˈvɛnsdʁɒ/ˈhɔjʁɒ]

- Überqueren Sie …
    die Brücke.
    den Platz.
    die Straße.

  De skal gå over … [di sgæ ˈgɒ̯ːˀ ɔu̯ˀɔ]
    broen. [ˈbʁoːˀən]
    pladsen. [ˈplæsən]
    gaden. [ˈgɛːðən]

- Dann fragen Sie noch
  einmal.

  Så spørger De igen. [sɔ ˈsbœɒ̯ɒ di iˈgɛn]

- Sie können es nicht ver-
  fehlen.

  Det er ikke til at tage fejl af.
  [de ɛɒ̯ ˈegə tel ɔ tɛːˀ ˈfajˀl æ]

- Sie können … nehmen.
    den Bus
    die Straßenbahn
    die S-Bahn
    die U-Bahn
    den Obus

  De kan tage … [di kæ ˈtɛːˀ]
    bussen. [ˈbusən]
    sporvogn. [ˈsbɒɒ̯vɒu̯ˀn]
    S-toget. [ˈɛsˌtoːˀu̯əð]
    S-toget. [ˈɛsˌtoːˀu̯əð]
    trolleybus. [ˈtʁɒliˌbus]

Wortliste Unterwegs in der Stadt

abfahren	starte, -ede [ˈsdaːdə]
Abfahrt	afgang, -en, -e [ˈau̯ˌgaŋˀ]
ausrufen	annoncere [ænɒŋˈseːˀɔ]
aussteigen	stige ud, steg, steget [ˈsdiːə ˈuðˀ]
Bus	bus, -sen, -ser [bus]
~bahnhof	rutebilstation [ˈʁuːdəbiːˀlsdæˌsoːˀn]
einsteigen	stige ind, steg, steget [ˈsdiːə ˈenˀ]
Endstation	endestation, -en, -er [ˈɛnəsdæˌsoːˀn]
entwerten	stemple [ˈsdɛmblə]
Fahr|er	chauffør, -en, -er [ʃoˈføːˀ]
~kartenautomat	billetautomat, -en, -er [biˈlɛdau̯toˌmɛːˀd]
~plan	køreplan, -en, -er [ˈkøːɔˌplɛːˀn]
~preis	billetpris, -en, -er [biˈlɛdˌpʁiːˀs]
~schein	billet, -ten, -ter [biˈlɛd]
~scheinentwerter	stempelur, -et, -e [ˈsdɛmˀbəlˌuːˀɒ]

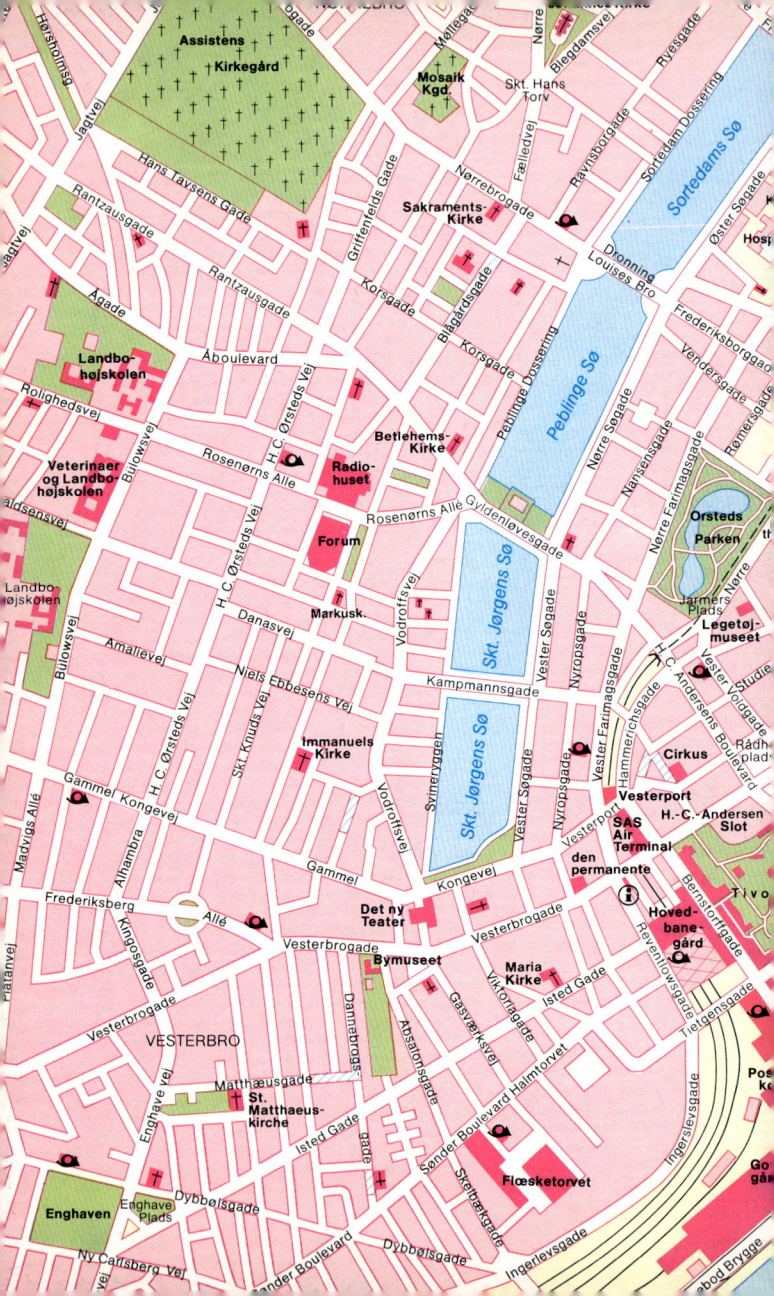

KOPENHAGEN

Fußgängerzone	gågade, -n, -r [ˈgɒːˀˌgɛːðə]
Gasse	stræde, -t, -r [ˈsdʁɛːðə]
Gebäude	bygning, -en, -er [ˈbygneŋ]
Gehsteig	fortov, -et, -e [ˈfɒːˌtʌʊ]
halten	holde, holdt [ˈhʌlə]
Haltestelle	stoppested, -et, -er [ˈsdɔbəˌsdɛð]
Hauptstraße	hovedgade, -n, -r [ˈhoːəðˌgɛːðə]
Haus	hus, -et, -e [ˈhuːˀs]
~nummer	husnummer, -et, -re [ˈhusˌnɔmˀɒ]
Innenstadt	den indre by [dɛn ˈendʁɒ byːˀ]
Kilometerpreis	kilometerpris [kiloˈmeːˀdɒˌpʁiːˀs]
Kirche	kirke, -n, -r [ˈkiɒgə]
Knopf drücken	trykke på knappen, -ede [ˈtʁøgə pɒ ˈknabən]
Kontrolleur	kontrollør, -en, -er [kɒntʁoˈløːˀɒ]
lösen *(Fahrschein)*	købe, -te [ˈkøːbə biˈlɛd]
Nahverkehrszug	lokaltog, -et, - [loˈkɛːˀlˌtɒːˀʊ]
Nebenstraße	sidegade, -n, -r [ˈsiːðəˌgɛːðə]
Netzkarte	netkort, -et, - [ˈnɛdˌkɒːd]
Park	park, -en, -er [paːg]
Pauschalpreis	rabatpris, -en, -er [ʁaˈbædˌpʁiːˀs]
Quittung	kvittering, -en, -er [kviˈteːˀɒeŋ]
Richtung	retning, -en, -er [ˈʁædneŋ]
S-Bahn	S-tog, -et, - [ˈɛsˌtɒːˀʊ]
Schaffner	konduktør, -en, -er [kɒndugˈtøːˀɒ]
Stadt | bus	bybus, -sen, -ser [ˈbyˌbus]
~rundfahrt	byrundtur, -en, -er [ˈbyʁɒnˌtuːˀɒ]
Stadt | teil	bydel, -en, -e [ˈbyˌdeːˀl]
~zentrum	bymidte, -n [ˈbyˌmeðə]
Straße	gade, -n, -r [ˈgɛːðə]
Straßenbahn	sporvogn, -en, -e [ˈsboɒˌvʌʊˀn]
Tageskarte	endagsbillet, -ten, -ter [ˈeːˀndɛːˀsbilˌlɛd]
Taxi | fahrer	taxachauffør, -en, -er [ˈtagsæʃoˌføːɒ]
~stand	taxiholdeplads, -en, -er [ˈtagsiˌhɔləplæs]
Trinkgeld	drikkepenge *pl* [ˈdʁegəˌpɛŋə]
U-Bahn	S-tog, -et, - [ˈɛsˌtɒːˀʊ]
Überlandbus	fjernbus, -sen, -ser [ˈfjɛɒnˌbus]
Vorort	forstad, -en, -stæder [ˈfɒːˌsdæð]
Wochenkarte	ugekart, -et, - [ˈuːəˌkɒːd]
Zahnradbahn	tandhjulsbane, -n, -r [ˈtænjuːˀlsˌbɛːnə]
Zeitkarte	abonnementskort, -et, - [abonəˈmaŋsˌkɒːd]

4 **Unterkunft**
Tag over hovedet

Auskunft

Information

Können Sie mir bitte ... empfehlen?
   ein gutes Hotel
   ein einfaches Hotel
   eine Pension
   ein Privatzimmer

Kunne De anbefale mig ...
[ku di ˈænbeˌfɛːˈlə mai]
   et godt hotel? [ed ɡɔd hoˈtɛlˀ]
   et billigt hotel? [ed ˈbilid hoˈtɛlˀ]
   et pensionat? [et paŋsoˈnɛːˀd]
   et værelse hos nogle privat?
   [ed ˈvɛɒlsə hos noːlə pʁiˈvɛːˀd]

Ist es zentral/ruhig/in Strandnähe gelegen?

Er det centralt/roligt/i nærheden af stranden? [ɛɒ de sɛnˈtʁaːld/ˈʁoːlid/i ˈnɛɒˌheːˀðən æ ˈsdʁanˀən]

Was wird eine Übernachtung etwa kosten?

Hvad vil en overnatning cirka koste? [ˈvæð vel en ˈɔuɒˌnædneŋ siɒkæ ˈkɔsdə]

Gibt es hier eine Jugendherberge/einen Campingplatz?

Er der et vandrehjem/en campingplads her? [ɛɒ dɔ ed ˈvandʁoˌjɛmˀ/en ˈkambeŋˌplæs ˈhɛːˀɒ]

Hotel/Pension/Privatzimmer

Hotel/Pension/Privatværelse

An der Rezeption

Ved receptionen

Ich habe bei Ihnen ein Zimmer reserviert. Mein Name ist ...

Jeg har reserveret et værelse her. Mit navn er ... [jai ha ʁesɛɒˈveːˀɒð ed ˈvɛɒlsə ˈhɛːˀɒ mid ˈnauˀn ɛɒ]

Haben Sie noch Zimmer frei?
   ... für eine Nacht.
   ... für zwei Tage/eine Woche.

Har De ledige værelser?
[haːˀ di ˈleːðiːə ˈvɛɒlsɒ]
   ... for en nat. [fɔ ˈeːˀn næd]
   ... for to dage/for en uge.
   [fɔ ˈtoːˀ ˈdɛːə/fɔ en ˈuːə]

• Nein, wir sind leider vollständig belegt.

Nej, alt er desværre optaget. [ˈnaiˀ ˈæld ɛɒ desˈvɛːɒ ˈɔbˌtɛːˀð]

• Ja, was für ein Zimmer wünschen Sie?
   ein Einzelzimmer
   ein Zweibettzimmer

Ja, hvad slags værelse ønsker De? [jæ ˈvæð slags ˈvɛɒlsə ˈønsɡo di]
   et enkeltværelse [ed ˈɛŋˀɡəldˌvɛɒlsə]
   et dobbeltværelse [ed ˈdɔbəldˌvɛɒlsə]

ein Zweibettzimmer, aber bitte nicht mit einem französischen Bett	et dobbeltværelse, men helst ikke med dobbeltseng, tak. [ed ˈdɔbəld ˌvɛɒ̯lsə mɛn ˈhɛlˀsd ˈegə mɛ ˈdɔbəldˌsɛŋˀ ˈtag]
ein ruhiges Zimmer	et roligt værelse [ed ˈʁoːlid ˈvɛɒ̯lsə]
ein sonniges Zimmer	et solrigt værelse [ed ˈsoːlˌʁiˀd ˈvɛɒ̯lsə]
mit fließend Kalt- und Warmwasser	med koldt og varmt vand [mɛ ˈkɔlˀd ɔ ˈvaːˀmd ˈvænˀ]
mit Dusche	med brusebad [mɛ ˈbʁuːsəˌbæð]
mit Bad	med bad [mɛ ˈbæð]
mit Balkon/Terrasse	med balkon/terrasse [mɛ bælˈkɔŋ/tɕˈʁasə]
mit Blick aufs Meer	med udsigt over havet [mɛ ˈuðˌsegd ɔuˀɔ ˈhɛːˀvəð]
straßenseitig gelegen	mod gaden [moð ˈgɛːðən]
hofseitig gelegen	mod gården [moð ˈgɒːˀn]
Kann ich das Zimmer ansehen?	Kan jeg få værelset at se? [kæ jai fɒ ˈvɛɒ̯lsəð ɔ ˈseːˀ]
Dieses Zimmer gefällt mir nicht. Zeigen Sie mir bitte ein anderes.	Dette værelse synes jeg ikke om. Vær venlig at vise mig et andet. [ˈdɛdə ˈvɛɒ̯lsə syːnˀs jai ˈegə ˈɔmˀ. vɛːˀɒ̯ ˈvɛnli ɔ ˈviːsə mai ed ˈænəð]
Dieses Zimmer ist sehr hübsch. Ich nehme es.	Dette værelse er meget pænt. Jeg tager det. [ˈdɛdə ˈvɛɒ̯lsə ɛɒ̯ ˈmajəð pɛːˀnd. jai ˈtaːˀ de]
Können Sie noch ein drittes Bett/Kinderbett dazustellen?	Er det muligt at få en tredje seng/en barneseng stillet op? [ɛɒ̯ de ˈmuːlid ɔ fɒːˀ en ˈtʁɛðjə ˈsɛŋˀ/en ˈbɒɒ̯nəˌsɛŋˀ sdeləð ˈɔb]
Was kostet das Zimmer mit … Frühstück? Halbpension? Vollpension?	Hvad koster værelset med … [ˈvæð ˈkɔsdɒ ˈvɛɒ̯lsəð mɛ] morgenmad? [ˈmɒːɒnˌmæð] halvpension? [ˈhælpaŋˌɕoːˀn] helpension? [ˈheːlpaŋˌɕoːˀn]
● Wollen Sie bitte den Anmeldeschein ausfüllen?	Vil De være venlig at udfylde registreringspapirerne? [vel di vɛːɒ̯ ˈvɛnli ɔ ˈuðˌfylˀə ʁegiˈsdʁɛːˀɒ̯ŋspæˌpiːˀɒnə]
● Darf ich Ihren Reisepaß/Personalausweis sehen?	Må jeg se Deres pas/identitetskort? [mɒ jai ˈseːˀ dɛːɔs ˈpæs/idɛntiˈteːˀdsˌkɒːd]
Bitte lassen Sie das Gepäck auf mein Zimmer bringen.	Vær venlig at bringe bagagen op på mit værelse. [vɛːˀɒ̯ ˈvɛnli ɔ ˈbʁɛŋə bæˈgɛːˌɕən ˈɔb pɒ mid ˈvɛɒ̯lsə]

Wo kann ich den Wagen abstellen?
Hvor kan jeg stille bilen?
[ˈvɒːˀ kæ jai ˈsdelə ˈbiːˀlən]

● In unserer Garage./Auf unserem Parkplatz.
I vores garage./På vores parkerings-plads. [i vɒːɒs gaˈʁaːsə/pɒ vɒːɒs paˈkeːˀɒeŋsˌplæs]

Hat das Hotel ein Schwimmbad/einen eigenen Strand?
Har hotellet en swimming pool/egen strand? [ˈhaːˀ hoˈtɛlˀəð en ˈsvemeŋˌpuːl/ ˈajən ˈsdʁanˀ]

Gespräche mit dem Hotelpersonal
Samtaler med hotelpersonalet

Ab wann gibt es Früh-stück?
Fra hvornår er der morgenmad?
[fʁa vɒˈnɒːˀ ɛɒ dɔ ˈmɒːɒnˌmæð]

Wann sind die Essenszeiten?
Hvornår er måltiderne?
[vɒˈnɒːˀ ɛɒ ˈmɔlˌtiːðɒnə]

Wo ist der Speisesaal?
Hvor er spisesalen?
[ˈvɒːˀ ɛɒ ˈsbiːsəˌseˀlən]

Wo kann man frühstük-ken?
Hvor kan man spise morgenmad?
[ˈvɒːˀ kæ mæn ˈsbiːsə ˈmɒːɒnˌmæð]

Eine Treppe tiefer.
En etage længere nede.
[eːˀn eˈtɛːɕə ˈlɛŋɒ ˈneːðə]

● Sollen wir Ihnen das Frühstück aufs Zimmer schicken?
Skal vi bringe morgenmaden op på Deres værelse? [sgæ vi ˈbʁæŋə ˈmɒːɒnˌmɛːˀðən ˀɔb pɒ dɛːɔs ˈvɛɒlsə]

Schicken Sie mir bitte das Frühstück um … Uhr aufs Zimmer.
Vær venlig at bringe morgenmaden op på værelset klokken … [vɛːˀɒ ˈvɛnli ɔ ˈbʁæŋə ˈmɒːɒnˌmɛːˀðən ˀɔb pɒ ˈvˀɛɒlsəð klɔgən]

Zum Frühstück nehme ich …
Til morgenmad tager jeg …
[tel ˈmɒːɒnˌmæð taːˀ jai]

    schwarzen Kaffee.
    sort kaffe. [ˈsoɒd ˈkafə]

    Kaffee mit Milch.
    kaffe med mælk. [ˈkafə mɛ ˈmɛlˀg]

    koffeinfreien Kaffee.
    koffeinfri kaffe. [kɔfeˈiːˀnˌfʁiːˀ ˈkafə]

    Tee mit Milch/Zitrone.
    te med mælk/citron.
    [teːˀ mɛ ˈmɛlˀg/siˈtʁoːˀn]

    einen Kräutertee.
    urtete. [ˈuɒdəˌteːˀ]

    Schokolade.
    chokolade. [ɕogoˈlɛːðə]

    einen Fruchtsaft.
    frugtsaft. [ˈfʁʊgdˌsafd]

ein weiches Ei.	et blødkogt æg. [ed ˈbløðˌkɔgd ɛːˀg]
Rühreier.	røræg. [ˈʁœɐˌɛːˀg]
Eier mit Speck.	bacon og æg. [ˈbɛjkɔn ɔu ˈɛːˀg]
Brot/Brötchen/Toast.	brød/rundstykker/ristet brød.
	[ˈbʁœːˀð/ˈʁɔnˌsdøgɐ/ˈʁɛsdəð bʁœːˀð]
ein Hörnchen.	et horn. [ed ˈhoɐˀn]
Butter.	smør. [ˈsmœɐ]
Käse.	ost. [ˈɔsd]
Wurst.	pølse. [ˈpølsə]
Schinken.	skinke. [ˈsgeŋɡə]
Honig.	honning. [ˈhɔneŋ]
Marmelade.	marmelade. [mamɐˈlɛːðə]
ein Müsli.	mysli. [ˈmysli]
ein Joghurt.	yoghurt. [ˈjoˌguɐˀd]
etwas Obst.	noget frugt. [ˈnɔːəð ˈfʁɔgd]

Könnte ich für morgen ein Lunchpaket bekommen?
Kan jeg få en madpakke i morgen? [kæ jaj fɔːˀ en ˈmæðˌpagə i ˈmɔːɔn]

Wecken Sie mich bitte morgen früh um … Uhr.
Vær venlig at vække mig i morgen tidlig klokken … [vɛːˀɒ ˈvɛnli ɔ ˈvɛgə maj i ˈmɔːɔn ˈtiːðli klɔgən]

Würden Sie mir bitte … bringen?
Vil De være venlig at bringe mig … [vel di vɛːɒ ˈvɛnli ɔ ˈbʁɛŋə maj]
  noch ein Handtuch
  et håndklæde mere? [ed ˈhɔnˌklɛːðə ˈmeːɔ]
  ein Stück Seife
  et stykke sæbe? [ed sdøgə ˈsɛːbə]
  einige Kleiderbügel
  nogle bøjler? [nɔːlə ˈbɔjlɔ]

Wie funktioniert …?
Hvordan fungerer …? [vɒˈdæn fɒŋˈgeːˀɔ]

Bitte meinen Schlüssel.
Jeg vil gerne have min nøgle. [jaj vel gɛɒnə ˈhɛːˀ min ˈnɔjlə]

Hat jemand nach mir gefragt?
Har nogen spurgt efter mig? [ha noːən ˈsbuɒˀd ˈɛfdɔ maj]

Ist Post für mich da?
Er der post til mig? [ɛɒ dɔ ˈpɔsd tel maj]

Haben Sie Ansichtskarten/Briefmarken?
Har De postkort/frimærker? [haːˀ di ˈpɔsdˌkɒːd/ˈfʁiˌmɛɒgɔ]

Wo kann ich diesen Brief einwerfen?
Hvor kan jeg poste dette brev? [ˈvɒːˀ kæ jaj ˈpɔsdə dɛdə ˈbʁɛːˀv]

Wo kann ich … mieten/ausleihen?
Hvor kan jeg leje/låne …? [ˈvɒːˀ kæ jaj ˈlajə/ˈlɔːnə]

Wo kann ich telefonieren?

Hvor kan jeg telefonere?
['vɒ:ˀ kæ jai teləfo'ne:ˀɔ]

Kann ich meine Wertsachen bei Ihnen in den Safe geben?

Kan jeg få opbevaret mine værdisager i Deres boks? [kæ jai fɒ ˀɔbbeˌva:að mi:nə vɛɒ'diˌsɛ:ɔ i 'dɛ:ɔs 'bɔgs]

Kann ich meine Sachen hier lassen, bis ich wiederkomme?

Kan jeg lade mine sager blive her, til jeg kommer igen? [kæ jai læ mi:nə 'sɛ:ɔ bli:ə 'hɛ:ˀɒ tel jai 'kɔmˀɔ i'gɛn]

Beanstandungen   Klager

Das Zimmer ist nicht gereinigt worden.

Værelset er ikke blevet ordnet.
['vɛɒɔlsəð ɛɒ 'egə ble:əð 'ɒ:dnəð]

Die Dusche ...
Die Spülung ...
Die Heizung ...
Das Licht ...
Das Radio ...
Der Fernseher ...
   funktioniert nicht.

Bruseren ... ['bʁu:sɔɔn]
Udskylningen ... ['uð ˌsgøl'neŋən]
Varmeapparatet ... [va:məabaˌʁa:ˀdəð]
Lyset ...['ly:ˀsəð]
Radioen ... ['ʁa:ˀdio:ˀən]
Fjernsynet ...['fjɛɒnˌsy:ˀnəð]
   virker ikke. ['viɒgɔ 'egə]

Der Wasserhahn tropft.

Vandhanen drypper. ['vænˌhɛ:nən dʁœbɔ]

Es kommt kein (warmes) Wasser.

Der kommer ikke noget (varmt) vand.
[dɔ kɔmˀɔ 'egə nɒ:əð (va:ˀmd) 'vænˀ]

Die Toilette/Das Waschbecken ist verstopft.

Toilettet/Vaskekummen er tilstoppet.
[toæ'lɛdəð/'væsgəˌkɒmən ɛɒ 'telˌsdɔbəð]

Das Fenster schließt nicht/geht nicht auf.

Vinduet kan ikke lukkes i/lukkes op.
['venˌdu:əð kæ 'egə lɒgəs 'i/lɒgəs 'ɔb]

Der Schlüssel paßt nicht.

Nøglen passer ikke. ['nɔilən pæsɔ 'egə]

Abreise   Afrejse

Ich reise heute abend/morgen um ... Uhr ab.

Jeg rejser i aften/i morgen klokken ...
[jai 'ʁaisɔ i'afdən/i'mɒ:ɒn klɔgən]

Bis wann muß ich das Zimmer räumen?

Hvornår skal jeg være ude af værelset?
[vɒ'nɒ:ˀ sgæ jai vɛ:ɔ 'u:ðə æ 'vɛɒɔlsəð]

Machen Sie bitte die Rechnung fertig.

Vil De være venlig at gøre min regning færdig? [vel di vɛ:ɔ 'vɛnli ɔ 'gœ:ɔ min ˌʁaineŋ 'fɛɒdi]

Getrennte Rechnungen bitte.	Regningerne hver for sig, tak. [ˈʁajneŋɔnə ˈvɛːˀɒ fɔ ˈsaj ˈtag]
Nehmen Sie deutsches Geld/Euroschecks?	Tager De tyske penge/Eurochecks? [ˈtaːˀ di ˈtysgə ˈpɛŋə/ˈœuʁoˌsɛgs]
Bitte senden Sie noch ankommende Post an diese Adresse nach.	Vær venlig at eftersende posten til denne adresse. [vɛːˀɒ ˈvɛnli ɔ ˈɛfdɔˌsɛnˀə ˈpɔsdən tel ˈdɛnə æˈdʁæsə]
Lassen Sie bitte mein Ge-päck herunterbringen.	Vær venlig at bringe min bagage ned. [vɛːˀɒ ˈvɛnli ɔ ˈbʁɛŋə min bæˈgɛːʃə ˈneðˀ]
Lassen Sie bitte mein Ge-päck zum Bahnhof/zum Air Terminal bringen.	Vær venlig at bringe min bagage til banegården/lufthavnsterminalen. [vɛːˀɒ ˈvɛnli ɔ ˈbʁɛŋə min bæˈgɛːʃə tel ˈbɛːnəˌgɒːˀɒn/ˈlɔfdˌhauns.tɛɒmiˈnɛːˀlən]
Rufen Sie mir bitte ein Taxi.	Vær venlig at ringe efter en taxa. [vɛːˀɒ ˈvɛnli ɔ ˈʁɛŋə ɛfdɔ en ˈtagsæː]
Vielen Dank für alles. Auf Wiedersehen.	Mange tak for alt. Farvel. [ˈmaŋə ˈtag fɔ ˈæld. faˈvɛl]

Wortliste Hotel/Pension/Privatzimmer

Abendessen	aftensmad, -en [ˈafdənsˌmæð]
Animationsprogramm	unterholdningsprogram, -met, -mer [ˈɔnhɔlˀneŋspʁoˌgʁamˀ]
Anmeldung	indskrivning, -en, -er [ˈenˌsgʁiːˀvneŋ]
Aschenbecher	askebæger, -et, -e [ˈæsgəˌbɛːɔ]
Aufenthaltsraum	opholdsstue, -n, -r [ˈɔbhɔlsˌsduːə]
Aufzug	elevator, -en, -er [eləˈvɛːtɒ]
Bade|wanne	badekar, -ret, - [ˈbɛːðəˌka]
~zimmer	badeværelse, -t, -r [ˈbɛːðəˌvɛɒɔlsə]
Balkon	balkon, -en, -er [bælˈkɔŋ]
Bett	seng, -en, -e [sɛŋˀ]
~decke	sengetæppe, -t, -r [ˈsɛŋəˌtɛbə]
~laken	sengelagen, -et, -er [ˈsɛŋəˌlɛːˀən]
~wäsche	sengetøj, -et, - [ˈsɛŋəˌtɔj]
Bidet	bidet, -et, - [biˈde]
Dusche	brusebad, -et, -e [ˈbʁuːsəˌbæð]
Empfangshalle	reception, -en, -er [ʁɛsɛbˈsoːˀn]
Etage	etage, -n, -r [eˈtɛːˀsə]
Fenster	vindue, -t, -r [ˈvendu]
Fernseher	fjernsyn, -et, - [ˈfjɛɒnˌsyːˀn]

Fernsehraum	fjernsynsstue, -n, -r	['fjɛɒnsynsˌsduːə]
Frühstück	morgenmad, -en	['mɒːɒnˌmæð]
Frühstücks|büfett	morgenmadsbuffet, -ten, -ter	['mɒːɒnmæðsbyˌfe]
~raum	morgenmadssal, -en, -e	['mɒːɒnmæðsˌsɛːʔl]
Grillabend	grillaften, -en, -aftner	['gʁilˌafdən]
Halbpension	halvpension	['hælpaŋˌsoːʔn]
Handtuch	håndklæde, -t, -r	['hɔnˌklɛːðə]
Hauptsaison	højsæson, -en, -er	['hoisɛˌsɔŋ]
Hausbar	bar, -en, -er	[baːʔ]
Heizung	varme, -n	['vaːmə]
Kategorie	kategori, -en, -er	[kædəgoˈʁiːʔ]
Kinder|betreuung	børnepasning, -en	['bœɒnəˌpæsneŋ]
~bett	barneseng, -en, -e	['baːnəˌsɛŋʔ]
~spielplatz	legeplads, -en, -er	['lajəˌplæs]
Kleiderbügel	bøjle, -n, -r	['bɔjlə]
Klimaanlage	klimaanlæg, -get, -	['kliːmæˌænlɛːʔg]
Kopfkissen	hovedpude, -n, -r	['hoːəðˌpuːðə]
Kost und Logis	kost og logi	['kɔsd ɔ loˈɕiːʔ]
Lampe	lampe, -n, -r	['lambə]
Lichtschalter	lyskontakt, -en, -er	['lyskɔnˌtagd]
Matratze	madras, -sen, -ser	[mæˈdʁas]
Minibar	minibar, -en, -er	['miniˌbaːʔ]
Mittagessen	middagsmad, -en	['medæsˌmæð]
Motel	motel, -let, -ler	[moˈtɛlʔ]
Nachsaison	eftersæson, -en, -er	['ɛfdɒsɛˌsɔŋ]
Nachttisch	natbord, -et, -e	['næðˌboːʔɒ]
~lampe	natlampe, -n, -r	['næðˌlambə]
Nackenrolle	nakkepølle, -n, -r	['nagəˌpølə]
Papierkorb	papirkurv, -en, -e	[pæˈpiːʔɒˌkuɒʔv]
Pension	pension, -en, -er	[paŋˈsoːʔn]
Planschbecken	soppebassin, -et, -er	['sɔbəbæˌsɛŋ]
Poolbar	poolbar, -en, -er	['puːlˌbaːʔ]
Portier	portier, -en, -er	[pɒˈtje]
Radio	radio, -en, -er	['ʁaːʔdio]
reinigen	rense, -ede	['ʁɛnsə]
Reservierung	reservering, -en, -er	[ʁɛsɛɒˈveːʔɒeŋ]
Rezeption	reception, -en, -er	[ʁɛsɛbˈsoːʔn]
Safe	boks, -en, -e	[bɔgs]
Schlüssel	nøgle, -n, -r	['nɔjlə]
Schrank	skab, -et, -e	[sgɛːʔb]
Sessel	lænestol, -en, -e	['lɛːnəˌsdoːʔl]
Speisesaal	spisesal, -en, -e	['sbiːsəˌsɛːʔl]

Spiegel	spejl, -et, -e [sbaiˀl]
Steckdose	stikkontakt, -en, -er [ˈsdegkɔnˌtagd]
Stecker	stik, -ket, - [sdeg]
Terrasse	terrasse, -n, -r [tɕˈʁasə]
Toilette	toilet, -tet, -ter [toæˈlɛd]
Toilettenpapier	toiletpapir, -et [toæˈlɛdpæˌpiːˀɐ̯]
Transferbus	transferbus, -sen, -ser [tʁansˈfeːˀɐ̯ˌbus]
Übernachtung	overnatning, -en, -er [ˈɔʊ̯ɔˌnædneŋ]
Ventilator	ventilator, -en, -er [vɛntiˈlɛːtɔ]
Verlängerungs|schnur	forlængerledning, -en, -er [fɔˈlɛŋˀɔˌleðneŋ]
~woche	en uge mere [en ˈuːə ˈmeːɔ]
Vollpension	helpension [ˈheːlpaŋˌsoːˀn]
Vorsaison	forsæson, -en, -er [ˈfɔːsɛˌsɔŋ]
Waschbecken	vaskekumme, -n, -r [ˈvæsgəˌkɔmə]
Wäschewechsel	skift, -et, - af sengetøj [sgifd æ ˈsɛŋəˌtɔi]
Wasser	vand, -et, -e [vænˀ]
kaltes ~	koldt vand [kɔlˀd vænˀ]
warmes ~	varmt vand [vaːˀmd vænˀ]
~glas	vandglas, -set, - [ˈvænˌglæs]
~hahn	vandhane, -n, -r [ˈvænˌhɛːnə]
Wolldecke	uldtæppe, -t, -r [ˈulˌtɛbə]
Zimmer	værelse, -t, -r [ˈvɛʁɔlsə]
~mädchen	stuepige, -n, -r [ˈsduːəˌpiːə]
~telefon	telefon, -en, -er [teləˈfoːˀn]
Zwischenstecker	mellemstik, -ket, - [ˈmɛləmˌsdeg]

Ferienhäuser/Ferienwohnungen
Sommerhuse/Sommerlejligheder

Ist der Strom-/Wasser-verbrauch im Mietpreis enthalten?	Er el- og vand-forbruget indregnet i prisen? [ɛɐ̯ ˈɛl ɔu̯ ˈvænfɔˌbʁuˀːəð ˈenˌʁaiˀnəð i pʁiːˀsən]
Sind Haustiere erlaubt?	Må man holde husdyr? [mɔ mæn ˈhɔlə ˈhusˌdyːˀɐ̯]
Wo bekommen wir die Schlüssel für das Haus/ die Wohnung?	Hvordan får vi nøglen til huset/lejlig-heden? [vɔˈdæn fɔːˀ vi ˈnɔilən tel ˈhuːˀsəð/ˈlailiˌheːˀðən]
Müssen wir sie dort auch wieder abgeben?	Skal vi aflevere den der igen? [sgæ vi ˈau̯leˌveːˀɔ dɛn ˈdɛːˀɐ̯ iˈgɛn]

Wo befinden sich die Mülltonnen?	Hvor er skraldespanden? [ˈvɒːˀ ɛɐ ˈsgʁaləˌsbænˀən]
Müssen wir die Endreinigung selbst übernehmen?	Skal vi selv gøre rent til sidst? [sgæ vi ˈsɛlˀ gœːɔ ˈʁɛːˀnd tel ˈsisd]

Wortliste Ferienhäuser/Ferienwohnungen

▶ **auch Wortliste Hotel / Pension / Privatzimmer**

Anreisetag	ankomstdag, -en, -e [ˈænkɔmsdˌdɛːˀ]
Appartement	lejlighed, -en, -er [ˈlaiˌliˌheːˀð]
Bungalow	bungalow, -en, s [ˈbɒŋgæˌlɒu]
Endreinigung	sidste rengøring [ˈsisdə ˈʁɛːnˌgœːˀɒeŋ]
Eßecke	spisekrog, -en, -e [ˈsbiːsəˌkʁɒːˀu]
Etagenbett	køjeseng, -en, -e [ˈkɔiəˌsɛŋˀ]
Ferien|anlage	ferieanlæg, -get, - [ˈfeːˀɒiəænˌlɛːˀg]
~haus	sommerhus, -et, -e [ˈsɔmɔˌhuːˀs]
~wohnung	sommerlejlighed, -en, -er [ˈsɔmɔˌlaiˌliˌheːˀð]
Geschirr|handtuch	viskestykke, -et, -r [ˈvesgəˌsdøgə]
~spülmaschine	opvaskemaskine, -n, -r [ˈɔbvæsgəmæˌsgiːnə]
Haus|besitzer	husejer, -en, -e [ˈhusˌaiɔ]
~tier	husdyr, -et, - [ˈhusˌdyːˀɒ]
Herd	komfur, -et, - [kɔmˈfuːˀɒ]
Elektro~	elkomfur, -et, - [ˈɛlkɔmˌfuːˀɒ]
Gas~	gaskomfur, -et, - [ˈgæskɔmˌfuːˀɒ]
Kaffeemaschine	kaffemaskine, -n, -r [ˈkafəmæˌsgiːnə]
Kochnische	kogeniche, -n, -r [ˈkɔːuəˌniːʃə]
Kühlschrank	køleskab, -et, -e [ˈkøːləˌsgɛːˀb]
Miete	leje, -n, -r [ˈlaiə]
Müll	affald, -et, - [ˈauˌfælˀ]
Nebenkosten	ekstraudgifter [ˈɛgsdʁauˀðgifdɒ]
Prospekt	reklame, -n, -r [ʁɛˈklɛːmə]
Schlaf|couch	sovesofa, -en, -er [ˈsɔuəˌsoːfæ]
~zimmer	soveværelse, -t, -r [ˈsɔuəˌvɛɒɔlsə]
Schlüsselübergabe	aflevering af nøgle [ˈauleˌveːˀɒeŋ æ ˈnɔilə]
Strom	strøm, -men, -me [sdʁœmˀ]
~pauschale	acontobeløb, -et, - [æˈkɔntobeˌløːˀb]
~spannung	strømspænding, -en, -er [ˈsdʁœmˌsbɛneŋ]

Studio	etværelseslejlighed
	[ˈedˌvεɒɔlsəsˌlaɪliˌheːˀð]
Toaster	brødrister, -en, -e [ˈbʁœðˌʁεsdɒ]
vermieten	leje ud, -ede [ˈlaɪəˈuðˀ]
Waschmaschine	vaskemaskine, -n, -r
	[ˈvæsgəmæˌsgiːnə]
Wasserverbrauch	forbrug af vand [fɒˈbʁuːˀ æ ˈvænˀ]
Wohnzimmer	stue, -n, -r [ˈsduːə]
Zentralheizung	centralvarme, -n [sεnˈtʁaːˀlˌvaːmə]

Camping
Camping

Gibt es in der Nähe einen Campingplatz?	Er der en campingplads i nærheden? [εɒ dɒ en ˈkambεŋˌplæs i ˈnεɒˌheːˀðən]
Haben Sie noch Platz für einen Wohnwagen/ein Zelt?	Har De plads til en campingvogn/et telt? [haːˀ di ˈplæs tel en ˈkambεŋˌvɒuˀn/ ed ˈtεlˀd]
Wie hoch ist die Gebühr pro Tag und Person?	Hvad koster det pr. dag og pr. person? [ˈvæð ˈkɔsdɒ de pɒɒ ˈdæːˀ ɔ pɒɒ pɒɒˈsoːˀn]
Wie hoch ist die Gebühr für …	Hvad koster … [ˈvæð ˈkɔsdɒ]
das Auto?	bilen? [ˈbiːˀlən]
den Wohnwagen?	campingvognen? [ˈkambεŋˌvɒuˀnən]
das Wohnmobil?	autocamperen? [ˈauˌtoˌkambɔən]
das Zelt?	teltet? [ˈtεlˀðəd]
Vermieten Sie Ferienhäuser/Wohnwagen?	Udlejer De sommerhuse/camping-vogne? [ˈuðˌlaɪˀɒ di ˈsɔmɔˌhuːsə/ˈkambεŋ-ˌvɒunə]
Wo kann ich meinen Wohnwagen aufstellen?	Hvor må jeg stille min campingvogn? [ˈvɒːˀ mɒ jaɪ ˈsdelə min ˈkambεŋˌvɒuˀn]
Wo kann ich mein Zelt aufschlagen?	Hvor må jeg slå mit telt op? [ˈvɒːˀ mɒ jaɪ ˈslɒːˀ mid ˈtεlˀd ˈɔb]
Wir bleiben … Tage/Wochen.	Vi bliver … dage/uger. [vi ˈbliːˀɒ … ˈdæːə/ˈuːɔ]
Gibt es hier ein Lebens-mittelgeschäft?	Er der en levnedsmiddelforretning? [εɒ dɒ en ˈlεunəðsˌmiðˀəlfɒˌʁædnεŋ]

Wo sind die …	Hvor er … [ˈvɒːˀ ɛ̯ɒ̯]
Toiletten?	toiletterne? [toæˈlɛdɔnə]
Waschräume?	vaskerummene? [ˈvæsgəˌʁo̞mənə]
Duschen?	bruserne? [ˈbʁuːsɔnə]
Gibt es hier Stroman-schluß?	Er der tilslutning til el? [ɛ̯ɒ̯ dɔ ˈtelˌsludneŋ tel ˈɛl]
Haben Sie 220 oder 110 Volt?	Har De 220 eller 110 volt? [haːˀ di ˈtoːˀhunʁɔðəɔˈtyːvə ɛlɔ ˈhunʁɔðəɔˈtiːˀ vɔlˀd]
Wo kann ich Gasflaschen ausleihen/umtauschen?	Hvor kan jeg leje/ombytte gasflasker? [ˈvɒːˀ kæ jai̯ ˈlai̯ə/ˈɔmˌbydə ˈgæsˌflæsgɔ]
Ist der Campingplatz bei Nacht bewacht?	Er campingpladsen bevogtet om natten? [ɛ̯ɒ̯ ˈkambeŋˌplæsən beˈvɔgdəð ɔm ˈnædən]
Gibt es hier einen Kinder-spielplatz?	Er der en legeplads für børn? [ɛ̯ɒ̯ dɔ en ˈlai̯əˌplæs fɔ ˈbœɒ̯ˀn]
Können Sie mir bitte … leihen?	De kan vel ikke låne mig …? [ˈdi kæ vɛl ˈegə ˈlo̞ːnə mai̯]

Jugendherberge

Vandrehjem

Kann ich bei Ihnen Bettwäsche/einen Schlafsack leihen?

Kan jeg låne sengetøj/en sovepose af Dem? [kæ jai ˈlɔːnə ˈsɛŋəˌtɔj/en ˈsɔʊ̯əˌpoːsə æ dɛm]

● Die Eingangstür wird um 24 Uhr abgeschlossen.

Døren lukkes kl. 24. [ˈdœːɔn ˈlɔɡəs klɔɡən ˈfiːɔˌtyːvə]

Wortliste Camping/Jugendherberge

Bauernhof	bondegård, -en, -e [ˈbɔnəˌɡɒːʔ]
Benutzungsgebühr	gebyr, -et, -er for benyttelse [geˈbyːʔɒ̯ fɔ beˈnødəlsə]
Camping	camping, -en [ˈkambeŋ]
~ausweis	campingpas, -set, - [ˈkambeŋˌpæs]
~führer	campingguide, -n, -r [ˈkambeŋˌɡai̯d]
~platz	campingplads, -en, -er [ˈkambeŋˌplæs]
Gas|flasche	gasflaske, -n, -r [ˈɡæsˌflæsɡə]
~kartusche	gaspatron, -en, -er [ˈɡæspæˌtʁoːʔn]
~kocher	gasapparat, -et, -er [ˈɡæsabaˌʁaːʔd]
Gemeinschaftsraum	fællesrum, -met, - [ˈfɛlˀəsˌʁɔmˀ]
Geschirrspülbecken	opvaskebalje, -n, -r [ˈɔbvæsɡəˌbæljə]
Herbergseltern	vandrehjemsværter [ˈvandʁɔjemsˌvɛʁdɒ]
Hering	teltpløk, -ken, -ke [ˈtɛldˌpløɡ]
Jugend|gruppe	ungdomsgruppe, -n, -r [ˈɔ̞ŋdomsˌɡʁubə]
~herberge	vandrehjem, -met, - [ˈvandʁɔˌjemˀ]
~herbergsausweis	vandrerkort, -et, - [ˈvandʁɔˌkɒːd]
~herbergsführer	vandrehjemshånd|bog, -bogen, -bøger [ˈvandʁɔjemsˌhɔnbɒːʔu̯]
Kinderspielplatz	legeplads, -en, -er [ˈlai̯əˌplæs]
Kocher	kogeapparat, -et, -er [ˈkɔːu̯əabaˌʁaːʔd]
leihen	låne, -te [ˈlɔːnə]
Leihgebühr	leje, -n, -r [ˈlai̯ə]
Leinenschlafsack	bomuldssovepose, -n, -r [ˈbɔmulsˌsɔʊ̯əˌpoːsə]
Mehrbettzimmer	flerpersonersværelse, -n, -r [ˈfleʁpɛɐ̯ˌsoːʔnɔsˌvɛʁɔlsə]
Mitgliedskarte	medlemskort, -et, - [ˈmɛðlɛmsˌkɒːd]
Petroleumlampe	petroleumslampe, -n, -r [peˈtʁoˌʔleɔmsˌlambə]
Propangas	propangas, -sen [pʁoˈpɛ̞ːʔnˌɡæs]

Schlaf|saal — sovesal, -en, -e ['sɔu̯ə‚sɛːʔl]
~sack — sovepose, -n, -r ['sɔu̯ə‚poːsə]
Steckdose — stikkontakt, -en, -er ['sdegkɔn‚tagd]
Stecker — stik, -ket, - [sdeg]
Strom — strøm, -men [sdʁœmʔ]
~anschluß — strømtilslutning, -en, -er
['sdʁœmˌtelsludnen]

Studentenwohnheim — kollegi|um, -et, -er [kɔˈleːʔgi̯ɔm]
Tagesraum — dagligstue, -n, -r ['dau̯liˌsduːə]
Trinkwasser — drikkevand, -et ['dʁɛgəˌvænʔ]
Voranmeldung — forudgående anmeldelse
['fɒːuðˌgɒːʔənə 'ænˌmɛlʔəlsə]

Waschraum — vaskerum, -met, - ['væsgəˌʁɔmʔ]
Wäschetrockner — tørremaskine, -n, -r ['tœːɔmæˌsgiːnə]
Wasser — vand, -et, -e [vænʔ]
~kanister — dunk, -en, -e [dɔŋʔg]
Wohn|mobil — autocamper, -en, -e ['au̯toˌkambɔ]
~wagen — campingvogn, -en, -e ['kamben‚vɔu̯ʔn]
Zelt — telt, -et, -e [tɛlʔd]
zelten — campere, -ede [kamˈpeːʔɔ]
Zelt|schnur — bardun, -en, -er [baˈduːʔn]
~stange — telt|stang, -stangen, -stænger
['tɛldˌsdaŋʔ]

5 Gastronomie
Spise og drikke

Essen gehen
Ud at spise

Wo gibt es hier ...

Hvor er der ... [ˈvɒːˀ ɛɐ̯ dɔ]

    ein gutes Restaurant?

    en god restaurant?
    [en ˈgoˀð ʁɛsdoˈʁaŋ]

    ein typisches Restaurant?

    en typisk dansk restaurant?
    [en ˈtybisg dænˀsg ʁɛsdoˈʁaŋ]

    ein chinesisches/italienisches Restaurant?

    en kinesisk/italiensk restaurant?
    [ɛn kiˈneːˀsisg/itælˈjeːˀnsg ʁɛsdoˈʁaŋ]

    ein nicht zu teures Restaurant?

    en ikke for dyr restaurant?
    [en ˈegə fɔ ˈdyːˀ ʁɛsdoˈʁaŋ]

    einen Schnellimbiß?

    en snackbar? [en ˈsnægˌbaːˀ]

Wo kann man hier in der Nähe gut/preiswert essen?

Hvor kan man her i nærheden spise godt/billigt? [ˈvɒːˀ kæ mæn hɛːˀɐ̯ i ˈnɛɐ̯ˌheˀðən sbiːsə ˈgɔd/ˈbilid]

▸ **Bezeichnung dänischer Gaststätten**

bar – Lokal, in dem man allerlei Getränke bekommt

café – Wirtshaus, in dem man oft auch essen kann

cafeteria – Cafeteria, Selbstbedienungsrestaurant

konditori – entspricht dem deutschen Café, Konditorei

kro – Wirtshaus, in dem man auch essen kann

restaurant – Restaurant

snackbar – Schnellimbiß

Im Restaurant
På restaurant

Reservieren Sie uns bitte für heute abend einen Tisch für 4 Personen.

Vil De være venlig at reservere et bord til i aften til fire personer.
[vel di vɛːɔ ˈvenli ɔ ʁɛsɛɐ̯ˈveːˀɐ̯ ed ˈboːˀɐ̯ tel i ˈafdən tel ˈfiːɔ pɛɐ̯ˈsoːˀnɔ]

Bis wann kann man bei Ihnen warm essen?

Hvor længe er køkkenet åbent?
[vɒ ˈlɛŋə ɛɐ̯ ˈkøgənəð ˈɔːbənd]

Ist dieser Tisch/Platz noch frei?

Er dette bord/denne plads optaget?
[ɛɐ̯ ˈdɛdə boːˀɐ̯/ˈdɛnə plæs ˈɔbˌtɛːˀəð]

Einen Tisch für 2/3 Personen, bitte.

Et bord til 2/3 personer, tak. [ed ˈboˀɒ tel ˈtoˀ/ˈtʁɛˀ pɛɒˈsoˀnɔ ˈtag]

Wo sind bitte die Toiletten?

Hvor er toiletterne? [vɒˀ ɛɒ toæˈlɛdɔnə]

● Bitte hier entlang.

Herhenne [ˈhɛˀɒˌhɛnə]

Bestellung   **Frühstück** ▶ **auch Kap.4**

Bestilling

Herr Ober/Bedienung, die Speisekarte/die Getränkekarte, bitte.

Tjener, jeg vil gerne se spisekortet/vinkortet. [ˈtjɛːnɔ ˈjaj vel ˈgɛɒnə seˀ ˈsbiːsəˌkɒːdəð/ˈviːnˌkɒːdəð]

Was können Sie mir empfehlen?

Hvad kan De anbefale mig? [ˈvæð kæ di ˈænbeˌfɛˀlə maj]

Haben Sie vegetarische Gerichte/Diätkost?

Har De vegetariske retter/diætmad? [haˀ di vegəˈtaːˀisgə ˈʁædɔ/diˈɛːˀdˌmæð]

Gibt es auch Kinderportionen?

Har De også halve portioner til børn? [haˀ di ɔsə ˈhælvə pɒˈsoˀnɔ tel ˈbœɒˀn]

● Haben Sie schon gewählt?

Har De bestemt Dem? [haˀ di beˈsdɛmˀd dɛm]

● Was nehmen Sie als Vorspeise/Nachtisch?

Hvad ønsker De til forret/efterret? [ˈvæð ˈønsgɔ di tel ˈfoːˌʁæd/ˈɛfdɔˌʁæd]

Ich nehme …

Jeg tager … [jaj ˈtaːˀ]

Als Vorspeise/Nachtisch/Hauptgericht nehme ich …

Som forret/efterret/hovedret tager jeg … [sɔm ˈfoːˌʁæd/ˈɛfdɔˌʁæd/ˈhoːðəˌʁæd taˀ jaj]

Ich möchte keine Vorspeise, danke.

Jeg vil ikke have nogen forret, tak. [jaj vel ˈegə ˈhɛˀ noːən ˈfoːˌʁæd ˈtag]

● Wir haben leider kein/e … (mehr).

Vi har desværre ikke nogen/noget … mere. [vi haˀ desˈvɛːɔ ˈegə noːən/nɒːəð ˈmeːɒ]

● Dieses Gericht servieren wir nur auf Bestellung.

Denne ret serveres kun på bestilling. [ˈdɛnə ʁæd sɛɒˈveːˀɒs ˈkun pɒ beˈsdelˀeŋ]

Könnte ich statt … … haben?

Kan jeg få … i stedet for …? [kæ jaj fɒˀ iˈsdɛːˀðəð fɔ]

Ich vertrage kein/e ..., könnten Sie das Gericht ohne ... zubereiten?

Jeg kan ikke tåle ..., kan De tilberede retten uden ...? [jaĭ kæ 'egə 'tͻːlə ... kæ di 'telbeˌʁɛːˀðə 'ʁædən 'uðən]

● Wie möchten Sie Ihr Steak haben?
gut durch
halbdurch
englisch

Hvordan vil De have Deres bøf? [vͻ'dæn vel di 'hɛːˀ dɛːͻs 'bøf]
godt gennemstegt ['gͻd 'gɛnɛmˌsdɛgd]
halvrød ['hælˌʁœːð]
som engelsk bøf [sͻm 'ɛŋˀəlsg bøf]

● Was wollen Sie trinken?

Hvad ønsker De at drikke? ['væð 'ønsgͻ di ͻ 'dʁɛgə]

Bitte ein Glas ...

Et glas ... tak. [ed 'glæs ... 'tag]

Bitte eine (halbe) Flasche ...

En (halv) flaske ..., tak. [en ('hælˀ) 'flæsgə ... 'tag]

Mit Eis, bitte.

Med is, tak [mɛð iːˀs tag]

● Guten Appetit!

Værsgo! ['vɛͻˀsgoːˀ]

● Haben Sie noch einen Wunsch?

Ellers andet? ['ɛlˀͻs 'ænəð]

Bitte bringen Sie uns ...

Vær venlig at bringe os ... [vɛːˀɒ̯ 'vɛnli ͻ 'bʁɛŋə ͻs]

Könnten wir noch etwas Brot/Wasser/Wein bekommen?

Kunne vi få mere brød/vand/vin? [ku vi fͻːˀ 'meːɒ̯ 'bʁœːˀð/'vænˀ/'viˀn]

Beanstandungen
Klager

Hier fehlt ein/e ...

Der mangler en/et ... [dͻ 'maŋlͻ en/ed]

Haben Sie mein/e ... vergessen?

Har De glemt min/mit/mine ...? [haˀ di glɛmˀd min/mid/miːnə]

Das habe ich nicht bestellt.

Det har jeg ikke bestilt. [de haːˀ jaĭ 'egə be'sdelˀd]

Das Essen ist kalt/versalzen.

Maden er kold/for salt. ['mɛːˀðən ɛɒ̯ 'kͻlˀ/fͻ 'sælˀd]

Das Fleisch ist zäh/zu fett.

Kødet er sejt/for fedt. ['køːˀðəð ɛɒ̯ 'saĭˀd/fͻ 'fed]

Der Fisch ist nicht frisch.	Fisken er ikke frisk. [ˈfesgən ɛɒ ˈegə ˈfʁɛsg]
Nehmen Sie es bitte zurück.	Vær venlig at tage det tilbage. [vɛːˀɒ ˈvɛnli ɔ ˈtɛːˀ de telˈbɛːə]
Holen Sie bitte den Chef.	Vær venlig at hente chefen. [vɛːɒ ˈvɛnli ɔ ˈhɛndə ˈɕɛːˀfən]

Die Rechnung

Regningen

Bezahlen, bitte.	Jeg vil gerne betale. [jaɪ vel gɛɒnə beˈtɛːˀlə]
Die Rechnung, bitte. Wir haben es eilig.	Må vi bede om regningen. Vi har travlt. [mɒ vi ˈbeːðə ɔm ˈʁaɪneŋən vi ha ˈtʁaʊlˀd]
Bitte alles zusammen.	Det hele på samme regning, tak. [de ˈheːlə pɒ ˈsamə ˈʁaɪneŋ ˈtag]
Getrennte Rechnungen, bitte.	Vi betaler hver for sig, tak. [vi beˈtɛːˀlɔ ˈvɛːˀɒ fɔ ˈsaɪ ˈtag]
Ist alles/die Bedienung/ das Gedeck inklusive?	Er det alt inklusive/inklusive betjening/opdækning? [ɛɒ de ælˀd ˈenkluˈsiːˀvə/ˈenkluˈsiːˀvə beˈtjɛːˀneŋ/ ˈɔbˌdɛgneŋ]
Die Rechnung scheint mir nicht zu stimmen.	Jeg synes ikke regningen stemmer. [jaɪ syːnəs ˈegə ˈʁaɪneŋən ˈsdɛmɔ]
Das habe ich nicht gehabt. Ich hatte …	Det har jeg ikke fået. Jeg fik … [de haːˀ jaɪ ˈegə ˈfɔːəð. jaɪ feg]
● Hat es geschmeckt?	Smagte det godt? [ˈsmagdə de ˈgɔd]
Das Essen war ausgezeichnet.	Maden var udmærket. [ˈmɛːˀðən va ˈuðˌmɛɒgəð]
Das ist für Sie.	Det er til Dem. [de ɛɒ tel ˈdɛm]
Es stimmt so.	Det passer. [de ˈpæsɔ]

Einladung zum Essen/Essen in Gesellschaft
Invitation til at spise/Spise sammen

Vielen Dank für die Einladung!	Tak for invitationen! [tag fɔ envitæˈs̰oːˀnən]
● Greifen Sie zu!	Værsgo at begynde! [ˈvɛɒ̯ˌsgoːˀ ɔ beˈgønˀə]
Auf Ihr Wohl!	Skål! [sgɒ̯ːˀl]
Können Sie mir bitte ... reichen?	Kunne De ikke række mig ...? [ku di ˈegə ˈʁægə mai̯]
● Noch etwas ...?	Mere ...? [meːɒ̯]
Danke, es war reichlich.	Nej tak, det er nok. [ˈnai̯ ˈtag de ɛɒ̯ ˈnɔg]
Ich bin satt, danke.	Jeg er mæt, ellers tak. [jai̯ ɛɒ̯ ˈmɛd ˈɛlˀɔs ˈtag]
Darf ich rauchen?	Må jeg ryge? [mɒ jai̯ ˈʁyːə]

Wortliste Gastronomie   ▶ auch Kap. 8, Wortliste Lebensmittel

Abendessen	aftensmad, -en [ˈafdənsˌmæð]
alkoholfrei	alkoholfri [ˈælkoˈhoːˀlˌfʁiːˀ]
anmachen *(Salat)*	tilberede, -te [ˈtelbeˌʁɛːˀðə]
Aschenbecher	askebæger, -et, -e [ˈæsgəˌbɛːɒ]
Bar	bar, -en, -er [baːˀ]
bedienen, sich	betjene sig, -te [beˈtjɛːˀnə sai̯]
Beilage	tilbehør, -et [ˈtɛlbeˌhøːˀɒ̯]
Besteck	bestik, -ket, - [beˈsdeg]
bestellen	bestille, -te [beˈsdelˀə]
Bestellung	bestilling, -en, -er [beˈsdelˀeŋ]
Bier	øl, -let, -ler [øl]
Brot	brød, -et, - [bʁœːˀð]
Butter	smør, -ret [smœɒ̯]
Diabetiker	diabetiker, -en, -e [diæˈbeːˀtigɒ]
Dressing	dressing, -en, -s [ˈdʁɛseŋ]
durchgebraten	gennemstegt [ˈgɛnəmˌsdɛgd]
Eierbecher	æggebæger, -et, -e [ˈɛgəˌbɛːɒ]
entkorken	trække op, trak, trukket [ˈtʁægə ˈɔb]
Essig	eddike, -n [ˈɛðigə]
Faßbier	fadøl, -let, -ler [ˈfæðˌøl]
Fett	fedt, -et, -er [fed]

Fleck	plet, -ten, -ter [ˈplɛd]
frisch	frisk [fʁɛsg]
Frühstück	morgenmad, -en [ˈmɒːɒnˌmæð]
Füllung	fars, -en, -er [faːʔs]
Gabel	gaffel, -en, gafler [ˈgafəl]
Gang	ret, -ten, -ter [ʁæd]
gar	færdigkogt [ˈfɛɒdiˌkɔgd]
gebacken	bagt [bagd]
gebraten	stegt [sdɛgd]
am Spieß	på spid [pɒ ˈsbið]
vom Grill	fra grillen [fʁa ˈgʁilʔən]
in der Pfanne	på panden [pɒ ˈpænən]
gedämpft	dampkogt [ˈdambˌkogd]
Gedeck	kuvert, -en, -er [kuˈvɛɒd]
gedünstet	dampkogt [ˈdambˌkogd]
gefüllt	fyldt [fylʔd]
gekocht	kogt [kogd]
geräuchert	røget [ˈʁɔiəð]
Gericht	ret, -ten, -ter [ʁæd]
geröstet	ristet [ˈʁɛsdəð]
Geschmack	smag, -en [smɛːʔ]
geschmort	grydestegt [ˈgʁyːðəˌsdɛgd]
Getränk	drink, -en, -s [dʁɛŋg]
Gewürz	krydderi, -et, -er [kʁyðəˈʁiːʔ]
Glas	glas, -et, - [glæs]
Wasser~	vandglas, -set, - [ˈvænˌglæs]
Wein~	vinglas, -set, - [ˈviːnˌglæs]
Gräte	ben, -et, - [beːʔn]
hart	hård [hɒːʔ]
Hauptspeise	hovedret, -ten, -ter [ˈhoːəðˌʁæd]
hausgemacht	hjemmelavet [ˈjɛməˌlɛːʔvəð]
heiß	varm [vaːʔm]
hungrig sein	være sulten [ˈvɛːɒ ˈsulʔdən]
Kaffeekanne	kaffekande, -n, -r [ˈkafəˌkænə]
kalt	kold [kɔlʔ]
Karaffe	karaffel, -en, karafler [kaˈʁafəl]
Kartoffeln	kartofler [kaˈtɔflɒ]
Kellner/in	tjener, -en, -e [ˈtjɛːnɒ]
Ketchup	ketchup, -pen [ˈkɛdʂub]
Kinderteller	børneportion, -en, -er [ˈbœɒnəpɒˌʂoːʔn]
Knoblauch	hvidløg, -et, - [ˈviðˌlɔiʔ]
Knochen	ben, -et, - [beːʔn]
Koch	kok, -ken, -ke [kɔg]

kochen	koge, -te [ˈkoːս̯ə]
	lave mad, -ede [ˈlɛːvə mæð]
Korkenzieher	proptrækker, -en, -e [ˈpʁʌbˌtʁæɡə]
Kräuter	urter [ˈuɒ̯də]
Kümmel	kommen, -en [ˈkɔmən]
Löffel	ske, -en, -er [sgeːʔ]
Tee~	teske, -en, -er [ˈteːʔˌsgeːʔ]
Lorbeer	laurbær, -ret, - [ˈlau̯ɒˌbɛɒ̯]
mager	mager [ˈmɛːʔɔ]
Mayonnaise	mayonnaise, -n, -r [majoˈnɛːsə]
Menü	menu, -en, -er [meˈny]
Messer	kniv, -en, -e [kniːʔv]
Mittagessen	middagsmad, -en [ˈmedæsˌmæð]
Muskatnuß	muskatnød, -den, -der [muˈsgɛːʔdˌnøðʔ]
Nachtisch	dessert, -ten, -ter [dɛˈsɛːɒ̯]
Nelken	nelliker [ˈneligɒ]
Nudeln	nudler [ˈnuðʔlɒ]
Ober *(Anrede)*	tjener, -en, -e [ˈtjɛːnɒ]
Öl	olie, -n, -r [ˈoljə]
Oliven	oliven [oˈliːʔvən]
~öl	olivenolie, -n [oˈliːʔvənˌoljə]
Paprika	paprika, -en [ˈpapʁikæ]
Petersilie	persille, -n [pɛɒ̯ˈselʔə]
Pfannengericht	panderet, -ten, -ter [ˈpænəˌʁæd]
Pfeffer	peber, -et [ˈpeս̯ɒ]
~streuer	peberbøsse, -n, -r [ˈpeս̯ɒˌbøsə]
Pommes frites	pommes frites [ˈpɔmˌfʁid]
Portion	portion, -en, -er [poˈs̩oːʔn]
probieren	prøve, -ede [ˈpʁœːvə]
	smage, -te [ˈsmɛːə]
Reis	ris, -en [ʁiːʔs]
roh	rå [ʁɒːʔ]
Rost	grill, -en, -er [ɡʁilʔ]
saftig	saftig [ˈsafdi]
Salat	salat, -en, -er [sæˈlɛːʔd]
~büfett	buffet, -ten, -ter [byˈfe]
Salz	salt, -et [sælʔd]
~streuer	saltbøsse, -n, -r [ˈsældˌbøsə]
sauer	sur [suːʔɒ]
scharf	skarp [sgaːb]
Scheibe	skive , -n, -r [ˈsgiːvə]
Schonkost	skånekost, -en [ˈsgɒːnəˌkɔsd]
Schüssel	fad, -et, -e [fæð]
Senf	sennep, -en [ˈsenəb]

Serviette	serviet, -ten, -ter [sɛɳviˈɛd]
Soße	sovs, -en, -e [sɔu̯ˀs]
Speise	ret, -ten, -ter [ˈʁæd]
~karte	spisekort, -et, - [ˈsbiːsəˌkɔːd]
Spezialität	specialitet, -en, -er [sbesæliˈteːˀd]
Strohhalm	sugerør, -et, - [ˈsuːəˌʁœːˀɐ]
Suppenteller	suppetallerken, -en, -er [ˈsɒbətæˌlɐɳɡən]
süß	sød [søːˀð]
Süßstoff	sødemid|del, -let, -ler [ˈsøːðəˌmiðˀəl]
Tages|gericht	dagens ret, *pl* -ter [ˈdɛˀəns ʁæd]
~menü	dagens menu, *pl* -er [ˈdɛˀəns meˈny]
Tasse	kop, -pen, -per [kɔb]
Unter~	underkop, -pen, -per [ˈɒnɒˌkɔb]
Teekanne	tekande, -n, -r [ˈteːˀkænə]
Teller	tallerken, -en, tallerkner [tæˈlɐɳɡən]
Tischtuch	dug, -en, -e [duːˀ]
Trinkgeld	drikkepenge *pl* [ˈdʁɛɡəˌpɛŋə]
trocken *(Wein)*	tør [tœːˀɐ]
überbacken	overbage [ˈɔu̯ɒˌbɛˀə]
vegetarisch	vegetarisk [vegəˈtaːˀisg]
Vorspeise	forret, -ten, -ter [ˈfɔːˌʁæd]
Wasser	vand, -et, -e [vænˀ]
weich	blød [bløːˀð]
Wein	vin, -en, -e [viːˀn]
würzen	krydre, -ede [ˈkʁʏðʁɒ]
zäh	sej [sai̯ˀ]
Zahnstocher	tandstikker, -en, -e [ˈtænˌsdegɒ]
zart	mør [møːˀɒ]
Zitrone	citron, -en, -er [siˈtʁoːˀn]
Zucker	sukker, -et [ˈsɒgɒ]
Zwiebel	løg, -et, - [lɔi̯ˀ]

Spísekort

Speisekarte

Forretter

Butterdejspostej ['bɔdɔdajspɔ,sdaj²]
Fískesalat ['fesgəsæ,lɛ:²d]
Forskellige forretter [fɔ'sgɛl²i:ə 'fɒ:,ʁædɔ]
Hønsesalat ['hœnsəsæ,lɛ:²d]
Kold steg [kɔl² sdaj²]
Leverpostej ['le:²vɔpɔ,sdaj²]
Pålæg ['pɔ,lɛ:g]
Røget sild ['ʁɔjəð sil²]
Sildeanretning ['siləæn,ʁædneŋ]

Vorspeisen

Blätterteigpastete
Fischsalat
Diverse Vorspeisen
Geflügelsalat
Kalter Braten
Leberpastete
Aufschnitt
Bückling
Heringsplatte

Suppen

Ærtesuppe ['ɛɐdə,sɔbə]
Kærnemælksuppe ['kɛɐnəmɛl²g,sɔbə]
Øllebrød ['ølə,bʁœ:²ð]

Suppen

Erbsensuppe
Buttermilchsuppe
Bier-Brotsuppe

Físk og skaldyr

Ål [ɔ:²l]
Blåmuslinger ['blɔ,musleŋɔ]
Brisling ['bʁisleŋ]
Fiskeboller ['fesgə,bɔlɔ]
Flynder ['flønɔ]
Gedde ['geðə]
Helleflynder ['hɛlə,flønɔ]
Klipfisk ['kleb,fesg]
Nordsøhummer ['nɔɐsø,hɔm²ɔ]

Físch und Schalen-tíere

Aal
Miesmuscheln
Sprotte
Fischklößchen
Flunder
Hecht
Heilbutt
Stockfisch
Kaisergranat

Ørred [ˈœɒɔð]　　Forelle
Pighvar [ˈpigˌvaːˀ]　　Steinbutt
Rejer [ˈʁajɔ]　　Garnelen
Rødspætte [ˈʁœðˌsbɛdə]　　Scholle
Sandart [ˈsænˌaːˀd]　　Zander
Sild [silˀ]　　Hering
Torsk [tɒːsg]　　Dorsch

Kødretter　　## Fleischgerichte

Bajerske pølser [ˈbajˀɔsgə ˈpølsɔ]　　Würstchen
Bedekølle [ˈbeːðəˌkølə]　　Hammelkeule
Benløse fugle [ˈbeːnløːˀsə ˈfuːlə]　　Rouladen
Biksemad [ˈbegsəˌmæð]　　Bauernfrühstück
Engelsk bøf [ˈɛŋˀəlsg bøf]　　Rumpsteak
Flæskesteg [ˈflɛsgəˌsdajˀ]　　Schweinebraten
Hakkebøf [ˈhagəˌbøf]　　Frikadelle
Kalveskank [ˈkælvəˌsgaŋˀg]　　Kalbshaxe
Kødboller [ˈkøðˌbɔlɔ]　　Fleischklößchen
Lever [ˈleːˀvɔ]　　Leber
Mørbrad [ˈmøːˀɒˌbʁað]　　Lendenbraten
Nyrer [ˈnyːʁɔ]　　Nieren
Stegt medisterpølse [sdɛgd meˈdisdɔˌpølsə]　　Bratwurst
Svinekotelet [ˈsviːnəkɔdəˌlɛd]　　Schweinekotelett
Tunge [ˈtɒŋə]　　Zunge

Vildt og fjerkræ　　## Wild und Geflügel

Agerhøne [ˈɛːˀɔˌhœːnə]　　Rebhuhn
And [ænˀ]　　Ente
Due [ˈduːə]　　Taube
Gås [goːˀs]　　Gans
Hare [ˈhaːa]　　Hase
Hjort [jɒːd]　　Hirsch
Kalkun [kælˈkuːˀn]　　Truthahn
Kylling [ˈkyləŋ]　　(Brat-)Huhn/Hähnchen
Rådyr [ˈʁɔˌdyːˀɒ]　　Reh

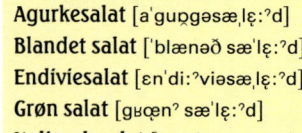

Smørrebrød

['smœɐ̯ɔ‚bʁœð̩ʔ]
Buntdekoriertes belegtes Brot

Det kolde bord

[de ˈkɔlə ˈboːʔɐ̯]
Kaltes Buffet, bei dem es
auch warme Gerichte
gibt.

Salater

Agurkesalat [aˈguŋɡəsæ‚lɛ̢ːʔd]
Blandet salat [ˈblænəð sæˈlɛ̢ːʔd]
Endiviesalat [ɛnˈdiːʔviəsæ‚lɛ̢ːʔd]
Grøn salat [gʁœn̩ʔ sæˈlɛ̢ːʔd]
Italíensk salat [itæliˈeːʔnsg sæˈlɛ̢ːʔd]
Julesalat [ˈjuːləsæ‚lɛ̢ːʔd]
Karrysalat [ˈka‚isæ‚lɛ̢ːʔd]

Salate

Gurkensalat
Gemischter Salat
Endiviensalat
Grüner Salat
Gemüsesalat
Chicorée
Heringssalat mit Curry

Grønsager

Ærter [ˈɛ̢ɐ̯dɔ]
Blomkål [ˈblɔm‚kɒ̢ːʔl]
Brunede kartofler [ˈbʁuːnəðə kaˈtɔflɐ]
Gulerødder [ˈgulə‚ʁœð̩ʔɔ]
Kartoffelmos [kaˈtɔfəl‚moːʔs]
Pillekartofler [ˈpeləka‚tɔflɐ]
(syltede) Rødbeder [ˈsyldəðə ʁœð̩ˈbeːðɔ]
Rødkål [ˈʁœð‚kɒ̢ːʔl]
Rørhatte [ˈʁœɐ̯‚hædə]
Savojkål [sæˈvɔi̯‚kɒ̢ːʔl]
Svampe [ˈsvambə]

Gemüse

Erbsen
Blumenkohl
glacierte Kartoffeln
Möhren
Kartoffelbrei
Pellkartoffeln
(eingelegte) Rote Bete
Rotkohl
Steinpilze
Wirsing
Pilze

Efterretter

Bondepige med slør
['bɒnəˌpiːə mɛ 'sløːˀɒ̯]

Citronfromage [si'tʁoːˀnfʁoˌmɛːɕə]
Frugtsalat ['fʁɒgdsæˌlɛːˀd]
Is [iːˀs]
Jordbæris ['joɒ̯bɛɒ̯ˌiːˀs]
Omelet med syltetøj
[oməˈlɛd mɛ 'syldˌətɔi]
Piskefløde ['pesgəfløːðə]
Rødgrød (med fløde)
['ʁœðˀˌgʁœðˀ (mɛ 'fløːðə)]
Æblegrød ['ɛːbləˌgʁœðˀ]

Dessert

Apfelauflauf (mit Schlagsahne)
(wörtlich: Bauernmädchen mit
Schleier)

Zitronencreme
Obstsalat
Eis
Erdbeereis
Omelette confiture

Schlagsahne
Rote Grütze (mit Sahne)

Apfelmus

Kager

Boller ['bɒlɔ]
Kvarkkage ['kvaːgˌkɛːə]
Lagkage ['lau̯ˌkɛːə]
Roulade [ʁuˈlɛːðə]
Småkager ['smɔˌkɛːɔ]
Søsterkage ['søsdɔˌkɛːə]
Wienerbrød ['viːˀnɔˌbʁœːˀð]

Kuchen und Gebäck

Süße Brötchen
Käsekuchen
Sahnetorte
Biskuitrolle
Teegebäck
Napfkuchen
Kopenhagener Gebäck

Vínkort
Getränkekarte

Alkoholíske dríkke	**Alkoholísche Getränke**

Øl [øl] — Bier
Fadøl [ˈfæðˌøl] — Faßbier
Brændevin [ˈbʁænəˌviːʔn] — Branntwein
Likør [liˈkøːʔʁ] — Likör
Rom [ʁɔmʔ] — Rum
Snaps [snabs] — Aquavit
Vin [viːʔn] — Wein
Hvidvin [ˈviðˌviːʔn] — Weißwein
Rødvin [ˈʁœðˌviːʔn] — Rotwein
Hedvin [ˈheðˌviːʔn] — Südwein

Alkoholfríe dríkke — Alkoholfreie Getränke

Kaffe [ˈkafə] — Kaffee
Te (med rom) [teːʔ mɛ ʁɔmʔ] — Tee (mit Rum)
med cítron [mɛ siˈtʁoːʔn] — mit Zitrone
Æblemost [ˈɛːbləˌmɔsd] — Apfelsaft
Mineralvand [minəˈʁaːʔlˌvænʔ] — Mineralwasser
Juice [djuːs] — Fruchtsaft
Mælk [mɛlʔg] — Milch
Chokolade [ʂoɡoˈlɛːðə] — Schokolade
Kakao [kæˈkɛːo] — Kakao
Appelsinjuice [abəlˈsiːʔnˌdjuːs] — Orangensaft
Appelsinvand [abəlˈsiːʔnˌvænʔ] — Orangenlimonade

6 **Kultur und Natur**
Kultur og natur

Auf dem Verkehrsbüro
På turistinformationskontoret

Ich möchte einen Stadtplan von … haben.	Jeg vil gerne have et bykort over … [jaj vel gɛɒnə 'hɛːʔ ed 'byˌkɒːd ɔuˀɔ]
Haben Sie Prospekte von …?	Har De brochurer om …? [haːˀ di bʁɒˈɕyːɒ ɔmˀ]
Haben Sie einen Veranstaltungskalender für diese Woche?	Har De en oversigt over, hvad der sker i denne uge? [ha di en ˈɔuɒˌsegd ɔuˀɔ ˈvæð dɔ ˈsgeːʔɒ i ˈdɛnɒ ˈuːə]
Gibt es Stadtrundfahrten?	Er der rundture i byen? [ɛɒ dɔ ˈʁɒnˌtuːɒ i ˈbyːʔən]
Was kostet die Rundfahrt?	Hvad koster rundturen? [væð ˈkɔsdɒ ˈʁɒnˌtuːʔɒn]

Sehenswürdigkeiten/Museen
Seværdigheder/Museer

Welche Sehenswürdigkeiten gibt es hier?	Hvilke seværdigheder er der her? [velgə seˈvɛɒˀdiˌheːʔðɒ ɛɒ dɔ ˈhɛːʔɒ]
Wir möchten … besichtigen.	Vi vil gerne se … [vi vel ˈgɛɒnə ˈseːʔ]
Wann ist das Museum geöffnet?	Hvornår er museet åbent? [vɒˈnɒːˀ ɛɒ muˈsɛːʔəð ˈɒːbənd]
Wann beginnt die Führung?	Hvornår begynder rundvisningen? [vɒˈnɒːˀ beˈgønˀɔ ˈʁɒnˌviːʔsneŋən]
Gibt es auch eine Führung in Deutsch?	Er der også en rundvisning på tysk? [ɛɒ dɔ ˈɔsə en ˈʁɒnˌviːʔsneŋ pɔ ˈtysg]
Darf man hier fotografieren?	Må man fotografere her? [mɔ mæn fotoˌgʁaˈfeːʔɒ ˈhɛːʔɒ]
Was für ein Platz/eine Kirche ist das?	Hvad er det for et torv/en kirke? [væð ɛɒ ˈde fɔ ed ˈtɒːʔv/en ˈkiɒgə]
Ist das …?	Er det …? [ɛɒ ˈde]
Wann wurde dieses Gebäude erbaut/restauriert?	Hvornår blev den her bygning bygget/restaureret? [vɒˈnɒːˀ bleːʔv dɛn ˈhɛːɒ ˈbygneŋ ˈbygɒð/ʁɛsdauˈʁɛːʔɔð]

Schloß Rosenholm

Aus welcher Epoche stammt dieses Bauwerk?

Hvilken periode stammer det her bygningsværk fra? [ˈvelgən peɲiˈoːðə ˈsdamɔ de ˈhɛːˀɒ ˈbygneŋsˌvɛɒg ˈfʁaːˀ]

Gibt es in der Stadt noch andere Werke von diesem Architekten?

Er der andre værker af denne arkitekt her i byen? [ˈɛɒ dɔ ˈandʁɔ ˈvɛɒgɔ æ ˈdɛnə aːkiˈtɛgd i ˈbyːˀən]

Sind die Ausgrabungsarbeiten abgeschlossen?

Er udgravningsarbejdet afsluttet? [ˈɛɒ ˈuɒgʁaːˀvneŋsˌaːbaiˀdəð ˈauˌsludəð]

Wo sind die Funde ausgestellt?

Hvor er fundene udstillet? [ˈvɒːˀ ɛɒ ˈfɒnˀənə ˈuɒˌsdelˀəð]

Wer hat dieses Bild gemalt/diese Plastik geschaffen?

Hvem har malet dette billede?/Hvem har lavet denne skulptur? [ˈvɛmˀ ha ˈmɛːləð ˈdɛdə ˈbeləðə/vɛm ha ˈlɛːvəð ˈdɛnə sgulbˈtuːˀɒ]

Gibt es einen Katalog zur Ausstellung?

Er der et katalog til udstillingen? [ˈɛɒ dɔ ed kætæˈloːˀʊ tel ˈuɒˌsdelˀeŋən]

Haben Sie das Bild als Poster/Postkarte/Dia?

Har De det her billede som plakat/postkort/lysbillede? [haːˀ di de ˈhɛːɒ ˈbeləðə sɔm plaˈkɛːˀd/ˈpɔsdˌkɒːd/ˈlysˌbeləðə]

Wortliste Sehenswürdigkeiten/Museen

Abtei	kloster, -et, klostre [ˈklɔsdɔ]
Akt	nøgenbillede, -t, -r [ˈnɔjənˌbeləðə]
Altar	alter, -et, altre [ˈældɔ]
Altstadt	den gamle by [dɛn ˈgamlə byˀ]
antik	antik [ænˈtig]
Aquarell	akvarel, -len, -ler [akvaˈʁælˀ]
Archäologie	arkæologi, -en [aːkɛoloˈgiˀ]
Architekt	arkitekt, -en, -er [aːgiˈtɛgd]
Architektur	arkitektur, -en, -er [aːgitɛgˈtuːˀɒ]
Ausgrabungen	udgravninger [ˈuðˌgʁaːˀvneŋɔ]
Ausstellung	udstilling, -en, -er [ˈuðˌsdelˀeŋ]
Balustrade	balustrade, -n, -r [bæluˈsdʁaːðə]
Basilika	basilika, -en, -er [bæˈsiˀlikæ]
Bauwerk	bygningsværk, -et, -er [ˈbygneŋsˌvɛɒg]
Besichtigung	besigtigelse, -n, -r [beˈsegdiːəlsə]
Bibliothek	bibliotek, -et, -er [biblioˈteːˀg]
Bild	billede, -t, -r [ˈbeləðə]
~hauer	billedhugger, -en, -e [ˈbeləðˌhɔgɒ]
Bischofssitz	biskopsæde, -t, -r [ˈbisgɔbˌsɛːðə]
Blütezeit	blomstringstid, -en, -er [ˈblɔmsdʁɛŋsˌtiðˀ]
Bogen	bue, -n, -r [ˈbuːə]
Rund~	rundbue, -n, -r [ˈʁɔnˌbuːə]
Spitz~	spidsbue, -n, -r [ˈsbesˌbuːə]
~gang	buegang, -en, -e [ˈbuːəˌgaŋˀ]
Brauchtum	skik, -ken, -ke [sgig]
Bronze	bronze, -n [ˈbʁɔŋsə]
~zeit	bronzealder, -en [ˈbʁɔŋsəˌælˀɔ]
Brücke	bro, -en, -er [bʁoːˀ]
Brunnen	brønd, -en, -e [bʁœnˀ]
Burg	borg, -en, -e [bɔːˀu]
Bürgermeister/in	borgmester, -en, -mestre [bɔˈmɛsdɔ]
Büste	buste, -n, -r [ˈbysdə]
Chor	kor, -et, - [koːˀɒ]
~gestühl	korstole *pl* [ˈkoːɒˌsdoːlə]
Christ	kristen, -en, kristne [ˈkʁɛsdən]
Christentum	kristendom, -men [ˈkʁɛsdənˌdɔmˀ]
Dach	tag, -et, -e [tɛˀ]
Decke	loft, -et, -er [lɔfd]
Deckenmalerei	loftsmaleri, -et, -er [ˈlɔfdsmɛːləˌʁiːˀ]
Denkmal	mindesmærke, -t, -r [ˈmenəsˌmɛɒgə]
~schutz	fredning, -en, -er [ˈfʁɛːˀðneŋ]

Design	design, -et, - [di'sajn]
Dom	domkirke, -n, -r ['dɔm̩kiɒ̯gə]
dorisch	dorisk ['do:ˀɒisg]
Dynastie	dynasti, -et, -er [dynæ'sdi:ˀ]
Einfluß	indflydelse, -n, -r ['enˌfly:ˀðəlsə]
Empore	pulpitur, -et, -er [pulpi'tu:ɒ]
Epoche	periode, -n, -r [pɛɒi'o:ðə]
Erker	karnap, -pen, -per [ka'nab]
Exponat	udstillingsgenstand, -en, -e ['uðsdeleŋsˌgɛnstænˀ]
Fachwerk	bindingsværk, -et ['beneŋsˌvɛɒg]
Fassade	facade, -n, -r [fæ'sɛ:ðə]
Fenster	vindue, -t, -r ['vendu]
Festung	fæstning, -en, -er ['fɛsdneŋ]
Flügel	fløj, -en, -e [flɔjˀ]
Foto grafie	fotografi, -et, -er [fotogʁa'fi:ˀ]
~montage	fotomontage, -n, -r [fotomɔn'tɛ:sə]
Fremdenführer	fremmedfører, -en, -e ['fʁæməðˌfø:ɒ]
	guide, -n, -r [gajd]
Fresko	fresko, -en, -er ['fʁæsgo]
Friedhof	kirkegård, -en, -e ['kiɒgəˌgɒ:ˀ]
Fries	frise, -n, -r ['fʁi:sə]
Führung	omvisning, -en, -er ['ɔmˌvi:ˀsneŋ]
Fundament	fundament, -et, -er [fɔndæ'mɛnˀd]
Funde	fund [fɔnˀ]
Galerie	galleri, -et, -er [gælə'ʁi:ˀ]
Gebäude	bygning, -en, -er ['bygneŋ]
Geburtsstadt	fødeby, -en, -er ['fø:ðəˌby:ˀ]
Gedenkstätte	mindested, -et, -er ['menəˌsdɛð]
Geistlicher	gejstlig (mand) ['gajsdli ('mænˀ)]
Gemälde	maleri, -et, -er [mɛ:lə'ʁi:ˀ]
~sammlung	malerisamling, -en, -er [mɛ:lə'ʁiˌsamleŋ]
germanisch	germansk [gɛɒ'mɛ:ˀnsg]
Geschichte	historie, -n, -r [hi'sdo:ˀɒiə]
Gewölbe	hvælving, -en, -er ['vɛlveŋ]
Giebel	gavl, -en, -e [gauˀl]
Glasmalerei	glasmaleri, -et ['glæsmɛ:lə̩ʁi:ˀ]
Glocke	klokke, -n, -r ['klɔgə]
Gobelin	gobelin, -en, -er [gobə'lɛŋ]
Goldschmiedekunst	guldsmedekunst, -en ['gulsme:ðəˌkɔnˀsd]
Gotik	gotik [go'tig]
gotisch	gotisk ['go:ˀtisg]
Gottesdienst	gudstjeneste, -n, -r ['guðsˌtjɛ:nəsdə]

Grab	grav, -en, -e [gʁaːˀv]
~hügel	gravhøj, -en, -e [ˈgʁɑuˌhɔjˀ]
~mal	gravmæle, -t, -r [ˈgʁɑuˌmɛːlə]
~stein	gravsten, -en, - [ˈgʁɑuˌsdeːˀn]
Graphik	grafik, -ken [gʁaˈfig]
Grundriß	grundplan, -en, -er [ˈgʁɔnˌplɛːˀn]
Handelsstadt	handelsby, -en, -er [ˈhænˀəlsˌbyːˀ]
heidnisch	hedensk [ˈheːˀðənsg]
Hof	gård, -en, -e [gɒːˀ]
Höhlenmalerei	hulemaleri, -et [ˈhuːləmɛˌləˌʁiːˀ]
Holz|schnitt	træsnit, -tet, - [ˈtʁæˌsnid]
~schnitzerei	træskærer arbejde, -t, -r
	[ˈtʁæsgɛːɔˌaːbajˀdə]
Hünengrab	kæmpehøj, -en, -e [ˈkɛmbəˌhɔjˀ]
Illustration	illustration, -en, -er [ilusdʁaˈsoːˀn]
Innen|hof	atriumgård, -en, e [ˈɛːˀtʁiɔmˌgɒːˀ]
~stadt	den indre by [dɛn ˈendʁɔ byːˀ]
Inschrift	inskription, -en, -er [ˈensgʁibˈsoːˀn]
Intarsien	indlagt arbejde, -t, -r
	[ˈenlagd ˈaːˌbajˀdə]
ionisch	jonisk [joːˀnisg]
Jahrhundert	århundrede, -t, -r [ɒˈhunʁɔðə]
Jude	jøde, -n, -r [ˈjøːðə]
Kaiser/in	kejser, -en, -e [ˈkajsɔ]/kejserinde, -n, -r
	[ˈkajsɔˈenə]
Kanzel	prædikestol, -en, -e [ˈpʁɛðgəˌsdoːˀl]
Kapelle	kapel, -let, -ler [kæˈpɛlˀ]
Kapitell	kapitæl, -en, -er [kæpiˈtɛːˀl]
Katakomben	katakomber [kætæˈkɔmbɔ]
Kathedrale	katedral, -en, -er [kædəˈdʁaːˀl]
Katholik	katolik, -ken, -ker [kætoˈlig]
Keramik	keramik, -ken, [keʁaˈmig]
Kirche	kirke, -n, -r [ˈkiʁgə]
Kirchturm	kirketårn, -et, -e [ˈkiʁgəˌtɒːˀn]
Klassizismus	klassicisme, -n [klæsiˈsismə]
Kloster	kloster, -et, klostre [ˈklɔsdɔ]
~kirche	klosterkirke, -n, -r [ˈklɔsdɔˌkiʁgə]
Konfession	bekendelse, -n, -r [beˈkɛnˀəlsə]
König	konge, -n, -r [ˈkɔŋə]
Königin	dronning, -en, -er [ˈdʁɔneŋ]
Kopie	kopi, -en, -er [koˈpiːˀ]
korinthisch	korintisk [koˈʁɛnˀtisg]
Kreuz	kors, -et, - [kɒːs]
~gang	korsgang, -en, -e [ˈkɒːsˌgaŋˀ]

Kruzifix	krucifiks, -et, -er [kʁusiˈfigs]
Krypta	krypt, -en, -er [kʁybd]
Kultstätte	helligt sted [ˈhɛlid stɛðˀ]
Kunstgewerbe	kunsthåndværk, -et [ˈkɔnsdˌhɔnvɛɐ̯g]
Kupferstich	kobberstik, -ket, - [ˈkɔu̯ˀɔˌsdeg]
Kuppel	kuppel, -en, kupler [ˈkubəl]
Landschaftsmalerei	landskabsmaleri, -et
	[ˈlænsgæbsmɛˌleˈʁiˀ]
Langhaus	langskib, -et, -e [ˈlaŋˌsgiˀb]
Leuchter	lysestage, -n, -r [ˈlysəˌsdɛˈə]
Lithographie	litografi, -et, -er [litogʁaˈfiˀ]
Maler/in	maler, -en, -e [ˈmɛːlɔ]
Malerei	maleri, -et [mɛːˈleˈʁiˀ]
Markt	markedsplads, -en, -er [ˈmaːɡəðsˌplæs]
~halle	torvehal, -len, -ler [ˈtɒːvəˌhælˀ]
Marmor	marmor, -et [ˈmaːˀmɒ]
Material	materiale, -t, -r [mætɒˈiˈɛːlə]
Mauer	mur, -en, -e [muːˀɒ]
Mausoleum	mausole|um, -et, -er [mau̯soˈlɛːɔm]
Mittelalter	middelalder, -en [ˈmiðˀəlˌælˀɔ]
mittelalterlich	middelalderlig [ˈmiðˀəlˌælˀɔli]
Mittelschiff	midterskib, -et, -e [ˈmedɔˌsgiˀb]
Modell	model, -len, -ler [moˈdɛlˀ]
modern	moderne [moˈdɛɒnə]
Mosaik	mosaik, -ken, -ker [mosæˈig]
Museum	muse|um, -et, -er [muˈsɛːɔm]
Multivisionsschau	multimedieshow, -et, -s
	[ˈmultiˌmeˈˀdiəˌsøu]
Ölmalerei	oliemaleri, -et [ˈoljəmɛˌleˈʁiˀ]
Oper	opera, -en, -er [ˈoːˀbɒʁa]
Orden *(rel.)*	broderskab, -et, -er [ˈbʁoːðɔˌsgɛˀb]
	orden, -en, ordner [ˈɒːˀdən]
Orgel	orgel, -et, orgler [ˈɒːˀʊ̯əl]
Original	original, -en, -er [ɒigiˈnɛˌˀl]
Ornament	ornament, -et, -er [ɒːnæˈmɛnˀd]
Palast	palads, -et, -er [pæˈlæs]
Pastell	pastel, -len, -ler [pæˈsdɛlˀ]
Pavillon	pavillon, -en, -er [pæviˈjɔn]
Pergament	pergament, -et, -er [pɛɒgæˈmɛnˀd]
Pfeiler	pille, -n, -r [ˈpelə]
Strebe~	stræbepille, -n, -r [ˈsdʁɛːbˌpelə]
Pilger	pilgrim, -men, -me [ˈpilgʁɛmˀ]
~fahrt	valfart, -en, -er [ˈvælˌfaːˀd]
Plakat	plakat, -en, -er [plæˈkɛˌˀd]

Plastik	billedhuggerkunst, -en [ˈbeləðhoɡɔˌkɔnˀsd]
Platz	plads, -en, -er [plæs]
Plünderung	plyndring, -en, -er [ˈpløndʁɛŋ]
Portal	portal, -en, -er [poˈtɛːˀl]
Porträt	portræt, -tet, -ter [poˈtʁæd]
Porzellan	porcelæn, -et, -er [poseˈlɛːˀn]
Protestant	protestant, -en, -er [pʁodəˈsdænˀd]
Querschiff	tværskib, -et, -e [ˈtvɛɐ̯ˌsɡiːˀb]
Radierung	radering, -en, -er [ʁaˈdeːˀʁeŋ]
Rathaus	rådhus, -et, -e [ˈʁɔðˌhuːˀs]
Realismus	realisme, -n [ʁɛæˈlismə]
Regierungsbau	regeringsbygning, -en, -er [ʁɛˈɡeːˀɐ̯eŋsˌbyɡneŋ]
rekonstruieren	rekonstruere [ʁɛkɔnsdʁuˈeːˀɔ]
Relief	relief, -fet, -fer [ʁeliˈɛf]
Religion	religion, -en, -er [ʁeliˈɡjoːˀn]
restaurieren	restaurere [ʁɛsdau̯ˈʁɛːˀɔ]
Restaurierung	restaurering, -en, -er [ʁɛsdau̯ˈʁɛːˀɐ̯eŋ]
Ringwall	ringvold, -en, -e [ˈʁɛŋˌvɔlˀ]
Rosette	roset, -ten, -ter [ʁoˈsɛd]
Ruine	ruin, -en, -er [ʁuˈiːˀn]
Ruinenstadt	ruinby, -en, -er [ʁuˈiːˀnˌbyːˀ]
Rund|fahrt	rundfart, -en, -er [ˈʁɔnˌfaːˀd]
~grab	runddysse, -n, -r [ˈʁɔnˌdysə]
~kirche	rundkirke, -n, -r [ˈʁɔnˌkiɐ̯ɡə]

Rundkirche bei Osterlars / Insel Bornholm

Runen — runer [ˈʁuːnɐ]
~stein — runesten, -en, -e [ˈʁuːnəˌsdeˑʔn]
Sakristei — sakristi, -et, -er [sækʁiˈsdiːʔ]
Sandstein — sandsten, -en, - [ˈsænˌsdeˑʔn]
Sarkophag — sarkofag, -en, -er [saˈkoˈfɛ̝ːʔ]
Säule — søjle, -n, -r [ˈsɔjlə]
Schatzkammer — skatkammer, -et, -kamre [ˈsgædˌkamʔɔ]
Schiff — skib, -et, -e [sgiˑʔb]
Schloß — slot, -tet, -te [slʌd]
Schnitzerei — træskærerarbejde, -t, -r [ˈtʁæsgɛˑɔˌaːbajʔdə]
Schule — skole, -n, -r [ˈsgoːlə]
Sehenswürdigkeiten — seværdigheder [seˈvɛ̝ɐ̯ʔdiˌheˑʔðɔ]
Skulptur — skulptur, -en, -er [sgulbˈtuːʔɒ]
Stabkirche — stavkirke, -n, -r [ˈsdau̯ˌkiŋɡə]
Stadt|mauer — bymur, -en, -e [ˈbyˌmuˑʔɒ]
~rundfahrt — byrundtur, -en, -e [ˈbyˌʁɒntuˑʔɒ]
Statue — statue, -n, -r [ˈsdɛˑʔˌtuˑə]
Steinzeit — stenalder, -en [ˈsdeˑnˌælʔɔ]
Stil — stil, -en [sdiˑʔl]
Stilleben — stilleben, -et, -er [ˈsdelˌleːbən]
Stuck — stuk, -ken [sdug]
Symbolismus — symbolisme, -n [symboˈlismə]
Synagoge — synagoge, -n, -r [synæˈgoːə]
Taufbecken — døbefont, -en, -er [ˈdøːbəˌfʌnʔd]
Tempel — tempel, -et, templer [ˈtɛmʔbəl]
Teppich — tæppe, -t, -r [ˈtɛbə]
Terrakotta — terrakotta, -en, -er [tɛ̝ʁaˈkʌtæ]
Theater — teater, -et, teatre [teˈɛ̝ˑʔdɒ]
Töpferei — pottemagerværksted, -et, -er [ˈpʌdəmɛ̝ˑɔˌvɛ̝ɒ̯gsdɛðʔ]
Tor — port, -en, -e [pɒɒ̯ʔd]
Torso — torso, -en, -er [ˈtʌso]
Totenkult — dødekult, -en [ˈdøːðəˌkulʔd]
Turm — tårn, -et, -e [tɒˑʔn]
Tusche — tusch, -en [tuʂ]
Überrest — rest, -en, -er [ʁæsd]
Universität — universitet, -et, -er [univɛ̝ɒ̯siˈteˑʔd]
Vase — vase, -n, -r [ˈvɛ̝ːsə]
verbrennen — brænde, -te [ˈbʁænə]
Vierung — kvadrat, -et, -er [kvæˈdʁaˑʔd]
Volkskundemuseum — hjemstavnsmuse|um, -et, -er [ˈjɛmsdau̯nsmuˌsɛːɒm]

vorgeschichtlich	forhistorisk [ˈfɒːhiˌsdoːˀɒisg]
Wachablösung	vagtafløsning, -en, -er [ˈvagdˌaʊløːˀsnen]
Wahrzeichen	vartegn, -et, - [ˈvaːˌtaiˀn]
Wallfahrtskirche	valfartskirke, -n, -r [ˈvælfaːdsˌkiŋgə]
Wandmalerei	vægmaleri, -et [ˈvɛgmɛːləˌʁiːˀ]
Weberei	væveri, -et, -er [vɛvəˈʁiːˀ]
Werk	værk, -et, -er [vɛɒg]
Früh~	tidligt værk [ˈtiðlid vɛɒg]
Spät~	sent værk [seˀnd vɛɒg]
wiederaufbauen	genopbygge, -ede [ˈgɛnɔbˌbygə]
Wikinger	viking, -en, -er [ˈvikeŋ]
Zeichnung	tegning, -en, -er [ˈtaineŋ]
Zisterzienser	cistercienser, -en, -e [sisdɔˈsɛnˀsɔ]
Zitadelle	citadel, -let, -ler [sitæˈdɛlˀ]

Kopenhagen, Kanal „Nyhavn"

Ausflüge

Udflugter

Kann man von hier aus ... sehen?	Kan man se ... herfra? [kæ mæn ˈseːˀ ... ˈhɛːˀɒˌfʁɑːˀ]
In welcher Richtung liegt ...?	I hvilken retning ligger ...? [i ˈvelgən ˈʁædneŋ ˈlegɒ]

Kommen wir am/an ... vorbei?	Kommer vi forbi ...? [ˈkɔmˀɔ vi fɒˈbiˀ]
Besichtigen wir auch ...?	Skal vi også se ...? [skæ vi ˈɔsə ˈseˀ]
Wieviel freie Zeit haben wir in ...?	Hvor lang tid har vi fri i ...? [vɒ ˈlaŋ tiðˀ ha vi ˈfʁiˀ i]
Wann fahren wir zurück?	Hvornår skal vi tilbage ...? [vɒˈnɒˀ skæ vi teˈbɛˀə]
Wann werden wir zurück sein?	Hvornår er vi tilbage? [vɒˈnɒˀ ɛɒ vi teˈbɛˀə]

Wortliste Ausflüge

Ausflug	udflugt, -en, -er [ˈuðˌflɒgd]
Aussichtspunkt	udsigtspunkt, -et, -er [ˈuðsegdsˌpɒŋˀd]
Botanischer Garten	botanisk have [boˈtɛˀnisg ˈhɛːvə]
Deich	dige, -t, -r [ˈdiːə]
Fischer|hafen	fiskerihavn, -en, -e [fesgɐˈɹiˌhauˀn]
~ort	fiskerleje, -t, -r [ˈfesgɒˌlaiə]
Fjord	fjord, -en, -e [fjoːˀɒ]
Freilichtmuseum	frilandsmuse|um, -et, -er [ˈfʁilænsmuˌsɛːɒm]
Freizeitpark	forlystelsespark, -en, -er [fɔˈløsdəlsəsˌpaːg]
Gebirge	bjerge *pl* [ˈbjɒˀɹɒə]
Grotte	grotte, -n, -r [ˈgʁɒdə]
Heide	hede, -n, -r [ˈheːðə]
Hinterland	opland, -et, -e [ˈɔbˌlænˀ]
Höhle	hule, -n, -r [ˈhuːlə]
Höhlenwohnung	hule, -n, -r [ˈhuːlə]
Inselrundfahrt	ørundtur, -en, -e [ˈøːˀʁɒntuːˀɒ]
Klippe	klippe, -n, -r [ˈklebə]
Land|schaft	landskab, -et, -er [ˈlænˌsgɛːˀb]
~sitz	landsted, -et, -er [ˈlænˌsdɛðˀ]
Lava	lava, -en [ˈlɛːvæ]
Markt	markedsplads, -en, -er [ˈmaːgəðsˌplæs]
Museumsdorf	museumslandsby, -en, -er [muˈsɛːɒmsˌlænˀsbyˀ]
Nationalpark	nationalpark, -en, -er [næʃoˈnɛːˀlˌpaːg]

Naturschutzgebiet	fredet område [ˈfʁɛːðəð ˈɔmˌʁɒːðə]
Planetarium	planetari|um, -et, -er [plænəˈtaːˀiʊ̯m]

Kopenhagen, Stadtteile Christianshavn und Inderhavnen

Rund|blick	panorama, -et, [pænoˈʁaːmæ]
~fahrt	rundfart, -en, -er [ˈʁɒnˌfaˀd]
Schlucht	slugt, -en, -er [slugd]
See	hav, -et, -e [hau̯], sø, -en, -er [søːˀ]
Sternwarte	observatori|um, -et, -er [ɔbsɛʁvæˈtoːˀiʊ̯m]
Tagesausflug	heldagsudflugt, -en, -er [ˈheːldɛˀsˌuðflɒgd]
Tal	dal, -en, -e [dɛːˀl]
Tropfsteinhöhle	drypstenshule, -n, -r [ˈdʁœbsdeːnsˌhuːlə]
Umgebung	omgivelse, -n, -r [ˈɔmˌgiːˀvəlsə]
Vogelschutzgebiet	fuglereservat, -et, -er [ˈfuːləʁɛsɛʁˀvɛːˀd]
Vorort	forstad, -en, -stæder [ˈfɒːˌsdæð]
Vulkan	vulkan, -en, -er [vulˈkɛːˀn]
Wald	skov, -en, -e [sgɒu̯ˀ]
~brand	skovbrand, -en, -e [ˈsgɒu̯ˌbʁanˀ]
Wallfahrtsort	valfartssted, -et, -er [ˈvælfaːdsˌsdɛð]
Wasserfall	vandfald, -et, - [ˈvænˌfælˀ]
Watt	vade, -n, -r [ˈvɛːðə]
Wildreservat	vildtreservat, -et, -er [ˈvilˀdʁɛsɛʁˀvɛːˀd]
Zoo	Zoologisk Have, -n, -r [sooˈloːˀisgˈhɛːvə]

Veranstaltungen/Unterhaltung

Arrangementer/Underholdning

Theater/Konzert/Kino | **Teater/Koncert/Biograf**

Welches Stück wird heute abend (im Theater) gespielt?
Hvad spiller de (i teatret) i aften?
[ˈvæð ˈsbelɔ di (i teˈɛːˀdʊɔð) i ˈafdən]

Was läuft morgen abend im Kino?
Hvad går der i biografen i morgen aften?
[væð ˈgɔːˀ dɔ i bioˈgʁaːˀːfən i ˈmɔːɒn ˈafdən]

Werden im Dom Konzerte veranstaltet?
Bliver der arrangeret koncerter i domkirken?
[bliˈˀɒ dɔ aaŋˈsɛːˀɔð kɔnˈsɛɒdɔ i ˈdɔmˌkiɒgən]

Können Sie mir ein gutes Theaterstück empfehlen?
Kan De anbefale mig et godt teaterstykke?
[kæ di ˈænbeˌfɛːˀlə maj̯ ed ˈgod teˈɛːˀdɔˌsdøgə]

Wann beginnt die Vorstellung?
Hvornår begynder forestillingen?
[vɒˈnɒːˀ beˈgønˀɔ ˈfɔːɒˌsdelˀeŋən]

Wo bekommt man Karten?
Hvor får man billetter?
[ˈvɒːˀ fɔːˀ mæn biˈlɛdɔ]

Bitte zwei Karten für heute abend.
To billetter til i aften tak.
[ˈtoːˀ biˈlɛdɔ tel i ˈafdən ˈtag]

Bitte zwei Plätze zu …
To pladser til …, tak.
[ˈtoːˀ ˈplæsɔ tel … ˈtag]

Zwei Erwachsene, ein Kind.
To voksne og et barn.
[ˈtoːˀ ˈvɔgsnə ɔ ˈed baːˀn]

Kann ich bitte ein Programm haben?
Må jeg få et program?
[mɒ jaj̯ ˈfɔːˀ ed pʁoˈgʁamˀ]

Wann ist die Vorstellung zu Ende?
Hvornår er forestillingen slut?
[vɒˈnɒːˀ ɛɒ ˈfɔːɒˌsdelˀeŋən ˈslud]

Wo ist die Garderobe?
Hvor er garderoben?
[ˈvɒːˀ ɛɒ gaːdəˈʁoːbən]

Wortliste Theater/Konzert/Kino

Akt	akt, -en, -er [agd]
Aufführung	opførelse, -n, -r [ˈɔbˌføːˀɔlsə]
Ballett	ballet, -ten, -ter [bæˈlɛd]
Begleitung	(am Klavier etc.) akkompagnement, -et, -er [ækɔmpænjəˈmaŋ]
	(Person) ledsagelse, -n [ˈleðˌsɛˀˀəlsə]
Bühne	scene, -n, -r [ˈseːnə]
Chor	kor, -et, - [koːˀɒ]
Dirigent	dirigent, -en, -er [diɒiˈgɛnˀd]
Drama	drama, -et, -er [ˈdʁaːmæ]
Eintrittskarte	adgangsbillet, -ten, -ter [ˈæðgaŋsbiˌlɛd]
Festival	festival, -en, -er [ˈfɛsdivæl]
Film	film, -en, - [filˀm]
~schauspieler/in	filmskuespiller, -en, -e [ˈfilˀmˌsguːəsbelɒ]
Freilufttheater	friluftsteater, -et, -teatre [ˈfʁilɒfdsteˌɛːˀdɒ]
Garderobe	garderobe, -n, -r [gaːdəˈʁoːbə]
Inszenierung	iscenesættelse, -n, -r [iˈseːnəˌsɛdəlsə]
Kabarett	kabaret, -ten, -ter [kabaˈʁɛ]
Kasse	kasse, -n, -r [ˈkæsə]
Kino	biograf, -en, -er [bioˈgʁaˀf]
Freilicht~	friluftsbiograf, -en, -er [ˈfʁilɒfdsbioˌgʁaˀf]
Kleinkunstbühne	kabaretscene, -n, -r [kabaˈʁɛˌseːnə]
Komödie	komedie, -n, -r [koˈmeðˀjə]
Komponist/in	komponist, -en, -er [kɔmpoˈnisd]
Konzert	koncert, -en, -er [kɔnˈsɛɒd]
Jazz~	jazzkoncert, -en, -er [ˈdjæskɔnˌsɛɒd]
Kammer~	kammerkoncert, -en, -er [ˈkamˀɔkɔnˌsɛɒd]
Kirchen~	kirkekoncert, -en, -er [ˈkiɒgəkɔnˌsɛɒd]
Pop~	popkoncert, -en, -er [ˈpɔbkɔnˌsɛɒd]
Sinfonie~	symfonikoncert, -en, -er [symfoˈnikɔnˌsɛɒd]
Loge	loge, -n, -r [ˈloːʃə]
Musical	musical, -en, -s [ˈmjuːsikæl]
Oper	opera, -en, -er [ˈoːˀbɒʁa]
Operette	operette, -n, -r [obəˈʁædə]
Opernglas	teaterkikkert, -en, -er [teˈɛːˀdɒˌkigɒd]
Orchester	orkester, -et, orkestre [ɒˈkɛsdɒ]

Originalfassung	originalversion, -en, -er [ɔigiˈnɛːˀlvɛɐ̯ˌs̝oːˀn]
Parkett	parket, -tet, -ter [paˈkɛd]
Pause	pause, -n, -r [ˈpaʊ̯sə]
Premiere	premiere, -n, -r [pʁɛmˈjɛːɔ]
Programm	program, -met, -mer [pʁoˈgʁamˀ]
~heft	programhæfte, -t, -r [pʁoˈgʁamˀˌhɛfdə]
Rang	etage, -n, -r [eˈtɛːˀsə]
Regie	regi, -n [ʁɛˈs̝iːˀ]
Rolle	rolle, -n, -r [ˈʁɔlə]
Haupt~	hovedrolle, -n, -r [ˈhoːəðˌʁɔlə]
Sänger/in	sanger, -en, -e [ˈsaŋɒ]
Schauspiel	skuespil, -let, - [ˈsguːəˌsbel]
Schauspieler/in	skuespiller, -en, -e [ˈsguːəˌsbelɒ]
Singspiel	syngespil, -let, - [ˈsøŋəˌspel]
Solist/in	solist, -en, -er [soˈlisd]
Spielplan	spilleplan, -en, -er [ˈsbeləˌplɛːˀn]
Tänzer/in	danser, -en, -e [ˈdænsɒ]
Theaterstück	teaterstykke, -t, -r [teˈɛːˀdɒˌsdøgə]
Tragödie	tragedie, -n, -r [tʁaˈgeðˀjə]
Untertitel, mit	tekstet *adj* [ˈtɛgsdəð]
Varieté	variete, -n, -er [vaiəˈte]
Veranstaltungskalender	program, -met, -mer [pʁoˈgʁamˀ]
Vorhang	tæppe, -t, -r [ˈtɛbə]
Vorstellung	forestilling, -en, -er [ˈfɒːɒˌsdelˀeŋ]
Vorverkauf	forsalg, -et [ˈfɒːˌsælˀ]
Zirkus	cirkus, -set, - [ˈsiɒkus]

Bar/Diskothek/Nachtclub

Bar/Diskotek/Natklub

Welche typischen Abendveranstaltungen werden hier geboten?

Hvilke typiske aftenarrangementer findes der her? [ˈvelgə ˈtypisgə ˈafdənaaŋsəˌmaŋˀɔ ˈfenəs dɒ ˈhɛːˀɒ̯]

Gibt es hier eine gemütliche Kneipe?

Er der et hyggeligt værtshus? [ɛɒ̯ dɒ ed ˈhygəlid ˈvɛɒ̯dsˌhuːˀs]

Wo kann man hier tanzen gehen?

Hvor kan man gå hen at danse? [ˈvɒːˀ kæ mæn gɒˀː ˈhɛnˀ ɔ ˈdænsə]

Ist dort ein eher junges oder älteres Publikum?

Er det mest for ældre eller yngre mennesker? [ɛɒ̯ de meːˀsd fɒ ˈɛldʁɒ ɛlɒ ˈøŋʁɒ ˈmɛnəsgɒ]

Ist Abendgarderobe erwünscht?	Skal man have festtøj på? [sgæ mæn hɛːˀ ˈfɛsdˌtɔj ˈpɔːˀ]
Im Eintrittspreis ist ein Getränk enthalten.	Der er inkluderet en drink i entreen. [dɔ ɛɐ̯ enkluˈdeːɔð en ˈdʁɛŋg i aŋˈtʁɐːˀən]
Ein Bier, bitte.	En øl, tak! [en ˈøl ˈtag]
Das gleiche noch einmal.	Det samme som før, tak! [de ˈsamə sɔm ˈfœːˀɒ̯ ˈtag]
Diese Runde übernehme ich.	Jeg giver den her omgang. [ˈjaj ˈgiːɒ dɛn ˈhɛːˀɒ̯ ˈɔmˌgaŋˀ]
Wollen wir (noch einmal) tanzen?	Skal vi danse (igen)? [sgæ vi ˈdænsə (iˈgɛn)]
Wollen wir noch einen Bummel machen?	Skal vi gå en tur? [sgæ vi ˈgɒːˀ en ˈtuːˀɒ̯]

Wortliste Bar/Diskothek/Nachtclub

ausgehen	gå ud, gik, gået [ˈgɒːˀ ˈuðˀ]
Band	gruppe, -n, -r [ˈgʁubə]
Bar	bar, -en, -er [baːˀ]
Discjockey	discjockey, -en, -er [ˈdisgˌdjɔki]
Diskothek	diskotek, -et, -er [disgoˈteːˀg]
Folklore	folklore, -n [fɔlˈkloːɒ̯]
~abend	folkloreaften, -en, -aftner [fɔlˈkloːɒ̯ˌafdən]
Kneipe	værtshus, -et, -e [ˈvɛɒ̯dsˌhuːˀs]
Live-Musik	live musik, -ken, - [ˈlaːjv muˈsig]
Modenschau	modeshow, -et, -s [ˈmoːðəˌsœːu̯]
Nachtclub	natklub, -ben, -ber [ˈnædˌklub]
Show	show, -et, -s [ɕœːu̯]
Spiel|casino	spillekasino, -et, -er [ˈsbeləkæˌsiːno]
~halle	spillehal, -len, -ler [ˈsbeləˌhælˀ]
tanzen	danse, -ede [ˈdænsə]
Tanz|kapelle	danseorkester, -et, orkestre [ˈdænsəɒ̯ˈkɛsdɒ]
~musik	dansemusik, -ken, - [ˈdænsəmuˌsig]
Türsteher	dørmand, -en, -mænd [ˈdœɒ̯ˌmænˀ]

7 **Am Strand/Sport**
Ved stranden/Sport

1 *Møn: Kreidefelsen*
2 *Bornholm: Hammerhus*
3 *Christiansø und*
  Frederiksø

1

2

3

Im Schwimmbad/Am Strand
I swimmingpoolen/Ved stranden

Gibt es hier ein Freibad/ Hallenbad/Thermalbad?
Er der et friluftsbad/et svømmebad/et varmtvandsbad her?
['ɛɒ dɔ ed 'fʁilɒfds,bæð/ed 'svɶmə,bæð/ed 'va:ʔmdvænʔs,bæð 'hɛ:ʔɒ]

Eine Eintrittskarte (mit Kabine), bitte.
En billet (med kabine), tak.
[en bi'lɛd (mɛ kæ'bi:nə) 'tag]

● Nur für Schwimmer!
Kun for svømmere! [kɒn fɔ 'svɶmɔɔ]

● Hineinspringen verboten!
Udspring forbudt! ['uð,sbʁɛŋʔ fɔ'bud]

● Baden verboten!
Badning forbudt! ['bɛ:ðneŋ fɔ'bud]

Ist der Strand sandig?
Er det sandstrand? [ɛɒ de 'sæn,sdʁanʔ]

Ist der Strand steinig?
Er stranden stenet?
[ɛɒ 'sdʁanʔən 'sde:nəð]

Gibt es hier Seeigel/Quallen?
Er der søpindsvin/vandmænd her?
[ɛɒ dɔ 'sø,pensvi:ʔn/'væn,mɛnʔ 'hɛ:ʔɒ]

Wie weit darf man hinausschwimmen?
Hvor langt må man svømme ud?
[vɒ 'laŋʔd mɒ mæn svɶmə 'uðʔ]

Ist die Strömung stark?
Er strømmen stærk? [ɛɒ 'sdʁɶmʔən 'sdɛɒg]

Ist es für Kinder gefährlich?
Er det farligt for børn?
[ɛɒ de 'fa:lid fɔ 'bɶɒʔn]

Wann ist Ebbe/Flut?
Hvornår er det lavvande/højvande?
[vɒ'nɒ:ʔ ɛɒ de 'lau,vænə/'hɔi,vænə]

Ich möchte ... mieten.
   ein Boot
   ein Paar Wasserski
Jeg vil gerne leje ... [jai vel gɛɒnə 'laiə]
   en båd. [en 'bɔ:ð]
   et par vandski. [ed pa 'væn,sgi:ʔ]

Was kostet es pro Stunde/Tag?
Hvad koster det pr. time/dag?
[væð 'kɔsdɔ de pɛɒ 'ti:mə/'dɛ:ʔ]

Sport

Sport

Welche Sportveranstaltungen gibt es hier?	Hvilke sportsarrangementer er der her? [velgə ˈsbɒːdsaaŋsˌeˌmaŋˀɔ ɛɒ dɔ ˈhɛːˀɒ]
Welche Sportmöglichkeiten gibt es hier?	Hvilke sportsgrene kan man dyrke her? [velgə ˈsbɒːdsˌgʁeːnə kæ mæn ˈdyɒgə ˈhɛːˀɒ]
Gibt es hier einen Golfplatz/einen Tennisplatz/eine Pferderennbahn?	Er der en golfbane/en tennisbane/en hestevæddeløbsbane her? [ˈɛɒ dɔ en ˈgɔlˀfˌbɛːnə/en ˈtɛnisˌbɛːnə/en ˈhɛsdəˌvɛðələːbsˌbɛːnə ˈhɛːˀɒ]
Wo kann man hier angeln?	Hvor kan man fiske her i nærheden? [ˈvɒːˀ kæ mæn ˈfesgə ˈhɛːˀɒ i ˈnɛɒˌheːˀðən]
Ich möchte mir das Fußballspiel/das Pferderennen ansehen.	Jeg vil gerne se fodboldkampen/hestevæddeløbet. [jaj vel gɛɒnə ˈseːˀ ˈfoðbɔlˌkamˀbən/ˈhɛsdəˌvɛðələːˀbəð]
Wann/Wo findet es statt?	Hvornår/Hvor er det? [vɒˈnɒːˀ/ˈvɒːˀ ɛɒ de]
Was kostet der Eintritt?	Hvad koster entreen? [væð ˈkɔsdɔ aŋˈtʁɛːˀən]
Wo kann ich … ausleihen?	Hvor kan jeg leje …? [ˈvɒːˀ kæ jaj ˈlajə]
Ich möchte einen … kurs machen.	Jeg vil gerne på et … kursus. [jaj vel ˈgɛɒnə pɒ ed … ˈkuɒsus]
Welchen Sport treiben Sie?	Hvilken sport dyrker De? [ˈvelgən sbɒːd ˈdyɒkɔ ˈdi]
Ich spiele …	Jeg spiller … [jaj ˈsbelɔ]
Ich bin ein Fan von …	Jeg er tilhænger af … [jaj ɛɒ ˈtelˌhɛŋˀɔ æ]
Ich gehe gern …	Jeg kan godt lide at … [jaj kæ ˈgɔd ˈliːˀ ɔ]
Kann ich mitspielen?	Må jeg være med? [mɒ jaj ˈvɛːɒ ˈmɛð]

Wortliste Strand/Sport

Aerobic	aerobic [ɛɒˈʁoːbig]
Aktivurlaub	aktiv ferie [ˈagˌtiːʔv ˈfeːˌʁiə]
Anfänger	begynder, -en, -e [beˈgønˀɔ]
Angel	medetøj, -et [ˈmeːðəˌtɔi]
~schein	fiskekort, -et, - [ˈfesgəˌkɒːd]
Ausritt	ridetur, -en, -e [ˈʁiːðəˌtuːʔɒ]
Bade|bucht	badebugt, -en, -er [ˈbɛːðəˌbogd]
~meister	bademester, -en, -mestre [ˈbɛːðəˌmɛsdɒ]
~steg	badebro, -en, -er [ˈbɛːðəˌbʁoːʔ]
~tuch	håndklæde, -t, -r [ˈhɒnˌklɛːðə]
Badminton	badminton, -en [ˈbædmɛntɔn]
Ball	bold, -en, -e [bɔlˀd]
Basketball	basketball, -en [ˈbaːsgədˌbɔːl]
Boccia	boccia [ˈbɔtʂæ]
Bootsverleih	bådeudlejning, -en, -er [ˈbɔːðəˌuðlaiˀneŋ]
Bowling	bowling, -en [ˈbœᵘleŋ]
Doppel	double, -n, -r [ˈdɔbəl]
Drachenfliegen	drageflyvning, -en [ˈdʁaːᵘəˌflyːᵘneŋ]
Düne	klit, -ten, -ter [klid]
Dusche	brusebad, -et, -e [ˈbʁuːsəˌbæð]
Eintrittskarte	adgangsbillet, -ten, -ter [ˈæðgaŋsbiˌlɛd]
Einzel	single, -n, -r [ˈseŋgəl]
Eis|bahn	skøjtebane, -n, -r [ˈsgɔiðəˌbɛːnə]
~hockey	ishockey, -en [ˈisˌhɔki]
~kunstlauf	kunstskøjteløb, -et, - [ˈkɔnsdˌskɔiðələːʔb]
~lauf	skøjteløb, -et [ˈsgɔiðəˌløːʔb]
Ergebnis	resultat, -et, -er [ʁɛsulˈtɛːʔd]
Fallschirmspringen	faldskærmsudspring, -et, - [ˈfælsgɛɒmsˌuðsbʁeŋˀ]
Federball	fjerbold, -en, -e [ˈfjeɒˌbɔlˀd]
Fitneßcenter	fitnesscenter, -et, -centre [ˈfitnɛsˌsɛnˀdɒ]
FKK-Strand	nudiststrand, -en, -er [nuˈdisdˌsdʁanˀ]
Fortgeschrittener	viderekomne [ˈviðɒˌkɔmˀnə]
Freibad	friluftsbad, -et, -e [ˈfʁiloftsˌbæð]
Fußball *(Spiel)*	fodbold, -en [ˈfoðˌbɔlˀd]
~mannschaft	fodboldhold, -et, - [ˈfoðbɔldˌhɔlˀ]
~platz	fodboldbane, -n, -r [ˈfoðbɔldˌbɛːnə]
~spiel	fodboldkamp, -en, -e [ˈfoðbɔldˌkamˀb]

gewinnen	vinde, vandt, vundet ['venəɐ]
Golf	golf, -en [gɔlˀf]
~schläger	golfkølle, -n, -r ['gɔlˀf‚kø-lə]
Gymnastik	gymnastik, -ken, [gymnæ'sdig]
Halbzeit	halvleg, -en, -e ['hælˌlaiˀ]
Handball	håndbold, -en, -e ['hɔnˌbɔlˀd]
Hochseefischen *(Nordsee)*	fiske, -ede i Vesterhavet ['fesgə i 'vɛsdɔ‚hɛ:ˀvəð]
Jazztanz	jazzballet, -ten, ['djæsbæˌlɛd]
joggen	jogge, -ede ['djɔgə]
Jogging	jogging, -en ['djɔgeŋ]
Judo	judo, -en ['ju:do]
Kanadier, Kanu	kano, -en, -er ['kɛ:no]
Karate	karate [ka'ʁa:də]
Kasse	kasse, -n, -r ['kæsə]
Kegeln	kegle, -n ['kailə]
	spille kegler, -ede ['sbelə 'kailɔ]
Kiesel	grus, -et, - [gʁu:ˀs]
Konditionstraining	konditionstræning, -en [kɔndi'ʂo:ˀnsˌtʁɛ:neŋ]
Kricket	kricket, -en ['kʁigəd]
Kurs	kurs, -en, -er [kuɐˀs]
Langlauf	langrend, -et ['laŋˌʁɛnˀ]
Leichtathletik	atletik, -ken [ædlə'tig]
Liege|stuhl	liggestol, -en, -e ['legəˌsdoːˀl]
~wiese	græsplæne (-n, -r) til at sole sig på ['gʁæsˌplɛːnə te æd 'so:lə saiˌpɔ]
Loipe	løjpe, -n, -r ['lɔjbə]
Luftmatratze	luftmadras, -sen, -ser ['lɔfdmæ‚dʁas]
Mannschaft	mandskab, -et, -er ['mænˌsgɛ:ˀb]
Meerwasser-Schwimm-bad	svømmebassin med havvand ['svœməbæ‚sɛŋ mɛ 'hauˌvænˀ]
Meisterschaft	mesterskab, -et, -er ['mɛsdɔˌsgɛ:ˀb]
Minigolf	minigolf, -en ['miniˌgɔlˀf]
Mittelstation	mellemstation, -en, -er ['mɛləmsdæ‚ʂo:ˀn]
Motor|boot	motorbåd, -en, -e ['mo:tɔˌbɔ:ˀð]
~sport	motorsport, -en ['mo:tɔˌsbɔ:d]
Netz	net, -tet, - [nɛd]
Nichtschwimmer	ikke-svømmer ['egəˌsvœmɔ]
Niederlage	nederlag, -et, - ['ne:ðɔˌlɛ:ˀ]
Paddelboot	kajak, -ken, -ker [kæ'jag]

Pfeilwerfen	dart [daːd]
Pferd	hest, -en, -e [hɛsd]
Pferderennen	hestevæddeløb, -et, - [ˈhɛsdəˌvɛðələøːˀb]
Polo	polo, -en [ˈpoːlo]
Privatstrand	privat strand [pʁiˈvɛˀd sdʁanˀ]
Programm	program, -met, -mer [pʁoˈgʁamˀ]
radfahren	cykle, -ede [ˈsyglə]
Rad|rennen	cykelløb, -et, - [ˈsygəlˌløːˀb]
~sport	cykelsport, -en [ˈsygəlˌsboːd]
~tour	cykeltur, -en, -e [ˈsygəlˌtuːˀɒ]
Rafting	rafting, -en [ˈʁafdeŋ]
Regatta	regatta, -et, -er [ʁɛˈgætæ]
reiten	ride, red, redet [ˈʁiːðə]
Reitsport	ridesport, -en [ˈʁiːðəˌsboːd]
Rennen	væddeløb, -et, - [ˈvɛðəˌløːˀb]
Ringkampf	brydekamp, -en, -e [ˈbʁyːðəˌkamˀb]
Rodel	kælk, -en, -e [kɛlˀg]
rodeln	kælke, -ede [ˈkɛlgə]
Ruderboot	robåd, -en, -e [ˈʁoːˀˌboːˀð]
rudern	ro, -ede [ʁoːˀ]
Rugby	rugby, -en [ˈʁɔgbi]
Sand	sand, -et, - [sænˀ]
Sauna	sauna, -en, -er [ˈsaunæ]
Schiedsrichter	dommer, -en, -e [ˈdɔmɔ]
Schläger	kølle, -n, -r [ˈkølə]
	ketsjer, -en, -e [ˈkɛdsjɔ]
Schlauchboot	gummibåd, -en, -e [ˈgɔmiˌboːˀð]
Schlitten	slæde, -n, -r [ˈslɛːðə]
~fahren	køre på slæde, -te [ˈkøːɔ pɔ ˈslɛːðə]
Schlittschuhe	skøjter [ˈsgɔjtɔ]
Schnorchel	snorkel, -en, snorkler [ˈsnɔːgəl]
Schwimmbad	svømmebad, -et, -e [ˈsvœməˌbæð]
Schwimmen	svømning, -en [ˈsvœmneŋ]
Schwimmer	svømmer, -en, -e [ˈsvœmɔ]
Schwimm|flossen	svømmefødder [ˈsvœməˌføðˀɔ]
~flügel	svømmevinger *pl* [ˈsvœməˌveŋɔ]
~ring	badering, -en, -e [ˈbɛːðəˌʁeŋˀ]
Segel|boot	sejlbåd, -en, -e [ˈsajlˌboːˀð]
~fliegen	svæveflyvning [ˈsvɛːʋəˌflyːʋneŋ]
Segeln	sejlads, -en [sajˈlɛːˀs]
Seilbahn	tovbane, -n, -r [ˈtɔuˌbɛːnə]
Sieg	sejr, -en, -e [sajˀɒ]
Skateboard	skateboard, -et, -s [ˈsgɛjdˌbɔːd]

Ski	ski, -en, -er [sgi:ˀ]
~bindung	skibinding, -en, -er [ˈsgiˌbeneŋ]
~brille	skibriller pl [ˈsgiˌbʁɛlɔ]
~kurs	skikurs|us, -et, -er [ˈsgiˌkuɒsus]
~laufen	skiløb, -et, - [ˈsgiˌløːˀb]
~lehrer	skilærer, -en, -e [ˈsgiˌlɛːɔ]
~stöcke	skistave [ˈsgiˌsdɛːvə]
Solarium	solarium, -et, -er [soˈlaːˀiɒm]
Sonnenschirm	parasol, -len, -ler [paaˈsɔlˀ]
Spiel	spil, -let, - [sbel]
Sportler/in	sportsmand, -en, -mænd [ˈsbɒːdsˌmænˀ]
	sportskvinde, -n, -r [ˈsbɒːdsˌkvenə]
Sportplatz	sportsplads, -en, -er [ˈsbɒːdsˌplæs]
Sprungbrett	udspringsvippe, -n, -r [ˈuðsbʁeŋsˌvebə]
Squash	squash, -en [sguɔs]
Start	start, -en, -er [sdaːd]
Strandbad	strandbad, -et, -e [ˈsdʁanˌbæð]
Surfbrett	surfbræt, -tet, -ter [ˈsœːfˌbʁæd]
Surfen	surfe, -ede [ˈsœːfə]
Tagespaß	endagskort, -et, - [ˈeːˀndɛːsˌkɒːd]
tauchen	dykke, -ede [ˈdøgə]
Taucher|ausrüstung	dykkerudrustning, -en, -er [ˈdøgɒˌuðʁɒsdneŋ]
~brille	dykkerbriller pl [ˈdøgɒˌbʁɛlɔ]
Tennis	tennis, -en [ˈtɛnis]
~schläger	tennisketsjer, -en, -e [ˈtɛnisˌkɛdsɔ]
Tischtennis	bordtennis, -en [ˈboɒˌtɛnis]
Tor	mål, -et, - [mɒːˀl]
~wart	målmand, -en, mænd [ˈmɒːlˌmænˀ]
Trainerstunde	træningstime [ˈtʁɛːneŋsˌtiːmə]
Tretboot	vandcykel, -en, -cykler [ˈvænˌsygəl]
Turnen	gymnastik, -ken [gymnæˈsdiɡ]
unentschieden	uafgjort [ˈuˌaugjoɒˀd]
verlieren	tabe, -te [ˈtɛːbə]
Volleyball	volleyball [ˈvɔliˌbɒːl]
Wandern	vandresport [ˈvandʁɒˌsbɒːd]
Wanderweg	vandresti, -en, -er [ˈvandʁɒˌsdiːˀ]
Wasserball	vandpolo, -en [ˈvænˌpoːlo]
Wellenreiten	surfriding, -en [ˈsœːfˌʁaidəŋ]
Wettkampf	væddekamp, -en, -e [ˈvɛðəˌkamˀb]
Whirlpool	whirlpool, -en, -er [ˈvœːlˌpuːl]
Windschirm	læskærm, -en, -e [ˈlɛːˀsgɛɒ̯ˀm]

8 **Einkaufen/Geschäfte**
Indkøb/Forretninger

Fragen/Preise
Spørgsmål/Priser

Öffnungszeiten | Åbningstider [ˈɔːbneŋsˌtiðə]

offen/geschlossen/Be-
triebsferien | åben/lukket/ferielukket
[ˈɔːbən/ˈloɡəð/ˈfeːʔɔiəˌloɡəð]

Wo finde ich …? | Hvor finder jeg …? [ˈvɒːʔ ˈfenʔɔ jai]

Können Sie mir ein
… geschäft empfehlen? | Kan De anbefale mig en … forretning?
[kæ di ˈænbeˌfɛːʔlə mai en … fɔˈʁædneŋ]

● Werden Sie schon be-
dient? | Får De? [fɒːʔ di]

Danke, ich sehe mich
nur um. | Jeg kigger bare. [jai ˈkiɡɔ ˈbaːa]

Ich möchte … | Jeg ville gerne … [jai vilə ɡɛɒnə]

Haben Sie …? | Har De …? [haːʔ di]

Zeigen Sie mir bitte … | Vær venlig at vise mig …
[vɛːʔɒ ˈvɛnli ɔ ˈviːse mai]

Bitte | Vil De være venlig at give mig
[vel di vɛːɔ ˈvɛnli ɔ ˈɡiːʔ mai]

ein Paar …
ein Stück … | et par … [ed pa]
et stykke … [ed sdøɡə]

Können Sie mir bitte ein
anderes/eine(n) ande-
re(n) … zeigen? | Vil De være så venlig at vise mig en
anden …/et andet …? [vel di ˈvɛːɔ sɔ
ˈvɛnli ɔ ˈviːsə mai en ˈænən/ed ˈænəð]

Haben Sie auch etwas
Billigeres? | Har De noget billigere?
[haːʔ di nɒːəð ˈbiliɔ]

Das gefällt mir. Ich neh-
me es. | Det kan jeg godt lide. Det tager jeg.
[de kæ jai ˈɡɒd ˈliðə de taːʔ jai]

Wieviel kostet es? | Hvad koster det? [væð ˈkɔsdɔ de]

Nehmen Sie …
deutsches Geld?
Euroschecks?
Kreditkarten?
Reiseschecks? | Tager De … [ˈtaːʔ di]
tyske penge? [ˈtysɡə ˈpeŋə]
Eurochecks? [ˈœuʁoˌsɛɡs]
kreditkort? [kʁɛˈdidˌkɒːd]
rejsechecks? [ˈʁaisəˌsɛɡs]

Können Sie es mir ein-
packen? | Kan De pakke det ind?
[kæ di ˈpaɡə de ˈenʔ]

Ich möchte dies umtauschen.	Jeg vil gerne bytte den her/det her. [jai̯ vel gɛɒnə ˈbydə dɛn ˈhɛːˀɒ/de ˈhɛːˀɒ]

Wortliste Geschäfte

Antiquariat	antikvariat, -et, -er [æntikvaiˈɛːˀd]
Antiquitätengeschäft	antikvitetsforretning, -en, -er [æntikviˈteːˀdsfɒˌʁædnəŋ]
Apotheke	apotek, -et, -er [aboˈteːˀg]
Bäckerei	bageri, -et, -er [bɛːjəˈʁiːˀ]
Bazar	basar, -en, -er [bæˈsaːˀ]
Bioladen	forretning, -en, -er med økologiske varer [fɒˈʁædnəŋ mɛ økoˈloːˀisgə ˈvaːa]
Blumengeschäft	blomsterforretning, -en, -er [ˈblɔmsdɒfɒˌʁædnəŋ]
Bootsbedarf	bådeudstyr, -et, - [ˈbɒːðəˌuðsdyːˀɒ]
Boutique	boutique, -en, -s [buˈtig]
Buchhandlung	boghandel, -en, -handler [ˈbɒu̯ˌhænˀəl]
Drogerie	materialhandel, -en, -handler [mæteɒiˈɛːˀlˌhænˀəl]
Eisenwarengeschäft	isenkramforretning, -en, -er [ˈisənkʁamfɒˌʁædnəŋ]
Elektrohandlung	elinstallationsforretning, -en, -er [ˈɛlensdælæˌɕoːˀnsfɒˌʁædnəŋ]
Feinkostgeschäft	delikatesseforretning, -en, -er [delikæˈtɛsəfɒˌʁædnəŋ]
Fischgeschäft	fiskeforretning, -en, -er [ˈfesgəfɒˌʁædnəŋ]
Flohmarkt	loppemarked, -et, -er [ˈlɔbəˌmaːgəð]
Fotoartikel	fotoartik|el, -len, -ler [ˈfotoaˌtigəl]
Friseur	frisør, -en, -er [fʁiˈsøːˀɒ]
Gemüsehändler	grønthandler, -en, -e [ˈgʁœndˌhænˀlɒ]
Haushaltswarengeschäft	forretning, -en, -er med husholdningsartikler [fɒˈʁædnəŋ mɛ ˈhushʌlˀnɛŋsaˌtiglɒ]
Juwelier	juveler, -en, -er [juvəˈleːˀɒ]
Käsegeschäft	osteforretning, -en, -er [ˈɔsdəfɒˌʁædnəŋ]
Kaufhaus	varehus, -et, -e [ˈvaːaˌhuːˀs]
Konditorei	konditori, -et, -er [kɔndidoˈʁiːˀ]
Kosmetiksalon	kosmetiksalon, -en, -er [kɔsmeˈtigsæˌlɔŋ]
Kunstgewerbe	kunsthåndværk, -et, - [ˈkɔnsdˌhɔnvɛɒg]
Kunsthändler	kunsthandler, -en, -e [ˈkɔnsdˌhænˀlɒ]
Lebensmittelgeschäft	levnedsmiddelforretning, -en, -er [ˈlɛu̯nəðsmiðˀəlfɒˌʁædnəŋ]

Lederwarengeschäft	lædervareforretning, -en, -er ['lɛð'ɔva'afɔ̩ʁædneŋ]
Markt	marked, -et, -er ['ma:gəð]
Metzgerei	slagter, -en, -e ['slagdɔ]
Milchgeschäft	mejeriudsalg, -et, - [majə'ʁi̩uðsæl']
Möbelgeschäft	møbelforretning, -en, -er ['mø:'bəlfɔ̩ʁædneŋ]
Musikgeschäft	musikforretning, -en, -er [mu'sigfɔ̩ʁædneŋ]
Obsthandlung	frugthandel, -en, -handler ['fʁɔgd̩hæn'əl]
Optiker	optiker, -en, -e ['ɔbtigɔ]
Parfümerie	parfumeri, -et, -er [pafymə'ʁi:']
Pelzgeschäft	pelsforretning, -en, -er ['pɛlsfɔ̩ʁædneŋ]
Reformhaus	udsalg -et, - af sundhedspræparater ['uð̩sæl' æ 'sɔnheðspʁɛpa̩ʁa:'dɔ]
Reinigung, chemische	kemisk rensning, -en, -er ['ke:'misg 'ʁænsneŋ]
Reiseandenken	souvenir, -en, -s [suvə'ni:'ɒ]
Reisebüro	rejsebureau, -et, -er [ʁajsəby̩ʁo]
Schallplattengeschäft	pladeforretning, -en, -er ['plɛ:ðəfɔ̩ʁædneŋ]
Schneider/in	skrædder, -en, -e ['sgʁæðɔ]
Schreibwarengeschäft	papirforretning, -en, -er [pæ'pi:'ɒfɔ̩ʁædneŋ]
Schuhgeschäft	skobutik, -ken, -ker ['sgobu̩tig]
Schuhmacher	skomager, -en, -e ['sgo̩mɛ:'ɔ]
Secondhand-Laden	genbrugsbutik, -ken, -ker ['gɛnbʁu:'sbu̩tig]
Selbstbedienungsladen	selvbetjeningsbutik, -ken, -ker ['sɛlbɛ̩tjɛ:'neŋsbu̩tig]
Spielwarengeschäft	legetøjsforretning, -en, -er ['lajətɔjsfɔ̩ʁædneŋ]
Spirituosengeschäft	vinhandel, -en, -handler ['vi:n̩hæn'əl]
Sportartikel	sportsartik|el, -len, -ler ['sbɔ:dsa̩tigəl]
Supermarkt	supermarked, -et, -er ['su:bɔ̩ma:gəð]
Süßwarengeschäft	slikbutik, -ken, -ker ['slegbu̩tig]
Tabakladen	tobaksforretning, -en, -er [to'bagsfɔ̩ʁædneŋ]
Trödler	marskandiser, -en, -e [masgæn'di:'sɔ]
Uhrmacher	urmager, -en, -e ['uɒ̩mɛ:'ɔ]
Wäscherei	vaskeri, -et, -er [væsgə'ʁi:']
Waschsalon	møntvaskeri, -et, -er ['møndvæsgə̩ʁi:']
Weinhandlung	vinhandel, -en, -handler ['vi:n̩hæn'əl]
Zeitungshändler	aviskiosk, -en, -er [æ'vi:'ski̩ɔsg]

Lebensmittel

Levnedsmidler

● Was darf es sein? — Hvad skulle det være? ['væð sgu de 'vɛːɔ]

Geben Sie mir bitte ... — Vær venlig at give mig ...
[vɛːˀɒ 'vɛnli ɔ 'giːˀ maị]

ein Kilo ... — et kilo ... [ed kilo]
10 Scheiben ... — ti skiver ... [tiːˀ sgiːvɒ]
ein Stück von ... — et stykke ... [ed sdøgə]
eine Packung ... — en pakke ... [en pagə]
ein Glas ... — et glas ... [ed glæs]
eine Dose ... — en dåse ... [en dɔːsə]
eine Flasche ... — en flaske ... [en flæsgə]
eine Einkaufstüte. — en bærepose. [en 'bɛːɔˌpoːsə]

● Darf es sonst noch etwas sein? — Noget andet? ['nɔːəð 'ænəð]
Mere? ['meːɔ]

Dürfte ich vielleicht etwas hiervon probieren? — Må jeg have lov at smage lidt af det der?
[mɔ jaị hæ 'lɒụ ɔ 'smɛːə led æ de 'dɛːˀɒ]

Danke, das ist alles. — Nej tak, det var det hele.
['naị 'tag de 'va de 'heːlə]

Wortliste Lebensmittel

Aal	ål, -en, - [ɔ:ˀl]
Ananas	ananas, -en, - [ˈænænæs]
Apfel	æble, -t, -r [ˈɛ:blə]
Apfelsine	appelsin, -en, -er [abəlˈsiˀn]
Aprikose	abrikos, -en, -er [abʁiˈkɔ:ˀs]
Artischocke	artiskok, -ken, -ker [atiˈsgɔg]
Aubergine	aubergine, -n, -r [obɛʁoˈɕiˀn]
Aufschnitt	pålæg, -get, - [ˈpɔˌlɛ:ˀg]
Austern	østers [ˈøsdɔs]
Avocado	avocado, -en, -er [ævoˈkɛˌdo]
Bananen	bananer [bæˈnɛ:ˀnɔ]
Barsch	aborre, -n, -r [ˈaˌbɔːɔ]
Basilikum	basilikum, -en, -er [bæˈsilˀikɔm]
Bier	øl, -let, -ler [øl]
alkoholfreies ~	alkoholfrit øl [ˈælkohɔlˌfʁid øl]
Birnen	pærer [ˈpɛ:ɔ]
Blumenkohl	blomkål, -en, - [ˈblɔmˌkɔ:ˀl]
Bohnen	bønner [ˈbœnɔ]
grüne ~	grønne bønner [ˈgʁœnɔ ˈbœnɔ]
weiße ~	hvide bønner [ˈvi:ðə ˈbœnɔ]
Brombeeren	brombær [ˈbʁɔmˌbɛʁ]
Brot	brød, -et, - [bʁœ:ˀð]
Grau~	sigtebrød, -et, - [ˈsegdəˌbʁœ:ˀð]
Kuchen~	rosinbrød, -et, - [ʁoˈsiˀnˌbʁœ:ˀð]
Schwarz~	rugbrød, -et, - [ˈʁuˌbʁœ:ˀð]
Weiß~	franskbrød, -et, - [ˈfʁansˌbʁœ:ˀð]
Brötchen	rundstykker *pl* [ˈʁɔnˌsdøgɔ]
belegte ~	rundstykker med pålæg
	[ˈʁɔnˌsdøgɔ mɛ ˈpɔˌlɛ:ˀg]
süße ~	boller [ˈbɔlɔ]
Butter	smør, -ret [smœɒ]
Buttermilch	kærnemælk, -en [ˈkɛɒnəˌmɛlˀg]
Champagner	champagne, -n [ɕamˈpænjə]
Chicoree	cikorie, -n, -r [siˈko:ɒiə]
Dattel	dad|del, -len, -ler [ˈdæð ̍əl]
Dickmilch	ymer, -en [ˈy:ˀmɔ]
Dörrfleisch	tørret kød [ˈtœ:ɔð køð]
Ei	æg, -get, - [ɛ:ˀg]
Eier von freilaufenden	skrabeæg, -get, - [ˈsgʁaːbəˌɛ:ˀg]
Hühnern	
Eis	is, -en [i:ˀs]
Erbsen	ærter [ɛɒˀdɔ]
Kicher~	kikærter [ˈkigˌɛɒˀdɔ]

Erdbeeren jordbær [ˈjoɐ̯ˌbɛɐ̯]
Essig eddike, -n [ˈɛðigə]
Feigen figner [ˈfiːnɔ]
Fenchel fennik|el, -len, -ler [ˈfɛnˀigəl]
Fisch fisk, -en, - [fesg]
~klöße fiskeboller [ˈfesgəˌbɔlɔ]
Fleisch kød, -et [køð]
~wurst kødpølse, -n, -r [ˈkøðˌpølsə]
frisch frisk [fʁesg]
Garnele reje, -n, -r [ˈʁaiə]
Gebäck bagværk, -et [ˈbauˌvɛɐ̯g]
Gemüse grøntsager *pl* [ˈgʁœndˌsɛːɔ]
  ~ aus Eigenanbau hjemmeavlede grøntsager
    [ˈjɛməˌau̯lədə ˈgʁœndˌsɛːɔ]
gespritzt sprøjtet [ˈsbʁɔi̯dəð]
Grieß malet hvede [ˈmɛːləð ˈveːðə]
Gulasch gullasch, -en [ˈgulæʃ]
Gurke agurk, -en, -er [aˈguɒg]
Hackfleisch fars, -en, -er [faːˀs]
Haferflocken havregryn [ˈhauʁɔˌgʁyːˀn]
Hähnchen kylling, -en, -er [ˈkyleŋ]
Hammelfleisch fårekød, -et [ˈfɔːɒˌkøð]
Hering sild, -en, - [silˀ]
Honig honning, -en, -er [ˈhɔneŋ]
  ~kuchen honningkage, -n, -r [ˈhɔneŋˌkɛːə]
Joghurt yoghurt, -en [ˈjoˌguɒˀd]
Kaffee kaffe, -n [ˈkafə]
Kalbfleisch kalvekød, -et [ˈkælvəˌkøð]
Kaninchen kanin, -en, -er [kæˈniːˀn]
Karotten karotter [kaˈʁɔdɔ]
Kartoffeln kartofler [kaˈtɔflɔ]
Käse ost, -en, -e [ɔsd]
  Camembert camembert, -en, -er [kæmamˈbɛːɒ]
  Kümmel~ ost, -en, -e med kommen
    [ˈɔsd mɛ ˈkɔmən]
  Ziegen~ gedeost, -en, -e [ˈgeːðəˌɔsd]
Kastanie kastanie, -n, -r [kæˈsdænjə]
Kekse kiks [kegs]
Kindernahrung babymad, -en [ˈbɛibiˌmæð]
Kirschen kirsebær [ˈkiɒsəˌbɛɐ̯]
Knoblauch hvidløg, -et, - [ˈviðˌlɔiˀ]
Kohl kål, -en [kɔːˀl]
Kokosnuß kokosnød, -den, -der [ˈkokɔsˌnøðˀ]
Konserven konserves [kɔnˈsɛɒvəs]
Kotelett kotelet, -ten, -ter [kodəˈlɛd]
Krabben rejer [ˈʁaiɔ]

Kuchen	kage, -n, -r [ˈkɛːə]
Kürbis	græskar, -ret, - [ˈgʁæsga]
Lakritze	lakrids, -en, -er [læˈkʁis]
Lammfleisch	lammekød, -et, [ˈlaməˌkøð]
Lauch	porre, -n, -r [ˈpɒːɒ]
Leber|pastete	leverpostej, -en, -er [leˈʔvɔpɔˌsdaiʔ]
~wurst	leverpølse, -n, -r [leˈʔvɔˌpølsə]
Limonade	limonade, -n, -r [limoˈnɛːðə]
Linsen	linser [ˈlensɔ]
Mais	majs, -en, - [maiʔs]
Makrele	makrel, -len, -ler [maˈkʁælʔ]
Mandarine	mandarin, -en, -er [mændaˈʁiːʔn]
Mandeln	mandler [ˈmænʔlɔ]
Margarine	margarine, -n, -r [magaˈʁiːnə]
Marmelade	marmelade, -n, -r [ˈmaməˈlɛːˀðə]
Mayonnaise	mayonnaise, -n, -r [maioˈnɛːsə]
Mehl	mel, -et [meːʔl]
Melone	melon, -en, -er [meˈloːʔn]
Honig~	honningmelon, -en, -er [ˈhɔneŋmeˌloːʔn]
Wasser~	vandmelon, -en, -er [ˈvænmeˌloːʔn]
Miesmuscheln	blåmuslinger [ˈblɔˌmusleŋɔ]
Milch	mælk, -en [mɛlʔg]
fettarme ~	letmælk, -en [ˈledˌmɛlʔg]
Mager~	skummetmælk, -en [ˈsgɔməðˌmɛlʔg]
Mineralwasser	dansk vand, -et, - [dænʔsg vænʔ]
	mineralvand, -et, - [minəˈʁaːʔlˌvænʔ]
Muscheln	muslinger [ˈmusleŋɔ]
Müsli	mysli, -en, [ˈmysli]
~riegel	myslibar, -en, -er [ˈmysliˌbaːʔ]
Nudeln	nudler [ˈnuðʔlɔ]
Spaghetti	spagetti, -en, - [sbæˈgɛdi]
Nuß	nød, -den, -der [nøðʔ]
Obst	frugt, -en [fʁɒgd]
Öl	olie, -n, -r [ˈoljə]
Oliven	oliven [oˈliːʔvən]
Orangeade	orangeade, -n [oʁaŋˈɕɛːðə]
Orangensaft	appelsinjuice, -n [abəlˈsiːʔnˌdjuːs]
Oregano	oregano, -en [oʁɛˌgɛːno]
Pampelmuse	grapefrugt, -en [ˈgʁɛibˌfʁɒgd]
Paprika	paprika, -en [ˈpabʁiˌkæ]
Peperoni	peperoni, -en, -er [pebɔˈʁoːni]
Petersilie	persille, -n [pɛɒˈselʔə]
Pfeffer	peber, -et [ˈpeuɔ]
Pfirsiche	ferskencr [ˈfɛɒsgənɔ]
Pflaumen	blommer [ˈblɔmɔ]

Plundergebäck	wienerbrød, -et, - ['viː'nɔ,bʁœ:'ð]
Preßwurst	rullepølse, -n, -r ['ʁulə,pølsə]
Quark	kvark, -en [kvaːg]
Rauchfleisch	røget kød, -et ['ʁɔiəð køð]
Reis	ris, -en, - [ʁiː's]
Rindfleisch	oksekød, -et ['ɔgsə,køð]
Rosine	rosin, -en, -er [ʁo'siː'n]
Safran	safran, -en ['safʁan]
Sahne	*(süße ~)* fløde, -n ['fløː'ðə]; *(saure ~)*
	creme fraiche, -n, -r [kʁɛm 'fʁɛʂ]
Salami	salamipølse, -n, -r [sæ'lɛ:mi,pølsə]
Salat	salat, -en, -er [sæ'lɛ:'d]
Kopf~	hovedsalat, -en, -er ['hoːəðsæ,lɛ:'d]
Salz	salt, -et [sæl'd]
Schinken	skinke, -n, -r ['sgeŋgə]
gekochter ~	kogt skinke, -n, -r [kɔgd 'sgeŋgə]
roher ~	bacon, -en ['bɛikɔn]
Schokolade	chokolade, -n, -r [ʂogo'lɛ:ðə]
Schweinefleisch	svinekød, -et ['sviːnə,køð]
Schwertfisch	sværdfisk, -en, -r ['svɛɐ,fesg]
Seezunge	søtunge, -n, -r ['sø,tɔŋə]
Sellerie	selleri, -en, - ['selə,ʁiː']
Senf	sennep, -en ['senəb]
Spargel	asparges, -en, - [æ'sbaː's]
Spinat	spinat, -en [sbi'nɛ:'d]
Suppe	suppe, -n, -r ['sɔbə]
Süßigkeiten	slik, -ket, - [sleg]
Tee	te, -en, -er [teː']
~beutel	tepose ['teː',poːsə]
Thunfisch	tunfisk, -en, - ['tuːn,fesg]
Thymian	timian, -en ['tiː'miæn]
Tintenfisch	blæksprutte, -n, -r ['blɛg,sbʁudə]
Tomaten	tomater [to'mɛ:'dɔ]
Waffeln	vafler ['vaflɔ]
Wein	vin, -en, -e [viː'n]
Rot~	rødvin, -en, -e ['ʁøð,viː'n]
Weiß~	hvidvin, -en, -e ['við,viː'n]
alkoholfreier ~	alkoholfri vin ['ælkohɔl,fʁiː' viː'n]
Weintrauben	vindruer ['viː'n,dʁuːɔ]
Wurst	pølse, -n, -r ['pølsə]
Würstchen	pølser *pl* ['pølsɔ]
Zitronen	citroner [si'tʁo:'nɔ]
Zucchini	squash, -en, - [sgʊɔʂ]
Zucker	sukker, -et ['sɔgɔ]
Zwiebeln	løg, -et, - [lɔj']

Drogerieartikel

Parfumerivaren

Wortliste Drogerieartikel

Augenbrauenstift	øjenbrynsstift, -en, -er [ˈɔjənbʁyˀns̩defd]
Bürste	børste, -n, -r [ˈbœɐsdə]
Creme	creme, -n, -r [kʁɛːˀm]
~ für trockene/norma-le/fettige Haut	creme til tør/normal/fedtet hud [kʁɛːˀm te tœːˀɒ/nɒˈmɛːˀl/ˈfedəð huðˀ]
Feuchtigkeits~	fugtighedscreme, -n, -r [ˈfɔgdiheðs̩kʁɛːˀm]
Hand~	håndlotion, -en, -er [ˈhɒnˌlœu̯ɕən]
Damenbinden	hygiejnebind [hygiˈajnəˌbenˀ]
Deo(dorant)	deodorant, -en, -er [deodoˈʁanˀd]
Duschgel	flydende sæbe [ˈflyːðənə ˈsɛːbə]
Eyeliner	eyeliner, -en, -s [ˈaiˌlainɒ]
Fleckenwasser	pletfjerner, -en, -e [ˈplɛdˌfjɛɐnɒ]
Haar|bürste	hårbørste, -n, -r [ˈhɒːˌbœɐsdə]
~entferner	hårfjerner, -en, -e [ˈhɒːˌfjɛɐnɒ]
~festiger	setting lotion, -en [ˈsɛdeŋ ˈlœu̯ɕən]
~gel	hårgele, -en, -er [ˈhɒːˌɕeˌle]
~gummi	elastik, -ken, -ker til håret [elæˈsdig te ˈhɒːɒð]
~klammern	hårklemmer [ˈhɒːˌklɛmɒ]
~spray	hårspray, -en, - [ˈhɒːˌsbʁɛi]
~waschmittel	hårvaskemiddel, -et, -midler [ˈhɒːˌvæsgəˌmiðˀəl]
~~ für fettiges/norma-les/trockenes Haar	hårvaskemiddel til fedt/normalt/tørt hår [ˈhɒːˌvæsgəˌmiðˀəl te fed/nɒˈmɛːˀld/tœɒˀd hɒːˀ]
~~ gegen Schuppen	hårvaskemiddel mod skæl [ˈhɒːˌvæsgəˌmiðˀəl moð sgɛlˀ]
Kamm	kam, -men, -me [kamˀ]
Kleiderbürste	klædebørste, -n, -r [ˈklɛːðəˌbœɐsdə]
Kölnisch Wasser	eau de cologne, -n, -r [odəkoˈlɒnjə]
Körpermilch	bodylotion, -en, -s [ˈbɒdiˌlœu̯ɕən]
Lichtschutzfaktor	(lys)beskyttelsesfaktor [(ˈlyːs)besgødəlsəsˌfagtɒ]
Lidschatten	øjenskygge, -n [ˈɔjənˌsgygə]
Lippenstift	læbestift, -en, -er [ˈlɛːbəˌsdefd]
Lockenwickler	curlere pl [ˈkɐˌlɒɒ]
Mundwasser	mundvand, -et [ˈmɒnˌvænˀ]

Nagel|bürste	neglebørste, -n, -r [ˈnajlə‿bœɐ̯sdə]
~feile	neglefil, -en, -e [ˈnajlə‿fiːˀl]
~lack	neglelak, -ken, -ker [ˈnajlə‿lag]
~lackentferner	neglelakfjerner, -en, -e [ˈnajləlag‿fjɛɐ̯nɔ]
~schere	neglesaks, -en, -e [ˈnajlə‿sags]
Papiertaschentücher	papirslommetørklæder [pæˈpiːˀɒs‿lɔmətœɐ̯klɛːˀðɔ]
Parfüm	parfume, -n, -r [paˈfyːmə]
Pflaster	plaster, -et, plastre [ˈplæsdɔ]
Pinzette	pincet, -ten, -ter [penˈsɛd]
Präservativ	præservativ, -et, -er [pɐɛˈsɛɐ̯vætiːˀv]
Puder	pudder, -et, -e [ˈpuðˀɔ]
Gesichts~	ansigtspudder, -et, -e [ˈænsegds‿puðˀɔ]
Rasier|apparat	barbermaskine, -n, -r [baˈbeːˀɒmæ‿sgiːnə]
~klinge	barberblad, -et, -e [baˈbeːˀɒ‿blæð]
~pinsel	barberkost, -en, -e [baˈbeːˀɒ‿kɔsd]
~seife	barbersæbe, -n, -r [baˈbeːˀɒ‿sɛːbə]
~wasser	barbervand, -et, - [baˈbeːˀɒ‿vænˀ]
Reinigungsmilch	rensemælk, -en, - [ˈɐænsə‿mɛlˀg]
Reisenecessaire	toilettaske, -n, -r [toæˈlɛd‿tæsgə]
Rouge	rouge, -n, - [ɐuːɕ]
Saugflasche	sutteflaske, -n, -r [ˈsudə‿flæsgə]
Schere	saks, -en, -e [sags]
Schnuller	sut, -ten, -ter [sud]
Schwamm	svamp, -en, -e [svamˀb]
Seife	sæbe, -n, -r [ˈsɛːbə]
Sicherheitsnadeln	sikkerhedsnål, -en, -e [ˈsegɔheðs‿nɔːˀl]
Sonnenöl	sololie, -en [ˈsoːl‿oljə]
Spiegel	spejl, -et, -e [sbajˀl]
Spül|bürste	opvaskebørste, -n, -r [ˈɔbvæsgə‿bœɐ̯sdə]
~mittel	opvaskemiddel, -et, -midler [ˈɔbvæsgə‿miðˀəl]
~tuch	viskestykke, -t, -r [ˈvesgə‿sdøgə]
Tampons	tamponer [tamˈpɔŋˀɔ]
Toilettenpapier	toiletpapir, -et [toæˈlɛdpæ‿piːˀɒ]
Wasch|lappen	vaskeklud, -en, -e [ˈvæsgə‿kluːˀð]
~mittel	vaskemiddel, -et, -midler [ˈvæsgə‿miðˀəl]
Watte	vat, -tet [væd]
~stäbchen	vatpind, -en, -e [ˈvæd‿penˀ]
Wimperntusche	mascara, -en, -er [mæˈsgaːɐa]
Windeln	bleer [bleːˀɔ]
Zahn|bürste	tandbørste, -n, -r [ˈtæn‿bœɐ̯sdə]
~pasta	tandpasta, -en, -er [ˈtæn‿pæsdæ]

Tabakwaren

Tobaksvarer

Ein Päckchen/Eine Stange ... Zigaretten mit/ohne Filter, bitte.	En pakke/En karton ... cigaretter med/uden filter. [en ˈpagə/en kaˈtɔŋ ... sigaˈʁædɔ mɛ/uðən ˈfilˀdɔ]
Haben Sie deutsche/amerikanische/Menthol-Zigaretten?	Har De tyske/amerikanske/mentol cigaretter? [ˈhaːˀ di ˈtysgə/amɔiˈkɛːˀnsgə/mɛnˈtoːˀl sigaˈʁædɔ]
Welche Marke (leichter/starker Zigaretten) können Sie mir empfehlen?	Hvad for nogle (milde/stærke) cigaretter kan De anbefale mig? [væ fɔ ˈnoːən ˈmilə/ˈsdɛɒgə sigaˈʁædɔ kæ di ˈænbeˌfɛːˀlə mai]
Zehn Zigarren/Zigarillos, bitte.	Ti cigarer/cerutter, tak. [tiːˀ siˈgaːˀa/seˈʁudɔ ˈtag]
Ein Päckchen/Eine Dose Zigaretten-/Pfeifentabak, bitte.	En lille pakke/En dåse cigaret-/pibetobak, tak. [en ˈlilə ˈpagə/en ˈdɔːsə sigaˈʁæd/ˈpiːbə toˌbag ˈtag]
Eine Schachtel Streichhölzer/Ein Feuerzeug, bitte.	En æske tændstikker/En lighter, tak. [en ˈɛsgə ˈtɛnˌsdegɔ/en ˈlaidɔ ˈtag]

Kleidung/Lederwaren/Reinigung ▶ auch Kap.1 – Farben

Tøj/Lædervarer/Rensning

Können Sie mir ... zeigen?	Kan De vise mig ...? [kæ di ˈviːsə mai]
● Denken Sie an eine bestimmte Farbe?	Tænker De på en bestemt farve? [ˈtɛŋgɔ di pɔ en beˈsdɛmˀd ˈfaːvə]
Ich möchte etwas in ...	Jeg vil gerne have noget i ... [jai vel gɛɒnə ˈhɛːˀ nɔːəð i ...]
Ich möchte etwas Passendes hierzu.	Jeg vil gerne have noget der passer hertil. [jai vel gɛɒnə ˈhɛːˀ nɔːəð dɔ ˈpæsɔ ˈhɛːˀɒˌtel]
Kann ich es anprobieren?	Må jeg prøve det? [mɔ jai ˈpʁœːvə de]
● Welche (Konfektions-)Größe haben Sie?	Hvad for nogle størrelser har De? [væ fɔ ˈnoːən ˈsdœːɔlsɔ haːˀ di]

Das ist mir zu ...
  eng/weit.
  kurz/lang.
  klein/groß.
	Det er for ... [de ɛɒ fɔ]
	  snævert/vidt. [ˈsnɛːˀvɔd/ˈvid]
	  kort/langt. [ˈkɔːd/ˈlaŋˀd]
	  lille (småt)/stort. [ˈlilə(ˈsmɔd)/ˈsdɒɒˀd]

Das paßt gut. Ich nehme es.	Det passer godt. Jeg tager det. [de ˈpæsɔ ˈgɔd jai ˈtaːˀ de]
Das ist nicht ganz, was ich möchte.	Det er ikke helt, som jeg havde fore-stillet mig. [de ɛɒ ˈegə ˈheːˀld sɔm jai ˈhɛːðə ˈfɒːɒˌsdelˀəð mai]
Ich möchte ein Paar ...schuhe.	Jeg vil gerne have et par ... sko. [jai vel gɛɒnə ˈhɛːˀ ed pa ... sgoːˀ]
Ich habe Schuhgröße ...	Jeg bruger nummer ... i sko. [jai ˈbʁuːɔ nɒmˀɔ ... i ˈsgoːˀ]
Sie drücken mich.	De klemmer. [di ˈklɛmɔ]
Sie sind zu eng/weit.	De er for små/store. [di ɛɒ fɔ ˈsmɔːˀ/ˈsdoːɔ]
Bitte noch eine Tube Schuhcreme/ein Paar Schnürsenkel.	Også en tube skocreme/et par snøre-bånd. [ˈɔsə en ˈtuːbə ˈsgoˌkʁɛːˀm/ed pa ˈsnœːɒˌbɔnˀ]
Ich möchte diese Schuhe neu besohlen lassen.	Jeg vil gerne have de her sko forsålet. [jai vel ˈgɛɒnə hɛːˀ di ˈhɛːˀɒ sgoːˀ ˈfɔˌsɔːˀləð]
Können Sie bitte die Ab-sätze neu machen?	Kunne De være så venlig at reparere hælene? [ku di vɛːɔ ˈvɛnli ɔ ˈʁɛpaˈʁɛːˀɔ ˈhɛːlənə]
Ich möchte diese Sachen reinigen/waschen lassen.	Jeg vil gerne have disse ting renset/vas-ket. [jai vel ˈgɛɒnə hɛːˀ ˈdisə teŋ ˈʁænsəð/ˈvæsgəð]
Wann sind sie fertig?	Hvornår er de færdige? [vɒˈnɒːˀ ɛɒ di ˈfɛɒdiːə]

Wortliste Kleidung/Lederwaren/Reinigung

Abendkleid	aftenkjole, -n, -r [ˈafdənˌkjoːlə]
Anorak	anorak, -ken, -ker [ænoˈʁag]
Anzug	sæt tøj, -tet [sɛd tɔi]
Ärmel	ærme, -t, -r [ˈɛɒmə]
Badeanzug	badedragt, -en, -er [ˈbɛːðəˌdʁagd]

Bade|hose	badebukser *pl* [ˈbɛːðəˌbɔgsɔ]
~mantel	badekåbe, -n, -r [ˈbɛːðəˌkɔːbə]
~mütze	badehætte, -n, -r [ˈbɛːðəˌhɛdə]
~schuhe	badetøfler [ˈbɛːðəˌtøflə]
Baumwolle	bomuld, -en [ˈbɔmˌulˀ]
Bikini	bikini, -en, -er [biˈkini]
Blazer	blazer, -en, -e [ˈblɛisɔ]
Bluse	bluse, -n, -r [ˈbluːsə]
bügelfrei	strygefri [ˈsdʁyːəˌfʁiːˀ]
bügeln	stryge, strøg, strøget [ˈsdʁyːə]
Büstenhalter	brystholder, -en, -e [ˈbʁœsdˌhɔlɔ]
chemisch reinigen	rense kemisk, -ede [ˈʁænsə ˈkeːˀmisg]
Druckknopf	tryklås, -en, -e [ˈtʁœgˌlɔːˀs]
Farbe	farve, -n, -r [ˈfaːvə]
Fliege	butterfly, -en, - [ˈbɔdɔˌflai]
Frottee	frotte, -en, -er [fʁoˈte]
Futter	for, -et, - [foːˀɒ]
gestreift	stribet [ˈsdʁiːbəð]
Gummistiefel	gummistøvle, -n, -r [ˈgɔmiˌsdœʉlə]
Gürtel	bælte, -t, -r [ˈbɛldə]
Halbschuh	sko, -en, - [sgoːˀ]
Halstuch	halstørklæde, -t, -r [ˈhælsˌtœɒklɛːðə]
Hand|schuh	handske, -n, -r [ˈhænsgə]

~tasche	håndtaske, -n, -r ['hɔnˌtæsgə]
Hausschuh	hjemmesko, -en, - ['jɛməˌsgoːˀ]
Hemd	skjorte, -n, -r ['sgjoɳdə]
Holzschuh	træsko, -en, - ['tʁæˌsgoːˀ]
Hose	bukser *pl* ['bɔgsɔ]
kurze ~	korte bukser *pl* ['kɔːdə 'bɔgsɔ]
Hut	hat, -ten, -te [hæd]
Sonnen~	solhat, -ten, -te ['soːlˌhæd]
Jacke	jakke, -n, -r ['jagə]
Jeans	(et par) jeans [ed pa 'djiːns]
Jogging|anzug	joggingtøj, -et, - ['djɔgeɳˌtɔj]
~hose	joggingbukser *pl* ['djɔgeɳˌbɔgsə]
kariert	ternet ['tɛɒnəð]
Kinderschuh	børnesko, -en, - ['bœɒnəˌsgoːˀ]
Kleid	kjole, -n, -r ['kjoːlə]
Kniestrümpfe	knæstrømper ['knɛˌsdʁœmbɔ]
Knopf	knap, -pen, -per [knab]
Koffer	kuffert, -en, -er ['kɔfɔd]
Kostüm	dragt, -en, -er [dʁagd]
Kragen	krave, -n, -r ['kʁaːʊə]
Krawatte	slips, -et, - [slebs]
Kunstfaser	kunstfiber, -en, -fibre ['kɔnsdˌfiːˀbɔ]
Leder|hose	læderbukser *pl* ['lɛðˀɔˌbɔgsɔ]
~jacke	læderjakke, -n, -r ['lɛðˀɔˌjagə]
~mantel	læderfrakke, -n, -r ['lɛðˀɔˌfʁagə]
Leinen	linned, -et ['lenəð]
Mantel	frakke, -n, -r ['fʁagə]
Minirock	lårkort nederdel, -en, -er ['lɒːˌkɒːd 'neðɔˌdeːˀl]
Morgenrock	morgenkåbe, -n, -r ['mɒːɒnˌkɔːbə]
Mütze	kasket, -ten, -ter [kæ'sgɛd]
Nachthemd	natskjorte, -n, -r ['nædˌsgjoɳdə]
Overall	overall, -en, -s ['ɔʊɔˌɒːl]
Pelz|jacke	pelsjakke, -n, -r ['pɛlsˌjagə]
~mantel	pelsfrakke, -n, -r ['pɛlsˌfʁagə]
pflegeleicht	let at behandle [lɛd ɔ be'hænˀlə]
Pullover	pullover, -en, -e [pul'œʊvɔ]
Pyjama	pyjamas, -en, - [py'jɛːmæs]
Regenmantel	regnfrakke, -n, -r ['ʁajnˌfʁagə]
Reisetasche	rejsetaske, -n, -r ['ʁajsəˌtæsgə]
Reißverschluß	lynlås, -en, -e ['lyːnˌlɒːˀs]
Rock	nederdel, -en, -e ['neðɔˌdeːˀl]
Rucksack	rygsæk, -ken, -ke ['ʁœgˌsɛg]

Sakko   jakke, -n, -r [ˈjagə]

Sandalen   sandaler [sænˈdɛːˀlɐ]

Schal   sjal, -et, -er [sɛːˀl]

Schirm   paraply, -en, -er [paaˈplyˀ]

Schuh   sko, -en, - [sgoːˀ]

~bürste   skobørste, -n, -r [ˈsgoˌbœɐsdə]

~creme   (sko)creme, -n, -r [ˈ(sgo)kʁɛːˀm]

~größe   skonummer, -et, -numre [ˈsgoˌnɔmˀɐ]

Seide   silke, -n [ˈselgə]

Seiden|strümpfe   silkestrømper [ˈselgəˌsdʁœmbɐ]

~strumpfhose   silkestrømpebukser *pl* [ˈselgəsdʁœmbəˌbɔgsɐ]

Shorts   shorts *pl* [ʂɒːds]

Skihose   skibukser *pl* [ˈsgiˌbɔgsɐ]

Socken   sokker [ˈsɔgɐ]

Sohle   sål, -en, -er [sɒːˀl]

Sommerkleid   sommerkjole, -n, -r [ˈsɔmɔˌkjoːlə]

Stiefel   støvle, -n, -r [ˈsdœʊlə]

Ski~   skistøvler *pl* [ˈsgiˌsdœʊlɐ]

Strandschuh   strandsko, -en, - [ˈsdʁanˌsgoˀ]

Strickjacke   strikket trøje [ˈsdʁɛgəð ˈtʁɔiə]

Strümpfe   strømper [ˈsdʁœmbɐ]

Strumpfhose   strømpebukser *pl* [ˈsdʁœmbəˌbɔgsɐ]

Tasche   taske, -n, -r [ˈtæsgə]

Taschentuch   lommetørklæde, -t, -r [ˈlɔməˌtœɐklɛːðə]

Trainingsanzug   træningsdragt, -en, -er [ˈtʁɛːneŋsˌdʁagd]

T-Shirt   T-shirt, -en, -s [ˈtiːˌʂœːd]

Turnschuh   gymnastiksko, -en, - [ˈgymnæˀsdigˌsgoːˀ]

Umhängetasche   skuldertaske, -n, -r [ˈsgulɔˌtæsgə]

Unter|hemd   undertrøje, -n, -r [ˈɔnɔˌtʁɔiə]

~hose   underbukser *pl* [ˈɔnɔˌbɔgsɐ]

~rock   underskørt, -et, -er [ˈɔnɔˌsgœɐd]

~wäsche   undertøj, -et, - [ˈɔnɔˌtɔi]

waschmaschinenfest   kan maskinvaskes [kæ mæˈsgiːnˌvæsgəs]

Weste   vest, -en, -e [vɛsd]

Wildleder|jacke   ruskindsjakke, -n, -r [ˈʁusgensˌjagə]

~mantel   ruskindsfrakke, -n, -r [ˈʁusgensˌfʁagə]

Wolle   uld, -en [ulˀ]

Bücher und Schreibwaren

I boghandlerforretningen

Ich hätte gern …
   eine deutsche Zeitung.
   eine Zeitschrift.
   einen Reiseführer.

Jeg vil gerne have … [jai vel ˈgɐɒnə hɛ:ˀ]
   en tysk avis. [en ˈtysg æˈvi:ˀs]
   et blad. [ed blæð]
   en rejsefører. [en ˈʁaisəˌføːɔ]

Wortliste Bücher und Schreibwaren

Ansichtskarte	postkort, -et, - [ˈpɔsdˌkɒːd]
Bleistift	blyant, -en, -er [ˈblyˌænˀd]
~spitzer	blyantspidser, -en, -e [ˈblyændˌsbesɒ]
Brief|marke	frimærke, -t, -r [ˈfʁiˌmɛɒ̯gə]
~papier	brevpapir, -et [ˈbʁɛupæˌpiːˀɒ]
~umschlag	konvolut, -ten, -ter [kɔnvoˈlud]
Farbstift	farveblyant, -en, -er [ˈfaːvəˌblyænˀd]
Filzstift	tuschpen, -nen, -ne [ˈtuˌʃpɛnˀ]
Füllfederhalter	fyldepen, -nen, -ne [ˈfyləˌpɛnˀ]
Geschenkpapier	gavepapir, -et, - [ˈgɛːvəpæˌpiːˀɒ]
Illustrierte	ugeblad, -et, -e [ˈuːəˌblæð]
Klebstoff	lim, -en [liːˀm]
Kugelschreiber	kuglepen, -nen, -ne [ˈkuːləˌpɛnˀ]
Landkarte	landkort, -et, - [ˈlænˌkɒːd]
Malbuch	malebog, -en, -bøger [ˈmɛːləˌbɒːˀu]
Notiz|block	notesblok, -ken, -ke [ˈnoːdəsˌblɔg]
~buch	notesbog, -en, -bøger [ˈnoːdəsˌbɒːˀu]
Papier	papir, -et [pæˈpiːˀɒ]
Radiergummi	viskelæder, -et [ˈvesgəˌlɛːðˀɔ]
Roman	roman, -en, -er [ʁoˈmɛːˀn]
Kriminal~	kriminalroman, -en, -er [kʁimiˈnɛːˀlʁoˌmɛːˀn]
Spielkarten	spillekort [ˈsbeləˌkɒːd]
Stadtplan	bykort, -et, - [ˈbyˌkɒːd]
Straßenkarte	bilvejskort, -et, - [ˈbiːˀlvaisˌkɒːd]
Taschenbuch	billigbog, -en, -bøger [ˈbiliˌbɒːˀu]
Tesafilm	tape, -n [tɛib]
Zeichenblock	tegneblok, -ken, -ke [ˈtainəˌblɔg]
Zeitschrift	tidsskrift, -et, -er [ˈtiðsˌsgʁɛfd]

Haushaltswaren

Husholdningsvarer

Wortliste Haushaltswaren

Abfallbeutel	affaldspose, -n, -r [ˈaufælsˌpoːsə]
Alufolie	aluminiumfolie, -n, -r [æluˈmiːʔniɔmˌfoːʔliə]
Besen	kost, -en, -e [kɔsd]
Brennspiritus	brændsprit, -ten [ˈbʁænˌsbʁid]
Camping|stuhl	campingstol, -en, -e [ˈkambeŋˌsdoːʔl]
~tisch	campingbord, -et, -e [ˈkambeŋˌboːʔɒ]
Dosenöffner	dåseåbner, -en, -e [ˈdoːsəˌoːbnɔ]
Eimer	spand, -en, -e [sbænʔ]
Eßbesteck	(spise)bestik, -ket, - [(ˈsbiːsə)beˈsdeg]
Flaschenöffner	flaskeåbner, -en, -e [ˈflæsgəˌoːbnɔ]
Frischhaltefolie	film, -en, - [filʔm]
Glas	glas, -set, - [glæs]
Grill	grill, -en, -er [gʁil]
~anzünder	grilltænder, -en, -e [ˈgʁilˌtɛnɔ]
~kohle	kul, -let, - til grillen [kɔl te gʁilʔən]
Handfeger	(hånd)kost, -en, -e [ˈhɔnˌkɔsd]
Kehrblech	fejespån, -en, -er [ˈfajəˌsbɔːʔn]
Kerze	stearinlys, -et, - [sdaˈʁiːʔnˌlyːʔs]
Kochtopf	gryde, -n, -r [ˈgʁyːðə]
Korkenzieher	proptrækker, -en, -e [ˈpʁɔbˌtʁægɒ]
Kühl|element	fryseelement, -et, -er [ˈfʁyːsəeləˌmɛnʔd]
~tasche	køletaske, -n, -r [ˈkøːləˌtæsgə]
Papierservietten	papirservietter [pæˈpiːʔɒsɛɒviˌɛdɔ]
Petroleum	petroleum, -en, - [peˈtʁoːʔleɔm]
Plastikbeutel	plasticpose, -n, -r [plæˈsdigˌpoːsə]
Sonnenschirm	parasol, -len, -ler [paaˈsɔlʔ]
Taschenmesser	lommekniv, -en, -e [ˈlɔməˌkniʉʔ]
Tauchsieder	dyppekoger, -en, -e [ˈdøbəˌkoːʉɔ]
Thermosflasche	termoflaske, -n, -r [ˈtɛɒmoˌflæsgə]
Wäsche|klammern	tøjklemmer [ˈtɔjˌklɛmɔ]
~leine	tørresnor, -en, -e [ˈtœːɒˌsnoːʔɒ]
Windschirm	læskærm, -en, -e [ˈlɛːʔˌsgɛɒʔm]

Elektro- und Fotoartikel
Elartikler og foto

Ich möchte …
einen Film für diesen Fotoapparat.
einen Farbfilm für Papierbilder/Dias.
einen Film mit 36/20/12 Aufnahmen.

Jeg vil gerne have … [jai vel ˈgɛɒnə hɛˑˀ]
en film til det her apparat.
[en ˈfilˀm tel de ˈhɛːˀɒ abaˈʁaːˀd]
en farvefilm til papirbilleder/dias.
[en ˈfaːvəˌfilˀm/te pæˈpiːˀɒˌbeləðə/ˈdiːæs]
en film med 36/20/12 billeder. [en filˀm mɛ ˈsɛgsɒˌtʁæðvə/ˈtyːvə/tɒlˀ ˈbeləð]

Könnten Sie mir bitte den Film einlegen?

Vil De være venlig at sætte filmen i for mig?
[vel di vɛːɒ ˈvɛnli ɔ ˈsɛdə ˈfilˀmən ˈi fɒ mai]

Würden Sie mir bitte diesen Film entwickeln?

Vil De være venlig at fremkalde den her film? [vel di vɛːɒ ˈvɛnli ɔ ˈfʁæmˌkælˀə dɛn ˈhɛːˀɒ filˀm]

Bitte machen Sie mir je einen Abzug von diesen Negativen.

Vær venlig at lave et aftryk af hvert af negativerne. [vɛːˀɒ ˈvɛnli ɔ ˈlɛːvə ˈed ˈauˌtʁœg æ ˈvɛɒˀd æ ˈnegæˌtiːˀvənə]

● Welches Format bitte?

Hvilket format? [velgəð fɒˈmɛːˀd]

Sieben mal zehn./Neun mal neun.

Syv gange ti./Ni gange ni.
[ˈsyuˀ gaŋə ˈtiˑˀ/ˈniːˀ gaŋə ˈniˑˀ]

● Wünschen Sie Hochglanz oder Seidenglanz?

Ønsker De højglans eller silkeglans? [ˈønsgɒ di ˈhɔiˌglænˀs ɛlɒ ˈselgəˌglænˀs]

Wann kann ich die Bilder abholen?

Hvornår kan jeg hente billederne?
[vɒˈnɒˑˀ kæ jai ˈhɛndə ˈbeləðɒnə]

Der Sucher/Der Auslöser funktioniert nicht.

Søgeren/Udløseren virker ikke.
[ˈsøːɔɒn/ˈuðˌløˑˀsɒɒn ˈviɒgɒ ˈegə]

Das ist kaputt. Können Sie es bitte reparieren?

Det virker ikke. Vil De være venlig at reparere det her apparat?
[de ˈviɒgɒ ˈegə vel di vɛːɒ ˈvɛnli ɔ ʁebaˈʁɛːˀɒ de ˈhɛːˀɒ abaˈʁaːˀd]

Wortliste Elektro- und Fotoartikel

Adapter	adapter, -en, -e [æ'dabdɔ]
Auslöser	udløser, -en, -e ['uð̩løːˀsɔ]
Batterie	batteri, -et, -er [bædə'ʁiːˀ]
Belichtungsmesser	eksponeringsmåler, -en, -e [ɛgspoˈneːˀꭒɐŋs̩ˌmɔːlɔ]
Blende	blænde, -n, -r ['blɛnə]
Blitz|gerät	blitzapparat, -et, -er ['blidsabaꭒaːˀd]
~würfel	blitzterning, -en, -er ['blidsˌtɛꭒnɐŋ]
CD, Compactdisc	CD, compactdisc, -en, -s ['sedeˌ/kɔmˈpagdˌdesg]
Film|empfindlichkeit	filmfølsomhed, -en ['filˀmˌføːls̩omˌheːˀð]
~kamera	filmkamera, -et, -er ['filˀmˌkɛːˀməꭒa]
~transport	filmtransport, -en ['filˀmtꭒansˌpɔːd]
Fön	føntørrer, -en, -e [fønˌtœːɔ]
Glühbirne	pære, -n, -r ['pɛːɔ]
Kassette	kassette, -n, -r [kæˈsɛdə]
Kassetten|film	kassettefilm, -en, - [kæˈsɛdəˌfilˀm]
~rekorder	båndoptager, -en, -e ['bɔnˌɔbtɛːˀɔ]
Kopfhörer	hovedtelefon, -en, -er ['hoːəðteləˌfoːˀn]
Lautsprecher	højttaler, -en, -e ['hɔiˌtɛːlɔ]
Linse	linse, -n, -r ['lensə]
Objektiv	objektiv, -et, -er [ɔbjɛgˈtiːˀv]
Paßbild	pasbillede, -t, -r ['pæsˌbeləðə]
Schallplatte	grammofonplade, -n, -r [gꭒamoˈfoːˀnˌplɛːðə]
Schwarzweiß-Film	sort-hvid-film, -en, - ['soꭒdˌviðˀfilˀm]
Selbstauslöser	selvudløser, -en, -e ['sɛluð̩løːˀsɔ]
Stativ	stativ, -et, -er [sdæˈtiːˀv]
Stecker	stik, -ket, - [sdeg]
Sucher	søger, -en, -e ['søːɔ]
Super-8-Film	super-8-film, -en, - ['suːˀbɔˌꭒdəˌfilˀm]
Taschen|lampe	lommelampe, -n, -r ['lɔməˌlambə]
~rechner	lommeregner, -en, -e ['lɔməˌꭒajnɔ]
Teleobjektiv	teleobjektiv, -et, -er ['teleɔbjɛgˌtiːˀv]
Verlängerungsschnur	forlængerledning, -en, -er [fɔˈlɛŋˀɔˌleðnɐŋ]
Verschluß	lukker, -en, -e ['lɔgɔ]
Video|film	videofilm, -en, - ['viːˀdeoˌfilˀm]
~kamera	videokamera, -et, -er ['viːˀdeoˌkɛːˀməꭒa]
~kassette	videokassette, -n, -r ['viːˀdeokæˌsɛdə]
~rekorder	videobåndoptager, -en, -e ['viːˀdeobɔnˌɔbtɛːˀɔ]
Walkman	walkman, -en, -men ['ꭒɔːgˌmɛn]

Beim Optiker

Hos optikeren

Würden Sie mir bitte diese Brille/das Gestell reparieren?
Vil De være venlig at reparere de her briller/det her stel? [vel di vɛːɔ ˈvɛnli ɔ ʁɛbaˈʁɛːɔ di ˈhɛːʔɒ ˈbʁɛlɔ/de ˈhɛːʔɒ ˈsdɛlʔ]

Mir ist ein Glas meiner Brille zerbrochen.
Mit ene brilleglas er revnet. [mid ˈeːnə ˈbʁɛlɔˌglæs ɛɒ ˈʁɛʊnəð]

Ich bin kurzsichtig/weitsichtig.
Jeg er nærsynet/langsynet. [jai ɛɒ ˈnɛɒˌsyˑʔnəð/ˈlaŋˌsyˑʔnəð]

● Wie ist Ihre Sehstärke?
Hvilken styrke ser De med? [ˈvelɡən ˈsdyɒɡə ˈseːʔɒ di ˈmɛð]

rechts plus/minus ..., links ...
plus/minus ... på det højre øje, ... på det venstre [plus/miːnus ... pɒ de ˈhɔiʁɒ ˈɔiə ... pɒ de ˈvɛnsdʁɒ]

Wann kann ich die Brille abholen?
Hvornår kan jeg hente brillerne? [vɒˈnɒːʔ kæ jai ˈhɛndə ˈbʁɛlɔnə]

Ich brauche ...
Aufbewahrungslösung

Reinigungslösung für harte/weiche Kontaktlinsen.
Jeg har brug for ... [jai ha ˈbʁuːʔ fɔ] opbevaringsvæske [ˈɔbbevaːʔeŋsˌvɛsgə] rensevæske [ˈʁɛnsəˌvɛsgə] for hårde/bløde kontaktlinser. [fɔ ˈhɒːɒ/ˈbløːðə kɔnˈtagdˌlensɔ]

Ich suche ...
eine Sonnenbrille.
ein Fernglas.
Jeg kigger efter ... [jai ˈkigɔ ɛfdɒ] et par solbriller. [ed pa ˈsoːlˌbʁɛlɔ] en kikkert. [en ˈkigɔd]

Beim Uhrmacher/Juwelier

Hos urmageren/juveleren

Meine Uhr geht nicht mehr. Können Sie mal nachsehen?
Mit ur går ikke. Vil De være venlig at kigge på det? [mid ˈuːʔɒ gɒːʔ ˈegə vel di vɛːɔ ˈvɛnli ɔ ˈkigə ˈpɒ de]

Ich möchte ein hübsches Andenken/Geschenk.
Jeg vil gerne have en pæn souvenir/gave. [jai vel ˈgɛɒnə hɛːʔ en ˈpɛːʔn suvəˈniːʔɒ/ˈgɛːvə]

● Wieviel wollen Sie ausgeben?
Hvor meget vil De give? [vɒ ˈmaiəð vel di ˈgiːʔ]

Ich möchte etwas nicht zu Teures.	Jeg vil gerne have noget, der ikke er for dyrt. [jɑi vel ˈgɛɒnə hɛːˀ nɒːəð dɔ ˈegə ɛɒ fɔ ˈdyɒˀd]

Wortliste Uhrmacher/Juwelier

Anhänger	medaljon, -en, -er [medælˈjɔŋ]
Arm|band	armbånd, -et, - [ˈɑːmˌbɔnˀ]
~banduhr	armbåndsur, -et, -e [ˈɑːmbɒnsˌuːˀɒ]
Brosche	broche, -n, -r [ˈbʁɔʂə]
Gold	guld, -et [gulˀ]
Kette	kæde, -n, -r [ˈkɛːðə]
Koralle	koral, -len, -ler [koˈʁalˀ]
Kristall	krystal, -len [kʁyˈsdælˀ]
Ohrringe	øreringe [ˈøːɔˌʁɛŋə]
Perle	perle, -n, -r [ˈpɛɒlə]
Ring	ring, -en, -e [ʁɛŋˀ]
Schmuck	smykke, -t, -r [ˈsmøgə]
Silber	sølv, -et [sølˀ]
Türkis	turkis, -en, -er [tyɒˈkiːs]

Beim Friseur

Hos frisøren

Kann ich mich für morgen anmelden?	Kan jeg blive skrevet op til i morgen? [kæ jɑi bliːə ˈsgʁɛːvəð ˀɔb tel i ˈmɒːɒn]
• Wie hätten Sie gern Ihr Haar?	Hvordan kunne De tænke Dem Deres hår? [vɒˈdæn ku di ˈtɛŋgə dɛm dɛːɔs ˈhɒːˀ]
Waschen und fönen/legen, bitte.	Vaskes og føntørres/sættes, tak. [ˈvæsgəs ɔ ˈføntˌœːʁəs/ˈsɛdəs ˈtag]
Schneiden mit/ohne Waschen, bitte.	Klippes med/uden vask, tak. [ˈklebəs mɛ/uðən ˈvæsg ˈtag]
Ich möchte … eine Dauerwelle. mir die Haare färben/tönen lassen. mir Strähnchen färben lassen.	Jeg ville gerne … [jɑi vilə ˈgɛɒnə] permanentes. [pɛɒmæˈnɛnˀdəs] have håret farvet/tonet. [hɛːˀ ˈhɒːˀɒð ˈfaːvəð/ˈtoːnəð] have striber/reflekser. [hɛːˀ ˈsdʁiːbɒ/ʁɛˈflɛgsɒ]
Lassen Sie es bitte lang.	Stadig langt, tak. [sdɛːði ˈlaŋˀd ˈtag]

Nur die Spitzen.	Kun spidserne. [kɒn ˈsbesɔnə]
Nicht zu kurz/Ganz kurz/Etwas kürzer, bitte.	Ikke for kort/Helt kort/Lidt kortere, tak. [ˈegə fɔ ˈkɒːd/ˈheːʔld kɒːd/led ˈkɒːdɔɔ ˈtag]
Bitte hinten/vorn/oben/an den Seiten (noch) etwas wegnehmen.	Tag lidt væk bagved/foran/for oven/i siderne. [tɛːʔ ˈled vɛg ˈbɛːʔˌveð/ˈfɒːˌænʔ/fɔ ˈɔɥən/i ˈsiːðɔnə]
Die Ohren sollen frei sein/bedeckt bleiben.	Ørene skal være fri/dækket. [ˈøːɔnə sgæ vɛːɔ ˈfʁiːʔ/ˈdɛgəð]
Den Scheitel links/rechts, bitte.	Skilningen til venstre/højre, tak. [ˈsgelneŋən tel ˈvɛnsdʁɔ/tel ˈhɔjʁɔ ˈtag]
Einen Messerschnitt, bitte.	En klipning med kniv, tak. [en ˈklebneŋ mɛ ˈkniːʔv ˈtag]
Bitte etwas toupieren.	Touperes lidt, tak. [tuˈpeːʔɔs led ˈtag]
Bitte kein/nur wenig Haarspray.	Ingen/Kun lidt hårspray, tak. [ˈeŋən/kɒn ˈled ˈhɒːˌsbʁɛi̯ ˈtag]
Rasieren, bitte.	Barberes, tak. [baˈbeːʔɔs ˈtag]
Stutzen Sie mir bitte den Bart.	Vær venlig at studse mit skæg. [vɛːʔɒ̯ ˈvɛnli ɔ ˈsdusə mid ˈsgɛːʔg]

Können Sie mir Maniküre machen?	Kan De give mig manicure? [kæ di 'gi:ʔ maj mæni'ky:ɔ]
Vielen Dank. So ist es gut.	Mange tak. Det er fint. ['maŋə 'tag de ɛɒ̯ 'fi:ʔnd]

Wortliste Friseur

Augenbrauen	øjenbryn, -et, - ['ɔjən̩bʁy:ʔn]
~ zupfen	fjernelse, -n af hår ved øjenbrynene ['fjɛɒ̯nəlsə æ 'hɒ:ʔ veð 'ɔjən̩bʁy:ʔnənə]
Bart	skæg, -get, - [sgɛ:ʔg]
blond	blond [blɔnʔ]
Dauerwelle	permanent, -en, -er [pɛɒ̯mæ'nɛnʔd]
färben	farve, -ede ['fa:və]
fönen	føntørre, -ede ['føn̩tœ:ɔ]
frisieren	frisere, -ede [fʁi'se:ʔɔ]
Frisur	frisure, -n, -r [fʁi'sy:ɔ]
Haar	hår, -et, - [hɒ:ʔ]
fettiges ~	fedtet hår ['feðəð hɒ:ʔ]
trockenes ~	tørt hår [tœɒ̯ʔd hɒ:ʔ]
Haar|ausfall	tab, -et af hår [tɛ:ʔb æ hɒ:ʔ]
~kur	hårkur, -en, -e ['hɒ:ˌku:ʔɒ]
~schnitt	hårklipning, -en, -er ['hɒ:ˌklebneŋ]
~spray	hårspray, -en, - ['hɒ:ˌsbʁɛj]
~teil	halvparyk, -ken, -ker ['hælpaˌʁœg]
kämmen	rede, -te ['ʁɛ:ðə]
Koteletten	bakkenbarter ['bagən̩ˌba:ʔdɔ]
legen	sætte, satte, sat ['sɛdə]
Locken	krøller ['kʁœlɔ]
~wickler	curlere *pl* ['kœ:lɔɔ]
Perücke	paryk, -ken, -ker [pa'ʁœg]
Pony	pandehår, -et, - ['pænəˌhɒ:ʔ]
sich rasieren lassen	lade sig barbere [læ saj ba'be:ʔɔ]
Scheitel	skilning, -en, -er ['sgelneŋ]
Schnurrbart	overskæg, -get, - ['ɔuɔˌsgɛ:ʔg]
Schuppen	skæl [sgɛlʔ]
Shampoo	shampoo, -en, -er [ʂæm'pu:]
Stufenschnitt	etageklipning, -en, -er [e'tɛ:ʔʂəˌklebneŋ]
stutzen	studse, -ede ['sdusə]
tönen	tone, -ede ['to:nə]
Wasserwelle	vandondulation, -en, -er ['vænɔndulæˌʂo:ʔn]

9 **Allgemeine Dienste**
Almindelig service

Geldangelegenheiten

Pengesager

Wo ist hier bitte eine Bank/eine Wechselstube?
Undskyld, hvor er der en bank/et vekselkontor? [ˈɒnˌsgyl? ˈvɒːˀ ɛɐ̯ dɔ en ˈbaŋˀg/ed ˈvɛgsəlkɔnˌtoːˀɐ̯]

Wann öffnet/schließt die Bank?
Hvornår åbner/lukker banken? [vɒˈnɒːˀ ˈɔːbnɐ/ˈlɔgɐ baŋˀgən]

Ich möchte ... DM (Schilling, Schweizer Franken) in Kronen umwechseln.
Jeg vil gerne veksle DM (schilling, schweizerfrancs) til kroner. [jai vel ˈgɛɐ̯nə vɛgslə ˈdeːˀˌmaːg (ˈɕileŋ/ˈsvaiˀdsɐˌfʁaŋˀg) tel ˈkʁoːnɒ]

Wie ist heute der Wechselkurs?
Hvordan er vekselkursen i dag? [vɒˈdæn ɛɐ̯ ˈvɛgsəlˌkuɐ̯ˀsən i ˈdɛːˀ]

Wieviel Kronen bekomme ich für 100 DM?
Hvor mange kroner får jeg for 100 DM? [vɒ ˈmaŋə ˈkʁoːnɒ fɒːˀ jai fɒ ˈhunʁɒð ˈdeːˀˌmaːg]

Ich möchte diesen Reisescheck/diesen Euroscheck/diese Postanweisung einlösen.
Jeg vil gerne indløse den her rejsecheck/den her eurocheck/den her postanvisning. [jai vel ˈgɛɐ̯nə ˈenˌløːˀsə dɛn ˈhɛːˀɐ̯ ˈʁaisəˌʂɛg/dɛn ˈhɛːˀɐ̯ ˈœuʁoˌʂɛg/dɛn ˈhɛːˀɐ̯ ˈpɔsdˌænviˀsneŋ]

Auf welchen Betrag kann ich ihn maximal ausstellen?
På hvilket beløb kan den maksimalt udstedes? [pɔ ˈvelgəð beˈløːˀb kæ dɛn magsiˈmɛːˀld ˈuðˌsdɛːˀðəs]

● Ihre Scheckkarte, bitte.
Deres identitetskort, tak. [dɛːɔs idɛntiˈteːˀdsˌkɒːd ˈtag]

● Darf ich bitte Ihren Paß/Ausweis sehen?
Må jeg gerne se Deres pas/identitetskort? [mɔ jai gɛɐ̯nə ˈseːˀ dɛːɔs ˈpæs/idɛntiˈteːˀdsˌkɒːd]

● Würden Sie bitte hier unterschreiben?
Vil De være venlig at underskrive her. [vel di vɛːɐ ˈvɛnli ɔ ˈɒnɐˌsgʁiˀvə ˈhɛːˀɐ̯]

Ich möchte ... DM/Kronen von meinem Konto/Postsparbuch abheben.
Jeg vil gerne hæve ... DM/kr. på min konto/tyske postsparebog. [jai vel ˈgɛɐ̯nə ˈhɛːvə ... ˈdeːˀˌmaːg/ˈkʁoːnɒ pɒ min ˈkɒnto/ˈtysgə ˈpɔsdsbaːaˌbɒˀˌu]

Ist Geld auf mein Konto/für mich überwiesen worden?
Er der kommet penge ind på min konto? [ɛɐ̯ dɔ kɔməð ˈpɛŋə ˈenˀ pɒ min ˈkɒnto]

● Gehen Sie bitte zur Kasse.

Vær venlig at gå til kassen.
[vɛ:ˀɒ ˈvɛnli ɔ ˈgɔ:ˀ tel ˈkæsən]

● Wie wollen Sie das Geld haben?

Hvordan vil De have pengene?
[vɒˈdæn vel di ˈhɛ:ˀ ˈpeŋənə]

Bitte nur Scheine.

Helst kun sedler. [ˈhɛlˀsd kɒn ˈsɛðlɒ]

Auch etwas Kleingeld.

Også nogle småpenge.
[ˈɔsə nɒːən ˈsmɔˌpeŋə]

Geben Sie mir bitte drei 100-Kronen-Scheine und den Rest in Kleingeld.

Vær venlig at give mig tre 100-krone-sedler og resten i småpenge. [vɛ:ˀɒ ˈvenli ɔ ˈgi:ˀ mai ˈtʁɛ:ˀ ˈhunʁɔɔˌkʁoːnəˌsɛðlɒ ɔɣ ˈʁæsdən i ˈsmɔˌpeŋə]

Ich habe meine Reiseschecks verloren. Was muß ich tun?

Jeg har mistet mine rejsechecks. Hvad skal jeg gøre? [jai ha ˈmesdəð mi:nə ˈʁaisəˌʂɛgs ˈvæð sgæ jai ˈgœ:ɒ]

Wortliste Geldangelegenheiten

abheben
hæve, -ede [ˈhɛ:və]

auszahlen
udbetale, -te [ˈuðbeˌtɛ:ˀlə]

Bank
bank, -en, -er [baŋˀg]

~konto
bankkonto, -en, -konti [ˈbaŋgˌkonto]

~leitzahl
løbenummer, -ret, -re [ˈløːbəˌnɒmˀɔ]

bar
kontant [kɒnˈtænˀd]

Bargeld
kontanter *pl* [kɒnˈtænˀdɒ]

Betrag
beløb, -et, - [beˈløːˀb]

Devisen
fremmed valuta [ˈfʁæməð væˈlutæ]

D-Mark
D-mark [ˈde:ˀˌma:g]

einzahlen
indbetale, -te [ˈenbeˌtɛ:ˀlə]

Eurocheck
eurocheck, -en, -s [ˈœuʁɒˌʂɛg]

Formular
formular, -en, -er [fɒmuˈla:ˀ]

Geheimzahl
kodetal, -let, - [ˈkoːðəˌtæl]

Geld
penge *pl* [ˈpeŋə]

~automat
pengeautomat, -en, -er [ˈpeŋəautoˌmɛ:ˀd]

~anweisung
pengeanvisning, -en, -er [ˈpeŋəˌænviˀ:ˀsneŋ]

~schein
pengeseddel, -en, -sedler [ˈpeŋəˌsɛðˀəl]

~wechsel
veksling (af valuta) [ˈvɛgsleŋ (æ væˈlutæ)]

Kleingeld — småpenge *pl* ['smɔˌpɛŋə]
Konto — konto, -en, konti ['kɔnto]
Kreditkarte — kreditkort, -et, - [kʁɛˈdidˌkɔːd]
Kurs — kurs, -en, -er [kuɒˀs]
Münze — mønt, -en, -er [mønˀd]
Post|anweisung — postanvisning, -en, -er
['pɔsdˌænviˀsnɛŋ]
~sparbuch — (tysk) postsparebog, -en, -bøger
[(tysg) 'pɔsdˌsbaːabɔˀu]
~sparkasse — (tysk) postsparekasse, -n
[(tysg) 'pɔsdˌsbaːakæsə]
Provision — provision, -en, -er [pʁoviˈʃoˀn]
Quittung — kvittering, -en, -er [kviˈteˀʁɐŋ]
Reisescheck — rejsecheck, -en, -s ['ʁaisəˌsɛg]
Schalter — luge, -n, -r ['luːə]
Scheck — check, -en, -s [sɛg]
einen ~ ausstellen — udstede en check, -te
['uðˌsteˀðə en sɛg]
einen ~ einlösen — indløse en check, -te ['enˌløˀsə en sɛg]
~buch — checkhæfte, -t, -r ['sɛgˌhɛfdə]
~gebühr — checkgebyr, -et, - ['sɛggeˌbyˀɒ]
~karte — checkkort, -et, - ['sɛgˌkɔːd]
Schilling — schilling *pl* ['silɛŋ]
Schweizer Franken — schweizerfrancs *pl* ['svaiˀdsɔˌfʁaŋˀg]
Spar|buch — bankbog, -en, -bøger ['baŋgˌbɔˀu]
~kasse — sparekasse, -n, -r ['sbaːaˌkæsə]
~konto — opsparingskonto, -en, -konti
['ɔbsbaːˀeŋsˌkonto]
Überweisung — overførs|el, -en, -ler ['ɔuɒˌføɒˀsəl]
telegrafische ~ — overførsel af penge pr. telegraf
['ɔuɒˌføɒˀsəl æ 'pɛŋə pɛɒ teleˀgʁaːˀf]
umtauschen — veksle, -ede ['vɛgslə]
Unterschrift — underskrift, -en, -er ['ɒnɒˌsgʁɛfd]
Währung — valuta, -en, -er [væˈlutæ]
Wechsel|kurs — vekselkurs, -en, -er ['vɛgsəlˌkuɒˀs]
~stube — vekselkontor, -et, -er ['vɛgsəlkɔnˌtoˀɒ]
zahlen — betale, -te [beˈtɛːˀlə]
Zahlkarte — indbetalingskort, -et, -
['enbetɛˀleŋsˌkɔːd]
girokort, -et, - ['siːʁoˌkɔːd]
Zahlung — betaling, -en, -er [beˈtɛˀleŋ]
Zahlungsanweisung — pengeanvisning, -en, -er
['pɛŋəˌænviˀsneŋ]

Auf der Post
På postkontoret

Wo ist das nächste Post-amt/der nächste Briefka-sten?	Hvor er det nærmeste posthus/den nærmeste postkasse? [ˈvɒːˀ ɛɐ de ˈnɛ̞ɒ̯məsdə ˈpɒsdˌhuːˀs/dɛn ˈnɛ̞ɒ̯məsdə ˈpɒsdˌkæsə]

Was kostet ein Brief/eine Postkarte …
Hvad koster et brev/et postkort … [væð ˈkɒsdɒ ed ˈbʁɛːˀv/ed ˈpɒsdˌkɒːd]

    nach Deutschland?   til Tyskland? [tel ˈtysgˌlænˀ]
    nach Österreich?   til Østrig? [tel ˈøsdʁi]
    in die Schweiz?   til Schweiz? [tel ˈsvaiˀds]

Drei Briefmarken zu … Kronen, bitte.
Tre frimærker til … kroner, tak. [ˈtʁɛːˀ ˈfʁiˌmɛ̞ɒ̯gɒ te … ˈkʁoːnɒ ˈtag]

Diesen Brief bitte per …
Vær venlig at sende dette brev … [vɛːˀɒ ˈvɛnli ɒ ˈsɛnə ˈdɛdə ˈbʁɛːˀv]

    Einschreiben.   anbefalet. [ˈænbeˌfɛːˀləð]
    Luftpost.   pr. luftpost. [pɛ̞ɒ ˈlɒfdˌpɒsd]
    Express.   ekspres. [ɛgsˈpʁæs]

Wie lange braucht ein Brief nach Deutschland?
Hvor lang tid tager det til Tyskland? [vɒ ˈlaŋˀ ˈtiðˀ ˈtaːˀ de te ˈtysgˌlænˀ]

Kann ich bei Ihnen auch Sondermarken bekom-men?
Kan jeg også få særfrimærker hos Dem? [kæ jai ˈɒsə fɒːˀ ˈsɛ̞ɒ̯ˌfʁiˌmɛ̞ɒ̯gɒ hos ˈdɛm]

Je eine Marke, bitte.
Et mærke af hver slags, tak. [ˈed ˈmɛ̞ɒ̯gə æ ˈvɛːˀɒ slags ˈtag]

Postlagernd
Poste restante

Ist Post für mich da? Mein Name ist …
Er der post til mig? Mit navn er … [ɛɐ dɒ ˈpɒsd tel mai mid ˈnau̯ˀn ɛɐ]

● Nein, es ist nichts da.
Nej, der er ikke noget. [ˈnai dɒ ɛɐ ˈegə ˈnɒːˀəð]

● Ja, es ist etwas da. Ihren Ausweis, bitte.
Ja, der er noget. Må jeg se Deres pas? [ˈjæ dɒ ɛɐ ˈnɒːˀəð mɒ jai ˈseːˀ dɛːɒs ˈpæs]

Telegramme/Telefax

Telegrammer og telefax

Ich möchte ein Tele-
gramm aufgeben.

Jeg vil gerne sende et telegram.
[jaɪ vel gɛɒnə ˈsɛnə ed teləˈgʁamˀ]

Können Sie mir bitte
beim Ausfüllen helfen?

Vil De være venlig at hjælpe mig med
at udfylde. [vel di vɛːɔ ˈvenli ɔ ˈjɛlbə maɪ
ˈmɛ ɔ ˈuðˌfylˀə]

Was kostet ein Wort?

Hvad koster et ord? [væð ˈkɔsdɔ ˈed ˈoːˀɒ]

● Bis 10 Worte kostet es ...,
jedes weitere Wort ...

Op til ti ord koster det ..., yderligere
ord ...
[ˈɔb tel ˈtiːˀ ˈoːˀɒ kɔsdɔ de ... ˈyðɔliːɔɔ ˈoːˀɒ]

Kommt das Telegramm
heute noch in ... an?

Vil telegrammet blive modtaget i ... i
dag? [vel teləˈgʁamˀəð bliːə ˈmoðˌtɛːˀəð i
... i ˈdɛːˀ]

Kann ich bei Ihnen ein
Telefax nach ... schicken?

Kan jeg sende en telefax til ... herfra?
[kæ jaɪ ˈsɛnə en ˈteːləˌfags te ... ˈhɛːˀɒˌfʁaːˀ]

Wortliste Post

▶ auch Wortliste Geldangelegenheiten

absenden	afsende, -te [ˈauˌsɛnˀə]
Absender	afsender, -en, -e [ˈauˌsɛnˀɔ]
Adresse	adresse, -n, -r [æˈdʁæsə]
aufgeben	indlevere, -ede [ˈenleˌveːˀɔ]
ausfüllen	udfylde, -te [ˈuðˌfylˀə]
Bestimmungsort	bestemmelsessted, -et, -er [beˈsdɛmˀəlsəsˌsdeð]
Brief	brev, -et, -e [bʁɛːˀv]
~kasten	brevkasse, -n, -r [ˈbʁɛuˌkæsə]
~marke	frimærke, -t, -r [ˈfʁiˌmɛɒgə]
~markenautomat	frimærkeautomat, -en, -er [ˈfʁiˌmɛɒgəautoˌmɛːˀd]
~träger/in	postbud, -et, -e [ˈpɔsdˌbuð]
~umschlag	konvolut, -ten, -ter [kɔnvoˈlud]
Drucksache	tryksag, -en, -er [ˈtʁœgˌsɛːˀ]
Eilbrief	ekspresbrev, -et, -e [ɛgsˈpʁæsˌbʁɛːˀv]
Einschreibebrief	anbefalet brev [ˈænbeˌfɛːˀləð bʁɛːˀv]
Empfänger	modtager, -en, -e [ˈmoðˌtɛːˀɔ]
Empfangsbestätigung	kvittering, -en, -er [kviˈteːˀɒeŋ]
Formular	formular, -en, -er [fɔmuˈlaːˀ]
frankieren	frankere, -ede [fʁaŋˈkeːˀɔ]

Gebühr	gebyr, -et, -er [ge'byːˀɒ]
Gewicht	vægt, -en, -e [vɛgd]
Hauptpostamt	hovedpostkontor, -et, -er ['hoːðəpɔsdkɔnˌtoːˀɒ]
Leerung	tømning, -en, -er ['tœmneŋ]
Luftpost, mit	pr. luftpost, -en [pɛɒ 'lɔfdˌpɔsd]
Nachnahme, per	pr. efterkrav [pɛɒ 'ɛfdɔˌkʁaːˀv]
nachsenden	eftersende, -te ['ɛfdɔˌsɛnˀə]
Päckchen	småpakke, -n, -r ['smɔˌpagə]
Paket	pakke, -n, -r ['pagə]
~karte	adressekort, -et, - [æˈdʁæsəˌkɒːd]
Porto	porto, -en ['pɔːto]
Post | amt	postkontor, -et, -er ['pɔsdkɔnˌtoːˀɒ]
~karte	postkort, -et, - ['pɔsdˌkɒːd]
~lagernd	poste restante [pɔsdʁɛˈsdaŋd]
~leitzahl	postnummer, -et, -numre ['pɔsdˌnɔmˀɔ]
Schalter	luge, -n, -r ['luːə]
~stunden	åbningstider ['ɔːbneŋsˌtiðɒ]
Sondermarke	særfrimærke, -t, -r ['sɛɒˌfʁimɛɒgə]
Telefax	telefax, -en, -er ['teːləˌfags]
Telegramm	telegram, -met, -mer [teləˈgʁamˀ]
Telex	telex, -et, -er ['teːlɛgs]
Vordruck	blanket, -ten, -ter [blaŋˈkɛd]
Wertangabe	værdiangivelse, -n, -r [vɛɒˈdiˌæŋgiːˀvəlsə]
Zollerklärung	tolderklæring, -en, -er ['tɔlˌɛɒklɛːˀɒeŋ]

Telefonieren

Telefonere

Dürfte ich wohl Ihr Telefon benutzen?	Må jeg låne telefonen? [mɒ jaɪ ˈlɒːnə teləˈfoːʔnən]
Wo ist die nächste Telefonzelle?	Hvor er den nærmeste telefonboks? [ˈvɒːʔ ɛɒ dɛn ˈnɛɒməsdə teləˈfoːʔnˌbɒgs]
Können Sie mir bitte eine Telefonmünze/Telefonkarte geben?	Kunne De være så venlig at give mig mønter/et kort til at telefonere. [ku di ˈvɛːɒ sɒ ˈvɛnli ɔ giːʔ maɪ ˈmøndɒ/ed ˈkɒːd te ɔ teləfoˈneːʔɒ]
Können Sie mir bitte wechseln? Ich brauche Kleingeld zum Telefonieren.	Undskyld, kan De veksle? Jeg skal bruge småpenge til at telefonere. [ˈɒnˌsgylʔ kæ di ˈvɛgslə jaɪ sgæ ˈbʁuːə ˈsmɔˌpɛŋə tel ɔ teləfoˈneːʔɒ]
Haben Sie ein Telefonbuch von …?	Har De en telefonbog for …? [ha di en teləˈfoːʔnˌbɒːʔu fɒ]
Wie ist die Vorwahl von …?	Hvad skal man dreje til …? [ˈvæð sgæ mæn ˈdʁaɪə tel]

 So wird über die Internationale Direktwahl gewählt:

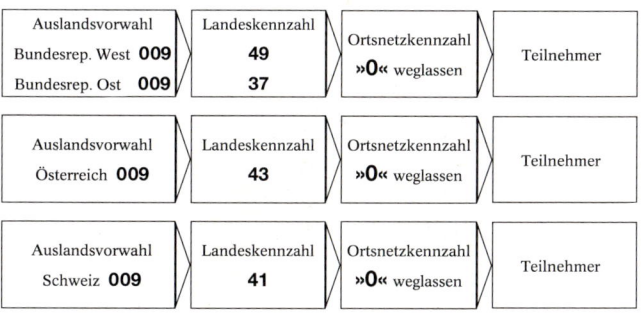

Auslandsvorwahl	Landeskennzahl	Ortsnetzkennzahl	Teilnehmer
Bundesrep. West **009** Bundesrep. Ost **009**	**49** **37**	»**0**« weglassen	
Auslandsvorwahl Österreich **009**	Landeskennzahl **43**	Ortsnetzkennzahl »**0**« weglassen	Teilnehmer
Auslandsvorwahl Schweiz **009**	Landeskennzahl **41**	Ortsnetzkennzahl »**0**« weglassen	Teilnehmer

Um z. B. die Münchner Nummer 11 64 zu erreichen, wählen Sie 009-49-89-11 64. Wien 15 30 ist mit 009-43-1-15 30 anzuwählen. Genf 1 20 11 erreichen Sie mit 009-41-22-1 20 11.

Auskunft, bitte, geben Sie mir die Nummer von …

Vil De være venlig at give mig nummeret på …?
[vel di vɛːɒ ˈvɛnli ɔˈgiˑʔ maj ˈnɒmˀʁɒð pɒ]

Bitte ein Ferngespräch nach …

En samtale til … [en ˈsamˌtɛːlə tel]

Ich möchte ein R-Gespräch anmelden.

Jeg vil gerne ringe »modtageren betaler«.
[jaj vel ˈgɛɒnə ˈʁɛŋə ˈmoðˌtɛːʔɔn beˈtɛːʔlɔ]

Können Sie mich bitte mit … verbinden?

Vil De være venlig at give mig …?
[vel di vɛːɔ ˈvɛnli ɔ ˈgiˑʔ maj]

● Gehen Sie in Kabine Nr. …

Vær venlig at gå ind i kabine nr. …
[vɛːʔɒ ˈvɛnli ɔ gɒ ˈenˀ i kæˈbiːnə nɒmˀɒ]

● Die Leitung ist besetzt.

Der er optaget. [dɔ ɛɒ ˈɔbˌtɛːʔð]

● Es meldet sich niemand.

Der er ingen, der svarer.
[dɔ ɛɒ ˈeŋən dɔ ˈsvaːa]

● Bleiben Sie bitte am Apparat.

Vil De være venlig at vente.
[vel di ˈvɛːɔ ˈvɛnli ɔ ˈvɛndə]
Vent! [vɛnˀd]

Hier spricht …

Det er … [de ɛɒ]

Hallo, mit wem spreche ich?

Hallo, hvem taler jeg med?
[hæˈlo ˈvɛmˀ ˈtɛːʔlɔ jaj mɛð]

Kann ich bitte Herrn/Frau/Fräulein … sprechen?

Må jeg tale med hr./fru …?
[mɒ jaj ˈtɛːlə mɛ hɛɒ/fʁu]

● Am Apparat.

Det er mig. [de ɛɒ ˈmaj]

● Ich verbinde.

Jeg stiller om. [jaj sdelɒ ˈɔmˀ]

● Tut mir leid, er/sie ist nicht da/zuhause.

Han/Hun er her desværre ikke.
[hæn/hun ɛɒ ˈhɛːʔɒ desˈvɛːɔ ˈegə]
Han/Hun er desværre ikke hjemme.
[hæn/hun ɛɒ desˈvɛːɔ ˈegə jɛmə]

Wann wird er/sie zurück sein?

Hvornår kommer han/hun tilbage?
[vɒˈnɒːʔ ˈkɔmˀɔ hæn/hun teˈbɛːə]

● Kann er/sie Sie zurückrufen?

Kan han/hun ringe Dem op?
[kæ hæn/hun ˈʁɛŋə dɛm ˈɔb]

Ja, meine Nummer ist …

Ja, mit nummer er … [ˈjæ mid ˈnɒmˀɔ ɛɒ]

● Möchten Sie eine Nachricht hinterlassen?

Vil De lægge en besked? [vel di ˈlɛgə beˈsgeːʔð]

Würden Sie ihm/ihr bitte sagen, ich hätte angerufen?

Vil De sige til ham/hende, at jeg har ringet?
[vel di ˈsiːə te ˈham/ˈhenə æd jaɪ ha ˈʁɛŋəð]

Könnten Sie ihm/ihr etwas ausrichten?

Kan De give ham/hende en besked?
[kæ di ˈgiːˀ ham/henə en beˈsgeːˀð]

Ich rufe später nochmal an.

Jeg ringer senere. [jaɪ ˈʁɛŋɒ ˈseːnɔɔ]

● Falsch verbunden.

Forkert nummer. [fɔˈkeɐˀd ˈnɒmˀɔ]

● Kein Anschluß unter dieser Nummer.

Der er ingen abonnent med dette nummer.
[dɔ ɛɒ ˈeŋən aboˈnenˀd mɛ ˈdɛdə ˈnɒmˀɔ]

Wortliste Telefonieren

abnehmen	tage telefonen, tog, taget ['tɛːə teləˈfoːˀnən]
Anruf	opringning, -en, -er ['ɔbˌʁɛŋˀneŋ]
~beantworter	telefonsvarer, -en, -e [teləˈfoːˀnˌsvaːa]
anrufen	ringe, -ede [ˈʁɛŋə]
Auskunft	information, -en [enfɒmæˈsoːˀn]
Auslandsgespräch	udenlandsk samtale ['uðənlænˀsg ˈsamˌtɛːlə]
besetzt	optaget [ˈɔbˌtɛːˀəð]
Besetztzeichen	optagetsignal, -et, -er ['ɔbtɛːˀəðsiˌnɛːˀl]
Branchenverzeichnis	fagbog, -en, -bøger ['fauˌbɒːˀu]
durchwählen	dreje direkte, -ede ['dʁaɪə ˈdiʁægdə]
Fern|gespräch	telefonsamtale, -n, -r [teləˈfoːˀnˌsamtɛːlə]
~sprechamt	telefoncentral, -en [teləˈfoːˀnsɛnˌtʁaːˀl]
Freizeichen	klartone, -n, r ['klaːˌtoːnə]
Gebühr	takst, -en, -er ['tagsd]
Gebühreneinheit	takstenhed, -en, -er ['tagsdˌeːnheːˀð]
Hörer	telefonrør, -et, - [teləˈfoːˀnˌʁœːˀɒ]
Münz|fernsprecher	mønttelefon, -en, -er ['mønˀdteləˌfoːˀn]
~wechsler	vekselautomat, -en, -er ['vɛgsəlauˌtoˌmɛːˀd]
Ortsgespräch	lokal samtale [loˈkɛːˀl ˈsamˌtɛːlə]
R-Gespräch	telefonsamtale, der betales af den opkaldte [teləˈfoːˀnˌsamtɛːlə dɔ beˈtɛːˀləs æ dɛn ˈɔbˌkælˀdə]
Rufnummer	telefonnummer, -et, -numre [teləˈfoːˀnˌnɒmˀɔ]
Störungsstelle	fejlkontor, -et, -er ['faɪlkɒnˌtoːˀɒ]

Summton	summetone, -n, -r ['sʌmə̩to:nə]
Telefon	telefon, -en, -er [telə'fo:ˀn]
~buch	telefonbog, -en, -bøger [telə'fo:ˀn̩ˌbo̩:ˀu̩]
~gespräch	telefonsamtale, -n, -r [telə'fo:ˀn̩ˌsamtɛ̩:lə]
~karte	telefonkort, -et, - [telə'fo:ˀn̩ˌkɒ:d]
~nummer	telefonnummer, -et, -numre [telə'fo:ˀn̩ˌnɒmˀɔ]
~zelle	telefonboks, -en, -e [telə'fo:ˀn̩ˌbɒgs]
Verbindung	forbindelse, -n, -r [fɒ'benˀəlsə]
Vermittlung	central, -en, -er [sɛn'tʁa:ˀl]
Voranmeldung	forudgående anmeldelse ['fɒ:uð̩ˌgɒ:ˀənə 'ænˌmɛlˀəlsə]
Vorwahlnummer	områdenummer, -et, -numre ['ɔmʁɒ:ðə̩nɒmˀɔ]
wählen	dreje, -ede ['dʁaiə]

Auf der Polizei

På politistationen

▶ auch Kap.3, Auto/Motorrad/Fahrrad — Verkehrsunfall

Wo ist bitte das nächste Polizeirevier?	Hvor er den nærmeste politistation? ['vɒ:ˀ ɛ̩ɒ dɛn 'nɛɒ̩məsdə poli'tisdæ̩ˌ̩ɕo:ˀn]
Ich möchte einen Diebstahl/Unfall anzeigen.	Jeg vil gerne anmelde et tyveri/en ulykke. [jai vel 'gɛɒ̩nə 'ænˌmɛlˀə ed ty:və'ʁi:ˀ/en 'u̩løgə]
Ich möchte einen Verlust anzeigen.	Jeg vil gerne anmelde en genstand som bortkommen. [jai vel 'gɛɒ̩nə 'ænˌmɛlˀə en 'gɛn̩sdænˀ sɔm 'bɒ:dˌkɒmˀən]
Mir ist … gestohlen worden.	… er blevet stjålet. [ɛ̩ɒ ble:əð 'sdjo:ləð]
die Handtasche	Min håndtaske [min 'hɒn̩ˌtæsgə]
die Brieftasche	Min tegnebog [min 'tai̩nə̩bo̩:ˀu̩]
mein Fotoapparat	Mit fotografiapparat [mid fotogʁa'fiaba̩ʁa:ˀd]
mein Auto/mein Fahrrad	Min bil/cykel [min 'bi:ˀl/'sygəl]
Mein Auto ist aufgebrochen worden.	Min bil er blevet brudt op. [min 'bi:ˀl ɛ̩ɒ ble:əð bʁud 'ɔb]
Aus meinem Auto ist … gestohlen worden.	Der er blevet stjålet … fra min bil. [dɔ ɛ̩ɒ ble:əð 'sdjo:ləð … fʁa min 'bi:ˀl]

Ich habe ... verloren. Jeg har tabt ... [jai ha:ˀ ˈtabd]

Mein Sohn/Meine Tochter ist seit ... verschwunden. Min søn/Min datter har været forsvundet siden ... [min ˈsœn/min ˈdædɔ ha vɛ:ɔð fɔˈsvɒnˀəð ˈsi:ðən]

Dieser Mann belästigt mich. Denne mand generer mig. [ˈdɛnə mænˀ ɕeˈne:ˀɔ mai]

Können Sie mir bitte helfen? Undskyld, kan De hjælpe mig? [ˈɒnˌsgylˀ kæ di ˈjɛlbə mai]

● Wann genau ist das passiert? Hvornår er det præcis sket? [vɒˈnɒ:ˀ ɛɒ de pʁɛˈsi:ˀs sgeːˀd]

● Wir werden der Sache nachgehen. Vi vil efterforske sagen. [vi vel ˈɛfdɔˌfɒ:sgə ˈsɛ:ˀən]

Ich habe damit nichts zu tun. Jeg har ikke noget at gøre med det. [jai ha ˈegə ˈnɒ:əð ɔ ˈgœ:ɔ mɛ ˈde]

● Ihren Namen und Ihre Anschrift, bitte. Deres navn og adresse, tak. [dɛ:ɔs ˈnauˀn ɔ æˈdʁæsə ˈtag]

● Wenden Sie sich bitte an das deutsche/österreichische/Schweizer Konsulat. Vær venlig at henvende Dem på det tyske/østrigske/svejtsiske konsulat. [vɛ:ɒ ˈvɛnli ɔ ˈhɛnˌvɛnˀə dɛm pɒ de ˈtysgə/ ˈøsdʁisgə/ˈsvaiˀdsisgə kɒnsuˈlɛ:ˀd]

Wortliste Polizei

anzeigen	anmelde, -te [ˈænˌmɛlˀə]
aufbrechen	bryde op, brød, brudt [ˈbʁy:ðə ˈɔb]
Auto|radio	bilradio, -en, -er [ˈbi:ˀlˌʁa:ˀdio]
~schlüssel	bilnøgle, -n, -r [ˈbi:ˀlˌnɔilə]
belästigen	genere, -de [ɕeˈne:ˀɔ]
beschlagnahmen	beslaglægge, -lagde, -lagt [beˈslauˌlɛgə]
Dieb	tyv, -en, -e [ty:ˀv]
~stahl	tyveri, -et, -er [ty:vəˈʁi:ˀ]
Gefängnis	fængsel, -et, fængsler [ˈfɛŋˀsəl]
Geldbörse	pengepung, -en, -e [ˈpɛŋəˌpɒŋˀ]
Gericht	ret, -ten, -ter [ʁæd]
Kfz-Schein	indregistreringsbevis, -et, -er [ˈenʁegisdʁɛ:ˀɒŋsbeˌvi:ˀs]
Papiere	papirer [pæˈpi:ˀɔ]
Personalausweis	identitetskort, -et, - [idɛntiˈte:ˀdsˌkɒ:d]

Polizei	politi, -et [poli'ti:ˀ]
~wagen	politibil, -en, -er [poli'ti‚bi:ˀl]
Polizist/in	politibetjent, -en, -e [poli'tibe‚tjɛnˀd]
Rauschgift	narkotika *pl* [na'ko:ˀtikæ]
Rechtsanwalt	sagfører, -en, -e ['sɑu‚fø:ɔ]
Reisepaß	(rejse)pas, -set, - ['ʁɑjsə‚pæs]
Richter	dommer, -en, -e ['dɔmɔ]
Schlüssel	nøgle, -n, -r ['nɔjlə]
Schmuggel	smugleri, -et, -er [smu:lə'ʁi:ˀ]
Schuld	skyld, -en [sgylˀ]
Taschendieb	lommetyv, -en, -e ['lɔmə‚ty:ˀv]
Überfall	overfald, -et, - ['ɔuɔ‚fælˀ]
Untersuchungshaft	varetægtsarrest, -en ['va:atɛgdsa‚ʁæsd]
Verbrechen	forbrydelse, -n, -r [fɔ'bʁy:ˀðəlsə]
Vergewaltigung	voldtægt, -en, -er ['vɔl‚tɛgd]
verhaften	anholde, anholdt, anholdt ['æn‚hɔlˀə]
verlieren	tabe, -te ['tɛ:bə]
zusammenschlagen	tæve, -ede ['tɛ:və]

Fundbüro

Hittegodskontoret

Wo ist das Fundbüro, bitte?	Undskyld, hvor er hittegodskontoret? ['ɔn‚sgylˀ 'vɒ:ˀ ɛɔ 'hidəgoskɔn‚to:ˀɔð]
Ich habe … verloren.	Jeg har tabt … [jɑj ha 'tɑbd]
Ich habe meine Handtasche im Zug vergessen.	Jeg har glemt min håndtaske i toget. [jɑj ha 'glɛmˀd min 'hɔn‚tæsgə i 'tɔ:ˀɣəð]
Benachrichtigen Sie mich bitte, wenn sie abgegeben/gefunden werden sollte.	Vær venlig at informere mig, hvis de bliver afleveret/fundet. [vɛ:ˀɒ 'vɛnli ɔ enfɔ'me:ˀɔ mɑj 'ves di bli:ˀɒ 'ɑule‚ve:ˀɔð]
Hier ist meine Hotelanschrift/Heimatadresse.	Her er min hoteladresse/adresse hjemme. ['hɛ:ˀɒ ɛɒ min ho'tɛlˀæ‚dʁæsə/æ'dʁæsə 'jɛmə]

Smdoalm
Apotek

10 **Gesundheit**
Sundhed

In der Apotheke

På apoteket

Wo ist die nächste Apotheke (mit Nachtdienst)?	Hvor er det nærmeste apotek (med natbetjening)? [ˈvɒːˀ ɛɒ de ˈnɛɒməsdə aboˈteːˀg (mɛ ˈnædbeˌtjɛːˀneŋ)]
Geben Sie mir bitte etwas gegen …	Vær venlig at give mig noget mod … [vɛːˀɒ ˈvɛnli ɔ ˈgiːˀ maj ˈnɒːəð moːˀð]
● Dieses Mittel ist rezeptpflichtig.	Der skal recept til dette middel. [dɒ sgæ ʁɛˈsɛbd tel ˈdɛdə miðˀəl]
Kann ich darauf warten?	Kan jeg vente på det? [kæ jaj ˈvɛndə pɒ de]
Wann kann ich es abholen?	Hvornår kan jeg hente det? [vɒˈnɒːˀ kæ jaj ˈhɛndə de]

Wortliste Apotheke   ▶ auch Wortliste Arzt/Zahnarzt/Krankenhaus

Abführmittel	afføringsmiddel, -et, -midler [ˈaʊføːˀɒɲsˌmiðˀəl]
Antibabypille	P-pille, -n, -r [ˈpeːˀˌpelə]
Antibiotikum	antibiotik|um, -um(m)et, -a [æntibiˈoːˀtikɒm]
Aspirin	aspirin, -en [æsbiˈʁiːˀn]
Augentropfen	øjendråber *pl* [ˈɔjənˌdʁɒːbɒ]
äußerlich	udvortes [ˈuðˌvɒːˀdəs]
Beruhigungsmittel	beroligende middel [beˈʁoːˀliːənə ˈmiðˀəl]
Brandsalbe	brandsalve, -n, -r [ˈbʁanˌsælvə]
Desinfektionsmittel	desinfektionsmiddel, -et, -midler [desenfɛgˈɕoːˀnsˌmiðˀəl]
einnehmen	(ind)tage, tog, taget [ˈenˌtɛːˀ]
Elastikbinde	elastikbind, -et, - [elæˈsdigˌbenˀ]
vor dem Essen	før måltidet [ˈfœːˀɒ ˈmɒlˌtiːˀðəð]
nach dem Essen	efter måltidet [ˈɛfdɒ ˈmɒlˌtiːˀðəð]
Fieberthermometer	termometer, -et, -metre [tɛɒmoˈmeːˀdɒ]
Gegengift	modgift, -en, -er [ˈmoðˌgifd]
Gurgelwasser	gurglevand, -et, - [ˈguɒləˌvænˀ]
Halstabletten	halstabletter [ˈhælstæˌblɛdɒ]
Hustensaft	hostesaft, -en, -er [ˈhoːsdəˌsafd]

innerlich	indvortes [ˈenˌvɔːˀdəs]
Insektenmittel	insektmiddel, -et, -midler [enˈsɛgdˌmiðˀəl]
Insulin	insulin, -et [ensuˈliːˀn]
Jod(tinktur)	jod, -en [joˈˀð]
Kamillentee	kamillete, -en [kæˈmiləˌteːˀ]
Kopfschmerztabletten	hovedpinepiller [ˈhoːðəpiːnəˌpelə]
Kreislaufmittel	kredsløbsmiddel, -et, -midler [ˈkʁɛːsløˀbsˌmiðˀəl]
auf nüchternen Magen	på tom mave [pɔ ˈtɔmˀ ˈmɛːvə]
Magentropfen	mavedråber *pl* [ˈmɛːvəˌdʁɔːbə]
Medikament	medikament, -et, -er [medikæˈmenˀd]
Mittel	middel, -et, midler [ˈmiðˀəl]
Mullbinde	gazebind, -et, - [ˈgɛːsəˌbenˀ]
im Mund zergehen lassen	opløses i munden [ˈɔbˌløːˀsəs i ˈmɔnˀən]
Nebenwirkung	bivirkning, -en, -er [ˈbiˌviʁgneŋ]
Ohrentropfen	øredråber *pl* [ˈøːɔˌdʁɔːbə]
Pflaster	plaster, -et, plastre [ˈplæsdɔ]
Präservativ	præservativ, -et, -er [pʁɛˈsɛʁvæˌtiːˀv]
Puder	pudder, -et, -e [ˈpuðˀɔ]
Rezept	recept, -en, -er [ʁɛˈsɛbd]
Salbe	salve, -n, -r [ˈsælvə]
Schlaftabletten	sovepiller [ˈsɔuəˌpelə]
Schmerztabletten	smertestillende piller [ˈsmɛɐdəˌsdelənə ˈpelə]
Sonnenbrand	solskoldning, -en, -er [ˈsoːlˌsgɔlneŋ]
Tablette	pille, -n, -r [ˈpelə]
Traubenzucker	druesukker, -et [ˈdʁuːəˌsʊgɔ]
Tropfen	dråber *pl* [ˈdʁɔːbɔ]
Watte	vat, -tet [væd]
Zäpfchen	stikpille, -n, -r [ˈsdegˌpelə]

Arztbesuch

Lægebesøg

Können Sie mir einen guten ... empfehlen?	Kan De anbefale mig en god ... [kæ di ˈænbeˌfɛːˀlə maj en ˈgoːˀð]
Arzt	læge? [ˈlɛːə]
Augenarzt	øjenlæge? [ˈɔjənˌlɛːə]
Frauenarzt	gynækolog? [gynekoˈloːˀ]
Hals-Nasen-Ohren-Arzt	hals-næse-ørelæge? [ˈhælˀs nɛːsə øːɔˌlɛːə]

Hautarzt	hudlæge? [ˈhuðˌlɛːə]
Heilpraktiker	alternativ behandler? [ælˈtɐɐ̯næˌtiʊ̯ʔ beˈhænʔlɐ]
Internisten	specialist i intern medicin? [sbeɕæˈlisd i enˈtɐɐ̯n mediˈsiːʔn]
Kinderarzt	børnelæge? [ˈbœɐ̯nəˌlɛːə]
Nervenarzt	neurolog? [nœʊ̯ʁoˈloːʔ]
Praktischen Arzt	praktiserende læge? [pʁagtiˈseːʔnə ˈlɛːə]
Urologen	specialist i urinvejssygdomme? [sbeɕæˈlisd i uˈʁiːʔnvaiʔsˌsyːdɔmə]
Zahnarzt	tandlæge? [ˈtænˌlɛːə]

Wo ist seine Praxis?　Hvor er hans praksis? [ˈvɒːʔ ɐɐ̯ hæns ˈpʁagsis]

Wann hat er Sprechstunde?　Hvornår har han konsultation? [vɒˈnɒːʔ ha hæn kɔnsultæˈɕoːʔn]

● Was für Beschwerden haben Sie?　Hvad fejler De? [væð ˈfaiʔlɐ di]

Ich fühle mich nicht wohl.　Jeg føler mig utilpas. [jai̯ føːʔlɐ mai̯ ˈuteˌpæs]

Ich habe Fieber.　Jeg har feber. [jai̯ ha ˈfeːʔbɐ]

Ich kann nicht schlafen.　Jeg kan ikke sove. [jai̯ kæ ˈegə ˈsɔʊ̯ə]

Mir ist oft schlecht/schwindelig.　Jeg er ofte dårlig tilpas/svimmel. [jai̯ ɐɐ̯ ˈɔfdə ˈdɒːli teˈpæs/ˈsvemʔəl]

Ich bin ohnmächtig geworden.　Jeg er besvimet. [jai̯ ɐɐ̯ beˈsviːʔməð]

Ich bin stark erkältet.　Jeg er stærkt forkølet. [jai̯ ɐɐ̯ ˈsdɛɐ̯gd fɒˈkøːʔləð]

Ich habe …　Jeg har … [jai̯ ha]
　Kopfschmerzen.　　ondt i hovedet. [ˈɒnʔd i ˈhoːðəð]
　Halsschmerzen.　　ondt i halsen. [ˈɒnʔd i ˈhælʔsən]
　Husten.　　hoste. [ˈhoːsdə]

Ich bin gestochen/gebissen worden.　Jeg er blevet stukket/bidt. [jai̯ ɐɐ̯ bleːəð ˈsdɔgəð/ˈbid]

Ich habe mir den Magen verdorben.　Jeg har ondt i maven. [jai̯ ha ˈɒnʔd i ˈmɛːvən]

Ich habe Durchfall/Verstopfung.　Jeg har diarré/hård mave. [jai̯ ha diaˈʁɛːʔ/ˈhɒːʔ ˈmɛːvə]

Ich vertrage das Essen/ die Hitze nicht.
Jeg kan ikke tåle maden/varmen. [jai̯ kæ ˈegə ˈtoːlə ˈmɛːˀðən/ˈvaːmən]

Ich habe mich verletzt.
Jeg er kommet til skade. [jai̯ ɛɐ̯ kɔməð tel ˈsgɛːðə]

Ich bin gestürzt.
Jeg er faldet. [jai̯ ɛɐ̯ ˈfæləð]

Ich glaube, ich habe mir ... gebrochen/verstaucht.
Jeg tror jeg har brækket/forstuvet ... [jai̯ ˈtʁɔːˀɐ̯ jai̯ ha ˈbʁægəð/fɔˈsduːˀð]

● Wo tut es weh?
Hvor gør det ondt? [ˈvɔːˀ gœɐ̯ de ˈɔnˀd]

Ich habe hier Schmerzen.
Jeg har ondt her. [jai̯ ha ˈɔnˀd ˈhɛːˀɐ̯]

● Tut es hier weh?
Gør det ondt her? [gœɐ̯ de ˈɔnˀd ˈhɛːˀɐ̯]

Ich habe einen hohen/ niedrigen Blutdruck.
Jeg har for højt/lavt blodtryk. [jai̯ ha fɔ ˈhɔi̯ˀd/ˈlɛːˀvd ˈbloðˌtʁœg]

Ich bin Diabetiker.
Jeg er diabetiker. [jai̯ ɛɐ̯ diæˈbeːˀtigɐ]

Ich bin schwanger.
Jeg er gravid [jai̯ ɛɐ̯ gʁaˈviðˀ]

Ich hatte vor kurzem ...
Jeg havde ... for ikke så længe siden. [jai̯ ˈhɛːðə ... fɔ ˈegə sɔ ˈlɛŋə ˈsiːðən]

● Bitte, machen Sie sich/ Ihren Arm frei.
Vær venlig at tage tøjet af/trække blusen op over armen. [vɛːˀɐ̯ ˈvenli ɔ ˈtɛːˀ ˈtɔi̯ˀəð ˈæ/ˈtʁægə ˈbluːsən ˀɔb ɔu̯ˀɔ ˈaːˀmən]

● Bitte tief einatmen. Atem anhalten.
Ånd dybt ind. Hold vejret, tak. [ɔnˀ ˈdybd ˈenˀ ˈhɔlˀ vɛːˀɔ ˈtag]

● Öffnen Sie den Mund.
Luk munden op. [lɔg ˈmɔnˀən ˀɔb]

● Zeigen Sie die Zunge.
Ræk tungen ud. [ʁæg ˈtɔŋən ˈuðˀ]

● Husten, bitte.
Prøv at hoste. [ˈpʁœːˀv ɔ ˈhoːsdə]

● Wie lange fühlen Sie sich schon so?
Hvor længe har De haft det sådan? [vɔ ˈlɛŋə ha di ˈhafd de ˈsɔˌdæn]

● Haben Sie Appetit?
Har De nogen appetit? [ha di ˈnoːən abəˈtid]

Ich habe keinen Appetit.
Jeg har ingen appetit. [jai̯ ha ˈeŋən abəˈtid]

● Haben Sie einen Impf-schein?
Har De et vaccinationskort? [ˈhaːˀ di ed vagsinæˀsˌoːˀns ˌkɔːd]

Ich bin gegen ... geimpft.
Jeg er vaccineret mod ... [jai̯ ɛɐ̯ vagsiˈneːˀɔð moːˀð]

● Sie müssen geröntgt wer-
den.

De skal røntgenfotograferes.
[di sgæ ˈʁœnˀdgənfotogʁaˌfeːˀɔs]

● Ich brauche eine Blut-/
Urinprobe.

Jeg har brug for en blod-/urinprøve.
[jaɪ ha bʁuːˀ fɔ en ˈbloðˀ/uˀʁiːˀnˌpʁœːvə]

● Ich muß Sie an einen
Facharzt überweisen.

Jeg må henvise Dem til en speciallæge.
[jaɪ mɔ ˈhenˌviːˀsə dɛm tel en sbeˈsɛːˀlˌlɛːə]

● Sie müssen operiert wer-
den.

De skal opereres. [di sgæ obəˈʁeːˀɔs]

● Sie brauchen ein paar
Tage Bettruhe.

De må holde sengen et par dage.
[di mɔ ˈhɔlə ˈsɛŋˀən ed pa ˈdɛːə]

● Es ist nichts Ernstes.

Det er ikke noget alvorligt. [de ɛɐ ˈegə
nɔˌəð ælˈvɒːˀliˀd]

Können Sie mir bitte et-
was gegen … geben/ver-
schreiben?

Kan De give mig noget mod …?
[kæ di ˈgiːˀ maɪ ˈnɔˌəð moð …]

Normalerweise nehme
ich …

Normalt tager jeg …
[nɔˈmɛːˀld taˀ jaɪ …]

● Nehmen Sie eine Tablette
vor dem Schlafengehen.

Tag en tablet, før De går i seng.
[tɛˀ eːˀn tæˈblɛd fœːˀɐ di ˈgɒːˀ i ˈsɛŋˀ]

Hier ist mein internatio-
naler Krankenschein.

Her er mit internationale sygeforsik-
ringsbevis. [ˈhɛːˀɐ ɛɐ mid ˈendɔnæsɔˌnɛːˀlə
ˈsyːəfɔsegʁɛŋsbeˌviːˀs]

Können Sie mir bitte ein
ärztliches Attest ausstel-
len?

Vil De være venlig at give mig en læge-
attest.
[vel di vɛːɐ ˈvenli ɔ ˈgiːˀ maɪ en ˈlɛːəæˌtɛsd]

Beim Zahnarzt

Hos tandlægen

Ich habe (starke) Zahnschmerzen.
Jeg har (en kraftig) tandpine.
[jaị ha (en ˈkɐafdi) ˈtænˌpiːnə]

Dieser Zahn (oben/unten/vorn/hinten) tut weh.
Denne tand (foroven/neden/foran/bagved) gør ondt. [dɛnə ˈtænʔ (fɔˈɔʉən/ˈneːðən/ˈfɔːˌænʔ/ˈbɛːˌʔ͜veð) gœɐ̯ ˈɔnʔd]

Ich habe eine Füllung verloren.
Jeg har tabt en plombe.
[jaị ha ˈtabd en ˈplɔmbə]

Mir ist ein Zahn abgebrochen.
Jeg har knækket en tand.
[jaị ha ˈknɛgəð en ˈtænʔ]

• Ich muß ihn plombieren.
Jeg bliver nødt til at plombere den.
[jaị bliːʔɒ ˈnød te æ plɔmˈbeːʔɔ dɛn]

• Ich behandle ihn nur provisorisch.
Jeg behandler den kun midlertidigt.
[jaị beˈhænʔlɔ dɛn kɒn ˈmiðʔlɔˌtiːʔðid]

• Ich muß ihn ziehen.
Jeg må trække den ud.
[jaị mɒ ˈtɐægə dɛn ˈuðʔ]

• Dieser Zahn muß eine Krone bekommen.
Denne tand skal have en krone.
[ˈdɛnə ˈtænʔ sgæ ˈhɛːʔ en ˈkɐoːnə]

Geben Sie mir bitte (k)eine Spritze.
Vil De være venlig (ikke) at bedøve mig.
[vel di vɛːɔ ˈvɛnli (ˈegə) ɔ beˈdøːʔvə maị]

• Bitte gut spülen.
Vær venlig at skylle.
[vɛːʔɒ ˈvɛnli ɔ ˈsgølə]

Können Sie diese Prothese reparieren?
Kan De reparere denne protese?
[kæ di ɐɛbaˈɐɛːʔɔ dɛnə pɐoˈteːsə]

• Kommen Sie in zwei Tagen bitte nochmal zum Nachsehen.
Kom tilbage om to dage til eftersyn.
[kɔmʔ teˈbɛːə ɔm ˈtoːʔ dɛːə tel ˈɛfdɒˌsyːʔn]

• Suchen Sie dann zu Hause gleich Ihren Zahnarzt auf.
Opsøg Deres tandlæge, så snart De er hjemme. [ˈɔbˌsøːʔ dɛːɔs ˈtænˌlɛːə sɔ ˈsnaːʔd di ɛɒ ˈjemə]

Im Krankenhaus

På sygehus

Wie lange muß ich hier bleiben?	Hvor længe skal jeg blive her? [vɒ ˈlɛŋə sgæ jaj ˈbliːə ˈhɛːˀɒ]
Ich habe Schmerzen/Ich kann nicht einschlafen. Geben Sie mir bitte eine Schmerztablette/Schlaftablette.	Det gør ondt/Jeg kan ikke falde i søvn. Vær venlig at give mig en smertestillende tablet/en sovepille. [de gœɒ ˈɒnˀd/jaj kæ ˈegə fælə i ˈsœuˀn vɛːˀɒ ˈvɛnli ɔ ˈgiːˀ maj en ˈsmɛɒdəˌsdelənə tæˈblɛd/en ˈsɔuɐˌpelə]
Wann darf ich aufstehen?	Hvornår må jeg stå op? [vɒˈnɒːˀ mɒ jaj sdɒːˀ ˀɔb]
Geben Sie mir bitte eine Bescheinigung über die Dauer des Krankenhausaufenthalts mit Diagnose.	Vær venlig at give mig en attest på sygehusopholdet med diagnose. [vɛːˀɒ ˈvɛnli ɔ ˈgiːˀ maj en æˈtɛsd pɒ ˈsyːəhusˌɔbhɔlˀəð mɛ diæˈgnoːsə]

Wortliste Arzt/Zahnarzt/Krankenhaus

Abszeß	absces, -sen, -ser [abˈsɛs]
Ader	åre, -n, -r [ˈɒːɒ]
Aids	AIDS, -en [ɛjds]
Allergie	allergi, -en, -er [ælɛɒˈgiːˀ]
allergisch sein gegen	at være allergisk over for … [æd vɛːɔ æˈlɛɒˀgisg ɔuˀɔ fɔ]
Anfall	anfald, -et, - [ˈænˌfælˀ]
Angina	halsbetændelse, -n, -r [ˈhælsbeˌtɛnˀəlsə]
ansteckend	smittende [ˈsmidənə]
Appetitlosigkeit	appetitløshed, -en [abəˈtidløsˌheːˀð]
Arm	arm, -en, -e [aːˀm]
Asthma	astma, -en [ˈæsdmæ]
Atembeschwerden	åndedrætsbesvær, -et [ˈɔnədʁædsbeˌsvɛːˀɒ]
atmen	ånde, -ede [ˈɔnə]
Attest	attest, -en, -er [æˈtɛsd]
Auge	øje, -t, øjne [ɔjə]
Ausschlag	udslæt, -tet, - [ˈuðˌslɛd]
Bänderriß	sprængning, -en, -er af ledbånd [ˈsbʁæŋneŋ æ ˈleðˌbɒnˀ]
Bauch	mave, -n, -r [ˈmɛːvə]
Bein	ben, -et, - [beːˀn]
Bescheinigung	attest, -en, -er [æˈtɛsd]

Besuchszeit	besøgstid, -en, -er [beˈsøːˀsˌtiðˀ]
bewußtlos	bevidstløs [beˈvesdˌløːˀs]
Blähungen	flatulens, -en [flætuˈlɛns]
Blase	blære, -n, -r [ˈblɛːɔ]
Blinddarm	blindtarm, -en, -e [ˈblenˌtaːˀm]
~entzündung	blindtarmsbetændelse, -n, -r [ˈblentaːmsbeˌtɛnˀəlsə]
Blut	blod, -et [bloːˀð]
~druck, hoher/niedriger	højt/lavt blodtryk, -ket [hɔjˀd/lɛˀud ˈbloðˌtʁœg]
bluten	bløde, -te [ˈbløːðə]
Blut|erguß	blodudtrædning, -en, -er [ˈbloðˌuðtʁɛːˀðneŋ]
~gruppe	blodtype, -n, -r [ˈbloðˌtyːbə]
~probe	blodprøve, -n, -r [ˈbloðˌpʁœːvə]
~transfusion	blodtransfusion, -en, -er [ˈbloðtʁansfuˌsoːˀn]
~ung	blødning, -en, -er [ˈbløːðneŋ]
~vergiftung	blodforgiftning, -en, -er [ˈbloðfɔˌgifdneŋ]
Brechreiz	opkastningsfornemmelse, -n, -r [ˈɔbkæsdneŋsfɔˌnɛmˀəlsə]
Bronchien	bronkier [ˈbʁɔŋˀkiɔ]
Bronchitis	bronkitis, -en [bʁɔŋˈkidis]
Bruch	brud, -det, - [bʁuðˀ]
Brust	bryst, -et, -er [bʁœsd]
~korb	brystkasse, -n, -r [ˈbʁœsdˌkæsə]
Bypass	bypass, -et, - [ˈbajˌpæs]
Chirurg	kirurg, -en, -er [kiˈʁuʁˀu]
Cholera	kolera, -en [ˈkoːˀləʁa]
Darm	tarm, -en, -e [taːˀm]
desinfizieren	desinficere, -ede [desinfiˈseːˀɔ]
Diabetes	sukkersyge, -n [ˈsɔgɔˌsyːə]
Diagnose	diagnose, -n, -r [diæˈgnoːsə]
Diät	diæt, -en [diˈɛːˀd]
Diphtherie	difteri, -en [difdəˈʁiːˀ]
Drüse	kirtel, -en, kirtler [ˈkiɐdəl]
Durchfall	diarré, -en, -er [diaˈʁɛːˀ]
Eiter	materie, -n, -r [mæˈteːˀɔiə]
eitern	væske, -ede [ˈvɛsgə]
Ellbogen	albue, -n, -r [ˈælˌbuə]
Entzündung	betændelse, -n, -r [beˈtɛnˀəlsə]
erbrechen, sich	brække sig, -ede [ˈbʁægə saj]
erkälten, sich	forkøle sig, -ede [fɔˈkøːˀlə saj]

erkältet — forkølet [fɔˈkøːˀləð]

Erkältung — forkølelse, -n, -r [fɔˈkøːˀləlsə]

Facharzt — speciallæge, -n, -r [sbeˈsɛːˀlˌlɛːə]

Fehlgeburt — abort, -en, -er [aˈbɒːd]

Fieber — feber, -en, febre [feˈˀbɒ]

Finger — finger, -en, fingre [ˈfeŋˀɒ]

Fuß — fod, -en, fødder [foˈˀð]

Gallenblase — galdeblære, -n, -r [ˈgæləˌblɛːɔ]

gebrochen — brækket [ˈbʁæɡəð]

Gehirn — hjerne, -n, -r [ˈjɛɒnə]

~erschütterung — hjernerystelse, -n, -r [ˈjɛɒnəˌʁœsdəlsə]

~schlag — hjerneblødning, -en, -er [ˈjɛɒnəˌbløˀðneŋ]

Gehör — hørelse, -n [ˈhøːɔlsə]

Gelb|fieber — gul feber [ˈguːˀl ˈfeːˀbɔ]

~sucht — gulsot, -en [ˈguːˀlˌsoˀd]

Gelenk — led, -(d)et, - [leð]

Geschlechts|krankheit — kønssygdom, -men, -me [ˈkœnˀsˌsyːdɒmˀ]

~organe — kønsorganer [ˈkœnˀsɒˌgɛːˀnɒ]

geschwollen — opsvulmet [ˈɔbˌsvulˀməð]

Geschwulst — svulst, -en, -er [svulˀsd]

Geschwür — byld, -en, -er [bylˀ]

Gesicht — ansigt, -et, -er [ˈænˌsegd]

Glieder — lemmer [ˈlɛmɔ]

Grippe — influenza, -en, -er [enfluˈɛnsæ]

Hals — hals, -en, -e [hælˀs]

~schmerzen — halssmerter [ˈhælsˌsmɛɒdɔ]

Hämorrhoiden — hæmorider [hɛmoˈʁiːˀðɔ]

Hand — hånd, -en, hænder [hɒnˀ]

Haut — hud, -en, -er [huðˀ]

~krankheit — hudsygdom, -men, -me [ˈhuðˌsyːdɒmˀ]

heiser sein — være hæs [ˈvɛːɔ ˈhɛːˀs]

Herz — hjerte, -t, -r [ˈjɛɒdə]

~anfall — hjerteanfald, -et, - [ˈjɛɒdəˌænfælˀ]

~beschwerden — problemer med hjertet [pʁoˈbleːˀmɔ mɛ ˈjɛɒdəð]

~fehler — hjertefejl, -en, - [ˈjɛɒdəˌfaiˀl]

~infarkt — hjerteinfarkt, -et, - [ˈjɛɒdəenˌfaˀgd]

~schrittmacher — (hjerte-)pacemaker, -en, -e [(ˈjɛɒdə)ˈpɛisˌmɛigɔ]

~spezialist — hjertespecialist, -en, -er [ˈjɛɒdəsbeˌsæˌlisd]

Heuschnupfen — høfeber, -en [ˈhøˌfeːˀbɔ]

Hexenschuß	hekseskud, -det, - [ˈhɛgsəˌsguð]
Höhensonne	højfjeldssol, -en, -e [ˈhɔjfjɛlsˌsoːˀl]
Hüfte	hofte, -n, -r [ˈhɔfdə]
Husten	hoste, -n [ˈhoːsdə]
impfen	vaccinere, -ede [vagsiˈneːˀɔ]
Impfpaß	vaccinationsattest, -en, -er [vagsinæˈsˀɔːˀnsæˌtɛsd]
Impfung	vaccination, -en, -er [vagsinæˈsˀɔːˀn]
Infektion	infektion, -en, -er [enfɛgˈsˀɔːˀn]
Infusion	infusion, -en, -er [enfuˈsˀɔːˀn]
Ischias	iskias, -en [ˈiskiæs]
Keuchhusten	kighoste, -n [ˈkiˌhoːsdə]
Kiefer	kæbe, -n, -r [ˈkɛːbə]
Kinderlähmung	børnelammelse, -n [ˈbœɐnəˌlaməlsə]
Knie	knæ, -et, - [knɛːˀ]
Knöchel	ankel, -en, ankler [ˈaŋˀgəl]
Knochen	knogle, -n, -r [ˈknɔu̯lə]; ben, -et, - [beːˀn]
~bruch	knoglebrud, -det, - [ˈknɔu̯ləˌbʁuð]
Kolik	kolik, -ken [koˈlig]
Kopf	hoved, -et, -er [ˈhoːðə]
~schmerzen	hovedpine, -n [ˈhoːðəˌpiːnə]
Krampf	krampe, -n, -r [ˈkʁ̥ambə]
krank	syg [syːˀ]
Kranken|haus	sygehus, -et, -e [ˈsyːəˌhuːˀs]
~kasse	sygekasse, -n, -r [ˈsyːəˌkæsə]
~schein	sygeattest, -en, -er [ˈsyːəætˌtɛsd]
~schwester	sygeplejerske, -n, -r [ˈsyːəˌplaiɔsgə]
Krankheit	sygdom, -men, -me [ˈsyːˌdɔmˀ]
Krebs	kræft, -en [kʁ̥æfd]
Kreislaufstörung	kredsløbsforstyrrelse, -n, -r [ˈkʁ̥ɛːsløˀbsfɔˌsdyɐˀɔlsə]
Krone	krone, -n, -r [ˈkʁ̥oːnə]
Lähmung	lammelse, -n, -r [ˈlaməlsə]
Lebensmittelvergiftung	madforgiftning, -en, -er [ˈmæðfɔˌgifdneŋ]
Leber	lever, -en, -e [ˈleːˀvɔ]
Leistenbruch	lyskebrok, -ken, - [ˈlysgəˌbʁɔg]
Lippe	læbe, -n, -r [ˈlɛːbə]
Loch *(im Zahn)*	hul, -let, -ler [hɔl]
Lunge	lunge, -n, -r [ˈlɔŋə]
Lungenentzündung	lungebetændelse, -n, -r [ˈlɔŋəbeˌtɛnˀəlsə]
Magen	mave, -n, -r [ˈmɛːvə]
~schmerzen	mavepine, -n [ˈmɛːvəˌpiːnə]

Malaria	malaria, -en, -er [mæˈlaːˀiæ]
Mandelentzündung	angina, -en, -er [aŋˈgiːnæ]
Mandeln	mandler [ˈmænˀlɔ]
Masern	mæslinger [ˈmɛsleŋɔ]
Menstruation	menstruation, -en, -er [mɛnsdʁuæˈsoːˀn]
Migräne	migræne, -n, -r [miˈgʁɛːnə]
Mittelohrentzündung	mellemørebetændelse, -n, -r [ˈmɛləmøːˀobeˌtɛnˀəlsə]
Mumps	fåresyge, -n [ˈfɔːˌɒˌsyːə]
Mund	mund, -en, -e [monˀ]
Muskel	muskel, -en, muskler [ˈmusgəl]
nähen	sy, -ede [syːˀ]
Narbe	ar, -ret, - [aːˀ]
Narkose	narkose, -n, -r [naˈkoːsə]
Nase	næse, -n, -r [ˈnɛːsə]
Nasenbluten	næseblod, -et [ˈnɛːsəˌbloːˀð]
Nerv	nerve, -n, -r [ˈnɛɒvə]
nervös	nervøs [nɛɒˈvøːˀs]
Niere	nyre, -n, -r [ˈnyːɒ]
Nieren|entzündung	nyrebetændelse, -n, -r [ˈnyːɒbeˌtɛnˀəlsə]
~stein	nyresten, -en, - [ˈnyːɒˌsdeːˀn]
Ohnmacht	besvimelse, -n, -r [beˈsviːˀməlsə]
Ohr	øre, -t, -r [ˈøːɒ]
Operation	operation, -en, -er [obaʁaˈsoːn]
Plombe	plombe, -n, -r [ˈplɒmbə]
Pocken	kopper [ˈkɒbɔ]
Prellung	indre kvæstelse, -n, -r [ˈendʁɒ ˈkvɛsdəlsə]
Prothese	protese, -n, -r [pʁoˈteːsə]
Puls	puls, -en, -er [pulˀs]
Quetschung	kvæstelse, -n, -r [ˈkvɛsdəlsə]
Rheuma	reumatisme, -n [ʁɔjmæˈtismə]
Rippe	ribben, -et, - [ˈʁibˌbeːˀn]
röntgen	røntgenfotografere, -ede [ˈʁœnˀdgənfotoɡʁaˈfeːˀɒ]
Röntgenaufnahme	røntgenoptagelse, -n, -r [ˈʁœnˀdgənˌɒbtɐːˀəlsə]
Röteln	røde hunde [ˈʁɶːðə ˈhunə]
Rücken	ryg, -gen, -ge [ʁœg]
~schmerzen	ondt i ryggen [ɒnˀd i ˈʁœgən]
Rückgrat	rygsøjle, -n, -r [ˈʁœgˌsɔjlə]
Rücktransport	hjemtransport, -en, -er [ˈjɛmtʁanˌsboːd]
Salmonellen	salmonella, -en [sælmoˈnɛlæ]
Schädel	hjerneskal, -len, -ler [ˈjɛɒnəˌsgælˀ]

Scharlach	skarlagensfeber, -en ['sgaːlɛːˀənsˌfeːˀbɔ]
Schiene	skinne, -n, -r ['sgenə]
Schienbein	skinneben, -et, - ['sgenəˌbeːˀn]
Schlaflosigkeit	søvnløshed, -en ['sœunløsˌheːˀð]
Schlaganfall	slagtilfælde, -t, - ['slauˌtelfɛlˀə]
Schlüsselbein	nøgleben, -et, - ['nɔiləˌbeːˀn]
Schmerzen	smerter ['smɛɒdɔ]
Schnittwunde	snitsår, -et, - ['snidˌsɒːˀ]
Schnupfen	snue, -n ['snuːə]
Schulter	skulder, -en, skuldre ['sgulɔ]
Schüttelfrost	kuldegysninger *pl* ['kuləˌgyːˀsneŋɔ]
Schwangerschaft	svangerskab, -et, -er ['svaŋˀɔˌsgɛːˀb]
Schweiß	sved, -en [sveːˀð]
Schwellung	hævelse, -n, -r ['hɛːvəlsə]
Schwindel	svimmelhed, -en ['svemˀəlˌheːˀð]
schwitzen	svede, -te ['sveːðə]
Seitenstechen	sting i siden [sdeŋˀ i 'siːðən]
Sodbrennen	halsbrand, -en, ['hælsˌbʁanˀ]
Sonnenstich	solstik, -ket ['soːlˌsdeg]
Speiseröhre	spiserør, -et, - ['sbiːsəˌʁœːˀɒ]
Sprechstunde	træffetid, -en, -er ['tʁæfəˌtiðˀ]
Spritze	sprøjte, -n, -r ['sbʁɔidə]
Station	afdeling, -en, -er ['auˌdeːˀleŋ]
	stue, -n, -r ['sduːə]
Stich	stik, -ket, - [sdeg]
Stirnhöhlenentzündung	pandehulebetændelse, -n ['pænəhuːləbəˌtɛnˀəlsə]
Stuhlgang	afføring, -en ['auˌføːˀɒeŋ]
Tetanus	stivkrampe, -n ['sdiuˌkʁambə]
Trommelfell	trommehinde, -n ['tʁɒməˌhenə]
Typhus	tyfus, -en ['tyfus]
Übelkeit	kvalme, -n, -r ['kvælmə]
Ultraschalluntersuchung	ultralydskanning, -en, -er ['ultʁalyðˌsgæneŋ]
Unterleib	underliv, -et, - ['ɒnɔˌliːˀv]
Untersuchung	undersøgelse, -n, -r ['ɒnɔˌsøːˀəlsə]
Urin	urin, -en, - [uˈʁiːˀn]
Verband	forbindssager *pl* [fɔˈbenˀsˌsɛːɔ]
verbinden	forbinde, -bandt, -bundet [fɔˈbenˀə]
Verbrennung	forbrænding, -en, -er [fɔˈbʁænˀeŋ]
Verdauung	fordøjelse, -n [fɔˈdɔiˀəlsə]
Verdauungsstörung	fordøjelsesbesvær, -et [fɔˈdɔiˀəlsəsbeˌsvɛːˀɒ]
Vergiftung	forgiftning, -en, -er [fɔˈgifdneŋ]

verletzen	kvæste, -ede [ˈkvɛsdə]
Verletzung	læsion, -en, -er [lɛˈs̠oːˀn]
verschreiben	ordinere, -ede [ɒdiˈneːˀɔ]
verstaucht	forstuvet [fɒˈsduːˀvəð]
Verstopfung	forstoppelse, -n, -r [fɒˈsdɔbəlsə]
Virus	virus, -en, - [ˈviːɒus]
Wartezimmer	venteværelse, -t, -r [ˈvɛndəˌvɛːɔlsə]
weh tun	gøre ondt, gjorde, gjort [ˈgœːɔ ˈɒnˀd]
Windpocken	skoldkopper [ˈsgɔlˌkɔbɒ]
Wirbelsäule	hvirvelsøjle, -n, -r [ˈviɒˀvəlˌsɔjlə]
Wunde	sår, -et, - [sɒːˀ]
Zahn	tand, -en, tænder [tænˀ]
Backen~	kindtand, -en, -tænder [ˈkenˌtænˀ]
Schneide~	fortand, -en, -tænder [ˈfɒːtænˀ]
~fleisch	tandkød, -et [ˈtænˌkøð]
~schmerzen	tandpine [ˈtænˌpiːnə]
Zehe	tå, -en, tæer [tɔːˀ]
Zerrung	seneforstrækning, -en, -er [ˈseːnəfɒˌsdʁægnen]
ziehen *(Zahn)*	trække ud, trak, trukket [ˈtʁægə ˈuðˀ]
Zunge	tunge, -n, -r [ˈtoŋə]

11 **Geschäftsreise**
Forretningsrejse

Der lange Weg zum Geschäftspartner
Den lange vej til forretningsforbindelsen

Wo ist der Haupteingang?

Hvor er hovedindgangen?
['vɒ:ˀ ɛɐ̯ 'ho:ðə‚engaŋˀən]

Wie komme ich bitte zu ...?

Hvordan kommer jeg til ...?
[vɒ'dæn 'kɔmˀɔ jai̯ tel ...]

Mein Name ist ... Ich komme von der Firma ...

Mit navn er ... Jeg kommer fra firmaet ...
[mid 'nau̯ˀn ɛɐ̯ ... jai̯ 'kɔmˀɔ fʁa 'fiɒmɛ:ˀəð]

Kann ich bitte ... sprechen?

Kan jeg få lov at tale med ...?
[kæ jai̯ fɔ: 'lou̯ ɔ 'tɛ:lə mɛ ...]

Melden Sie mich bitte bei ... an.

Vær venlig at melde min ankomst hos ...
[vɛ:ɒ 'vɛnli ɔ 'mɛlə min 'æn‚kɔmˀsd hɒs ...]

Ich habe einen Termin bei ...

Jeg har en aftale med ...
[jai̯ ha en 'au̯‚tɛ:lə mɛ ...]

● ... erwartet Sie bereits.

... venter på Dem. [... 'vɛndɒ pɒ dɛm]

● Er/Sie ist noch in einer Sitzung.

Han/Hun sidder stadig i møde.
[hæn/hun 'seðˀɔ 'sdɛ:ði i 'mø:ðə]

● Ich führe Sie zu ...

Jeg tager Dem hen til ...
[jai̯ ta:ˀ dɛm 'hɛnˀ te]

Entschuldigen Sie bitte, daß ich zu spät komme.

Undskyld, jeg kommer for sent.
['ɔn‚sgylˀ jai̯ 'kɔmˀɔ fɔ 'se:ˀnd]

● Bitte setzen Sie sich.

Vær venlig at tage plads.
[vɛ:ɒ 'vɛnli ɔ 'tɛ:ˀ 'plæs]

● Darf ich Ihnen etwas zu trinken anbieten?

Kan jeg byde Dem på noget?
[kæ jai̯ 'by:ðə dɛm pɒ 'nɒ:əð]

● Hatten Sie eine angenehme Reise?

Har De haft en behagelig rejse?
[ha di hafd en be'hɛ:ˀəli 'ʁai̯sə]

Wieviel Zeit haben wir?

Hvor meget tid har vi?
[vɒ 'mai̯əð 'tiðˀ ha:ˀ vi]

● Wann geht Ihre Maschine?

Hvornår går Deres fly?
[vɒ'nɒ:ˀ gɒ:ˀ dɛ:ɒs 'fly:ˀ]

Ich brauche einen Dolmetscher.

Jeg har brug for en tolk.
[jai̯ ha 'bʁu:ˀ fɔ en 'tɔlˀg]

Wortliste Weg zum Geschäftspartner

Abteilung	afdeling, -en, -er [ˈauˌdeːˀleŋ]
Büro	kontor, -et, -er [kɔnˈtoːˀɒ]
Dolmetscher/in	tolk, -en, -e [tɔlˀg]
Eingang	indgang, -en, -e [ˈenˌgaŋˀ]
Empfang	reception, -en, -er [ʁɛsɛbˈsoːˀn]
Firma	firma, -et, -er [ˈfiɒmæ]
Gebäude	bygning, -en, -er [ˈbygneŋ]
Konferenz|raum	konferencerum, -met, - [kɔnfəˈʁaŋsəˌʁɒmˀ]
~zentrum	konferencecenter, -et, -centre [kɔnfəˈʁaŋsəˌsɛnˀdɔ]
Pförtner	portner, -en, -e [ˈpɒɒdnɒ]
Sekretariat	sekretariat, -et, -er [sekʁɛtaiˈɛːˀd]
Sekretär/in	sekretær, -en, -er [sekʁɛˈtɛːˀɒ]
Sitzung	møde, -t, -r [ˈmøːðə]
Stockwerk	etage, -n, -r [eˈtɛːˌsə]
Termin	aftale, -n, -r [ˈauˌtɛːˀlə]

Verhandlung/Konferenz/Messe

Forhandling/Konference/Messe

Ich suche den Messestand der Firma ...	Jeg leder efter firmaet ...s stand her på messen. [jai ˈleːðɒ ɛfdɒ ˈfiɒmɛːˀəð ...s ˈsdænˀ pɒ ˈmɛsən]
• Gehen Sie in Halle ..., Stand Nr. ...	Det er hal ... stand nr. ... [de ɛɒ hæl ... ˈsdænˀ nɒmˀɔ ...]
Wir sind Hersteller von ...	Vi producerer ... [vi pʁoduˈseːˀɔ ...]
Wir handeln mit ...	Vi handler med ... [vi ˈhænˀlɔ mɛ ...]
Haben Sie Informationsmaterial über ...?	Har De noget informationsmateriale om ... [ha di nɒːəð enfɒmæˈsoːˀnsmætʁiˌɛːlə ɔm ...]
Wir können Ihnen ausführliches Material über ... zusenden.	Vi kan tilsende Dem udførligt materiale om ... [vi kæ ˈtelˌsɛnˀə dɛm uðˈføɒˀlid mætʁiˌɛːlə ɔm]
Wer ist Ansprechpartner für ...?	Hvem er kontaktpersonen med hensyn til ...? [ˈvɛmˀ ɛɒ kɔnˈtagdpɛɒˌsoːˀnən mɛ ˈhɛnˌsyːˀn te ...]

Könnten Sie uns ein Angebot zukommen lassen?
Kunne De give os et tilbud?
[ku di ˈgiːˀ ɔs ed ˈtelˌbuð]

Wir sollten ein Treffen vereinbaren.
Vi skulle aftale tid for et møde.
[vi sgu ˈauˌtɛːˀlə ˈtiðˀ fɔ ed ˈmøːðə]

Hier ist meine Visitenkarte.
Her er mit visitkort.
[ˈhɛːˀɒ ɛɒ mid viˈsidˌkɒːd]

Wortliste Verhandlung/Konferenz/Messe

Angebot	tilbud, -et, - [ˈtelˌbuð]
Ansprechpartner	kontaktperson, -e, -er [kɔnˈtagdpɛɒˌsoːˀn]
Auftrag	ordre, -n, -r [ˈɒːˀdʁɒ]
Auftragsbestätigung	ordrebekræftelse, -n, -r [ˈɒːˀdʁɒbeˌkʁæftəlsə]
Aussteller	udstiller, -en, -e [ˈuðˌsdelˀɒ]
~verzeichnis	udstillerkatalog, -et, -er [ˈuðsdelɒkætæˌloːˀɐ]
Einzelhändler	detailhandler, -en, -e [dɛˈtajˌhænˀlɒ]
Export	eksport, -en [ɛgsˈpɒːd]
Exporteur	eksportør, -en, -er [ɛgspɒˈtøːˀɒ]
Fachmesse	fagmesse, -n, -r [ˈfauˌmɛsə]
Finanzierung	finansiering, -en [finænˈsɛːɒŋ]
Fracht	fragt, -en [fʁagd]
Garantie	garanti, -en, -er [gaʁanˈtiːˀ]
Generalvertretung	generalagentur, -en, -er [genəˈʁɛːˀlægɛnˌtuːˀɒ]
Geschäfts|beziehungen	forretningsforbindelser [fɔˈʁædneŋsfɒˌbenˀəlsɒ]
~form	forretningsform, -en, -er [fɔˈʁædneŋsˌfɒːˀm]
~partner	forretningsforbindelse, -n, -r [fɔˈʁædneŋsfɒˌbenˀəlsə]
Großhändler	grosserer, -en, -e [gʁoˈseːˀɒ]
Halle	hal, -len, -ler [hælˀ]
Hallenplan	plan, -en, -er over hallerne [ˈplɛːˀn ɔuˀ ˈhælˀɒnə]
Handelsvertreter	agent, -en, -er [æˈgɛnˀd]
Hersteller	producent, -en, -er [pʁoduˈsɛnˀd]
Import	import, -en, -er [emˈpɒːd]

Importeur	importør, -en, -er [ɛmpɒˈtøːˀ]
Industriemesse	industrimesse, -n, -r [enduˈsdɐiˌmɛsə]
Informations|material	informationsmateriale, -t, -r [enfɒmæˈsoːˀnsmætɐiˌɛːlə]
~stand	informationsstand, -en, -e [enfɒmæˈsoːˀnsˌsdænˀ]
interessiert sein an	at være interesseret i [æd vɛːɔ entɐɛˈseːˀɔð i]
Joint-venture	joint-venture [ˈdjɔind ˈvɛnɕɔ]
Kabine	kabine, -n, -r [kæˈbiːnə]
Katalog	katalog, -et, -er [kætæˈloːˀu]
Kaufvertrag	købekontrakt, -en, -er [ˈkøbəkɔnˌtɐagd]
Kondition	betingelse, -n, -r [beˈteŋəlsə]
Konferenz	konference, -n, -r [kɔnfəˈɐaŋsə]
Konzern	koncern, -en, -er [kɔnˈsɛɒˀn]
Kooperation	samarbejde, -t, -r [ˈsamaˌbaiˀdə]
Kosten	omkostninger [ˈɔmˌkɔsdneŋɒ]
~voranschlag	overslag, -et, - [ˈɔuɒˌslɛːˀ]
Kunde/Kundin	kunde, -n, -r [ˈkɒnə]
Leasing	leasing, -en, -er [ˈliːseŋ]
Lieferant	leverandør, -en, -er [levɐanˈdøːˀɒ]
Liefer|bedingungen	leveringsbetingelser [leˈveːˀɒeŋsbeˌteŋˀəlsɔ]
~ung	levering, -en, -er [leˈveːˀɒeŋ]
~zeit	leveringstid, -en, -er [leˈveːˀɒeŋsˌtiðˀ]
Lizenz(vertrag)	licens(kontrakt), -en, -er [liˈsɛnˀs(kɔnˌtɐagd)]
Marketing	marketing, -en [ˈmaːgəteŋ]
Meeting Point	mødested, -et, -er [ˈmøːðəˌsdɛð]
	meeting point [ˈmiːteŋ pɔind]
Mehrwertsteuer	moms, -en [mɔmˀs]
Messe	messe, -n, -r [ˈmɛsə]
~ausweis	adgangskort, -et, - til messen [ˈæðgaŋsˌkɒːd te ˈmɛsən]
~hosteß	messeværtinde, -n, -r [ˈmɛsəvɛɒˌdenə]
~leitung	messeledelse, -n, -r [ˈmɛsəˌleːðəlsə]
~rabatt	messerabat, -ten, -ter [mɛsɐɐaˌbæd]
~service	messeservice, -n [ˈmɛsəˌsœːvis]
~stand	messestand, -en, -e [ˈmɛsəˌsdænˀ]
~zentrum	messecenter, -et, -centre [ˈmɛsəˌsɛnˀdɒ]
Muster	mønster, -et, mønstre [ˈmœnˀsdɒ]
Öffentlichkeitsarbeit	public relations (PR) [ˈpɔbliɡ ɐeˈlɛiɕəns (pe ˈɛɒ)]
	mediearbejde, -t, -r [meːˀdiəˌaːbaiˀdə]

Preis	pris, -en, -er [pʁiːˀs]
~liste	prisliste, -n, -r [ˈpʁisˌlesdə]
~nachlaß	prisnedsættelse, -n, -r [ˈpʁisˌneðsɛdəlsə]
Produktion	produktion, -en, -er [pʁodugˈsoːˀn]
Proforma-Rechnung	proforma-faktura, -en, -er [pʁoˈfɒːmæfagˌtuːʁa]
Prospekt	prospekt, -et, -er [pʁoˈsbɛgd]
	brochure, -n, -r [bʁoˈsyːɔ]
Protokoll	referat, -et, -er [ʁɛfəˈʁaːˀd]
Rechnung	regning, -en, -er [ˈʁaineŋ]
Schulung	træning, -en [ˈtʁɛːneŋ]
Skonto	kontantrabat, -ten, -ter [kɔnˈtænˀdʁaˌbæd]
Tagesordnung	dagsorden, -en, -er [ˈdaʊsˌɒːˀdən]
Tochtergesellschaft	datterselskab, -et, -er [ˈdædɔˌsɛlsgɛːˀb]
Transport	transport, -en, -er [tʁanˈsbɒːd]
Treffen	møde, -t, -r [ˈmøːðə]
Umsatzsteuer	omsætningsafgift [ˈɔmsɛdneŋsˌaʊgifd]
Verkäufer	sælger, -en, -e [ˈsɛljɔ]
Verkaufsförderung	salgsfremme [ˈsælˀsˌfʁæmə]
Verpackung	emballage, -n, -r [ɛmbæˈlɛːsə]
Versicherung	forsikring, -en, -er [fɔˈseguʁeŋ]
Vertrag	kontrakt, -en, -er [kɔnˈtʁagd]
Vertrags|bedingungen	kontraktsbetingelser [kɔnˈtʁagdsbeˌteŋˀəlsɔ]
~händler	autoriseret forhandler [aʊtoʁiˈseːˀɔð ˈfɔˌhænˀlɔ]
Vertreter	repræsentant, -en, -er [ʁɛpʁɛsɛnˈtænˀd]
Vertrieb	salg, -et [sælˀ]
	distribution, -en [disdʁibuˈsoːˀn]
Vertriebsnetz	net, -tet, - af distributører [nɛd æ disdʁibuˈtøːˀɔ]
Visitenkarte	visitkort, -et, - [viˈsidˌkɒːd]
Vortrag	foredrag, -et, - [ˈfɒːɒˌdʁaːˀʊ]
Ware	vare, -n, -r [ˈvaːa]
Warenverzeichnis	varefortegnelse, -n, -r [ˈvaːafɔˌtaiˀnəlsə]
Werbe|kampagne	reklamekampagne, -n, -r [ʁɛˈklɛːməkamˌpænjə]
~material	reklamemateriale, -t, -r [ʁɛˈklɛːməmætʁiˌɛːˀlə]
Werbung	reklame, -n, -r [ʁɛˈklɛːmə]
Zahlungsbedingungen	betalingsbetingelser [beˈtɛːˀleŋsbeˌteŋˀəlsɔ]
Zentrale	central, -en, -er [ˈsɛnˀtʁaːˀl]

Ausstattung
Udstyr

Könnten Sie mir hiervon einige Kopien machen?	Må jeg få et par kopier af det her? [mɔ jaį fɔ ed pa ko'pi:ʔɔ æ de 'hɛ:ʔɒ̞]
Für meinen Vortrag benötige ich einen Tageslichtprojektor.	Jeg har brug for en overheadprojektor til mit foredrag. [jaį ha 'bʁu:ʔ fɔ en 'œʊ̯vɔhɛdpʁɒ̞ˌs̺ɛgdɔ te mid 'fɔ:ɒ̞ˌdʁa:ʔu̯]
Würden Sie mir bitte … besorgen?	Vil De være venlig at skaffe mig …? [vel di vɛ:ɒ 'vɛnli ɔ 'sgafǝ maį]

Wortliste Ausstattung

Ausstellungsmaterial	udstillingsmateriale, -t, -r ['uðsdelʔeŋsmætʁiˌɛ:lǝ]
Diskette	diskette, -n, -r [di'sgɛdǝ]
Drucker	printer, -en, -e ['pʁɛndɔ]
Farbkopierer	farvekopimaskine, -n, -r ['fa:ʊ̯ǝkopimæˌsgi:nǝ]
Faserschreiber	fiberpen, -nen, -ne ['fi:ʔbɔˌpɛnʔ]
Flip-chart	flip-over ['flebˌœʊ̯vɔ]
Folienstift	tusch-pen, -nen, -ne ['tuşˌpɛnʔ]
Fotokopierer	fotokopimaskine, -n, -r [fotoko'pimæˌsgi:nǝ]
Katalog	katalog, -et, -er [kætæ'lo:ʔu̯]
Kopie	kopi, -en, -er [ko'pi:ʔ]
Mikrofon	mikrofon, -en, -er [mikʁo'fo:ʔn]
Modem	modem, -et, -er [mo'de:ʔm]
PC	pc-er, -en, -e [pe'se:ʔɔ]
Rednerpult	talerpult, -en, -e ['tɛ:lɔˌpulʔd]
Schreibblock	notesblok, -ken, -ke ['no:dǝsˌblɔg]
Stift	blyant, -en, -er ['bly̰ˌænʔd]
Tageslichtprojektor	overhead-projektor, -en, -er ['œʊ̯vɔhɛdpʁɒ̞ˌs̺ɛgdɔ]
Telefax	telefax, -en, -er ['te:lǝˌfags]
Telefon	telefon, -en, -er [telǝ'fo:ʔn]
Telex	telex, -en, -er ['te:lɛgs]
Textverarbeitungssystem	tekstbehandlingssystem, -et, -er ['tɛgsdbeˌhænʔlengssyˌsde:ʔm]
Verdunklung	mørkelægning, -en, -er ['mœɒ̯gǝˌlɛgneŋ]
Verlängerungsschnur	forlængerledning, -en, -er [fɔ'lɛŋʔɔˌleðneŋ]
Videorekorder	videobåndoptager ['vi:ʔdeobɒ̞nˌɔbtɛ:ʔɔ]

Kurzgrammatik

Stoß und Betonung

Ein charakteristisches Merkmal der dänischen Aussprache ist der sogenannte *stød* [sdø:ˀð], der Stoß. Er wird in der Lautschrift durch ˀ gekennzeichnet. Der Stoß entsteht durch eine plötzliche Spannung der Stimmbänder bis zum Kehlkopfverschluß und unmittelbar darauffolgender Entspannung. Der Luftstrom von der Lunge wird also für ganz kurze Zeit unterbrochen und setzt mit einem Knacklaut (Glottalverschluß, glottal stop) quasi als Echo des abgebrochenen Lautes wieder ein. In deutsch *verˀeisen, beˀinhalten* geschieht Ähnliches, der Glottalverschluß steht allerdings zwischen zwei verschiedenen Lauten und im Anlaut der folgenden Silbe.

Der Stoß kommt nur *betont* in (die Dänen sagen „auf" *på*) *stimmhaften* Lauten vor; Vokale sind dabei immer *lang*. Er dient der Unterscheidung sonst gleichlautender Wörter, z. B. man [mæn] *man*: mand [mænˀ] *Mann*.

In verschiedenen Teilen Dänemarks wird der Stoß unterschiedlich gebraucht oder fehlt im äußersten Süden ganz. Unterschiede im Gebrauch gibt es auch zwischen verschiedenen Bevölkerungsschichten, zwischen den Generationen. Somit ist es nicht möglich, feste Gebrauchsregeln aufzustellen. Klar ist jedoch, daß der Stoß in vielen einsilbigen Wörtern vorkommt. Substantive im Singular behalten den Stoß oder fügen ihn zu, wenn der Artikel angehängt wird; im Plural geht der Stoß im allgemeinen verloren. Im *Erstglied* von Zusammensetzungen fällt der Stoß meist weg. Ableitungen mit Vorsilbe haben Stoß, auch wenn die Grundwörter keinen Stoß tragen: *tale* [ˈtɛ:lə] – *betale* [beˈtɛ:ˀlə].

Einige *Ableitungssilben* tragen Stoß: *-dom, -hed, -skab, -bar* u. a. Im Satzzusammenhang ordnet sich die Wortbetonung der Satzbetonung unter. Nur die im Satz betonten Wörter behalten ihre Wortbetonung, die übrigen sind unbetont. In unbetonter Stellung sind lange Vokale kürzbar, entfällt der Stoß. In der Transkription von Ausdrücken oder Sätzen können auch einsilbige Wörter ˈ erhalten, wenn sie die Satzbetonung tragen, während mehrsilbige Wörter ohne ˈ transkribiert sein können.

Substantiv (Hauptwort) und Artikel (Geschlechtswort)

Im Dänischen werden nur zwei Geschlechter unterschieden, Utrum (männlich und weiblich) und Neutrum (sächlich). Das Geschlecht stimmt nur teilweise mit dem Deutschen überein.

Der unbestimmte Artikel

Der unbestimmte Artikel heißt im Utrum *en*, im Neutrum *et*.

Utrum	**en** stol	ein Stuhl
	en skole	eine Schule
Neutrum	**et** hus	ein Haus
	et barn	ein Kind

Der bestimmte Artikel

Der bestimmte Artikel hat zwei Formen, je nachdem ob dem Substantiv ein Adjektiv vorausgeht oder nicht.
Wenn das Substantiv allein steht, erscheint der bestimmte Artikel als Endung, die an das Substantiv angehängt wird. Im Singular (Einzahl) heißt der bestimmte Artikel im Utrum *-en* oder *-n*, im Neutrum *-et* oder *-t*. Der bestimmte Artikel wird im Wörterbuch jeweils angegeben.

	unbestimmte Form		bestimmte Form	
Utrum	stol	Stuhl	stol**en**	der Stuhl
	time	Stunde	tim**en**	die Stunde
Neutrum	bord	Tisch	bord**et**	der Tisch
	øre	Ohr	øre**t**	das Ohr

Im Plural (Mehrzahl) heißt der bestimmte Artikel *-ene*, wenn die Pluralform auf *-e* oder *-er* endet *-ne*.

unbestimmte Form		bestimmte Form	
år	Jahre	år**ene**	die Jahre
uger	Wochen	uger**ne**	die Wochen
dage	Tage	dage**ne**	die Tage

Geht dem Substantiv ein Adjektiv voraus, so steht der bestimmte Artikel vor dem Adjektiv. Er heißt im Utrum *den*, im Neutrum *det*, im Plural *de*.

Die Pluralbildung

Die dänischen Substantive lassen sich nach ihrer Pluralbildung in Deklinationsgruppen (Beugungen) einteilen. Die Pluralendung wird an den Stamm angehängt. Sie ist im Wörterbuch jeweils angegeben.

1. Deklination auf *-er, -r*

Singular		Plural	
en måned	ein Monat	to måneder	zwei Monate
en uge	eine Woche	to uger	zwei Wochen
et stykke	ein Stück	to stykker	zwei Stücke

2. Deklination auf *-e*

en dag	ein Tag	to dage	zwei Tage
et hus	ein Haus	to huse	zwei Häuser

3. Deklination ohne Endung

en sko	ein Schuh	to sko	zwei Schuhe
et år	ein Jahr	to år	zwei Jahre

4. Unregelmäßige Pluralbildungen sind im Wörterbuch angegeben.

en mand	ein Mann	to mænd	zwei Männer
et barn	ein Kind	to børn	zwei Kinder
en broder	ein Bruder	to brødre	zwei Brüder

● Eine Gruppe von Substantiven auf unbetontes *-el, -er* verlieren *-e-* beim Anhängen der Pluralendung; dabei wird Doppelkonsonant vereinfacht.

en cykel	ein Fahrrad	to cyk**ler**	zwei Fahrräder
en gaffel	eine Gabel	to gaf**ler**	zwei Gabeln
en vinter	ein Winter	to vintre	zwei Winter

Einige Wörter auf -er, vor allem Personenbezeichnungen, stoßen das -e- nicht aus und verlieren das Plural -e, wenn der bestimmte Artikel angehängt wird.

Plural			
unbestimmt		bestimmt	
to bage**re**	zwei Bäcker	bage**rne**	die Bäcker
to tyske**re**	zwei Deutsche	tyske**rne**	die Deutschen

● Substantive auf einfachen Konsonanten nach kurzem betonten Vokal verdoppeln den Konsonanten beim Anhängen des bestimmten Artikels und der Pluralendung.

Singular				Plural	
unbestimmt		bestimmt			
en butik	ein Laden	buti**kk**en	der Laden	to buti**kk**er	zwei Läden
et hotel	ein Hotel	hote**ll**et	das Hotel	to hote**ll**er	zwei Hotels
en kat	eine Katze	ka**tt**en	die Katze	to ka**tt**e	zwei Katzen

● Einige Wörter kommen nur im Plural vor.

penge	Geld
briller	Brille
bukser	Hose(n)

● Nur im Singular werden verwendet, wenn sie Maß und Gewicht bezeichnen:

meter	Meter
kilo	Kilo
øre	Öre

Übersicht über Deklination und Artikel

	Singular		Plural	
	unbestimmt	bestimmt	unbestimmt	bestimmt
1.	dame	damen	damer	damerne
	Dame	die Dame	Damen	die Damen
	måned	måneden	måneder	månederne
	Monat	der Monat	Monate	die Monate
	bonde	bonden	bønder	bønderne
	Bauer	der Bauer	Bauern	die Bauern
	sted	stedet	steder	stederne
	Stelle	die Stelle	Stellen	die Stellen
2.	hund	hunden	hunde	hundene
	Hund	der Hund	Hunde	die Hunde
	fader	faderen	fædre	fædrene
	Vater	der Vater	Väter	die Väter
	lærer	læreren	lærere	lærerne
	Lehrer	der Lehrer	Lehrer	die Lehrer
	hus	huset	huse	husene
	Haus	das Haus	Häuser	die Häuser
3.	år	året	år	årene
	Jahr	das Jahr	Jahre	die Jahre
	fisk	fisken	fisk	fiskene
	Fisch	der Fisch	Fische	die Fische
	gås	gåsen	gæs	gæssene
	Gans	die Gans	Gänse	die Gänse
	barn	barnet	børn	børnene
	Kind	das Kind	Kinder	die Kinder

Die Kasus (Die Fälle)

Im Deutschen gibt es vier Fälle: Nominativ (wer?), Genitiv (wessen?), Dativ (wem?) und Akkusativ (wen?). Was im Deutschen durch die Unterscheidung von Nominativ, Dativ und Akkusativ gekennzeichnet wird, wird im Dänischen durch die Wortstellung und den Gebrauch von Präpositionen ausgedrückt. Von der Grundform ist im Dänischen nur der Genitiv zu unterscheiden.
Im Genitiv wird sowohl bei Personennamen als auch allen Substantiven die Endung -s angehängt. Das Substantiv im Genitiv steht immer vor dem Bezugswort.

Michael**s** telefonnummer   Michaels Telefonnummer
Gitte**s** telefonnummer   Gittes Telefonnummer

restauranten**s** telefonnummer   die Telefonnummer des Restaurants
universitet**s** telefonnummer   die Telefonnummer der Universität

Beachten Sie bitte, daß Konstruktionen wie „die Telefonnummer von Gitte" im Dänischen nicht möglich sind.
Das -s kann an sämtliche Beugungsformen eines Substantivs angefügt werden

Singular		Plural	
unbestimmt	bestimmt	unbestimmt	bestimmt
en dags arbejde	**dagens** arbejde	**dages** arbejde	**dagenes** arbejde
die Arbeit eines Tages	die Arbeit des Tages	die Arbeit von Tagen	die Arbeit der Tage

Endet ein Wort bereits auf -s, so steht im Genitiv auf -es oder '.

Klaus**es** telefonnummer
Klaus**'** telefonnummer

Das Adjektiv (Eigenschaftswort)

Das Dänische unterscheidet wie das Deutsche zwischen starkem und schwachem Adjektiv. Das starke Adjektiv steht allein oder mit dem unbestimmten Artikel (ein gut**er** Apfel – unbestimmte Form), das schwache Adjektiv steht mit dem bestimmten Artikel (der gut**e** Apfel – bestimmte Form).

Das starke Adjektiv

Das starke Adjektiv hat drei Formen:
1. ohne Endung im Utrum, auf -*e* im Plural.
2. auf -*t* im Neutrum,

Singular		Plural	
Utrum	Neutrum	Utrum und Neutrum	
dyr	dyrt	dyre	teuer
mørk	mørkt	mørke	dunkel
rød	rødt	røde	rot
stor	stort	store	groß

Das starke Adjektiv richtet sich in Geschlecht und Zahl nach dem zugehörigen Substantiv, auch in prädikativer Stellung.

Utrum	en stor båd Båden er stor.	ein großes Boot Das Boot ist groß.
Neutrum	et stort skib Skibet er stort.	ein großes Schiff Das Schiff ist groß.
Plural	store huse Husene er store.	große Häuser Die Häuser sind groß.

Bei den Formen des Adjektivs ist folgendes zu beachten.
Auch bei Adjektiven wird ein einzelner Konsonant nach kurzem, betontem Vokal verdoppelt, wenn eine Silbe angefügt wird.

Singular		Plural	
Utrum	Neutrum	Utrum und Neutrum	
smal	smalt	smalle	eng
tyk	tykt	tykke	dick
grøn	grønt	grønne	grün

● Adjektive auf *-el, -en, -er* verlieren das *-e-*, wenn die Endung *-e* angehängt wird; dabei wird Doppelkonsonant vereinfacht.

Singular		Plural	
Utrum	Neutrum	Utrum und Neutrum	
gamm**el**	gammelt	gamle	alt
mod**en**	modent	modne	reif
mag**er**	magert	magre	mager

● Adjektive auf *-sk* und *-t* sowie einige auf *-d* erhalten im Neutrum kein *-t*.

Singular		Plural	
Utrum	Neutrum	Utrum und Neutrum	
dan**sk**	dan**sk**	danske	dänisch
politi**sk**	politi**sk**	politisk	politisch
smar**t**	smar**t**	smarte	schick
sor**t**	sor**t**	sorte	schwarz
fremme**d**	fremme**d**	fremmede	fremd

● Mehrsilbige Adjektive auf *-s* und Adjektive auf *-e* bleiben unverändert.

Singular		Plural	
Utrum	Neutrum	Utrum und Neutrum	
stakkel**s**	stakkel**s**	stakkel**s**	arm
modern**e**	modern**e**	modern**e**	modern

● Adjektive, die auf *-et* enden, erhalten im Plural die Endung *-ede*.

Singular		Plural	
Utrum	Neutrum	Utrum und Neutrum	
snavs**et**	snavs**et**	snavs**ede**	schmutzig
brog**et**	brog**et**	brog**ede**	bunt
strib**et**	strib**et**	strib**ede**	gestreift

● Adjektive, die auf einen langen Vokal enden, erhalten kein *-e*, außer *ny(e)* (neu) und *fri(e)* (frei). Der lange Vokal wird im Neutrum vor *-t* gekürzt.

Singular		Plural	
Utrum	Neutrum	Utrum und Neutrum	
blå	blåt	blå	blau
grå	gråt	grå	grau
ny	nyt	ny oder nye	neu

Die starken Formen der Adjektive werden in drei Fällen verwendet:

● Vor Substantiven ohne Artikel:

Rød saftevand pletter.   Roter Saft macht Flecken.
Rødt lys betyder stop.   Rotes Licht heißt halten.
Røde farver ses bedre end blå. Rote Farben werden besser gesehen als blaue.

● Nach den unbestimmten Artikeln *en* und *et*, sowie nach unbestimmten Pronomen wie z. B. *al/alt/alle* (alle), *anden/andet/andre* (andere), *ingen/intet* (kein), *meget* (viel)/*mange* (viele) und *nogen/noget/nogle* (irgendein, einige).

Hun kører i en **rød** folkevogn.   Sie fährt einen roten VW.
Drengen sov under et **rødt** uldtæppe.   Der Junge schlief unter einer roten Wolldecke.
Jeg har ingen **røde** kuglepenne.   Ich habe keinen roten Kugelschreiber.
Vi mangler mange røde kuglepenne.   Uns fehlen viele rote Kugelschreiber.

● Nach den Verben *være* (sein) und *blive* (werden).

Hendes bil er **rød.**   Ihr Auto ist rot.
Hans tæppe er **rødt.**   Seine Decke ist rot.
Vores kuglepenne er **røde.**   Unsere Kugelschreiber sind rot.

Das schwache Adjektiv

Das schwache Adjektiv hat für alle Geschlechter im Singular und im Plural nur eine Form, die immer mit der starken Pluralform identisch ist.

den gode mand	der gute Mann
det store hus	das große Haus
de store huse	die großen Häuser
de grå gæs	die grauen Gänse
de stakkels børn	die armen Kinder

Die schwachen Formen werden in folgenden Fällen verwendet:

Nach dem bestimmten Artikel (wie im Deutschen)

den røde bil (Utrum)	das rote Auto
det røde lys (Neutrum)	das rote Licht
de røde farver (Plural)	die roten Farben

Abweichend vom Deutschen steht das schwache Adjektiv, die bestimmte Form, auch nach dem Possessivpronomen, dem Genitiv und in der Anrede.

hendes røde bil (Utrum)	ihr rotes Auto
hans røde tæppe (Neutrum)	seine rote Decke
vores røde kuglepenne (Plural)	unsere roten Kugelschreiber

Gittes røde bil	Gittes rotes Auto
Peters røde tæppe	Peters rote Decke
skolens røde kuglepenne	die roten Kugelschreiber der Schule
kære ven	lieber Freund

Ganz unregelmäßig ist das Adjektiv *lille* klein

Utrum	Neutrum	Plural
en lille bil	et lille barn	små biler/børn
ein kleines Auto	ein kleines Kind	kleine Autos/Kinder
den lille bil	det lille barn	de små biler/børn
das kleine Auto	das kleine Kind	die kleinen Autos/Kinder

!

Die Steigerung

1. Die meisten Adjektive bilden den Komparativ auf *-ere*, den Superlative auf *-est*.

mørk	mørkere	mørkest
dunkel	dunkler	am dunkelsten
ny	nyere	nyest
neu	neuer	am neuesten

● Enden sie auf einfachen Konsonanten, dem kurzer betonter Vokal vorausgeht, wird der Konsonant beim Anhängen der mit *-e* beginnenden Endung verdoppelt.

smuk	smukkere	smukkest
schön	schöner	am schönsten

2. Adjektive auf *-ig* und *-som* bilden den Superlativ auf *-st*.

hurtig	hurtigere	hurtigst
schnell	schneller	am schnellsten
morsom	morsommere	morsomst
lustig	lustiger	am lustigsten

3. Adjektive auf unbetontes *-e* bilden den Komparativ auf *-re*, den Superlativ auf *-st*.

ægte	ægtere	ægtest
echt	echter	am echtesten
stille	stillere	stillest
still	stiller	am stillsten

4. Mehrsilbige Adjektive, Adjektive auf *-en*, Partizipien, zweisilbige Adjektive auf *-sk* werden mit *mere* und *mest* gesteigert.

romantisk	**mere** romantisk	**mest** romantisk
romantisch	romantischer	am romantischsten

Adjektive mit unregelmäßiger Steigerung

få	færre	færrest
wenig	weniger	am wenigsten
gammel	ældre	ældst
alt	älter	am ältesten
god	bedre	bedst
gut	besser	am besten
lang	længre	længst
lang	länger	am längsten
lille	mindre	mindst
klein	kleiner	am kleinsten
meget	mere	mest
viel	mehr	am meisten
nær	nærmere	nærmest
nahe	näher	am nächsten
ond	værre	værst
schlecht	schlechter	am schlechtesten
stor	større	størst
groß	größer	am größten
ung	yngre	yngst
jung	jünger	am jüngsten

Der **Komparativ** hat nur eine Form; bestimmte und unbestimmte Form in Singular und Plural werden nicht unterschieden.

en større båd	ein größeres Boot
et større hus	ein größeres Haus
nogle større både/huse	einige größere Boote/Häuser
Båden er større.	Das Boot ist größer.
Huset er større.	Das Haus ist größer.
Bådene/Husene er større.	Die Boote/Häuser sind größer.

!

Der **Superlativ** hat attributiv die bestimmte Form auf -*e*, prädikativ
die unbestimmte.

bestimmt	unbestimmt
den største mand der größte Mann	Den er størst. Er ist der größte.
det største hus das größte Haus	Det er størst. Er ist der größte.
de bedste læger die besten Ärzte	De er bedst. Sie sind am besten.

Das Adverb (Umstandswort)

Utrum	Neutrum	Adverb	
sen	sent	sent	spät
moderne	moderne	moderne	modern

Die neutrale Form des Adjektivs wird als Adverb verwendet.

Han kommer sent.	Er kommt spät.
Hun klæder sig moderne.	Sie kleidet sich modern.

Bei den Adverbien auf -*ig, -lig* fehlt das -*t*, wenn sie den Grad be-
zeichnen und vor einem Adjektiv stehen.

Han var rigtig glad.	Er war richtig froh.
Det er dejlig varmt i dag.	Es ist schön warm heute.

Aber:

Solen skinner dejligt.	Die Sonne scheint schön.

Von Adjektiven abgeleitete Adverbien werden wie diese gestei-
gert.

Hun kommer senere.	Sie kommt später.
Han kommer senest.	Er kommt am spätesten.

Auch einige ursprüngliche Adverbien haben Steigerungsformen:

gerne	hellere	helst
gern	lieber	am liebsten
ofte	oftere	oftest
tit	tiere	tiest
oft	öfter	am häufigsten
snart	snarere	snarest
schnell	schneller	am schnellsten

Die Pronomen (Fürwörter)

Personalpronomen (Persönliche Fürwörter)

	Subjekt			Objekt		
Singular	jeg	[jaɪ]	ich	mig	[maɪ]	mir, mich
	du	[du]	du	dig	[daɪ]	dir, dich
	han	[hæn]	er	ham	[ham]	ihm, ihn
	hun	[hun]	sie	hende	[ˈhenə]	ihr, sie
	den	[dɛnˀ]	es	den	[dɛnˀ]	ihm, es
	det	[de]	es	det	[de]	ihm, es
Plural	vi	[vi]	wir	os	[ɔs]	uns
	I	[i]	ihr	jer	[jɛʁ]	euch
	de	[di]	sie	dem	[dɛm]	ihnen, sie

Han und *hun* beziehen sich auf Personen, *den* (Utrum) und *det* (Neutrum) auf Sachen.

Wie im Deutschen braucht man in der höflichen Anrede die 3. Person Plural groß geschrieben. Sehr häufig wird aber *du* auch Fremden gegenüber verwendet.

De [di]   Sie   Dem [dɛm]   Ihnen, Sie

Possessivpronomen (Besitzanzeigende Fürwörter)

Die Possessivpronomen haben als Subjekt und Objekt dieselbe Form. In Geschlecht und Zahl richten sie sich nach dem zugehörigen Substantiv.

1. und 2. Person

Besitzer \ Besitz	Singular Utrum		Neutrum	Plural	
1. Ps. Sg.	min	mein(e)	mit	mine	meine
2. Ps. Sg.	din	dein(e)	dit	dine	deine
1. Ps. Pl.	vores	unser(e)	vores	vores	unsere
2. Ps. Pl.	jeres	euer(e)	jeres	jeres	euere
Höfl.	Deres	Ihr(e)	Deres	Deres	Ihre

3. Person Plural

3. Ps. Pl.	deres	ihr(e)	deres	deres	ihre

3. Person Singular

In der dritten Person werden zwei Arten von Possessivpronomen unterschieden, je nachdem ob der Besitzer zugleich auch Subjekt des Satzes ist oder nicht. Ist der Besitzer zugleich Subjekt, so richtet sich das Pronomen in Geschlecht und Zahl nach dem Besitztum.

Singular Utrum		Neutrum	Plural	
sin	sein(e) ihr(e)	sit	sine	seine

Han læser sin bog.	Er liest sein (eigenes) Buch.
Hun læser sin bog.	Sie liest ihr (eigenes) Buch.
Han spiser sit æble.	Er ißt seinen (eigenen) Apfel.
Hun spiser sit æble.	Sie ißt ihren (eigenen) Apfel.
Han læser sine bøger.	Er liest seine (eigenen) Bücher.
Hun læser sine bøger.	Sie liest ihre (eigenen) Bücher.

Ist der Besitzer nicht Subjekt des Satzes, so richtet sich das Pronomen in Geschlecht und Zahl nach dem Besitzer.

Singular	Maskulinum	hans	sein(e)
	Femininum	hendes	ihr(e)
	Utrum/Neutrum	dens/dets	sein(e) ihr(e)

Hans bil er rød.	Sein Auto ist rot.
Hendes hus er blåt.	Ihr Haus ist blau.
Dens farve er rød.	Seine Farbe (des Autos) ist rot.
Dets farve er blå.	Seine Farbe (des Hauses) ist blau.

Vergleiche:

Han læser sin bog.	Er liest sein (eigenes) Buch.
Han læser hans bog.	Er liest sein (z. B. Oles) Buch.
Hun læser sin bog.	Sie liest ihr (eigenes) Buch.
Hun læser hendes bog.	Sie liest ihr (z. B. Gretes) Buch.

Demonstrativpronomen (Hinweisende Fürwörter)

In der Schriftsprache verwendet man die Formen *denne* (Utrum), *dette* (Neutrum) und *disse* (Plural). In der gesprochenen Sprache sind Kombinationen von Pronomen + Adverbien häufiger.

Utrum	Neutrum	Plural	
den her	det her	de her	diese, -r, -s
den der	det der	de der	jene, -r, -s/die da, der da, das da

Denne mand er stor.	Dieser Mann ist groß.
Det der hus er grønt.	Das Haus dort ist grün.
De her børn er små.	Diese Kinder sind klein.

Relativpronomen (Bezügliche Fürwörter)

1. Das gebräuchlichste Relativpronomen ist das unveränderliche *som*. Wenn *som* nicht Subjekt ist, kann es fehlen.

huset, som vi bor i, …	das Haus, in dem wir wohnen, …
Hun besøgte den veninde, *(som)* hun kender fra danskkurset.	Sie hat die Freundin besucht, die sie vom Dänischkurs kennt.

2. *der* kann im Gegensatz zu *som* nur im Nominativ stehen und nicht fehlen.

den kone, der går der, …	die Frau, die dort geht, …
de børn, der kommer her, …	die Kinder, die hier kommen, …

Reflexivpronomen (Rückbezügliche Fürwörter)

Das Reflexivpronomen entspricht in der 1. und 2. Person der Objektsform des Personalpronomens *(mig, dig, os, jer)*, in der 3. Person heißt es *sig*.

han		er freut	
hun	glæder sig	sie freut }	sich
de		sie freuen	
aber Höflichkeitsform:			
De	glæder Dem	Sie freuen	sich

Indefinitpronomen (Unbestimmte Fürwörter)

Die Indefinitpronomen flektieren wie Adjektive; sie haben im allgemeinen keine bestimmte Form. Sie können adjektivisch gebraucht werden oder ein Substantiv ersetzen.

Utrum	Neutrum	Plural	
nogen	noget	nogle	irgendeiner
ingen	intet	ingen	keiner
ikke nogen	ikke noget	ikke nogen	keiner
(en)hver	(et)hvert		jeder

Er der nogen?	Ist da jemand?
Der er sket noget.	Es ist etwas passiert.
Han har ingen søster, og jeg har heller ikke nogen.	Er hat keine Schwester, und ich habe auch keine.
Jeg hører ikke noget.	Ich höre nichts.
Du drikker mælk hver dag.	Du trinkst jeden Tag Milch.

Das Indefinitpronomen *man* hat folgende Formen:

Subjekt	man	man
Objekt	en	einem, einen
Genitiv	ens	eines

Interrogativpronomen (Fragende Fürwörter) **und Fragewörter**

hvem	wer, wem, wen
hvis	wessen
hvad	was
hvilken, hvilket, hvilke	welcher, -es, -e
hvad for en/et	was für ein(e)
hvor	wo
hvorhen	wohin
hvorfra	woher
hvordan	wie
hvornår	wann
hvor længe	wie lange
hvorfor	warum

Das Verb (Zeitwort)

Die dänischen Verben sind entweder stark (Bildung der Vergangenheit ohne Endung durch Ablaut, vgl. deutsch *singen – sang – gesungen*) oder schwach (Bildung der Vergangenheit durch eine Endung, vgl. deutsch *reisen – reiste – gereist*). Der Infinitiv (Grundform) fast aller Verben endet auf *-e*. Für die Personen (1., 2., 3. in Singular und Plural) gibt es nur eine Form. Man unterscheidet zwei schwache und eine starke Konjugation (Beugung). Es gibt einfache und zusammengesetzte Zeiten. Einfache Zeiten sind **Präsens** (Gegenwart) und **Präteritum** (Vergangenheit). Zusammengesetzte Zeiten sind **Perfekt** (vollendete Gegenwart), **Plusquamperfekt** (vollendete Vergangenheit), **Futur** (Zukunft) und **Konditional** (Bedingungsform). **Perfekt** und **Plusquamperfekt** werden wie im Deutschen gebildet: mit dem Präsens bzw. dem Präteritum von *sein* (*jeg er, du er*, usw.; *jeg var, du var* usw.) und dem Partizip Perfekt (Mittelwort der Vergangenheit) die Verben der Bewegung, außerdem *blive* und *begynde*, die anderen Verben mit dem Präsens bzw. dem Präteritum von *haben* (*jeg har, du har* usw.; *jeg havde, du havde* usw.), also auch *jeg har været* (ich bin gewesen). Das **Futur** wird mit dem Präsens von *werden* (*jeg vil, du vil* usw.) und dem Infinitiv gebildet. Das **Konditional** wird mit dem Präteritum von *werden* (*jeg ville, du ville* usw.) und dem Infinitiv gebildet.

Übersicht über die Hilfsverben

Infinitiv	Präsens	Präteritum	Partizip Perfekt	
blive	bliver	blev	blevet	werden; bleiben
burde	bør	burde	burdet	sollen
få	får	fik	fået	bekommen
have	har	havde	haft	haben
kunne	kan	kunne	kunnet	können
måtte	må	måtte	måttet	dürfen
skulle	skal	skulle	skullet	sollen
turde	tør	turde	turdet	wagen
ville	vil	ville	villet	wollen; werden
være	er	var	været	sein

Die Konjugation (Beugung)

1. Konjugation: Stamm = Infinitiv – -*e*

An den Stamm hängt man im Präsens die Endung -*er*, im Präteritum die Endung -*ede*, im Partizip Perfekt die Endung -*et*. Endet der Infinitiv auf einen anderen Vokal, so ist der Stamm = Infinitiv. Im Präsens wird die Endung -*r* an den Stamm angehängt. Im Wörterbuch sind die Verben der 1. Konjugation mit -*ede* gekennzeichnet.

arbejde, -ede – arbeiten / **bo, -ede** – wohnen

Präsens	jeg, du, han, hun, vi, I, de	arbejder bor	ich arbeite etc. ich wohne etc.
Präteritum	jeg, du etc.	arbejdede boede	ich arbeitete etc. ich wohnte etc.
Perfekt	jeg, du etc.	har arbejdet har boet	ich habe gearbeitet etc. ich habe gewohnt etc.

2. Konjugation: Stamm = Infinitiv – -*e*

An den Stamm hängt man im Präsens die Endung -*er*, im Präteritum die Endung -*te*, im Partizip Perfekt die Endung -*t*. Im Wörterbuch sind die Verben der 2. Konjugation mit -*te* gekennzeichnet.

købe, -te – kaufen

Präsens	jeg køber	ich kaufe
Präteritum	jeg købte	ich kaufte
Perfekt	jeg har købt	ich habe gekauft

3. Konjugation: starke Verben

Das Präsens wird wie in der 1. Konjugation gebildet.
Präteritum und Partizip Perfekt müssen für jedes Verb gelernt werden.

skrive – schreiben

Präsens	jeg skriver	ich schreibe
Präteritum	jeg skrev	ich schrieb
Perfekt	jeg har skrevet	ich habe geschrieben

Übersicht über die starken Verben

Infinitiv	Präsens	Präteritum	Partizip Perfekt	
bede	beder	bad	bedt	beten/bitten
betyde	betyder	betød	betydet	bedeuten
bide	bider	bed	bidt	beißen
binde	binder	bandt	bundet	binden
briste	brister	brast/bristede	bristet	zerreißen
bryde	bryder	brød	brudt	brechen
byde	byder	bød	budt	bieten
bære	bærer	bar	båret	tragen
drage	drager	drog	draget	ziehen
drikke	drikker	drak	drukket	trinken
drive	driver	drev	drevet	treiben
falde	falder	faldt	faldet	fallen
fare	farer	for	faret	fahren
finde	finder	fandt	fundet	finden
flyde	flyder	flød	flydt	fließen
flyve	flyver	fløj	fløjet	fliegen
fnyse	fnyser	fnøs/fnyste	fnyst	schnauben
fortryde	fortryder	fortrød	fortrudt	bereuen
fryse	fryser	frøs	frosset	frieren
fyge	fyger	føg	føget	stöbern

Infinitiv	Präsens	Präteritum	Partizip Perfekt	
gide	gider	gad	gidet	mögen
give	giver	gav	givet	geben
glide	glider	gled	gledet	gleiten
gnide	gnider	gned	gnedet	reiben
gribe	griber	greb	grebet	greifen
græde	græder	græd	grædt	weinen
gyde	gyder	gød	gydt	gießen
gyse	gyser	gøs/gyste	gyst	schaudern
gælde	gælder	gjaldt	gældt	gelten
gå	går	gik	gået	gehen
hedde	hedder	hed	heddet	heißen
hive	hiver	hev	hevet	ziehen
hjælpe	hjælper	hjalp	hjulpet	helfen
holde	holder	holdt	holdt	halten
hænge	hænger	hang	hængt	hängen
jage	jager	jog/jagede	jaget	jagen
klinge	klinger	klang/ klingede	klinget	klingen
knibe	kniber	kneb	knebet	kneifen
komme	kommer	kom	kommet	kommen
krybe	kryber	krøb	krøbet	kriechen
lade	lader	lod	ladet/ladt	lassen
le	ler	lo	let/leet	lachen
lide	lider	led	lidt	leiden
ligge	ligger	lå	ligget	liegen
lyde	lyder	lød	lydt	lauten
lyve	lyver	løj	løjet	lügen
løbe	løber	løb	løbet	laufen
nyde	nyder	nød	nydt	genießen
nyse	nyser	nøs/nyste	nyst	niesen
pibe	piber	peb	pebet	pfeifen
ride	rider	red	redet	reiten
rinde	rinder	randt	rundet	rinnen
rive	river	rev	revet	reißen
ryge	ryger	røg	røget	rauchen
se	ser	så	set	sehen
sidde	sidder	sad	siddet	sitzen
skride	skrider	skred	skredet	schreiten
skrige	skriger	skreg	skreget	schreien
skrive	skriver	skrev	skrevet	schreiben
skyde	skyder	skød	skudt	schießen

Infinitiv	Präsens	Präteritum	Partizip Perfekt	
skære	skærer	skar	skåret	schneiden
slibe	sliber	sleb	slebet	schleifen
slide	slider	sled	slidt	verschleißen
slippe	slipper	slap	sluppet	loslassen
slå	slår	slog	slået	schlagen
smide	smider	smed	smidt	schmeißen
smyge	smyger	smøg	smøget	schmiegen
snige	sniger	sneg	sneget	schleichen
snyde	snyder	snød	snydt	betrügen
sove	sover	sov	sovet	schlafen
spinde	spinder	spandt	spundet	spinnen
springe	springer	sprang	sprunget	springen
stige	stiger	steg	steget	steigen
stik- ke	stikker	stak	stukket	stechen
stinke	stinker	stank	stin- ket	stinken
stjæle	stjæler	stjal	stjålet	stehlen
stride	strider	stred	stridt	streiten
stryge	stryger	strøg	strøget	streichen
stå	står	stod	stået	stehen
svide	svider	sved	svedet	versengen
svie	svier	sved	svedet	schmerzen
svige	sviger	sveg	sveget	betrügen
svinde	svinder	svandt	svundet	schwinden
sværge	sværger	svor	svoret	schwören
synge	synger	sang	sunget	singen
synke	synker	sank	sunket	sinken
tage	tager	tog	taget	nehmen
tie	tier	tav	tiet	schweigen
træffe	træffer	traf	truffet	treffen
trække	trækker	trak	trukket	ziehen
tvinge	tvinger	tvang	tvunget	zwingen
vinde	vinder	vandt	vundet	gewinnen
vride	vrider	vred	vredet	wringen
æde	æder	åd	ædt	fressen

Unregelmäßige Verben

Als unregelmäßige Verben werden hier die Verben bezeichnet, die zwar wie schwache Verben flektieren, aber verschiedene Stammvokale in Präsens und Präteritum haben oder sonst unregelmäßig sind.

gøre – machen

Präsens	jeg gør	ich mache
Präteritum	jeg gjorde	ich machte
Perfekt	jeg har gjort	ich habe gemacht

Übersicht über die unregelmäßigen Verben

Infinitiv	Präsens	Präteritum	Partizip Perfekt	
bringe	bringer	bragte	bragt	bringen
dø	dør	døde	død	sterben
følge	følger	fulgte	fulgt	folgen
gøre	gør	gjorde	gjort	machen
kvæle	kvæler	kvalte	kvalt	ersticken
lægge	lægger	lagde	lagt	legen
række	rækker	rakte	rakt	reichen
sige	siger	sagde	sagt	sagen
smøre	smører	smurte	smurt	schmieren
spørge	spørger	spurgte	spurgt	fragen
strække	strækker	strakte	strakt	strecken
sælge	sælger	solgte	solgt	verkaufen
sætte	sætter	satte	sat	setzen
træde	træder	trådte	trådt	treten
tælle	tæller	talte	talt	zählen
vide	ved	vidste	vidst	wissen
vælge	vælger	valgte	valgt	wählen

Der Imperativ (Befehlsform)

Der Imperativ ist immer gleich dem Stamm, Doppelkonsonanten werden im Auslaut vereinfacht.

Infinitiv	Imperativ	
male	mal!	male! malt! malen Sie!
købe	køb!	kaufe! kauft! kaufen Sie!
skrive	skriv!	schreib! schreibt! schreiben Sie!
spille	spil!	spiele! spielt! spielen Sie!
komme	kom!	komm! kommt! kommen Sie!

Das Passiv (Leideform)

Infinitiv	Präsens	Präteritum	Perfekt
åbnes	åbnes	åbnedes	er blevet åbnet
blive åbnet	bliver åbnet	blev åbnet	er blevet åbnet

Im Dänischen gibt es im Präsens ein einfaches und ein zusammengesetztes Passiv.

Das einfache Passiv wird durch das Anhängen der Endung *-s* gebildet (dabei entfällt *-r* des Präsens), das zusammengesetzte Passiv mit einer Form des Verbs *blive* + **Partizip Perfekt**.

Mit dem einfachen Präsens Passiv werden regelmäßig vorkommende Handlungen bezeichnet, mit dem zusammengesetzten einmalige Handlungen.

Postkassen tømmes kl. 19.00. Der Briefkasten wird um 19 Uhr geleert.
Dronningen bliver budt velkommen af borgmesteren. Die Königin wird vom Bürgermeister willkommen geheißen.

Im Präteritum wird in der gesprochenen Sprache überwiegend das zusammengesetzte Passiv verwendet.

Manche Verben haben trotz Passivform aktive Bedeutung; bei ihnen ist auch im Perfekt einfaches Passiv möglich.

Präsens	jeg synes	mir scheint, ich finde
	jeg mindes	ich erinnere mich an
Präteritum	jeg længtes	ich sehnte mich
Perfekt	jeg har længtes	ich habe mich gesehnt

Die Verwendung der Zeitformen

Die Verwendung der Zeitformen im Dänischen entspricht, mit zwei wichtigen Ausnahmen, der der deutschen Sprache.

Perfekt auf Deutsch, Präteritum auf Dänisch

Das Grundtempus beim Erzählen ist im Deutschen (besonders im Süddeutschen) das Perfekt, im Dänischen das Präteritum.

I gar *oplevede* jeg noget mærkeligt. Jeg var lige kommet ud af huset, så *så* jeg en ung dame, som bestemt aldrig før havde sat sin fod i vores kvarter.

Gestern **habe** ich etwas Komisches erlebt. Ich war gerade aus dem Haus gekommen, da **habe** ich eine junge Dame **gesehen**, die bestimmt nie zuvor ihren Fuß in unser Viertel gesetzt hatte.

Perfekt auf Dänisch, Präsens auf Deutsch

Im Dänischen wird das Perfekt verwendet, wenn ein Vorgang in der Vergangenheit angefangen hat und noch andauert:

Hun **har boet** i København siden 1990.	Sie **wohnt** seit 1990 in Kopenhagen.
Han **har arbejdet** som tjener i tre år.	Er **arbeitet** seit drei Jahren als Kellner.

Die Wortstellung

Die regelmäßige Wortstellung im **Aussagesatz** ist:

Subjekt (Satzgegenstand)	Prädikat (Satzaussage)	(Negation) (Verneinung)	Objekt (Ergänzung)
Barnet	spiser	(ikke)	et æble, (men …)
Das Kind	ißt	(nicht)	einen Apfel, (sondern …)

Das flektierte Verb steht wie im Deutschen immer an zweiter Stelle des Hauptsatzes. Also auch:

Adverbiale (Umstandsbest.)	Prädikat	Subjekt	(Negation)	Objekt
På torsdag	spiser	vi	(ikke)	fisk.
Am Donnerstag	essen	wir	(nicht)	Fisch.

Objekt	Prädikat	Subjekt	(Negation)	Adverbiale
Fisken	spiser	vi	(ikke)	i køkkenet.
Den Fisch	essen	wir	(nicht)	in der Küche.

In zusammengesetzten Zeiten steht, wenn eine Adverbiale vorausgeht, das Hilfsverb vor dem Hauptverb, durch das Subjekt getrennt. Endstellung des Hauptverbs im Hauptsatz gibt es nicht, weder im Fragesatz noch im Aussagesatz.

Adverbiale	Hilfs-verb	Subjekt	Haupt-verb	Objekt(e)
I morges	har	han	fået	lommepenge af hende.
Heute morgen	hat	er		Taschengeld von ihr bekommen.
Adverbiale	Hilfs-verb	Subjekt	Objekt(e)	Hauptverb

Im **Fragesatz mit Fragewort** steht das Fragewort an erster Stelle, das Prädikat an zweiter Stelle.

Fragewort	Prädikat	(Negation)	Adverbiale
Hvem	er	(ikke)	der?
Wer	ist	(nicht)	da?

Im **Fragesatz ohne Fragewort** steht das Prädikat an erster Stelle.

Prädikat	Subjekt	(Negation)	Adverbiale
Er	Grete	(ikke)	hjemme?
Ist	Grete	(nicht)	zu Hause?

Hilfsverb	Subjekt	(Adver- biale)	Haupt- verb	Objekt(e)	
Har	han	(lige)	fået	lommepenge af hende?	
Hat	er	(eben)		Taschengeld von ihr	bekommen?
Hilfsverb	Subjekt	(Adver- biale)	Objekt(e)		Hauptverb

Im **Nebensatz** ist die Wortstellung im allgemeinen die gleiche wie im Hauptsatz, im Gegensatz zum Deutschen.

Grete	kom,	der	jeg	gik	hjem.
Grete	kam,	als	ich	nach Hause	ging.

Wörterbuch Deutsch–Dänisch

Das themenbezogene Vokabular finden Sie in den Wortlisten der Kapitel 1–11.

A

ab *prp* fra [fʁa]
abbestellen *(Zimmer, Fahr-, Flug-karten)* afbestille [ˈaubeˌsdelʔə] ⟨-te⟩
abbrechen afbryde [ˈauˌbʁyːʔðə] ⟨afbrød, afbrudt⟩
Abend aften [ˈafdən] ⟨-en, -er⟩; **am ~** om aftenen [ɔm ˈafdənən]
aber men [mɛn]
abfahren (von) køre bort [ˈkøːɔ ˈboːd] ⟨-te⟩, starte (fra) [ˈsdaːdə (fʁa)] ⟨-ede⟩
Abfall affald [ˈauˌfælʔ] ⟨-et, -⟩
abgeben aflevere [ˈauleˌveːʔɔ] ⟨-ede⟩
abgelegen *adv* afsides [ˈauˌsiːʔðəs]
abholen afhente [ˈauˌhɛnʔdə] ⟨-ede⟩; **~ lassen** lade afhente [ˈlɛːðə ˈauˌhɛnʔdə] ⟨-lod, ladet⟩
Abkürzung forkortelse [fɔˈkɒːdəlsə] ⟨-n, -r⟩; *(Weg)* genvej [ˈgɛnˌvaiʔ] ⟨-en, -e⟩
abladen læsse af [ˈlɛsə ˈɛːʔ] ⟨-ede⟩
ablaufen løbe ud [ˈløːbə ˈuðʔ] ⟨løb, løbet⟩
ablehnen nægte [ˈnɛgdə] ⟨-ede⟩
abnehmen tage af [ˈtɛːʔ ˈɛːʔ] ⟨tog, taget⟩; *(dünner werden)* tabe sig [ˈtɛːbə sai] ⟨-te⟩
Abreise afrejse [ˈauˌʁaiʔsə] ⟨-n, -r⟩
abreisen (nach) afrejse (til) [ˈauˌʁaiʔsə (tel)] ⟨-te⟩
Absatz hæl *(Schuhe)* [hɛːʔl] ⟨-en, -e⟩; afsnit *(Buch)* [ˈauˌsnid] ⟨-tet, -⟩
Abschied afsked [ˈauˌsgeːʔð] ⟨-en⟩
abschließen låse af [ˈloːsə ˈɛːʔ] ⟨-ede⟩, lukke af [ˈlɔgə ˈɛːʔ] ⟨-ede⟩
Abschnitt *(Scheck)* talon [tæˈlɔŋ] ⟨-en, -s⟩; *(Kontroll~)* kupon [kuˈpɔŋ] ⟨-en, -er⟩
Absicht hensigt [ˈhɛnˌsegʔd] ⟨-en, -er⟩
absichtlich med vilje [með ˈviljə]
Abstand afstand [ˈauˌsdænʔ] ⟨-en, -e⟩
abstellen sætte fra sig [ˈsɛdə ˈfʁa sai] ⟨satte, sat⟩; stille væk [ˈsdelə ˈvɛg] ⟨-ede⟩
abwärts nedad [ˈneðʔˌɛːʔ]
abwesend fraværende [ˈfʁaˌvɛːʔɔnə]
achtgeben (auf) lægge mærke (til) [ˈlɛgə ˈmɛɒgə (tel)] ⟨lagde, lagt⟩, holde øje (med) [ˈhɔlə ˈɔiə (með)] ⟨holdt, holdt⟩

Achtung opmærksomhed [ˈɔbˌmɛɒgsɔm heːʔð] ⟨-en, -er⟩; **~!** Pas på! [pæs ˈpɔʔ]
Adresse adresse [æˈdʁæsə] ⟨-n, -r⟩
adressieren adressere [æˈdʁɛˈseːʔɔ] ⟨-ede⟩
Agentur agentur [agɛnˈtuːʔɒ] ⟨-et, -er⟩
ähnlich lignende [ˈliːnənə]
Ahnung anelse [ˈɛːnəlsə] ⟨-n, -r⟩; **keine ~!** ingen anelse [ˈeŋən ˈɛːnəlsə]
akklimatisieren, s. ~ akklimatisere sig [æklimæˈtiˈseːʔɔ] ⟨-ede⟩
Alge alge [ˈæljə] ⟨-n, -r⟩
alle *(sämtliche)* alle [ˈælə]; **auf ~ Fälle** i alle tilfælde [i ˈælə ˈtelˌfɛːlə]; **~ Tage** hver dag [ˈvɛːʔɒ ˈdɛːʔ]; **~ zwei Stunden** hver anden time [ˈvɛːʔɒ ˈænən ˈtiːmə]
allein alene [æˈleːnə]
alles alt [ælʔd]
allgemein almindelig [ælˈmenʔəli]; **im ~en** almindeligvis [ælˈmenʔəliˌviːʔs]
als *(zeitlich)* da [dæ]; *(bei Vergleich)* som [sɔm]; **besser ~** bedre end [ˈbeðɒ ɛn]; **nichts ~** intet som [ˈendəð sɔm]; **~ ob** som om [sɔm ɔmʔ]
also altså [ˈælʔsɔ]
alt gammel [ˈgaməl]
Alter alder [ˈælʔɒ] ⟨-en, aldre⟩
Amt *(Dienststelle)* kontor [kɔnˈtoːʔɒ] ⟨-et, -er⟩
amtlich officiel [ɔfiˈsɛlʔ]
amüsieren, s. ~ more sig [ˈmoːɔ sai] ⟨-ede⟩
an på [pɔ]; **am Skagerrak** ved Skagerrak [veð ˈsgɛːəˌʁag]; **am Abend** om aftenen [ɔm ˈafdənən]; **am Sonntag** om søndagen [ɔm ˈsønʔdɛːʔən]
anbieten tilbyde [ˈtelˌbyːʔðə] ⟨-bød, -budt⟩
Andenken souvenir [suvəˈniːɒ] ⟨-en, -er⟩
andere(r, -s) anden, andet, andre [ˈænən ˈænəð ˈandʁɒ]
andermal, ein ~ en anden gang [en ˈænən ˈgaŋʔ]
ändern ændre [ˈɛndʁɒ] ⟨-ede⟩
anders *adj* forskellig [fɔˈsgelʔi]; *adv* anderledes [ˈanɔˌleːʔðəs]

anderswo andetsteds [ˈænəðˌsdɛðs]
anderthalb halvanden [hælˈænən]
Anfang begyndelse [beˈgønˀəlsə] ⟨-n, -r⟩
anfangen begynde [beˈgønˀə] ⟨-te⟩
Angabe oplysning [ˈɔbˌlyːˀsneŋ] ⟨-en, -er⟩; **~n machen** give oplysninger [giːˀ ˈɔbˌlyːˀsneŋɔ] ⟨gav, givet⟩; **nähere ~n** nærmere oplysninger [ˈnɛɒmɔɔˈɔbˌlyːˀsneŋɔ]
Angelegenheit anledning [ˈænˌleːˀðneŋ] ⟨-en, -er⟩, sag [sɛːˀ] ⟨-en, -er⟩; **eine ~ erledigen** afgøre en sag [ˈauˌgœːˀɔ en sɛːˀ] ⟨-gjorde, -gjort⟩
angeln fiske [ˈfesgə] ⟨-ede⟩
angenehm behagelig [beˈhɛːˀəli], rar [ʁaːˀ]
Angst angst [aŋˀsd] ⟨-en⟩
anhalten stoppe [ˈsdɔbə] ⟨-ede⟩
Anhänger anhænger [ˈænˌhɛŋɔ] ⟨-en, -e⟩
anklopfen banke på [ˈbaŋgə ˈpɔːˀ] ⟨-ede⟩
Anlage installation [ensdælæˈʃoːˀn] ⟨-en, -er⟩; (Brief) bilag [ˈbiˌlɛːˀ] ⟨-et, -⟩
Anlaß (Grund) grund [gʁɔnˀ] ⟨-en, -e⟩; (Gelegenheit) lejlighed [ˈlaiˌliˌheːˀð] ⟨-en, -er⟩
anmachen (Licht) tænde [ˈtɛnə] ⟨-te⟩
anmelden (ankündigen) anmelde [ˈænˌmɛlˀə] ⟨-te⟩
Annahme modtagelse [ˈmoðˌtɛːˀəlsə] ⟨-n, -r⟩; (Vermutung) formodning [fɔˈmoːˀðneŋ] ⟨-en, -er⟩
annehmen an|tage [ˈænˌtɛːˀə] ⟨-tog, -taget⟩; (vermuten) formode [fɔˈmoːˀðə] ⟨-ede⟩
anprobieren prøve [pʁœːvə] ⟨-ede⟩
anrufen ringe til [ˈʁeŋə tel] ⟨-ede⟩
anschauen se på [seːˀ pɔ] ⟨så, set⟩
anscheinend adv tilsyneladende [teˈsyːnəˌlɛːˀðənə]
Anschrift adresse [æˈdʁæsə] ⟨-n, -r⟩
ansehen se på [seːˀ pɔ] ⟨så, set⟩
Ansicht udsigt [ˈuðˌsegð] ⟨-en, -er⟩; (Meinung) mening [ˈmeːneŋ] ⟨-en, -er⟩
anspringen gå i gang [gɔːˀ i gaŋˀ] ⟨gik, gået⟩
anstatt i stedet for [i ˈsdɛːˀðəd fɔ]
anstrengend anstrengende [ˈænˌsdʁæŋˀənə]
Anstrengung anstrengelse [ˈænˌsdʁæŋˀəlsə] ⟨-n, -r⟩
Antwort svar [svaːˀ] ⟨-et, -⟩

antworten svare [ˈsvaːə] ⟨-ede⟩
anwenden anvende [ˈænˌvɛnˀə] ⟨-te⟩, bruge [ˈbʁuːə] ⟨-te⟩; (Gesetz) håndhæve [ˈhɔnˌhɛːˀvə] ⟨-ede⟩
Anwendung anvendelse [ˈænˌvɛnˀəlsə] ⟨-n, -r⟩, brug [bʁuːˀ] ⟨-en⟩, håndhævelse [ˈhɔnˌhɛːˀvəlsə] ⟨-n, -r⟩
anwesend tilstedeværende [teˈsdɛːðəˌvɛːˀɒnə]
Anzeige (Inserat) annonce [æˈnɔŋsə] ⟨-n, -r⟩
anziehen (Kleidungsstück) tage på [tɛːˀ ˈpɔːˀ] ⟨tog, taget⟩; **s. ~ klæde sig på** [ˈklɛːðə sai ˈpɔːˀ] ⟨-te⟩
anzünden tænde [ˈtɛnə] ⟨-te⟩
Apparat apparat [abaˈʁaːˀd] ⟨-et, -er⟩, kamera [ˈkɛːˀmɒʁa] ⟨-et, -er⟩; (Radio) (radio) apparat [(ˈʁaːˀdio) abaˈʁaːˀd] ⟨-et, -er⟩
Appetit appetit [abəˈtiˀd] ⟨-ten⟩
Arbeit arbejde [ˈaːˌbaiˀdə] ⟨-t, -r⟩; (Anstellung) job [djɔb] ⟨-bet, -⟩
arbeiten arbejde [ˈaːˌbaiˀdə] ⟨-ede⟩
arbeitslos arbejdsløs [ˈaːˌbaidsˌløːˀs]
ärgern, s. ~ über ærgre sig over [ˈɛɒʊʁɒ sai ˈɔuˀɔ] ⟨-ede⟩
arm fattig [ˈfædi]
Art slags [slaqs] ⟨-en, -⟩
Artikel artik|el [aˈtiɡəl] ⟨-len, -ler⟩
Atem ånde [ˈɔnə] ⟨-n⟩
auch også [ˈɔsə]; **~ nicht** heller ikke [ˈhɛlˀɔ ˈegə]
auf (1) prp på [pɔːˀ]; **~ Bornholm** på Bornholm [pɔ bɔːnˈhɔlˀm]; **~ der Reise** på rejse [pɔ ˈʁaisə]; **~ der Straße** på gaden [pɔ ˈgɛːðən]; **~ die/der Post** på posthuset [pɔ ˈpɔsdˌhuːˀsəð]; **~ einmal** på en gang [pɔ eːˀn gaŋˀ]
auf (2) (offen) åben [ˈɔːbən]
aufbewahren opbevare [ˈɔbbeˌvaːˀa] ⟨-ede⟩
aufbrechen bryde op [ˈbʁyːðə ˈɔb] ⟨brød, brudt⟩
Aufenthalt ophold [ˈɔbˌhɔlˀ] ⟨-et, -⟩
auffordern opfordre [ˈɔbˌfɔːˀdʁɒ] ⟨-ede⟩
aufgeben (Gepäck) indlevere [ˈenleˌveːˀɒ] ⟨-ede⟩; (Post) poste [ˈpɔsdə] ⟨-ede⟩
aufhalten, jdn ~ op|holde [ˈɔbˌhɔlˀə] ⟨-holdt, -holdt⟩; **s. ~ opholde sig** [ˈɔbˌhɔlˀə sai]
aufhängen hænge op [ˈhɛŋə ˈɔb] ⟨-te⟩
aufhören holde op [ˈhɔlə ˈɔb] ⟨holdt, holdt⟩
aufladen læsse på [ˈlɛsə ˈpɔːˀ] ⟨-ede⟩

aufmachen lukke op ['lɔgə 'ɔb] ⟨-ede⟩
aufmerksam opmærksom
['ɔb'mɛɒ̯gsɔm']
Aufnahme *(Empfang)* modtagelse
['moð̩tɛ:'əlsə] ⟨-n, -r⟩; *(Foto)* foto
['foto] ⟨-et, -s⟩
aufnehmen *(Foto)* tage billeder [tɛ:'
'beləðə] ⟨tog, taget⟩
aufpassen (auf) passe (på) ['pæsə
'pɔ:'] ⟨-ede⟩
aufpumpen pumpe op ['pɒmbə 'ɔb]
⟨-ede⟩
aufrufen opfordre ['ɔb,fɔ:'dʁɒ] ⟨-ede⟩,
råbe op ['ʁɒ:bə 'ɔb] ⟨-te⟩
aufschieben ud|sætte ['uð̩sɛdə] ⟨-sat-
te, -sat⟩
aufschreiben skrive op ['sgʁi:və 'ɔb]
⟨skrev, skrevet⟩
Aufschub forsinkelse [fɔ'seŋ'gəlsə]
⟨-n, -r⟩
Aufseher *(Wächter)* opsynsmand
['ɔbsyns,mæn'] ⟨-en, -mænd⟩, vægter
['vɛgdɒ] ⟨-en, -e⟩
aufstehen stå op [sdɔ:' 'ɔb] ⟨stod,
stået⟩
aufstellen stille op ['sdelə 'ɔb] ⟨-ede⟩
aufwachen vågne op ['vɒu̯nə 'ɔb]
⟨-ede⟩
aufwärts opad ['ɔb,æð]
aufwecken vække ['vɛgə] ⟨-ede⟩
Aufzeichnung optegnelse
['ɔb,tai̯'nəlsə] ⟨-n, -r⟩
Auge øj|e ['ɔi̯ə] ⟨-et, -ne⟩
Augenblick øjeblik ['ɔi̯ə,bleg] ⟨-ket, -ke⟩
aus *(Herkunft)* fra [fʁa]; ~ **Kopenha-
gen** fra København [fʁa købən-
'hau̯'n]; *(Material)* af [æ]; **ein Kleid**
~ **Seide** en kjole af silke [en 'kjo:lə æ
'selgə]; *(Grund)* af [æ]; ~ **diesem
Grund** af denne grund [æ 'dɛnə
gʁɒn']
Ausbildung uddannelse
['uð̩,dæn'əlsə] ⟨-n, -r⟩
Ausdruck udtryk ['uð̩,tʁœg] ⟨-ket, -⟩
ausdrücklich *adv* udtrykkeligt
[uð̩'tʁœgəli]
Ausfahrt udkørs|el ['uð̩,køɒ̯səl] ⟨-len,
-ler⟩
ausführen *(Arbeit)* udføre ['uð̩,fø:'ɔ]
⟨-te⟩
ausführlich udførlig [uð̩'føɒ̯li]
Ausgaben udgifter ['uð̩,gifdɒ]
Ausgang udgang ['uð̩,gaŋ'] ⟨-en, -e⟩
ausgeben give ud [gi:' 'uð̩'] ⟨gav,
givet⟩
ausgehen *(Haus verlassen; Licht)* gå
ud [gɔ:' 'uð̩'] ⟨gik, gået⟩

ausgeschlossen udelukket
['u:ðə,lɔgəð]
ausgezeichnet udmærket
['uð̩,mɛɒ̯gəð]
Auskunft information
[enfɒ:mæ'sɔ:'n] ⟨-en, -er⟩; ~ **einho-
len** indhente oplysning ['en,hɛn'də
'ɔb,ly:'sneŋ] ⟨-ede⟩
Ausland udland ['uð̩,læn'] ⟨-et⟩; **im/
ins** ~ i/til udlandet [i/tel 'uð̩,læn'əð]
Ausländer udlænding ['uð̩,lɛn'eŋ]
⟨-en, -e⟩
ausländisch udenlandsk
['uðən,læn'sg]
ausmachen *(Licht)* slukke ['slɔgə]
⟨-ede⟩
Ausnahme undtagelse ['ɔn,tɛ:'əlsə]
⟨-n, -r⟩
auspacken *(Koffer)* pakke ud ['pagə
'uð̩'] ⟨-ede⟩
ausreisen rejse ud ['ʁai̯sə 'uð̩'] ⟨-te⟩
ausrichten *(Auftrag)* udrette
['uð̩,ʁædə] ⟨-ede⟩; *(Gruß)* hilse og
sige ['hilsə ɔ 'si:ə] ⟨-te⟩ ⟨sagde, sagt⟩
ausruhen, s. ~ hvile ud ['vi:lə 'uð̩']
⟨-ede⟩
aussehen se ud [se:' 'uð̩'] ⟨så, set⟩
außen udenfor ['u:ðən,fɔ]; **von** ~
udefra ['u:ðə,fʁa:']
außer undtagen ['ɔn,tɛ:'ən], foruden
[fɔ'u:ðən]
außerdem desuden [des'u:ðən]
außergewöhnlich usædvanlig
[usɛð'vɛ:'nli]
außerhalb *prp* uden for ['u:ðən ,fɔ]
äußerlich ydre ['y:ðʁɒ]
Aussicht udsigt ['uð̩,segd] ⟨-en, -er⟩
Aussprache udtale ['uð̩,tɛ:lə] ⟨-n, -r⟩
aussprechen udtale ['uð̩,tɛ:'lə] ⟨-te⟩
Ausstattung udstyr ['uð̩,sdy:'ɒ] ⟨-et, -⟩
aussuchen søge ud ['sø:ə 'uð̩']; ⟨-te⟩;
vælge ['vɛljə] ⟨valgte, valgt⟩
Austausch udveksling ['uð̩,vɛgsleŋ]
⟨-en, -er⟩
austauschen udveksle ['uð̩,vɛgslə]
⟨-ede⟩
ausüben *(Beruf)* udføre ['uð̩,fø:'ɔ]
⟨-te⟩
Ausverkauf udsalg ['uð̩,sæl'] ⟨-et, -⟩
Auswahl udvalg ['uð̩,væl'] ⟨-et, -⟩
Ausweis *(Personalausweis)*
identitetskort [idɛnti'te:'ds,kɒ:d]
⟨-et, -⟩, pas [pæs] ⟨-set, -⟩
ausziehen *(Kleidungsstück)* tage af
[tɛ:' 'ɛ:'] ⟨tog, taget⟩; *(Wohnung
verlassen)* flytte ['flydə] ⟨-ede⟩; **s.** ~
klæde sig af ['klɛ:ðə sai̯ 'ɛ:'] ⟨-te⟩

Auto bil [biːˀl] ⟨-en, -er⟩; ~ **fahren** køre bil [ˈkøːˀɔ ˈbiːˀl] ⟨-te⟩
Automat *(Waren)* automat [au̯toˈmɛːˀd] ⟨-en, -er⟩
automatisch automatisk [au̯toˈmɛːˀdisg]

B

Baby baby [ˈbɛi̯bi] ⟨-en, -er⟩
Bad bad [bæð] ⟨-et, -e⟩
baden *(Wanne)* tage bad [tɛˀ bæð] ⟨tog, taget⟩; *(schwimmen)* bade [ˈbɛːðə] ⟨-ede⟩
Badeort badested [ˈbɛːðeˌsdɛð] ⟨-et, -er⟩
bald snart [snaːˀd]; **so ~ wie möglich** så snart som muligt [sɔ ˈsnaːˀd sɔm ˈmuːlid]
Ball bold [bɔlˀd] ⟨-en, -e⟩
Band *n (aus Stoff)* bånd [bɔnˀ] ⟨-et, -⟩; *m (Buch)* bind [benˀ] ⟨-et, -⟩
Bank *(Geldinstitut)* bank [baŋˀg] ⟨-en, -er⟩; *(Sitz~)* bænk [bɛŋˀg] ⟨-en, -e⟩
bar zahlen betale kontant [beˈtɛːˀlə kɔnˈtænˀd] ⟨-te⟩
Batterie batteri [bædɐˈʁiːˀ] ⟨-et, -er⟩
bauen bygge [ˈbygə] ⟨-ede⟩
Bauer *(Landwirt)* bonde [ˈbɔnə] ⟨-n, bønder⟩
Bauernhof bondegård [ˈbɔnəˌgɔːˀ] ⟨-en, -e⟩
Baum træ [tʁɛːˀ] ⟨-et, -er⟩
beabsichtigen have til hensigt [hɛˀ tel ˈhɛnˌsegd] ⟨havde, haft⟩
beachten lægge mærke til [ˈlɛgə ˈmɛɐ̯gə tel] ⟨lagde, lagt⟩
Beanstandung indsigelse [ˈensiˌˀəlsə] ⟨-n, -r⟩
beantworten besvare [beˈsvaːˀɐ] ⟨-ede⟩
bearbeiten bearbejde [beaˈbai̯ˀdə] ⟨-ede⟩
Becher bæger [ˈbɛːɔ] ⟨-et, bægre⟩
Bedauern beklagelse [beˈklɛːˀəlsə] ⟨-n, -r⟩
bedauern beklage [beˈklɛːˀə] ⟨-ede⟩
bedecken dække [ˈdɛgə] ⟨-ede⟩
bedeuten be|tyde [beˈtyːˀðə] ⟨-tød, -tydet⟩
bedeutend betydende [beˈtyːˀðənə]
Bedeutung *(Sinn)* betydning [beˈtyðˀneŋ] ⟨-en, -er⟩; *(Wichtigkeit)* vigtighed [ˈvegdiˌheˀð] ⟨-en⟩
bedienen betjene [beˈtjɛːˀnə] ⟨-te⟩

Bedienung betjening [beˈtjɛːˀneŋ] ⟨-en⟩
Bedingung betingelse [beˈteŋˀəlsə] ⟨-n, -r⟩
beeilen, s. ~ skynde sig [ˈsgønə sai̯] ⟨-te⟩
beenden slutte [ˈsludə] ⟨-ede⟩
befinden, s. ~ be|finde sig [beˈfenˀə sai̯] ⟨-fandt, -fundet⟩
befolgen følge [ˈføljə] ⟨fulgte, fulgt⟩
befördern transportere [tʁansbɔˈteːˀɔ] ⟨-ede⟩
befreundet sein være venner [ˈvɛːɔ ˈvɛnɔ] ⟨var, været⟩
befriedigt tilfredsstillet [teˈfʁɛsˌsdelˀəð]
befürchten frygte [ˈfʁœgdə] ⟨-ede⟩
begegnen møde [ˈmøːðə] ⟨-te⟩
begeistert (von) begejstret (over) [beˈgai̯ˀsdʁɔð ˈɔuˀɔ]
Beginn begyndelse [beˈgønˀəlsə] ⟨-n, -r⟩
beginnen begynde [beˈgønˀə] ⟨-te⟩
begleiten ledsage [ˈleðˌsɛːˀə] ⟨-ede⟩
Begleitung eskorte [ɛsˈkɔːdə] ⟨-n, -r⟩
begrüßen hilse [ˈhilsə] ⟨-te⟩
behalten be|holde [beˈhɔlˀə] ⟨-holdt, -holdt⟩
Behälter beholder [beˈhɔlˀɔ] ⟨-en, -e⟩
behandeln behandle [beˈhænˀlə] ⟨-ede⟩
Behandlung behandling [beˈhænˀleŋ] ⟨-en, -er⟩
behaupten hævde [ˈhɛu̯də] ⟨-ede⟩, insistere [ensiˈsdeːˀɔ] ⟨-ede⟩
behilflich, jdm ~ sein være nogen behjælpelig [ˈvɛːɔ noːən beˈjɛlˀbəli]
Behörde myndighed [ˈmøndiˌheˀð] ⟨-en, -er⟩, autoritet [au̯toʁiˈteːˀd] ⟨-et, -er⟩
bei *(nahe)* ved [veð]; ~ **Tag/Nacht** om dagen/natten [ɔm ˈdɛːˀən/ ˈnæðən]; ~ **Tisch** ved bordet [veð ˈboːˀð]; ~ **diesem Wetter** i dette vejr [i ˈdɛdə veːˀʁ]; ~**m Essen** under maden [ˈɔnɔ ˈmɛːˀðən]
beide begge [ˈbɛgə]
Beifall bifald [ˈbiˌfælˀ] ⟨-et⟩
Beileid deltagelse [ˈdelˌtɛːˀəlsə] ⟨-n⟩, kondolence [kɔndoˈlaŋsə] ⟨-n⟩
beinahe næsten [ˈnɛsdən]
Beispiel eksempel [ɛgˈsɛmˀbəl] ⟨-let, -ler⟩; **zum ~** for eksempel [fɔ ɛgˈsɛmˀbəl]
beißen bide [ˈbiːðə] ⟨bed, bidt⟩
bekannt bekendt [beˈkɛnˀd]; **jdn mit jdm ~ machen** præsentere [pʁɛsɛnˈteːˀɔ] ⟨-ede⟩; ~ **sein** være kendt [ˈvɛːɔ ˈkɛnˀd] ⟨var, være⟩

Bekannte, der, die ~ bekendt [be'kɛn?d] ⟨-en, -e⟩
Bekanntschaft bekendtskab [be'kɛn?d͜sgɛ:?b] ⟨-et, -er⟩
beklagen, s. ~ **(über)** beklage sig (over) [be'klɛ:ə saj ('ɔu?ɔ)] ⟨-ede⟩
bekommen få [fɔ:?] ⟨fik, fået⟩
belästigen genere [se'ne:?ɔ] ⟨-ede⟩
belegen, einen Platz ~ reservere en plads [ʁɛsɛʁɔ've:?ɔ en plæs] ⟨-ede⟩
beleidigen såre ['sɔːɒ] ⟨-ede⟩, fornærme [fɔ'nɛɒ?mə] ⟨-ede⟩
Beleidigung fornærmelse [fɔ'nɛɒ?məlsə] ⟨-n, -r⟩
beleuchtet oplyst ['ɔb,ly:?sd]; *(festlich)* illumineret [ilumi'ne:?ɔð]
Belgien Belgien ['bɛl?giən]
Belgier/in belgier ['bɛl?giɔ] ⟨-en, -e⟩
Belieben, nach ~ efter behag [ɛfdɔ be'ha?]
belohnen belønne [be'lœn?ə] ⟨-ede⟩
Belohnung belønning [be'lœn?eŋ] ⟨-en, -er⟩
bemerken bemærke [be'mɛɒgə] ⟨-ede⟩
bemühen, s. ~ bestræbe sig [be'sduɛ:?bə saj] ⟨-te⟩
benachrichtigen informere [ɛnfɔ'me:?ɔ] ⟨-ede⟩
Benehmen opførsel ['ɔb,føʁ?səl] ⟨-en⟩
benötigen behøve [be'hø:?və] ⟨-ede⟩
benutzen benytte [be'nødə] ⟨-ede⟩; *(Verkehrsmittel)* tage [tɛ:?] ⟨tog, taget⟩
Benzin benzin [bɛn'si:?n] ⟨-en⟩
beobachten holde øje med ['hɔlə 'ɔjə mɛð] ⟨holdt, holdt⟩, iagttage [i'ag,tɛ:?ə] ⟨-tog, -taget⟩
bequem bekvem [be'kvɛm?]
Bequemlichkeit bekvemmelighed [be'kvɛm?əli,he:?ð] ⟨-en, -er⟩
berechnen beregne [be'ʁaj?nə] ⟨-ede⟩
berechtigt berettiget [be'ʁædi:əð]
bereit parat [pa'ʁa:?d]
bereits allerede ['ælɐ,ʁɛðə]
Berg bjerg [bjɛɒ?u] ⟨-et, -e⟩
bergab ned ad bakke ['neð? æ 'bagə]
bergauf op ad bakke ['ɔb æ 'bagə]
Bericht beretning [be'ʁædneŋ] ⟨-en, -er⟩
Beruf stilling ['sdeleŋ] ⟨-en, -er⟩
beruhigen, s. ~ falde til ro ['fælə tel 'ʁo:?] ⟨faldt, faldet⟩
berühmt berømt [be'ʁœm?d]
berühren berøre [be'ʁœ:?ɔ] ⟨-te⟩
Berührung berøring [be'ʁœ:?ɒeŋ] ⟨-en, -er⟩

beschädigen beskadige [be'sgɛ:?ði:ə] ⟨-ede⟩
Beschädigung beskadigelse [be'sgɛ:?ði:əlsə] ⟨-n, -r⟩
beschaffen skaffe ['sgafə] ⟨-ede⟩
beschäftigt beskæftiget [be'sgɛfdi:əð]
Bescheid besked [be'sge:?ð] ⟨-en⟩
bescheinigen attestere [ætə'sde:?ɔ] ⟨-ede⟩, kvittere [kvi'te:?ɔ] ⟨-ede⟩
beschleunigen fremskynde ['fʁæɒm,sgøn?ə] ⟨-te⟩, sætte farten op ['sɛdə 'fa:?dən ɔb] ⟨satte, sat⟩
beschließen beslutte [be'sludə] ⟨-ede⟩
beschreiben beskrive [be'sgʁi:?və] ⟨-skrev, -skrevet⟩
beschützen beskytte [be'sgødə] ⟨-ede⟩
Beschwerde klage ['klɛ:ə] ⟨-n, -r⟩
beschweren, s. ~ **(über)** klage (over) ['klɛ:ə ('ɔu?ɔ)] ⟨-ede⟩
besetzt *(Platz)* optaget ['ɔb,tɛ:?əð]; *(voll)* fuld [ful?]
besichtigen bese [be'se:?] ⟨beså, beset⟩
Besitz besiddelse [be'sið?əlsə] ⟨-n, -r⟩; *(Eigentum)* ejendom ['ajən,dɔm?] ⟨-en⟩
besitzen eje ['ajə] ⟨-ede⟩
Besitzer ejer ['ajɔ] ⟨-en, -e⟩
besonders særlig ['sɛɒli]
besorgen få [fɔ:?] ⟨fik, fået⟩
besorgt bekymret [be'køm?ʁɔð], ængstelig ['ɛŋsdəli]
Besorgung ærinde ['ɛ:ɔnə] ⟨-t, -r⟩
besser bedre ['beðʁɔ]
bestätigen bekræfte [be'kʁæfdə] ⟨-ede⟩
beste(r, -s) bedste ['bɛsdə]
bestehen *(existieren)* bestå [be'sdɔ:?] ⟨-stod, -stået⟩; ~ **auf** insistere på [ensi'sde:?ɔ pɔ] ⟨-ede⟩; ~ **aus** bestå af [be'sdɔ:? æ]
bestimmt bestemt [be'sdɛm?d]
Besuch besøg [be'sø:?] ⟨-et, -⟩
besuchen, jdn ~ besøge nogen [be'sø:?ə 'no:ən] ⟨-te⟩
beten bede ['be:ðə] ⟨bad, bedt⟩
betrachten se på [se:? pɔ] ⟨så, set⟩; *(ansehen als)* betragte [be'tʁagdə] ⟨-ede⟩
beträchtlich anselig [æn'se:?li]
Betrag beløb [be'lø:?b] ⟨-et, -⟩
betragen beløbe sig til [be'lø:?bə saj te] ⟨-løb, -løbet⟩
betreffend angående ['æn,gɔ:?ənə]
betreten betræde [be'tʁɛ:?ðə] ⟨-trådte, -trådt⟩

betrinken, s. ~ drikke sig fuld [ˈdʁɛgə saɪ ˈfulʔ] ⟨drak, drukket⟩

Betrug *(Gaunerei)* svindel [ˈsvɛnˀəl] ⟨-en⟩; *(Handel)* bedrageri [beðʁaːˀuəˈʁiːʔ] ⟨-et, -er⟩

betrügen be|drage [beˈdʁaːˀuə] ⟨-drog, -draget⟩, snyde [ˈsnyːðə] ⟨snød, snydt⟩

betrunken fuld [fulʔ], beruset [beˈʁuːˀsəð]

Bett seng [sɛŋʔ] ⟨-en, -e⟩; **zu ~ gehen** gå i seng [gɔːʔ i ˈsɛŋʔ] ⟨gik, gået⟩

beunruhigen, s. ~ bekymre sig [beˈkʰœmˀʁʊ saɪ] ⟨-ede⟩

beurteilen dømme [ˈdœmə] ⟨-te⟩

Beutel pung [pɔŋʔ] ⟨-en, -e⟩

bevor før [fœːʔʁ]

bewachen bevogte [beˈvɔgdə] ⟨-ede⟩

bewegen bevæge [beˈvɛːˀə] ⟨-ede⟩

bewegt *(Gefühl)* bevæget [beˈvɛːˀəð]; *(Meer)* oprørt [ˈɔbˌʁœɐ̯ˀd]

Bewegung bevægelse [beˈvɛːˀəlsə] ⟨-n, -r⟩

Beweis bevis [beˈviːˀs] ⟨-et, -er⟩

beweisen bevise [beˈviːsə] ⟨-te⟩

Bewohner indbygger [ˈenˌbygə] ⟨-en, -e⟩

bewundern beundre [beˈɔnˀdʁʊ] ⟨-ede⟩

bewußt bevidst [beˈvesd]

bezahlen betale [beˈtɛːʔlə] ⟨-te⟩

bezaubernd bedårende [beˈdɔːʔɒnə], charmerende [ʂaˈmeːˀɒnə]

Bezeichnung betegnelse [beˈtaiˀnəlsə] ⟨-n, -r⟩

beziehen, s. ~ **auf** referere til [ʁɛfəˈʁeːˀɒ tel] ⟨-ede⟩

biegen bøje [ˈbɔiə] ⟨-ede⟩

Biene bi [biːʔ] ⟨-en, -er⟩

bieten byde [ˈbyːðə] ⟨bød, budt⟩

Bild *(Foto)* fotografi [fotogʁaˈfiːʔ] ⟨-et, -er⟩; *(Abbildung)* billede [ˈbeləðə] ⟨-t, -r⟩; *(Gemälde)* maleri [mæləˈʁiːʔ] ⟨-et, -er⟩

bilden danne [ˈdænə] ⟨-ede⟩

billig billig [ˈbili]

binden binde [ˈbenə] ⟨bandt, bundet⟩

Bindfaden sejlgarn [ˈsailˌgaːʔn] ⟨-et, -⟩

Birne *(auch el)* pære [ˈpɛːɔ] ⟨-n, -r⟩

bis indtil [ˈenˀtel]; ~ **jetzt** indtil nu [ˈenˀtel ˈnu]

bißchen, ein ~ en smule [en ˈsmuːlə]

bitte undskyld [ˈɔnˌsgylʔ]; *(Antwort auf Dank)* tak [tag]; **wie ~?** hvad behager? [vabəˈhaːʔ]

Bitte bøn [bœnʔ] ⟨-nen, -ner⟩, anmodning [ˈænˌmoːˀðneŋ] ⟨-en, -er⟩

bitten, jdn um etw ~ bede en om noget [ˈbeːðə eːˀn ɔm ˈnɔːəð] ⟨bad, bedt⟩

bitter bitter [ˈbedɒ]

Blatt blad [blæð] ⟨-et, -e⟩

bleiben blive [ˈbliːə] ⟨blev, blevet⟩

bleich bleg [blaiʔ]

Blick blik [bleg] ⟨-ket, -ke⟩; *(Ausblick)* udsigt [ˈuðˌsegd] ⟨-en, -er⟩

blind blind [blenʔ]

blinken blinke [ˈbleŋgə] ⟨-ede⟩

Blitz *(Wetter)* lyn [lyːʔn] ⟨-et, -⟩; *(Foto)* blitz [blids] ⟨-en, -⟩

blöd(e) dum [dɔmˀ], idiotisk [idiˈoːˀdisg]

blühen blomstre [ˈblɔmsdʁʊ] ⟨-ede⟩

Blume blomst [blɔmˀsd] ⟨-en, -er⟩

Boden jord [joːˀʁ] ⟨-en, -er⟩; *(Fuß~)* gulv [gɔl] ⟨-et, -e⟩

Boot båd [bɔːˀð] ⟨-en, -e⟩

Bord, an ~ gehen gå om bord [gɔːʔ ɔm ˈboːˀʁ] ⟨gik, gået⟩

böse ond [ɔnˀ]; *(verärgert)* vred [vʁɛːˀð]

Botschaft *(dipl. Vertretung)* ambassade [ambaˈsɛːðə] ⟨-n, -r⟩

Brand brand [bʁanʔ] ⟨-en, -e⟩

Braten steg [sdaiˀ] ⟨-en, -e⟩

braten stege [ˈsdaiə] ⟨-te⟩

brauchen behøve [beˈhøːˀvə] ⟨-ede⟩; *(Zeit)* bruge [ˈbʁuːə] ⟨-te⟩

braun brun [bʁuːˀn]; *(gebräunt)* solbrændt [ˈsoːlˌbʁænˀd]; *(Haar)* mørkt [mœʁgd]

brechen bryde [ˈbʁyːðə] ⟨brød, brudt⟩

breit bred [bʁɛːˀð]

brennen brænde [ˈbʁænə] ⟨-te⟩

Brief brev [bʁɛːˀv] ⟨-et, -e⟩

Brieftasche tegne|bog [ˈtainəˌbɔːˀu] ⟨-bogen, -bøger⟩

Briefwechsel brevveksling [ˈbʁɛuˌvegsleŋ] ⟨-en, -er⟩

Brille *(par)* ⟨-ret, -⟩ briller *pl* [(pa) ˈbʁelʔʁ]

bringen *(her~)* bringe [ˈbʁeŋə] ⟨bragte, bragt⟩; *(weg~)* tage [tɛːʔ] ⟨tog, taget⟩, fjerne [ˈfjɛɒnə] ⟨-ede⟩

Bruder bror [bʁoːʁ] ⟨-en, brødre⟩

Brunnen brønd [bʁœnʔ] ⟨-en, -e⟩

Buch bog [bɔːˀu] ⟨-en, bøger⟩

buchen *(Platz)* reservere [ʁɛsɛʁˈveːʔʁ] ⟨-ede⟩

Büchse kasse [ˈkæsə] ⟨-n, -r⟩, bøsse [ˈbøsə] ⟨-n, -r⟩; *(Konserve)* dåse [ˈdɔːsə] ⟨-n, -r⟩

buchstabieren stave [ˈsdɛːvə] ⟨-ede⟩

Bucht bugt [bɔgd] ⟨-en, -er⟩

A/Z

Bügeleisen strygejern ['sdʁy:əjɛ̞ɐ̯ʔn] ⟨-et, -⟩
Bummel slentretur ['slɛndʁɔ̞tu:ʔɐ̞] ⟨-en, -e⟩
Bund *(Bündnis, Verband)* forbund ['fɔ·ˌbɔnʔ] ⟨-et, -⟩
bunt broget ['bʁɒ·uəð]
Büro kontor [kɒnˈto:ʔɐ̞] ⟨-et, -er⟩
Bürste børste ['bœɐ̞sdə] ⟨-n, -r⟩
bürsten børste ['bœɐ̞sdə] ⟨-ede⟩
Busch busk [bɔsg] ⟨-en, -e⟩

C

Café café [kæˈfe:ʔ] ⟨-en, -er⟩
Chauffeur chauffør [ʃoˈfø:ʔɐ̞] ⟨-en, -er⟩
Chef chef [ʃɛ:ʔf] ⟨-en, -er⟩
Chor kor [ko:ʔɐ̞] ⟨-et, -⟩
Cousin fætter ['fɛdɐ] ⟨-en, fætre⟩

D

da *(Ort)* der [dɛ:ʔɐ̞]; *(Grund)* fordi [fɔˈdi:ʔ]; *(Zeit)* da [dæ]
dafür sein være for ['vɛ:ɔ fɔ] ⟨var, været⟩
dagegen sein være imod ['vɛ:ɔ iˈmo:ʔð] ⟨var, været⟩
daheim hjemme ['jɛmə]
daher *(Grund)* derfor ['dɛ:ʔɐ̞ˌfɔ]
damals dengang ['dɛnʔˌgaŋʔ]
Dame dame ['dɛ̞:mə] ⟨-n, -r⟩
danach derefter [daˈɛfdɔ]
Däne/Dänin dansker ['dænsgɔ] ⟨-en, -e⟩
Dänemark Danmark ['dænˌma:g]
dänisch dansk [dænʔsg]
Dank tak [tag] ⟨-ken, -ke⟩
dankbar taknemmelig [tagˈnɛmʔli]
danken takke ['tagə] ⟨-ede⟩
dann så [sɔ]
dasein være tilstede ['vɛ:ɔ teˈsdɛ:ʔðə] ⟨var, været⟩
daß at [æd]
dasselbe det samme [de ˈsamə]
Datum dato ['dɛ̞:to] ⟨-en, -er⟩
Dauer varighed ['va:iˌhe:ʔð] ⟨-en⟩
dauern vare ['va:a] ⟨-ede⟩
dazu dertil [daˈtel], oven i købet ['ɔuən iˈkø:ʔbəð]
Decke *(Bett~)* (senge)tæppe [('sɛŋə)ˈtɛbə] ⟨-et, -er⟩; *(Zimmer~)* loft [lɔfd] ⟨-et, -er⟩
defekt defekt [deˈfɛgd]

dein din, dit, dine [di:ʔn] ⟨-er, -es⟩
demnächst meget snart ['maiəð snaːʔd], inden længe ['enən ˈlɛŋə]
denken an tænke på ['tɛŋgə pɔ] ⟨-te⟩
denn for [fɔ]
derselbe den samme [dɛnʔ ˈsamə]
deshalb derfor ['dɛ:ʔɐ̞ˌfɔ]
deutlich tydelig ['ty:ðəli]
deutsch tysk [tysg]
Deutsche, der, die ~ tysker ['tysgɔ] ⟨-en, -e⟩
Deutschland Tyskland ['tysgˌlænʔ]
Dia lysbillede ['lysˌbeləðə] ⟨-t, -r⟩
Diagnose diagnose [diæˈgno:sə] ⟨-n, -r⟩
dich dig [dai]
dicht *(Nebel)* tæt [tɛd]; ~ **dabei** tæt ved [tɛd veð]
dick tyk [tyg]; *(geschwollen)* fed [fe:ʔð]
dienen tjene ['tjɛ:nə] ⟨-te⟩
Dienst tjeneste ['tjɛ:nəsdə] ⟨-n, -r⟩
diese(r, -s) denne, dette, disse ['dɛnə ˈdɛdə ˈdisə]
Ding ting [teŋʔ] ⟨-en, -⟩
direkt *adj* direkte [diˈʁægdə]; *(sofort)* straks [sdʁags]
Direktion direktion [diʁegˈʃo:ʔn] ⟨-en, -er⟩
Direktor direktør [diʁegˈtø:ʔɐ̞] ⟨-en, -er⟩; *(Gymnasium)* rektor ['ʁægtɒ] ⟨-en, -er⟩
doch dog [dɒu]
Doktor doktor ['dɔgdɒ] ⟨-en, -er⟩
Dokument dokument [doguˈmɛnʔd] ⟨-et, -er⟩
doppelt dobbelt ['dɔbəld]
Dorf landsby ['lænʔsˌby:ʔ] ⟨-en, -er⟩
dort der [dɛ:ʔɐ̞]; ~ **oben** deroppe [daˈɔbə]; ~ **unten** dernede [daˈne:ðə]
dorthin derhen [daˈhɛnʔ]
Dose dåse ['dɒ:sə] ⟨-n, -r⟩
Draht tråd [tʁɒ:ʔð] ⟨-en, -e⟩
draußen derude [daˈu:ðə]
drehen dreje ['dʁaiə] ⟨-ede⟩
drin deri [daˈi:ʔ]
dringend presserende [pʁɛˈse:ʔɔnə]
dritte(r, -s) tredje ['tʁɛðjə]
Drittel tredjedel ['tʁɛðjəˌde:ʔl] ⟨-en, -e⟩
drittens for det tredje [fɔ de ˈtʁɛˈðjə]
drüben derovre [daˈɒuʔɔ]
drücken *(stoßen)* skubbe ['sgɔbə] ⟨-ede⟩, trykke ['tʁʊægə] ⟨-ede⟩
du du [du]
dumm dum [dɔmʔ]
dunkel mørk [mœɒg]
dünn tynd [tønʔ], slank [slaŋʔg]

durch *(quer ~)* gennem ['gɛn'əm];
(mittels) ved hjælp af [veð jɛl'b æ]
durchaus nicht overhovedet ikke
[ɔuɔ'ho:ðəd 'egə]
Durchfahrt passage [pæ'sɛ:ʂə]
⟨-n, -r⟩; *(Durchreise)* gennemrejse
['gɛnəmˌʁaisə] ⟨-n, -r⟩
Durchgang passage [pæ'sɛ:ʂə]
⟨-n, -r⟩, gennemgang ['gɛnəmˌgaŋ']
⟨-en, -e⟩
Durchreise, auf der ~ på
gennemrejse [pɔ 'gɛnəmˌʁaisə]
durchschnittlich *adj* gennemsnitlig
['gɛnəmˌsnidli]
dürfen måtte ['mɔdə] ⟨måtte, måttet⟩
Durst tørst [tœɒsd] ⟨-en⟩; **~ haben**
være tørstig ['vɛ:ɒ 'tœɒsdi] ⟨var,
været⟩
durstig tørstig ['tœɒsdi]

E

eben *(flach)* lige ['li:ə]; *(zeitlich)*
netop ['nɛdɔb]
Ebene slette ['slɛdə] ⟨-n, -r⟩
echt ægte ['ɛgdə]
Ecke hjørne ['jœɒnə] ⟨-t, -r⟩
Ehe ægteskab ['ɛgdəˌskɛ:'b] ⟨-et, -er⟩
Ehefrau hustru ['husdʁu] ⟨-en, -er⟩
Ehemann ægte|mand ['ɛgdəˌmæn']
⟨-manden, -mænd⟩
Ehepaar ægtepar ['ɛgdəˌpa] ⟨-ret, -⟩
eher *(lieber)* hellere ['hɛlɒɔ]; *(früher)*
tidligere ['tiðliɒɔ]
Ehering giftering ['gifdəˌʁɛŋ'] ⟨-en, -e⟩
Ehre ære ['ɛ:ɒ] ⟨-n⟩
Ei æg [ɛ:'g] ⟨-get, -⟩
eigen egen ['aiən]; *(eigenartig)* særlig
['sɛɒli]; *(seltsam)* mærkelig
['mɛɒgəli]
Eigenschaft egenskab ['e:ənˌsgɛ:'b]
⟨-en, -er⟩
eigentlich egentlig ['e:əndli]
Eigentümer ejer ['aiɒ] ⟨-en, -e⟩
eilig travl [tʁauʔl]; **es ~ haben** have
travlt [hɛ:' 'tʁauʔld] ⟨havde, haft⟩
ein(e) *art* en, et [en ed]
einander hinanden [hen'ænən]
einbiegen, nach rechts/links ~ dreje
til højre/venstre ['dʁaiə tel 'hɔiʁɒ/
'vɛnsdʁɒ] ⟨-ede⟩
Eindruck indtryk ['en,tʁœg] ⟨-ket, -⟩
einfach simpel ['sem'bəl]
Einfahrt indkørs|el ['en,køɒ'səl] ⟨-len,
-ler⟩
Eingang indgang ['en,gaŋ'] ⟨-en, -e⟩

einheimisch indfødt ['en,fø:'d]
einig enig ['e:ni]
einige nogle ['no:lə]
einigen, s. ~ blive enig ['bli:ə 'e:ni]
⟨blev, blevet⟩
einkaufen købe ind ['kø:bə 'en'] ⟨-te⟩
einladen ind|byde ['en,by:'ðə] ⟨-bød,
-budt⟩
Einladung indbydelse ['en,by:'ðəlsə]
⟨-n, -r⟩
einmal en gang [en 'gaŋ']
einpacken pakke ind ['pagə 'en']
⟨-ede⟩
einreisen rejse ind ['ʁaisə 'en'] ⟨-te⟩
eins en [e:'n], et [ed]
einsam ensom ['e:n,som']
einschalten tænde ['tɛnə] ⟨-te⟩
einschlafen falde i søvn ['fælə i
'sœu'n] ⟨faldt, faldet⟩
einschließen lukke inde ['lɔgə 'enə]
⟨-ede⟩
eintreffen an|komme ['æn,kɔm'ə]
⟨-kom, -kommet⟩
eintreten træde ind ['tʁɛ:ðə 'en']
⟨trådte, trådt⟩
Eintritt entré [aŋ'tʁe] ⟨-en, -er⟩; **~
verboten!** adgang forbudt! ['æð,gaŋ'
fɒ'bud]
Eintrittspreis entré [aŋ'tʁe] ⟨-en⟩
Einverständnis forståelse
[fɒ'sdɔ:'əlsə] ⟨-n⟩
einwerfen *(Briefe)* poste ['pɔsdə]
⟨-ede⟩
einwickeln pakke ind ['pagə 'en']
⟨-ede⟩
einwilligen indvillige ['en,vil'iə]
⟨-ede⟩
Einwohner indbygger ['en,bygɒ]
⟨-en, -e⟩
Einzelheit detalje [de'tæljə] ⟨-n, -r⟩
einzeln enkelt ['ɛŋ'əld]
einzig eneste ['e:nəsdə]; *(~artig)*
enestående ['e:nə,sdɔ:'ɒnə]
Eis *(Glatt~, Speise~)* is [i:'s] ⟨-en⟩
Eisen jern [jɛɒ'n] ⟨-et⟩
elektrisch elektrisk [e'lɛgtʁisg]
Eltern forældre [fɒ'ɛl'dʁɒ]
emanzipiert emanciperet
[emænsi'pe:'ɒð], frigjort ['fʁi,gjoɒ'd]
Empfang *(Erhalt)* modtagelse
['mɔð,tɛ:'əlsə] ⟨-n, -r⟩
empfangen mod|tage ['mɔð,tɛ:'ə]
⟨-tog, -taget⟩
empfehlen anbefale ['ænbe,fɛ:'lə]
⟨-ede⟩
Empfehlung anbefaling
['ænbe,fɛ:'leŋ] ⟨-en, -er⟩

Ende ende [ˈɛnə] ⟨-n, -r⟩, slutning [ˈsludnəŋ] ⟨-en, -er⟩; **am** ~ til sidst [tel ˈsisd]
enden slutte [ˈsludə] ⟨-ede⟩
endgültig definitiv [deˈfiniˌtiːˀv]
endlich endelig [ˈɛnəli]
eng snæver [ˈsnɛːˀvɔ]
englisch engelsk [ˈɛŋˀəlsg]
Enkel/in barnebarn [ˈbaːnəˌbaːˀn] ⟨-et, børnebørn⟩
entdecken opdage [ˈɔbˌdɛːˀə] ⟨-ede⟩
entfernt fjernt [fjɛɐ̯ˀnd]
Entfernung afstand [ˈau̯ˌsdænˀ] ⟨-en, -e⟩
entgegengesetzt modsat [ˈmoðˌsæd]
enthalten inde|holde [ˈenəˌhɔlˀə] ⟨-holdt, -holdt⟩
entlang langs [laŋˀs]
entscheiden af|gøre [ˈau̯ˌgœːˀɔ] ⟨-gjorde, -gjort⟩
entschließen, s. ~ beslutte sig [beˈsludə sai̯] ⟨-ede⟩
entschlossen sein være beslutsom [ˈvɛːɔ beˈsludsɔmˀ] ⟨var, været⟩
Entschluß beslutning [beˈsludnəŋ] ⟨-en, -er⟩
entschuldigen undskylde [ˈɔnˌsgylˀə] ⟨-te⟩; ~ **Sie bitte!** undskyld [ˈɔnˌsgylˀ]; **s.** ~ undskylde sig [ˈɔnˌsgylˀə sai̯] ⟨-te⟩
Entschuldigung undskyldning [ˈɔnˌsgylˀnəŋ] ⟨-en, -er⟩; **ich bitte um** ~ jeg beder om undskyldning [jai̯ beːˀɔ ɔm ˈɔnˌsgylˀnəŋ]
enttäuscht skuffet [ˈsgɔfəð]
entweder … oder enten … eller [ˈɛndən … ˈɛlɔ]
entwickeln *(Film)* fremkalde [ˈfʁæmˌkælˀə] ⟨-te⟩
Entwicklung udvikling [ˈuðˌvegləŋ] ⟨-en, -er⟩
entzückend charmerende [saˈmeːˀɔnə]
entzückt henrykt [ˈhɛnˌʁœgd]
er han [hæn]
Erde jord [joːˀɒ] ⟨-en, -⟩
Erdgeschoß stueetage [ˈsduːəeˌtɛːˀsə] ⟨-n, -r⟩
ereignen, s. ~ ske [sgeːˀ] ⟨-te⟩
Ereignis begivenhed [beˈgiːˀvənˌheːˀð] ⟨-en, -er⟩
erfahren *verb* erfare [ɛɐ̯ˈfaːˀa] ⟨-ede⟩; *adj* erfaren [ɛɐ̯ˈfaːˀan]
Erfahrung erfaring [ɛɐ̯ˈfaːˀeŋ] ⟨-en, -er⟩
erfinden op|finde [ˈɔbˌfenˀə] ⟨-fandt, -fundet⟩

Erfolg succes [sygˈseˀ] ⟨-en, -er⟩
erfreut (über) glad (over) [glæð (ˈɔuˀɔ)]
Erfrischung forfriskning [fɔˈfʁɛsgnəŋ] ⟨-en, -er⟩
Ergebnis resultat [ʁɛsulˈtɛːˀd] ⟨-et, -er⟩
ergreifen gribe [ˈgʁiːbə] ⟨greb, grebet⟩
erhalten få [fɔːˀ] ⟨fik, fået⟩; *(durch Bemühung)* opnå [ˈɔbˌnɔːˀ] ⟨-ede⟩
erhältlich opnåelig [ˈɔbˈnɔːˀəli]
erhöhen *(Preise)* forhøje [fɔˈhɔiˀə] ⟨-ede⟩
erholen, s. ~ rekreere sig [ʁɛkʁɛˈeːˀɔ sai̯] ⟨-ede⟩
Erholung rekreation [ʁɛkʁɛæˀsoːˀn] ⟨-en⟩
erinnern (an) *(jdn/sich)* huske (på) [ˈhusgə (pɔ)] ⟨-ede⟩
erkennen genkende [ˈgɛnˌkɛnˀə] ⟨-te⟩, erkende [ɛɐ̯ˈkɛnˀə] ⟨-te⟩
erklären *(angeben)* erklære [ɛɐ̯ˈklɛːˀɔ] ⟨-ede⟩; *(deutlich machen)* forklare [fɔˈklaːˀa] ⟨-ede⟩
erkundigen, s. ~ forhøre sig [fɔˈhøːˀɔ sai̯] ⟨-te⟩
erlangen opnå [ˈɔbˌnɔːˀ] ⟨-ede⟩, få [fɔːˀ] ⟨fik, fået⟩
erlauben til|lade [ˈteˌlɛːˀðə] ⟨-lod, -ladet⟩
Erlaubnis tilladelse [ˈteˌlɛːˀðəlsə] ⟨-n, -r⟩
erledigen gøre færdig [ˈgœːˀɔ ˈfɛɐ̯di] ⟨gjorde, gjort⟩, ekspedere [ɛgsbeˈdeːˀɔ] ⟨-ede⟩
Ermäßigung reduktion [ʁɛdugˀsoːˀn] ⟨-en, -er⟩
ermöglichen gøre mulig [ˈgœːˀɔ ˈmuːli] ⟨gjorde, gjort⟩
erneuern forny [fɔˈnyːˀ] ⟨-ede⟩
ernst alvorlig [ælˈvoːˀli]
Ernte høst [høsd] ⟨-en⟩
erreichen nå [nɔːˀ] ⟨-ede⟩
Ersatz *(Schaden~)* erstatning [ɛɐ̯ˈsdædnəŋ] ⟨-en, -er⟩
erscheinen vise sig [ˈviːsə sai̯] ⟨-te⟩; *(Buch)* ud|komme [ˈuðˌkɔmˀə] ⟨-kom, -kommet⟩
erschöpft udmattet [ˈuðˌmædəð]
erschrecken forskrække [fɔˈsgʁægə] ⟨-ede⟩; *(erschrocken sein)* blive forskrækket [ˈbliːə fɔˈsgʁægəð] ⟨blev, blevet⟩
ersetzen erstatte [ɛɐ̯ˈsdædə] ⟨-ede⟩
erst først [fœɐ̯sd]
erste(r, -s) første [ˈfœɐ̯sdə]
erstens for det første [fɔ de ˈfœɐ̯sdə]
erstklassig førsteklasses [ˈfœɐ̯sdəˌklæsəs]

A/Z

ertragen bære ['bɛ:ɔ] ⟨bar, båret⟩
Erwachsene(r) *adj* voksen ['vɔgsən]
erwarten vente ['vɛndə] ⟨-ede⟩
erwidern svare ['sva:a] ⟨-ede⟩
erzählen for|tælle [fɔ'tɛl'ə] ⟨-talte, -talt⟩
erzeugen fremstille ['fʁæm‚sdel'ə] ⟨-ede⟩
Erzeugnis produkt [pʁo'dogd] ⟨-et, -er⟩
Erziehung opdragelse ['ɔb‚dʁa:'ʔuəlsə] ⟨-n⟩
es gibt der er [dɔ ɛʁ]
Esel æs|el ['ɛ:'ʔsəl] ⟨-let, -ler⟩
eßbar spiselig ['spi:səli]
Essen *(Nahrung)* mad [mæð] ⟨-en⟩; *(Mahlzeit)* måltid ['mɔl‚tið'] ⟨-en, -er⟩; **beim ~** under maden ['ɔnɔ mɛ:'ððən]
essen spise ['spi:sə] ⟨-te⟩
etwa cirka ['siŋgə]
etwas noget ['nɔ:əð]
euch jer [jɛʁ]
euer jeres ['jɛ:ɔs]
Europa Europa [œʉ'ʁo:pæ]
Europäer/in europæer [œʉʁo'pɛ:'ɔ] ⟨-en, -e⟩
europäisch europæisk [œʉʁo'pɛ:'ʔisg]
eventuell *adv* eventuelt [evɛntu'ɛl'd]
extra ekstra ['ɛgsdʁa]

F

Fabrik fabrik [fa'bʁɛg] ⟨-ken, -ker⟩
Faden tråd [tʁɔ:'ð] ⟨-en, -e⟩
fähig (zu) i stand (til) [i 'sdæn' (tel)]
fahren rejse ['ʁaisə] ⟨-te⟩; *(lenken)* styre ['sdy:ɔ] ⟨-ede⟩, køre ['kø:ɔ] ⟨-te⟩
Fahrer fører ['fø:ɔ] ⟨-en, -e⟩
Fahrgast passager [pæsæ'ʂe:'ɔ] ⟨-en, -er⟩
Fahrstuhl elevator [elə'vɛ:tɔ] ⟨-en, -er⟩
Fahrt tur [tu:'ɔ] ⟨-en, -e⟩, rejse ['ʁaisə] ⟨-n, -r⟩
fair fair [fɛ:ɔ]
Fall *(Vorfall)* tilfælde ['tel‚fɛl'ə] ⟨-et, -⟩; **auf alle Fälle** i alle tilfælde [i 'ælə 'tel‚fɛl'ə]
fallen falde ['fælə] ⟨faldt, faldet⟩
falls hvis [ves]
falsch forkert [fɔ'keɔ'd]; *(betrügerisch)* falsk [fæl'sg]
Familie familie [fæ'mil'jə] ⟨-n, -r⟩
fangen fange ['faŋə] ⟨-ede⟩
Farbe farve ['fa:və] ⟨-n, -r⟩

farbig farvet ['fa:vəð]
fast næsten ['nɛsdən]
faul doven ['dɔu̯ən]; *(Obst)* rådden ['ʁɔðən]
Feder fjer [fje:'ɔ] ⟨-en, -⟩; *(elastisch)* fjeder ['fjeð'ɔ] ⟨-en, fjedre⟩
fehlen mangle ['maŋlə] ⟨-ede⟩
Fehler fejl [fai'l] ⟨-en, -⟩
feierlich højtidelig [hɔi'ti:'ʔðəli]
Feiertag helligdag ['hɛli‚dɛ:'ʔ] ⟨-en, -e⟩
feilschen køb|slå ['køb‚slɔ:'] ⟨-slog, -slået⟩
fein fin [fi:'n]
Feld mark [ma:g] ⟨-en, -er⟩
Fell skind [sgen'] ⟨-et, -⟩
Fels klippe ['klebə] ⟨-n, -r⟩
Ferien ferie ['fe:'ɔiə] ⟨-n, -r⟩; **in den ~** i ferien [i 'fe:'ɔiən]
Fernglas kikkert ['kigɔd] ⟨-en, -er⟩
fertig *(bereit)* klar [kla:'ʔ]; *(vollständig)* færdig ['fɛɔdi]
fest *(hart)* fast [fæsd]; *(dauernd)* solid [so'liðˀ]
Fest fest [fɛsd] ⟨-en, -er⟩
festsetzen fast|sætte ['fæsd‚sɛdə] ⟨-satte, -sat⟩
fett fed [fe:'ð]
feucht fugtig ['fɔgdi]
Feuer ild [il'] ⟨-en⟩
feuergefährlich brandfarlig ['bʁan‚fa:li]
Feuerlöscher ildslukker ['il‚slɔgɔ] ⟨-en, -e⟩
Feuermelder brandalarm ['bʁanæ‚la:'m] ⟨-en, -er⟩
Feuerwehr brandvæs|en ['bʁan‚vɛ:'sən] ⟨-net, -ner⟩
Feuerwerk fyrværkeri [fyʁvɛʁgə'ʁi:'] ⟨-et⟩
Feuerzeug fyrtøj ['fyʁ‚tɔi] ⟨-et, -er⟩, lighter ['laidɔ] ⟨-en, -e⟩
Filiale filial [fili'ɛ:'l] ⟨-en, -er⟩
Film *(Foto, Kino)* film [fil'm] ⟨-en, -⟩
Filter filter ['fil'dɔ] ⟨-et, filtre⟩
finden finde ['fenə] ⟨fandt, fundet⟩
finster mørk [mœʁg]
Firma firma ['fiʁmæ] ⟨-et, -er⟩
Fisch fisk [fesg] ⟨-en, -⟩
fischen fiske ['fesgə] ⟨-ede⟩
fit i form [i 'fɔ:'m]
flach flad [flɛ:'ð]
Flamme flamme ['flamə] ⟨-n, -r⟩
Flasche flaske ['flæsgə] ⟨-n, -r⟩
Fleck(en) plet [plɛd] ⟨-ten, -ter⟩
Fleisch kød [køð] ⟨-et⟩
fleißig flittig ['flidi]
flicken reparere [ʁepa'ʁɛ:'ɔ] ⟨-ede⟩

Fliege flue ['flu:ə] ⟨-n, -r⟩
fliegen flyve ['fly:və] ⟨fløj, fløjet⟩
fließen flyde ['fly:ðə] ⟨flød, flydt⟩
Flirt flirt [flœːd] ⟨-en, -er⟩
Fluß flod [floˀð] ⟨-en, -er⟩
flüssig flydende ['fly:ðənə]
folgen følge ['føljə] ⟨fulgte, fulgt⟩
fordern kræve ['kʁɛːvə] ⟨-ede⟩
Forderung krav [kʁaːˀv] ⟨-et, -⟩
Form form [fɔːˀm] ⟨-en, -er⟩
Format format [foˈmɛːˀd] ⟨-et, -er⟩
Formular formular [fomuˈlaːˀ] ⟨-en, -er⟩; **ein ~ ausfüllen** udfylde en formular ['uðˌfylˀə en fomuˈlaːˀ]
fort væk [vɛg]
Fortschritt fremskridt ['fʁæmˌsgʁid] ⟨-et, -⟩
fortsetzen fort|sætte ['fɔːdˌsɛdə] ⟨-satte, -sat⟩
forttragen bære bort ['bɛːɔ ˈbɔːd] ⟨bar, båret⟩
Foto foto [foto] ⟨-et, -⟩
Fotoapparat fotografiapparat [fotogʁaˈfiːˀabaˌʁaːˀd] ⟨-et, -er⟩
fotografieren fotografere [fotogʁaˈfeːˀɔ] ⟨-ede⟩
Fracht fragt [fʁagd] ⟨-en, -er⟩
Frage spørgsmål ['sbœɐ̯sˌmɔːˀl] ⟨-et, -⟩
fragen spørge ['sbœɐ̯uə] ⟨spurgte, spurgt⟩
französisch fransk [fʁanˀsg]
Frau kvinde ['kvenə] ⟨-n, -r⟩; *(Anrede, vor Namen)* fru [fʁu]; *(Ehe~)* kone ['koːnə] ⟨-n, -r⟩
Fräulein frøken ['fʁœːˀgən] ⟨-en, -er⟩
frei fri [fʁiːˀ]; *(gratis)* gratis [gʁaˈtiːs]; **im Freien** i det fri [i de ˈfʁiːˀ]
fremd fremmed ['fʁæməð]
Fremde, der, die ~ *adj* fremmede ['fʁæməðə]
Freude glæde ['glɛːðə] ⟨-n, -r⟩
freuen, s. ~ über/auf glæde sig over/til ['glɛːðə saj ˈɔuˀɔ/tel] ⟨-ede⟩
Freund ven [vɛn] ⟨-nen, -ner⟩
freundlich venlig ['vɛnli]
Freundlichkeit venlighed ['vɛnliˌheːˀð] ⟨-en, -er⟩
Freundschaft venskab ['vɛnˌsgɛːˀb] ⟨-et, -er⟩
Friede fred [fʁeð] ⟨-en⟩
frieren fryse ['fʁyːsə] ⟨frøs, frosset⟩
frisch frisk [fʁesg]; *(Wäsche)* ren [ʁeːˀn]
froh *(glücklich)* lykkelig ['løgəli]; *(lustig; zufrieden)* glad [glæð], munter ['mɔnˀdɔ]

früh tidlig ['tiðli]
früher *(eher)* tidligere ['tiðliɔɔ]; *(damals)* dengang ['dɛnˀˌgaŋˀ]
frühstücken spise morgenmad ['sbiːsə ˈmɔːɔnˌmæð] ⟨-te⟩
fühlen føle ['føːlə] ⟨-te⟩
führen føre ['føːɔ] ⟨-te⟩
Führer *(für Fremde)* fører ['føːɔ] ⟨-en, -e⟩, guide [gajd] ⟨-n, -r⟩
füllen fylde ['fylə] ⟨-te⟩
Fundbüro hittegodskontor ['hidəgɔsˌkɔnˌtoːˀɔ] ⟨-et, -er⟩
Fünen Fyn [fyːˀn]
Funke gnist [gnisd] ⟨-en, -er⟩
funktionieren fungere [foŋˈgeːˀɔ] ⟨-ede⟩
für til [tel]
Furcht frygt [fʁœgd] ⟨-en⟩
fürchten frygte ['fʁœgdə] ⟨-ede⟩; **s. ~ vor** frygte for ['fʁœgdə fɔ] ⟨-ede⟩
fürchterlich frygtelig ['fʁœgdəli]
Fußgänger fodgænger ['foðˌgɛŋɔ] ⟨-en, -e⟩
Futter foder ['foðˀɔ] ⟨-et, -⟩

G

gähnen gabe ['gɛːbə] ⟨-te⟩
Gang *(Auto)* gear [giːˀɔ] ⟨-et, -⟩; *(Durchgang)* passage [paˈsɛːsə] ⟨-n, -r⟩; *(Essen)* ret [ʁæd] ⟨-ten, -ter⟩; *(Flur)* korridor [kɔiˈdoːˀɔ] ⟨-en, -er⟩
ganz *adj* hel [heːˀl]; *pl* hele ['heːlə]; *(vollständig)* ganske ['gænsgə]; *adv* helt [heːˀl]
Ganze, das ~ det hele [de ˈheːlə]
gar nicht overhovedet ikke [ɔuɔˈhoːðeð ˈegə]
Garage garage [gaˈʁaːsə] ⟨-n, -r⟩
Garantie garanti [gaʁanˈtiːˀ] ⟨-en, -er⟩
Garten have ['hɛːvə] ⟨-n, -r⟩
Gast gæst [gɛsd] ⟨-en, -er⟩
Gastfreundschaft gæstfrihed ['gɛsdfʁiˌheːˀð] ⟨-en⟩
Gastgeber/in vært [vɛɐ̯d] ⟨-en, -er⟩/ værtinde [vɛɐ̯ˈdenə] ⟨-n, -r⟩
Gasthaus, Gasthof hotel [hoˈtɛlˀ] ⟨-let, -ler⟩, kro [kʁoːˀ] ⟨-en, -er⟩
Gebäude bygning ['bygnəŋ] ⟨-en, -er⟩
geben give [giːˀ] ⟨gav, givet⟩
Gebet bøn [bœnˀ] ⟨-nen, -ner⟩
geboren født [føˀd]
Gebrauch brug [bʁuːˀ] ⟨-en⟩
gebrauchen bruge ['bʁuːə] ⟨-te⟩
gebräuchlich brugbar ['bʁuːˌbaːˀ]
Gebühr afgift ['auˌgifd] ⟨-en, -er⟩

Geburt føds|el ['føsəl] ⟨-len, -ler⟩
gebürtig aus født i [fø:'d i]
Geburtstag fødselsdag ['føsəls‚dɛ:'] ⟨-en, -e⟩
Gedanke tanke ['taŋgə] ⟨-n, -r⟩
Geduld tålmodighed [tɔl'mo:'ði‚he:'ð] ⟨-en⟩
geduldig tålmodig [tɔl'mo:'ði]
Gefahr fare ['fa:a] ⟨-n, -r⟩
gefährlich farlig ['fa:li]
Gefallen, jdm ~ tun gøre én en tjeneste ['gœ:ɔ e:'n en 'tjɛ:nəsdə] ⟨gjorde, gjort⟩
gefallen synes om ['sy:nəs 'ɔm'] ⟨-tes⟩
Gefälligkeit tjeneste ['tjɛ:nəsdə] ⟨-n, -r⟩
Gefäß beholder [be'hɔl'ɔ] ⟨-en, -e⟩
Gefühl følelse ['fø:ləlsə] ⟨-n, -r⟩
gegen *(wider)* imod [i'mo:'ð]; *(in Richtung auf, zeitlich)* henimod ['hɛni‚mo:'ð]
Gegend egn [ai'n] ⟨-en, -e⟩
Gegenstand *(Ding)* genstand ['gɛn‚sdæn'] ⟨-en, -e⟩; *(Gesprächsgegenstand)* emne ['ɛmnə] ⟨-t, -r⟩
Gegenteil modsætning ['moð‚sɛdnəŋ] ⟨-en, -er⟩
gegenüber over for ['ɔu'ɔ fɔ]
Gegenwert tilsvarende værdi ['tel‚sva:'anə vɛɒ'di:'] ⟨-en, -er⟩
geheim hemmelig ['hɛməli]
gehen gå [gɔ:'] ⟨gik, gået⟩; *(zu Fuß)* spadsere [sbæ'se:'ɔ] ⟨-ede⟩; **geradeaus** ~ gå lige ud [gɔ:' 'li:ə 'uð']; **vorwärts** ~ gå fremad [gɔ:' 'fʁæm'‚æð]; **zurück** ~ gå tilbage [gɔ:' te'bɛ:ə]
gehören tilhøre ['tel‚hø:'ɔ] ⟨-te⟩
Gelände landskab ['læn‚sgɛ:'b] ⟨-et, -er⟩
Geld penge ['pɛŋə] *pl*
Geldstrafe bøde ['bø:ðə] ⟨-n, -r⟩
Geldstück mønt [mœn'd] ⟨-en, -er⟩
Gelegenheit lejlighed ['laili‚he:'ð] ⟨-en, -er⟩
gelegentlich *adv* lejlighedsvis ['laili‚heðs‚vi:'s]
gelten gælde ['gɛlə] ⟨gjaldt, gældt⟩
gemein tarvelig ['ta:vəli]; *(ordinär)* vulgær [vul'gɛ:'ɔ]
gemeinsam fælles ['fɛl'əs]
gemischt blandet ['blænəð]
gemütlich hyggelig ['hygəli]
genau nøje ['nɔiə]; **~so ... wie** nøjagtig sådan som [nɔi'agdi 'sɔdən som]
Genauigkeit nøjagtighed [nɔi'agdi‚he:'ð] ⟨-en, -er⟩

genehmigen til|lade ['te‚lɛ:'ðə] ⟨-lod, -ladt⟩
genießen nyde ['ny:ðə] ⟨nød, nydt⟩
genug nok [nɔg]
Genuß nydelse ['ny:ðəlsə] ⟨-n, -r⟩
geöffnet åbnet ['ɔ:bnəð]
gerade *adj* lige ['li:ə]; *(zeitlich)* netop ['nɛd‚ɔb]
geradeaus lige ud ['li:ə 'uð']
Geräusch larm [la:'m] ⟨-en⟩
gerecht retfærdig [ʁæd'fɛɒ'di]
Gericht ret [ʁæd] ⟨-ten, -ter⟩
gering lille ['lilə], lidt [led]; **~er** mindre ['mendʁə]
gern gerne ['gɛɒnə]; **nicht ~** ikke gerne ['egə 'gɛɒnə]
Geruch lugt [lɔgd] ⟨-en, -e⟩
Gesang sang [saŋ'] ⟨-en, -e⟩
Geschäft *(Laden, Handel)* forretning [fɔ'ʁædneŋ] ⟨-en, -er⟩
geschehen ske [sge:'] ⟨-te⟩; **was ist ~?** hvad er der sket? ['væð ɛɒ dɔ 'sge:'d]
Geschenk gave ['gɛ:və] ⟨-n, -r⟩
Geschichte historie [hi'sdo:'ʁiə] ⟨-n, -r⟩
geschickt dygtig ['døgdi]
geschlossen lukket ['lɔgəð]
Geschmack smag ['smɛ:'] ⟨-en⟩
Geschwindigkeit hurtighed ['huɔdi‚he:'ð] ⟨-en⟩
Gesellschaft *(Party)* selskab ['sɛl‚sgɛ:'b] ⟨-et, -er⟩; *(Staat)* samfund ['sam‚fɔn'] ⟨-et, -⟩
Gespräch samtale ['sam‚tɛ:lə] ⟨-n, -r⟩
gesund rask [ʁasg]
Gesundheit sundhed ['sɔn‚he:'ð] ⟨-en⟩
getrennt *adj* adskilt [æð‚sgel'd]
gewähren til|stå ['tel‚stɔ:'] ⟨-stod, -stået⟩, give [gi:'] ⟨gav, givet⟩
gewaltig voldsom ['vɔlsɔm']
Gewebe væv [vɛ:'u] ⟨-et, -⟩
Gewicht vægt [vɛgd] ⟨-en, -e⟩
Gewinn gevinst [ge'ven'sd] ⟨-en, -er⟩
gewinnen vinde ['venə] ⟨vandt, vundet⟩
gewiß sikkert ['segɔd]
gewissenhaft samvittighedsfuld [sam'vidiheðs‚ful']
Gewitter uvejr ['u‚vɛ:'ɒ] ⟨-et, -⟩
gewöhnen, s. ~ an vænne sig til ['vɛnə sai tel] ⟨-ede⟩
Gewohnheit vane ['vɛ:nə] ⟨-n, -r⟩
gewöhnlich *(üblich)* sædvanlig [sɛð'vɛ:'nli]
gewohnt sein være vant til ['vɛ:ɔ 'væn'd tel] ⟨var, været⟩

gibt, es ~ der er [dɔ ɛɐ̯]
Gift gift [gifd] ⟨-en, -e⟩
giftig giftig [ˈgifdi]
Gipfel top [tɔb] ⟨-pen, -pe⟩
Gips gips [gibs] ⟨-en⟩
Gitarre guitar [giˈtaʔ]
Gitter gitter [ˈgidɐ] ⟨-et, gitre⟩
glänzen skinne [ˈsgenə] ⟨-ede⟩
glänzend strålende [ˈsdʁɔːlənə]
Glas glas [glæs] ⟨-set, -⟩
glatt glat [glæd]
Glaube tro [tʁoːʔ] ⟨-en⟩
glauben tro [tʁoːʔ] ⟨-ede⟩
gleich *adj* lige [ˈliːə]; *(sofort)* straks
 [sdʁɐgs]
gleichen ligne [ˈliːnə] ⟨-ede⟩
gleichfalls ligeledes [ˈliːələˈðəs];
 danke ~ tak i lige måde [ˈtɑg i ˈliːə
 ˈmɔːðə]
gleichwertig af samme værdi [æ
 ˈsamə vɛɐ̯ˈdiːʔ]
gleichzeitig *adv* samtidig [ˈsamˌtiːʔði]
Glück held [hɛlʔ] ⟨-et⟩; **viel** ~! held
 og lykke! [ˈløgə]
glücklich lykkelig [ˈløgəli]
Glückwunsch lykønskning
 [ˈløgˌønˀsgneŋ] ⟨-en, -er⟩
Glut glød [gløːʔð] ⟨-en⟩
Gott gud [guð] ⟨-en, -er⟩; ~ **sei**
 Dank! gud være lovet! [ˈguð vɛːɐ
 ˈloːvəð]
Grad grad [gʁɐːʔð] ⟨-en, -er⟩
gratis gratis [ˈgʁɐːtis]
gratulieren gratulere [gʁɐtuˈleːʔɐ]
 ⟨-ede⟩
Grenze grænse [ˈgʁænsə] ⟨-n, -r⟩
Griff *(Hand~)* håndtag [ˈhɔnˌtɛːʔ] ⟨-et, -⟩
Grönland Grønland [ˈgʁœnˌlænʔ]
groß stor [sdoːʔɐ]
großartig storartet [ˈsdoɐ̯ˌaʔðəð]
Größe *(Ausdehnung)* omfang
 [ˈɔmˌfaŋʔ] ⟨-et⟩; *(geistige)* storhed
 [ˈsdoɐ̯ˌheːʔð] ⟨-en, -er⟩; *(Kleidung,*
 Schuhe) størrelse [ˈsdœɐ̯ɔlsə] ⟨-n, -r⟩
Großmutter bedste|mor
 [ˈbɛsdəˌmoːɐ] ⟨-en, -mødre⟩
Großvater bedste|far [ˈbɛsdəˌfaː] ⟨-en,
 -fædre⟩
Grund grund [gʁɔnʔ] ⟨-en, -e⟩
Gruppe gruppe [ˈgʁɐbə] ⟨-n, -r⟩
grüßen hilse [ˈhilsə] ⟨-te⟩
gültig gyldig [ˈgyldi]
Gültigkeit gyldighed [ˈgyldiˌheːʔð] ⟨-en⟩
günstig *(Preis)* gunstig [ˈgɔnsdi]
gut *adj* god [goːʔð]; *adv* godt [gɔd]
Gutschein værdikupon [vɛɐ̯ˈdikuˌpɔŋ]
 ⟨-en, -er⟩

H

haben have [hɛːʔ] ⟨havde, haft⟩
Hahn *(auch Wasser~)* hane [ˈhɛːnə]
 ⟨-n, -r⟩
Haken krog [kʁɒːʔu] ⟨-en, -e⟩; *(Klei-*
 der~) knage [ˈknɛːə] ⟨-n, -r⟩
halb halv [hælʔ]
Hälfte halvdel [ˈhælˌdeːʔl] ⟨-en, -e⟩
Halle hal [hælʔ] ⟨-len, -ler⟩
hallo hallo [hæˈlo]
halt! holdt! [hɔlʔd]
haltbar holdbar [ˈhɔlˌbaːʔ]
halten *(fest~)* holde [ˈhɔlə] ⟨holdt,
 holdt⟩; *(dauern)* vare [ˈvaːa] ⟨-ede⟩;
 (stehenbleiben) stoppe [ˈsdɔbə]
 ⟨-ede⟩
Hammer hammer [ˈhamɐ] ⟨-en, hamre⟩
Hand hånd [hɔnʔ] ⟨-en, hænder⟩
handgemacht håndlavet [ˈhɔnˌlɛːvəð]
Hang *(Ab~)* skrænt [sgʁænʔd] ⟨-en, -er⟩
hängen *(auf~)* hænge [ˈhɛŋə] ⟨hang,
 hængt⟩
hart hård [hɔːʔ]
Härte hårdhed [ˈhɔːˌheːʔð] ⟨-en⟩
hässlich hæslig [ˈhɛsli]
häufig *adv* hyppigt [ˈhybid]
Haupteingang hovedindgang
 [ˈhoːəðenˌgaŋʔ] ⟨-en, -e⟩
hauptsächlich *adv* hovedsageligt
 [hoəðˈsɛːʔəlid]
Hauptstadt hovedstad [ˈhoːəðˌsdæð]
 ⟨-en, -stæder⟩
Haus hus [huːʔs] ⟨-et, -e⟩
Haustür gadedør [ˈgɛːðəˌdœːʔɐ̯] ⟨-en, -e⟩
heben løfte [ˈløfdə] ⟨-ede⟩
Heft hæfte [ˈhɛfdə] ⟨-t, -r⟩
heilig hellig [ˈhɛli]
Heimat hjemstavn [ˈjɛmˌsdɑu̯ʔn] ⟨-en⟩
heimlich hemmelig [ˈhɛməli]
Heimreise hjemrejse [ˈjɛmˌʁɑisə] ⟨-n, -r⟩
Heirat bryllup [ˈbʁœləb] ⟨-pet, -per⟩
heiraten gifte sig [ˈgifdə saj] ⟨-ede⟩
heiß varm [vaːʔm]
heißen hedde [ˈheðə] ⟨hed, heddet⟩
heiter *(Wetter)* klar [klaːʔ]; munter
 [ˈmɔnʔdɐ]
heizen opvarme [ˈɔbˌvaːʔmə] ⟨-ede⟩
Heizöl fyringsolie [ˈfyːʁeŋsˌoljə] ⟨-n, -r⟩
hektisch hektisk [ˈhɛgtisg]
helfen, jdm ~ hjælpe nogen [ˈjɛlbə
 ˈnoːən] ⟨hjalp, hjulpet⟩
hell lys [lyːʔs]
herabsetzen *(Preise)* sætte ned [ˈsɛdə
 ˈneðʔ] ⟨satte, sat⟩
heraufsetzen *(Preise)* sætte op [ˈsɛdə
 ˈɔb] ⟨satte, sat⟩

herausgeben *(Geld, Bücher)* give ud [gi:ˀ ˈuðˀ] ⟨gav, givet⟩
herb *(Wein)* tør [tœ:ˀɒ]
herein! kom ind! [kɔmˀ ˈenˀ]
hereinkommen komme ind [ˈkɔmə ˈenˀ] ⟨kom, kommet⟩
Herr herre [ˈhɛɒə] ⟨-n, -r⟩
herrlich herlig [ˈhɛɒli]
Herz hjerte [ˈjɛɒdə] ⟨-t, -r⟩
herzlich hjertelig [ˈjɛɒdəli], kærlig [ˈkɛɒli]
Herzlichkeit hjertelighed [ˈjɛɒdəlihe:ˀð] ⟨-en⟩
heute i dag [i ˈdɛːˀ]; ~ **abend** i aften [i ˈafdən]; ~ **nacht** i nat [i ˈnæd]
hier her [hɛ:ˀɒ]
hierher denne vej [ˈdɛnə vaiˀ]
Hilfe hjælp [jɛlˀb] ⟨-en⟩; **Erste ~** førstehjælp [ˈfœɒsdəjɛlˀb] ⟨-en⟩
Himmel him|mel [ˈheməl] ⟨-len, -le⟩
hinaufgehen stige op [ˈsdi:ə ˈɔb] ⟨steg, steget⟩
hinausgehen gå ud [gɒ:ˀ ˈuðˀ] ⟨gik, gået⟩
hindern hindre [ˈhendɒə] ⟨-ede⟩
hineingehen gå ind [gɒ:ˀ ˈenˀ] ⟨gik, gået⟩
hinlegen lægge hen [ˈlɛgə ˈhɛnˀ] ⟨lagde, lagt⟩; **s. ~** lægge sig [ˈlɛgə sai] ⟨lagde, lagt⟩
hinsetzen, s. ~ sætte sig [ˈsɛdə sai] ⟨satte, sat⟩
hinten bagved [ˈbɛ:ˀveð]
hinter [bɛ:ˀ]
hinterlassen efter|lade [ˈɛfdɒlɛ:ˀðə] ⟨-lod, -ladt⟩
hinterlegen deponere [depoˈne:ˀɒ] ⟨-ede⟩
hinuntergehen gå ned [gɒ:ˀ ˈneðˀ] ⟨gik, gået⟩
hinzufügen tilføje [ˈtelˌfɔiˀə] ⟨-ede⟩
Hobby hobby [ˈhɔbi] ⟨-en⟩
hoch høj [hɔiˀ]
höchstens højst [ˈhɔiˀəsd]
Hochzeit *(Feier)* bryllup [ˈbʁœləb] ⟨-pet, -per⟩
Hof gård [gɒ:ˀ] ⟨-en, -e⟩
hoffen håbe [ˈhɔːbə] ⟨-ede⟩
höflich høflig [ˈhøfli]
Höflichkeit høflighed [ˈhøfliˌhe:ˀð] ⟨-en, -er⟩
Höhe højde [ˈhɔiˀdə] ⟨-n, -r⟩
Höhepunkt højdepunkt [ˈhɔiˀdəˌpɔŋˀd] ⟨-et, -er⟩
holen hente [ˈhɛndə] ⟨-ede⟩
Holz træ [tʁɛ:ˀ] ⟨-et, -er⟩
Honorar honorar [honoˈʁa:ˀ] ⟨-et, -er⟩

hören høre [ˈhø:ɔ] ⟨-te⟩; *(zu~)* høre på [ˈhø:ɔ ˈpɒ:ˀ]
Hotel hotel [hoˈtɛlˀ] ⟨-let, -ler⟩
hübsch hübsch [pɛ:ˀn]
Hügel bakke [ˈbagə] ⟨-n, -r⟩
Hund hund [hunˀ] ⟨-en, -e⟩
hundert hundrede [ˈhunʁɒðə]; ~**mal** hundrede gange [ˈhunʁɒðə ˈgaŋə]
Hunger sult [sulˀd] ⟨-en⟩; ~ **haben** være sulten [ˈvɛ:ɔ ˈsuldən]
hungrig sulten [ˈsuldən]
husten hoste [ˈho:sdə] ⟨-ede⟩
Hütte hytte [ˈhydə] ⟨-n, -r⟩

I

ich *prn* jeg [jai]
Idee idé [iˈde:ˀ] ⟨-en, -er⟩
ihr *pers prn sing* hende [ˈhenə]; *pl* I [i]; *poss prn sing* hendes [ˈhenəs]; *pl* deres [ˈdɛ:əs]
Imbiß lille måltid [ˈlilə ˈmɔlˌtiðˀ] ⟨-et, -er⟩
immer altid [ˈælˀˌtiðˀ]
imstande sein (zu) være i stand (til) [ˈvɛ:ɔ i ˈsdænˀ (tel)] ⟨var, været⟩
in i [i]
inbegriffen medregnet [ˈmɛðˌʁaiˀnəð]
informieren informere [enfoˈme:ˀɔ] ⟨-ede⟩
Inhalt indhold [ˈenˌhɔlˀ] ⟨-et⟩
Inland indland [ˈenˌlænˀ] ⟨-et⟩
innen indenfor [ˈenənˌfɔ]
Innere, das ~ det indre [de ˈendʁɒ]
innerhalb *(zeitlich)* inden [ˈenən]
Insekt insekt [enˈsɛgd] ⟨-et, -er⟩
Insel ø [ø:ˀ] ⟨-en, -er⟩
Inserat annonce [æˈnɔŋsə] ⟨-n, -r⟩
interessant interessant [entʁɒˈsænˀd]
Interesse interesse [entɒˈʁæsə] ⟨-n, -r⟩
interessieren, s. ~ (für) interessere sig (for) [entʁɒˈse:ˀɔ sai (fɔ)]
international international [ˈendɒnæsoˌnɛˀˀl]
inzwischen i mellemtiden [i ˈmɛləmˌtiðˀən]
irgend etwas et eller andet [ˈed ɛlɔ ˈænəð]
irgendwie på én eller anden måde [pɒ ˈeːˀn ɛlɔ ˈænən ˈmɔːðə]
irgendwo et eller andet sted [ˈed ɛlɔ ˈænəð sdeð]
irgendwohin et eller andet sted hen [ˈed ɛlɔ ˈænəð sdeð ˈhɛnˀ]
irren, s. ~ tage fejl [tɛːˀ ˈfaiˀl] ⟨tog, taget⟩
Irrtum fejltagelse [ˈfailˌtɛːˀəlsə] ⟨-n, -r⟩

Island Island [ˈisˌlænˀ]
isländisch islandsk [ˈisˌlænˀsg]

J

Jahr år [ɒːˀ] ⟨-et, -⟩
Jahreszeit årstid [ˈɒːsˌtiðˀ] ⟨-en, -er⟩
jährlich årlig [ˈɒːli]; *adv* årligt [ˈɒːlid]
je jo [jo]
jede(r, -s) *adj* hver [vɛːˀɒ]; *prn* enhver [enˈvɛːˀɒ]; ~ **beliebige** hvilken som helst [ˈvelgən sɔm ˈhɛlˀsd]
jedesmal hver gang [vɛːˀɒ gaŋˀ]
jedoch dog [dɔu], imidlertid [iˈmiðˀlɔˌtiðˀ]
jemals nogen sinde [ˈnoːən ˈsenə]
jemand nogen [ˈnoːen]
jene(r, -s) den der [dɛn ˈdɛːˀɒ]
jenseits på den anden side [pɔ dɛn ˈænən ˈsiːðə]
jetzt nu [nu]
jucken klø [kløːˀ] ⟨-ede⟩
Jugend ungdom [ˈɒŋˌdɔmˀ] ⟨-men⟩
jung ung [ɒŋˀ]
Junge dreng [dʁæŋˀ] ⟨-en, -e⟩
Junggeselle ungkarl [ˈɒŋˌkɛːˀl] ⟨-en, -e⟩
Jüte jyde [ˈjyːðə] ⟨-n, -r⟩
jütisch jysk [jysg]
Jütland Jylland [ˈjyˌlænˀ]

K

Kabine kabine [kæˈbiːnə] ⟨-n, -r⟩
Kaffee kaffe [ˈkafə] ⟨-n, -r⟩
Kahn båd [bɔːˀð] ⟨-en, -e⟩
Kakerlak(e) kakerlak [kagɒˈlag] ⟨-ken, -ker⟩
kalt kold [kɔl]
Kanal kanal [kæˈnɛːˀl] ⟨-en, -er⟩
Kapelle *(Gebäude, Musik~)* kapel [kæˈpɛlˀ] ⟨-let, -ler⟩
kaputt itu [iˈtuːˀ]
Karte *(Fahr~)* billet [biˈlɛd] ⟨-ten, -ter⟩; *(Eintritts~)* adgangskort [ˈæðˌgaŋˀsˌkɔːd] ⟨-et, -⟩; *(Land~)* landkort [ˈlænˌkɔːd] ⟨-et, -⟩; *(Post~)* postkort [ˈpɔsdˌkɔːd] ⟨-et, -⟩; *(Speise~)* spisekort [ˈsbiːsəˌkɔːd] ⟨-et, -⟩; *(Spiel~)* kort [kɔːd] ⟨-et, -⟩
Kasse kasse [ˈkæsə] ⟨-n, -r⟩
Kattegat Kattegat [ˈkædəˌgæd]
Katze kat [kæd] ⟨-ten, -te⟩
Kauf køb [køːˀb] ⟨-et, -⟩

kaufen købe [ˈkøːbə] ⟨-te⟩
Käufer køber [ˈkøːbɒ] ⟨-en, -e⟩
Kaufhaus stormagasin [ˈsdɔɒmægæˌsiːʔn] ⟨-et, -er⟩
Kaugummi tyggegummi [ˈtygəˌgɒmi] ⟨-et, -⟩
kaum næppe [ˈnɛbə]
Kaution kaution [kauˈsoːʔn] ⟨-en, -er⟩; *(Wohnung)* depositum [deˈpoːˀsitɒm] ⟨-met, deposita⟩
kein ingen [ˈeŋən]
kein(-e, -r) ingen, inget [ˈeŋən]
keinesfalls på ingen måde [pɔ ˈeŋən ˈmɔːðə]
kennen kende [ˈkɛnə] ⟨-te⟩
kennenlernen lære at kende [ˈlɛːɒ ɒ ˈkɛnə] ⟨-te⟩
Kenntnis kendskab [ˈkɛnˌsgɛːˀb] ⟨-et⟩
Kennzeichen kendetegn [ˈkɛnəˌtaiˀn] ⟨-et, -⟩
Keramik keramik [keɒˈmigˀ] ⟨-ken⟩
Kerze stearinlys [sdeaˈʁiːˀnˌlyːˀs] ⟨-et, -⟩
Kette *(auch Schmuck)* kæde [ˈkɛːðə] ⟨-n, -r⟩
Kind barn [baːˀn] ⟨-et, børn⟩
Kissen pude [ˈpuːðə] ⟨-n, -r⟩
Kiste kasse [ˈkæsə] ⟨-n, -r⟩
Klang klang [klaŋˀ] ⟨-en, -e⟩
klar klar [klaːˀ]
Klasse klasse [ˈklæsə] ⟨-n, -r⟩
Kleidung påklædning [ˈpɔˌklɛːˀðneŋ] ⟨-en, -er⟩
klein lille [ˈlilə]
Klima klima [ˈkliːmæ] ⟨-et⟩
Klingel klokke [ˈklɔgə] ⟨-n, -r⟩
klingeln ringe [ˈʁeŋə] ⟨-ede⟩
klug klog [klɔːˀu]
knipsen *(fotografieren)* knipse [ˈknebsə] ⟨-ede⟩
Knopf knap [knab] ⟨-pen, -per⟩; **(auf) einen ~ drücken** trykke på en knap [ˈtʁœgə pɔ en ˈknab] ⟨-ede⟩
Knoten knude [ˈknuːðə] ⟨-n, -r⟩
kochen koge [ˈkɔːuə] ⟨-te⟩
Koffer kuffert [ˈkɔfɒd] ⟨-en, -e⟩
Kohle kul [kɔlˀ] ⟨-let, -⟩
Kollege kollega [kɔˈleːgæ] ⟨-en, kolleger⟩
kommen komme [ˈkɔmə] ⟨kom, kommet⟩
Kompaß kompas [kɔmˈpæs] ⟨-set, -ser⟩
Kondom kondom [kɔnˈdoːʔm] ⟨-et, -er⟩
können kunne [ˈkunə] ⟨kunne, kunnet⟩
Konsulat konsulat [kɔnsuˈlɛːˀd] ⟨-et, -er⟩

konsultieren konsultere [kɔnsul'te:'ɔ] ⟨-ede⟩
Kontakt kontakt [kɔn'tagd] ⟨-en, -er⟩
kontrollieren kontrollere [kɔntʊo'le:'ɔ] ⟨-ede⟩
Kopie kopi [ko'pi:'] ⟨-en, -er⟩
Korb kurv [kuɐ̯'v] ⟨-en, -e⟩
Körper krop [kʁɔb] ⟨-pen, -pe⟩
korrekt korrekt [kɒ'ʁægd]
kosten koste ['kɔsdə] ⟨-ede⟩
Kosten omkostninger ['ɔm,kɔsdneŋɒ] pl
kostenlos uden omkostninger ['uðən 'ɔm,kɔsdneŋɒ]
kostspielig bekostelig [be'kɔsdeli]
Kraft kraft [kʁafd] ⟨-en, kræfter⟩, styrke ['sdyɒgə] ⟨-n, -r⟩
kräftig kraftig ['kʁafdi]
krank syg [sy:'] ; ~ **werden** blive syg ['bli:ə 'sy:'] ⟨blev, blevet⟩
Krankenwagen ambulance [ambu'laŋsə] ⟨-n, -r⟩
kreativ kreativ [kʁɛɛæ'ti:'v]
Kredit kredit [kʁɛ'did] ⟨-ten, -ter⟩
Kreuzung (Straße) (gade) kryds [('gɛ:ðə,)kʁys] ⟨-et, -⟩
Krieg krig [kʁi:'] ⟨-en, -e⟩
kritisieren kritisere [kʁiti'se:'ɔ] ⟨-ede⟩
Küche køkken ['køgən] ⟨-et, -er⟩
Kuh ko [ko:'] ⟨-en, køer⟩
kühl kølig ['kø:li]
Kultur kultur [kul'tu:'ɒ] ⟨-en, -er⟩
Kummer sorg [sɒ:'ʊ] ⟨-en⟩
kümmern, s. ~ **um** beskæftige sig med [be'sgæfdi:ə sai̯ mɛð] ⟨-ede⟩, tage sig af [tɛ:' sai̯ 'ɛ:'] ⟨tag, taget⟩
Kunde kunde ['kɔnə] ⟨-n, -r⟩
Kurs (Unterricht, Wechsel~) kurs [kuɒ̯'s] ⟨-en, -er⟩
Kurve kurve ['kuɒvə] ⟨-n, -r⟩
kurz (räumlich) kort [kɒːd] ; (kurzgefaßt) kortfattet ['kɒːd,fædəð]
kurzfristig kortfristet ['kɒːd,fʁɛsdəð]
Kuß kys [køs] ⟨-et, -⟩
küssen kysse ['køsə] ⟨-ede⟩
Küste kyst [køsd] ⟨-en, -er⟩

L

lachen le [le:'] ⟨lo, let⟩
lächerlich latterlig ['lædɒli]
Laden forretning [fɒ'ʁædneŋ] ⟨-en, -er⟩
Lage situation [siduæ'ɕo:'n] ⟨-en, -er⟩ ; (eines Ortes) beliggenhed [be'legən,he:'ð] ⟨-en, -er⟩

Lampe lampe ['lambə] ⟨-n, -r⟩
Land land [læn'] ⟨-et, -e⟩
Landgut gods [gɒs] ⟨-et, -er⟩
Landhaus landsted ['læn,sdɛð] ⟨-et, -er⟩
Landsmann landsmand ['læn'ˌsˌmæn'] ⟨-en, -mænd⟩
lang lang [laŋ']
Länge længde ['lɛŋdə] ⟨-n, -r⟩
langsam langsom ['laŋsɔm']
langweilig kedelig ['ke:ðəli]
Lärm larm [la:'m] ⟨-en⟩
lassen (zulassen) tilllade ['te,lɛ:'ðə] ⟨-lod, -ladt⟩
lästig besværlig [be'svɛɒ'li]
laufen løbe ['lø:bə] ⟨løb, løbet⟩
Laune lune ['lu:nə] ⟨-t, -r⟩, humør [hu'mø:'ɒ] ⟨-et, -er⟩
laut højt [hɔi̯'d] ; ~ **sprechen** tale højt ['tɛ:lə 'hɔi̯'d] ⟨-te⟩
lauten lyde ['ly:ðə] ⟨lød, lydt⟩
Lautsprecher højttaler ['hɔi̯,tɛ:lɒ] ⟨-en, -e⟩
Leben liv [li:'v] ⟨-et, -⟩
leben leve ['le:və] ⟨-ede⟩
lebend levende ['le:vənə]
Lebensmittel levnedsmiddel ['lɛʊnəðsˌmiðˀəl] ⟨-let, -ler⟩
lebhaft livlig ['liʊli]
Leder læder ['lɛðˀɒ] ⟨-et⟩
ledig ugift ['uˌgifd]
leer tom [tɔm']
legen lægge ['lɛgə] ⟨lagde, lagt⟩
lehren lære ['lɛ:ɔ] ⟨-te⟩
leicht let [lɛd]
leider desværre [des'vɛɒɒ]
leihen (ver~) låne ud ['lɔ:nə 'uðˀ] ⟨-te⟩ ; (ent~) låne af ['lɔ:nə æ]
leise stille ['sdelə] ; ~ **sprechen** tale sagte ['tɛ:lə 'sɛ:'ðə] ⟨-te⟩
Leiter f stige ['sdi:ə] ⟨-n, -r⟩
Leiter/in leder ['le:ðɒ] ⟨-en, -e⟩
Leitung (el, tele, Gas, Wasser) ledning ['leðneŋ] ⟨-en, -er⟩
lernen lære ['lɛ:ɔ] ⟨-te⟩
lesen læse ['lɛ:sə] ⟨-te⟩
letzte(r, -s) sidste [sisdə]
leuchtend lysende ['ly:sənə]
Leuchtturm fyrtårn ['fyɒ̯,tɔ:'n] ⟨-et, -e⟩
leugnen benægte [be'nɛgdə] ⟨-ede⟩
Leute folk [fɒl'g] ⟨-et, -⟩
Licht lys [ly:'s] ⟨-et, -⟩ ; ~ **anmachen/ ausmachen** tænde/slukke lyset ['tɛnə/sløgə 'ly:'səð] ⟨-te/-ede⟩
lieb kær [kɛ:'ɒ]
Liebe kærlighed ['kɛɒliˌhe:'ð] ⟨-en⟩
lieben elske ['ɛlsgə] ⟨-ede⟩

liebenswürdig elskværdig
[ɛlsgˈvɛɐ̯ˀdi]
Liebenswürdigkeit elskværdighed
[ɛlsgˈvɛɐ̯ˀdiˌheːˀð] ⟨-en, -er⟩
lieber hellere [ˈhɛlɔɐ]; ~ **haben**
fore|trække [ˈfɔːɒˌtʁæɡə] ⟨-trak, -truk-
ket⟩, synes bedre om [ˈsyːnəs ˈbɛðɐɔ
ɔm] ⟨-tes⟩
Liebling yndling [ˈønleŋ] ⟨-en, -er⟩
Lied sang [saŋˀ] ⟨-en, -e⟩
liefern levere [leˈveːˀɔ] ⟨-ede⟩
liegen ligge [ˈleɡə] ⟨lå, ligget⟩
liegenlassen (*vergessen*) lade ligge
[læ ˈleɡə] ⟨lod, ladet⟩
Linie linie [ˈliniə] ⟨-n, -r⟩
linke(r, -s) venstre [ˈvɛnsdɐɔ]
links til venstre [tel ˈvɛnsdɐɔ]
Liste liste [ˈlesdə] ⟨-n, -r⟩
loben rose [ˈɐoːsə] ⟨-te⟩
Loch hul [hɔlˀ] ⟨-let, -ler⟩
logisch logisk [ˈloːˀɡisg]
Lohn løn [lønˀ] ⟨-nen⟩
Lokal (*Gaststätte*) værtshus
[ˈvɛɐ̯dsˌhuːˀs] ⟨-et, -e⟩
löschen slukke [ˈslɔɡə] ⟨-ede⟩
lösen løsne [ˈløsnə] ⟨-ede⟩, binde op
[ˈbenə ˈɔb] ⟨bandt, bundet⟩
Luft luft [lɔfd] ⟨-en⟩
lüften lufte [ˈlɔfdə] ⟨-ede⟩
Luftzug træk [tʁæɡ] ⟨-ken⟩
Lüge løgn [lɔiˀn] ⟨-en, -e⟩
Lust lyst [løsd] ⟨-en, -er⟩
lustig lystig [ˈløsdi]; (*erheiternd*)
morsom [ˈmɔɐsɔmˀ]
luxuriös luksuriøs [lɔgsuɐiˀøːˀs]
Luxus luksus [ˈlɔgsus] ⟨-en⟩

M

machen (*herstellen*) lave [ˈlɛːvə]
⟨-ede⟩, fremstille [ˈfʁæmˌsdelˀə]
⟨-ede⟩; ~ **lassen** lade lave [læ ˈlɛːvə]
⟨lod, ladet⟩
Mädchen pige [ˈpiːə] ⟨-n, -r⟩
mager mager [ˈmɛːˀɔ]
Mahlzeit måltid [ˈmɔlˌtiðˀ] ⟨-et, -er⟩
Mal gang [ɡaŋˀ] ⟨-en, -e⟩; **einmal** en
gang [eˈeːˀn ˈɡaŋˀ]; **jedesmal** hver
gang [ˈvɛːˀɒ ˈɡaŋˀ]; **zweimal** to gange
[ˈtoːˀ ˈɡaŋə]
malen male [ˈmɛːlə] ⟨-ede, -te⟩
man man [man]
Mangel (*Fehlen*) mangel [ˈmaŋˀəl]
⟨-en, mangler⟩; (*Fehler*) fejl [faiˀl]
⟨-en, -⟩
Mann mand [mænˀ] ⟨-en, mænd⟩

männlich mandig [ˈmændi]
Mannschaft (*Sport*) hold [hɔlˀ] ⟨-et, -⟩;
(*Schiff*) mandskab [ˈmænˌsgɛːˀb]
⟨-et, -er⟩
Mappe (*Akten~*) mappe [ˈmabə] ⟨-n, -r⟩
Marke (*Brief~*) (fri)mærke
[ˈ(fʁi)mɛɐɡə] ⟨-t, -r⟩; (*Handels~*)
varemærke [ˈvaːɐˌmɛɐɡə] ⟨-t, -r⟩
Maschine maskine [maˈsgiːnə] ⟨-n, -r⟩
Maß mål [mɔːˀl] ⟨-et, -⟩
mäßig *adj* moderat [modəˈʁaːˀd]
Material materiale [mætʁiˀɛːle] ⟨-t, -r⟩
Meer hav [hau] ⟨-et, -⟩
mehr mere [ˈmeːɔ]; ~ **als** mere end
[ˈmeːɔ ɛn]; ~ **oder weniger** mere
eller mindre [ˈmeːɔ ɛlɔ ˈmendɐɔ]
meinen *verb* mene [ˈmeːnə] ⟨-te⟩
mein(-e, -er) *prn* min [miːˀn]
meinetwegen for min skyld [fɔ ˈmiːˀn
sgylˀ]
Meinung mening [ˈmeːneŋ] ⟨-en, -er⟩;
meiner ~ **nach** efter min mening
[ˈɛfdɒ ˈmiːˀn ˈmeːneŋ]
melden melde [ˈmɛlə] ⟨-te⟩; (*berich-
ten*) berette [beˈʁædə] ⟨-ede⟩
Menge mængde [ˈmɛŋˀdə] ⟨-n, -r⟩;
eine ~ en masse [en ˈmæsə] ⟨-n, -r⟩
Mensch menneske [ˈmɛnəsgə] ⟨-t, -r⟩
menschlich menneskelig [ˈmɛnəsgəli]
merken mærke [ˈmɛɐɡə] ⟨-ede⟩; **s.
etw** ~ mærke sig noget [ˈmɛɐɡə sai
ˈnɔːəð]
Messe (*rel, Ausstellung*) messe
[ˈmɛsə] ⟨-n, -r⟩
messen måle [ˈmɔːlə] ⟨-te⟩
mich *prn* mig [mai]
Miete leje [ˈlaiə] ⟨-n, -r⟩
mieten leje [ˈlaiə] ⟨-ede⟩
mild mild [milˀ]
mindestens i det mindste [i de
ˈmenˀsdə]
minus minus [ˈmiːnus]
Minute minut [miˀnud] ⟨-tet, -ter⟩
mir *prn* mig [mai]
Mißbrauch misbrug [ˈmisˌbʁuːˀ] ⟨-et⟩
mißbrauchen misbruge [ˈmisˌbʁuːˀə]
⟨-te⟩
mißtrauen mistro [ˈmisˌtʁoːˀ] ⟨-ede⟩
Mißverständnis misforståelse
[ˈmisfɔˌsdɔːˀəlsə] ⟨-n, -r⟩
mißverstehen misfor|stå
[ˈmisfɔˌsdɔːˀ] ⟨-stod, -stået⟩
mit med [mɛð]
mitbringen med|bringe [ˈmɛðˌbʁeŋˀə]
⟨-bragte, -bragt⟩
Mitleid medlidenhed
[mɛðˈliːˀðənˌheːˀð] ⟨-en⟩

mitnehmen tage med [tɛ:ˀ 'mɛð] ⟨tog, taget⟩
Mittag middag ['medæ] ⟨-en⟩
Mitte midte ['medə] ⟨-n⟩
mitteilen meddele ['mɛð̩de:ˀlə] ⟨-te⟩
Mitteilung meddelelse ['mɛð̩de:ˀləlsə] ⟨-n, -r⟩
Mittel mid|del ['miðˀəl] ⟨-let, -ler⟩
Mitternacht midnat ['miðˌnæd]; **um** ~ **ved midnat** [veð 'miðˌnæd]
Möbel møb|el ['mø:ˀbəl] ⟨-let, -ler⟩
möblieren møblere [mø'ble:ˀɔ] ⟨-ede⟩
Mode mode ['mo:ðə] ⟨-n, -r⟩
modern moderne [mo'dɛɐnə]
mögen *(gern haben)* kunne lide ['kunə 'li:ðə] ⟨kunne, kunnet⟩; *(wünschen)* ønske ['ønsgə] ⟨-ede⟩, ville gerne ['vilə 'gɛɐnə] ⟨ville, villet⟩
möglich mulig ['mu:li]; **so bald wie** ~ så hurtigt som muligt [sɔ 'hudid sɔm 'mu:lid]
Möglichkeit mulighed ['mu:liˌhe:ˀð] ⟨-en, -er⟩
Mole mole ['mo:lə] ⟨-n, -r⟩
Moment øjeblik ['ɔiəˌbleg] ⟨-ket, -ke⟩
Monat måned ['mɔ:nəð] ⟨-en, -er⟩
monatlich månedlig ['mɔ:nəðli]
Mond måne ['mɔ:nə] ⟨-n, -r⟩
Morgen morgen [mɔ:ɔn] ⟨-en, -er⟩
Möwe måge ['mɔ:ɣə] ⟨-n, -r⟩
Mücke myg [myg] ⟨-gen, -⟩
müde træt [tʁæd]
Mühe møje ['mɔiə] ⟨-n, -r⟩; **s.** ~ **geben** gøre sig umage ['gœ:ɔ sai 'uˌmɛ:ə] ⟨gjorde, gjort⟩
Müll skrald [sgʁalˀ] ⟨-et⟩
Mülltonne skraldespand ['sgʁaləˌsbanˀ] ⟨-en, -e⟩
münden *(Fluß)* udmunde ['uðˌmɔnˀə]; *(Straße)* løbe ud ['lø:bə 'uðˀ] ⟨løb, løbet⟩
Mündung munding ['mɔnen] ⟨-en, -er⟩
Münze mønt [mønˀd] ⟨-en, -er⟩
Musik musik [mu'sig] ⟨-ken⟩
müssen måtte ['mɔdə] ⟨måtte, måttet⟩
Muster mønst|er ['mønˀsdɔ] ⟨-ret, -re⟩
Mutter mor [mo:ɒ] ⟨-en, mødre⟩

N

nach *(zeitlich)* efter ['ɛfdɔ]; *(räumlich)* til [tel]; ~ **Dänemark** til Danmark [tel 'dænmaːg]
Nachbar/in nabo ['nɛːbo] ⟨-en, -er⟩
nachgehen *(Uhr)* gå for langsomt [gɔ:ˀ fɔ 'laŋsɔmˀd] ⟨gik, gået⟩

nachher bagefter ['baˌˀɛfdɔ]
nachlässig skødesløs ['sgø:ðəsˌlø:ˀs]
Nachmittag eftermiddag ['ɛfdɔˌmedæ] ⟨-en, -e⟩
nachprüfen efterprøve ['ɛfdɔˌpʁœ:ˀvə] ⟨-ede⟩
Nachricht meddelelse ['mɛð̩de:ˀləlsə] ⟨-n, -r⟩
nachsehen se efter [se:ˀ 'ɛfdɔ] ⟨så, set⟩
nächste(r, -s) næste ['nɛsdə]
Nacht nat [næd] ⟨-ten, nætter⟩; **bei** ~ om natten [ɔm 'nædən]; **heute nacht** i nat [i 'næd]
Nachteil ulempe ['uˌlɛmbə] ⟨-n, -r⟩
nackt nøgen ['nɔiən]
Nadel nål [nɔ:ˀl] ⟨-en, -e⟩
Nagel *(Stift)* søm [sømˀ] ⟨-met, -⟩; *(Finger~)* negl [naiˀl] ⟨-en, -e⟩
nahe nær [nɛ:ˀɒ]; ~ **bei** nærved ['nɛ:ˀɒˌveð]
Nähe nærhed ['nɛɒˌhe:ˀð] ⟨-en⟩
nähern, s. ~ nærme sig ['nɛɒmə sai] ⟨-ede⟩
nahrhaft nærende ['nɛ:ɔnə]
Nahrung næring ['nɛ:ɹeŋ] ⟨-en, -er⟩
Nahrungsmittel næringsmid|del ['nɛ:ɹeŋsˌmiðˀəl] ⟨-let, -ler⟩
Name navn [nauˀn] ⟨-et, -e⟩
Namenstag navnedag ['naunəˌdɛ:ˀ] ⟨-en, -e⟩
naß våd [vɔ:ˀð], fugtig ['fɔgdi]; *(durchnäßt)* gennemblødt ['gɛnəmˌblø:ˀd]
Nation nation [na'ɕo:ˀn] ⟨-en, -er⟩
Natur natur [na'tu:ˀɒ] ⟨-en, -er⟩
natürlich *adj* naturlig [na'tuɐˀli]; *adv* naturligvis [na'tuɐˀliˌvi:ˀs]
neben ved siden af [veð 'si:ðən æ]
neblig tåget [tɔːʊəð]
Neffe nevø [ne'vøˀ] ⟨-en, -er⟩
negativ negativ ['negæˌti:ˀv]
nehmen tage [tɛ:ˀ] ⟨tog, taget⟩
nennen nævne ['nɛunə] ⟨-ede⟩, kalde ['kælə] ⟨-te⟩
nervös nervøs [nɛɒˌvø:ˀs]
nett pæn [pɛ:ˀn]; *(freundlich)* venlig ['venli]
Netz net [nɛd] ⟨-tet, -⟩
neu ny [ny:ˀ]
neugierig nysgerrig ['nysˌgɛɒˀi]
Neuheit nyhed ['ny̩he:ˀð] ⟨-en, -er⟩
Neuigkeit nyhed ['ny̩he:ˀð] ⟨-en, -er⟩
neulich nylig ['ny:li]
nicht ikke ['egə]; ~ **einmal** ikke engang ['egə en'gaŋˀ]; ~ **wahr?** ikke sandt ['egə 'sænˀd]; **gar** ~ overhovedet ikke [ɔuɔˀhoːðəd 'egə]; **noch** ~ endnu ikke ['ɛnu 'egə]

Nichte niece [niˈɛːsə] ⟨-n, -r⟩
nichts intet [ˈendəð]; **sonst** ~ ellers
intet [ˈɛlˀɔs ˈendəð]
nie aldrig [ˈaldʁi]
nieder, niedrig lav [lɛ:ˀv]
niemand ingen [ˈeŋən]
niesen nyse [ˈnyːsə] ⟨nøs, nyst⟩
nirgends ingen steder [ˈeŋən ˈsdɛːðɔ]
noch endnu [ˈɛnu]; ~ **nicht** endnu
ikke [ˈɛnu ˈegə]
Nonne nonne [ˈnɔnə] ⟨-n, -r⟩
Norden, der ~ norden [ˈnoːˀn]
nordisch nordisk [ˈnoɒdisg]
nördlich nordlig [ˈnoɒli]; ~ **von** nord
for [ˈnoːˀɒ fɒ]
Nordsee, die ~ Vesterhavet
[ˈvɛsdɔˌhɛːˀvəð]
normal *adj* normal [nɔˌmɛːˀl]
normalerweise *adv* normalt
[nɔˌmɛːˀld]
Notfall, im ~ i nødstilfælde [i
ˈnøðstelfɛlˀə]
notieren notere [noˈteːˀɔ] ⟨-ede⟩
nötig nødvendig [nøðˈvɛnˀdi]
notwendig nødvendig [nøðˈvɛnˀdi]
Notwendigkeit nødvendighed
[nøðˈvɛnˀdiˌheːˀð] ⟨-en, -er⟩
nüchtern nøgtern [ˈnøgdɒn]
numerieren nummerere [nɔməˈʁeːˀɔ]
⟨-ede⟩
Nummer nummer [ˈnɔmˀɔ] ⟨-et,
numre⟩
nun nu [nu]
nur kun [kɔn]
nützlich nyttig [ˈnødi]
nutzlos nytteløs [ˈnødəˌløːˀs]

O

ob om [ɔmˀ]
oben oven [ˈɔuən]; **dort** ~ deroppe
[dɛɒˈɔbə]; **nach** ~ opad [ˈɔbˌæð], til
vejrs [tel ˈvɛːˀɒs]
obwohl skønt [sgønˀd]
oder eller [ˈɛlɔ]
Ofen ovn [ɔuˀn] ⟨-en, -e⟩
offen åben [ˈɔːbən]
öffentlich offentlig [ˈɔfɛndli]
offiziell officiel [ɔfiˈsɛlˀ]
öffnen åbne [ˈɔːbnə] ⟨-ede⟩
Öffnungszeit åbningstid
[ˈɔːbneŋsˌtiðˀ] ⟨-en, -er⟩
oft ofte [ˈɔfdə]
ohne uden [ˈuðən]
ohnmächtig besvimet [beˌsviˈˀməð]
Öl olie [ˈoljə] ⟨-n, -r⟩

Onkel onkel [ˈɔŋˀgəl] ⟨-en, onkler⟩
operieren operere [obaˈʁeːˀɔ] ⟨-ede⟩
Orden *(rel, Auszeichnung)* orden
[ˈɒːˀdən] ⟨-en, -er⟩
ordentlich ordentlig [ˈɒːˀdənli]
Ordnung ordning [ˈɒːdneŋ] ⟨-en, -er⟩
Ort sted [sdɛð] ⟨-et, -er⟩
Ortschaft landsby [ˈlænˀsˌby:ˀ] ⟨-en, -er⟩
Osten, der ~ østen [ˈøsdən]
Österreich Østrig [ˈøsdʁi]
Österreicher/in østriger [ˈøsdʁiːˀɔ]
⟨-en, -e⟩
Ostsee, die ~ Østersøen
[ˈøsdɔˌsøːˀən]
Ozean ocean [oseˈɛːˀn] ⟨-et, -er⟩

P

Paar par [pa] ⟨-ret, -⟩; *(Ehe~)*
ægtepar [ˈɛgdəˌpa] ⟨-ret, -⟩
paar, ein ~ et par [pa]
Päckchen småpakke [ˈsmɔˌpagə]
⟨-n, -r⟩
packen *(Koffer)* pakke [ˈpagə] ⟨-ede⟩
Packung pakning [ˈpagneŋ] ⟨-en, -er⟩
Paket pakke [ˈpagə] ⟨-n, -r⟩
Panorama panorama [pænoˈʁaːmæ]
⟨-et, -er⟩
Park park [pa:g] ⟨-en, -er⟩
parken parkere [paˈkeːˀɔ] ⟨-ede⟩
Party fest [fɛsd] ⟨-en, -er⟩
Paß *(Ausweis, Gebirge)* pas [pæs]
⟨-set, -⟩
Passage passage [pæˈsɛːsə] ⟨-n, -r⟩
passen passe [ˈpæsə] ⟨-ede⟩
passieren passere [pæˈseːˀɔ] ⟨-ede⟩
Pelz pels [pɛlˀs] ⟨-en, -e⟩
Peripherie periferi [peˌifeˈʁiːˀ]
⟨-en, -er⟩
Person person [pɛɒˈsoːˀn] ⟨-en, -er⟩
Personal personale [pɛɒsoˈnɛːlə]
⟨-t, -r⟩
Personalien personalia
[pɛɒsoˈnɛːˀliæ]
persönlich personlig [pɛɒˈsoːˀnli]
Pfad sti [sdi:ˀ] ⟨-en, -er⟩
Pfand pant [pænˀd] ⟨-et, -er⟩
Pfeife pibe [ˈpiːbə] ⟨-n, -r⟩
Pflanze plante [ˈplændə] ⟨-n, -r⟩
Pflicht pligt [plegd] ⟨-en, -er⟩
pflücken plukke [ˈplɔgə] ⟨-de⟩
Plakat plakat [plaˈkɛːˀd] ⟨-en, -er⟩
Plan plan [plɛːˀn] ⟨-en, -er⟩
Plastik *(Material)* plastic [plæˈsdig]
⟨-en⟩; *(Skulptur)* skulptur
[sgulbˈtuːˀɒ] ⟨-en, -er⟩

Platte *(zum Anrichten)* tallerken [ˈtælˀlɛ̞ɡən] ⟨-en, -er⟩; *(Schall~)* plade [ˈplɛ̞ːðə] ⟨-n, -r⟩
Plattenspieler pladespiller [ˈplɛ̞ːðəˌsbelə] ⟨-en, -e⟩
Platz plads [plæs] ⟨-en, -er⟩
platzen briste [ˈbʁɛsdə] ⟨-ede⟩
plötzlich *adv* pludselig [ˈpluslɪ]
plus plus [plus]
Politik politik [poliˈtik] ⟨-ken, -ker⟩
positiv positiv [ˈpoːsiˌtiːˀv]
Post post [pɔsd] ⟨-en⟩
praktisch praktisk [ˈpʁaktisɡ]
Praxis praksis [ˈpʁaɡsis] ⟨-en, -⟩
Predigt prædiken [ˈpʁɛ̞ðɡən] ⟨-en, -er⟩
Preis pris [pʁiːˀs] ⟨-en, -er⟩
Priester præst [ˈpʁæsd] ⟨-en, -er⟩
prima glimrende [ˈɡlemʁənə]
privat privat [pʁiˈvɛ̞ːˀd]
pro pro [pʁoːˀ]
Probe prøve [ˈpʁœːvə] ⟨-n, -r⟩
Produkt produkt [pʁoˈdɔɡd] ⟨-et, -er⟩
Programm program [pʁoˈɡʁɑmˀ] ⟨-met, -mer⟩
Prospekt brochure [bʁoˈsyːɔ] ⟨-n, -r⟩
protestieren protestere [pʁodɑˈsdeːˀɔ] ⟨-ede⟩
provisorisch midlertidig [ˈmɪðˀlɔˌtiːˀði]
Prozent procent [pʁoˈsɛnˀd] ⟨-en, -er⟩
Prozentsatz procentsats [pʁoˈsɛnˀdˌsæds] ⟨-en, -er⟩
Prozession procession [pʁoseˈsˀoːˀn]
prüfen undersøge [ˈɔnɔˌsøːˀə] ⟨-te⟩
Prüfung eksamen [ɛɡˈsɛ̞ːmən] ⟨-en, -er⟩
Publikum publikum [ˈpublikɔm] ⟨-(m)et, -(m)er⟩
Pulver pulver [ˈpɔlˀvɔ] ⟨-et, -e⟩
Punkt punkt [pɔŋˀd] ⟨-et, -er⟩
pünktlich præcis [pʁɛˌsiːˀs]
Puppe dukke [ˈdɔɡə] ⟨-n, -r⟩
putzen pudse [ˈpusə] ⟨-ede⟩, gøre rent [ˈɡœːɔ ʁɛˀˀnd] ⟨gjorde, gjort⟩

Q

Qualität kvalitet [kvæliˈteːˀd] ⟨-en, -er⟩
Qualle vand|mand [ˈvænˌmænˀ] ⟨-en, vandmænd⟩
Quelle kilde [ˈkilə] ⟨-n, -r⟩
quer durch tværs igennem [tvɛ̞ɔs iˈɡɛnˀəm]
quittieren kvittere [kviˈteːˀɔ] ⟨-ede⟩
Quittung kvittering [kviˈteːˀɔɛŋ] ⟨-en, -er⟩

R

Rabatt rabat [ʁaˈbæd] ⟨-ten, -ter⟩
Radio radio [ˈʁaːˀdio] ⟨-en, -er⟩
Rand rand [ʁanˀ] ⟨-en, -e⟩, kant [kænˀd] ⟨-en, -er⟩
rasch *adv* hurtigt [ˈhuɔdid]
Rasen græsplæne [ˈɡʁæsˌplɛ̞ːnə] ⟨-n, -r⟩
rasieren barbere [baˈbeːˀɔ] ⟨-ede⟩
Rat råd [ʁɔːˀð] ⟨-et, -⟩; **jdn um ~ fragen** spørge nogen om råd [ˈsbœɔʁə noːən ɔm ˈʁɔːˀð] ⟨spurgte, spurgt⟩
raten *(Rat erteilen)* råde [ˈʁɔːðə] ⟨-ede⟩; *(er~)* gætte [ˈɡɛdə] ⟨-ede⟩
Rauch røg [ʁɔiˀ] ⟨-en⟩
rauchen ryge [ˈʁyːə] ⟨røg, røget⟩
Raum rum [ʁɔmˀ] ⟨-met, -⟩
rechnen regne [ˈʁaɪnə] ⟨-ede⟩
Rechnung regning [ˈʁaɪneŋ] ⟨-en, -er⟩
Recht ret [ʁæd] ⟨-ten, -ter⟩
recht haben have ret [hɛˀˀ ʁæd] ⟨havde, haft⟩
rechte(r, -s) højre [ˈhɔiʁɔ]
rechts til højre [tel ˈhɔiʁɔ]
rechtzeitig rettidig [ˈʁædˌtiːˀði]
reden tale [ˈtɛ̞ːlə] ⟨-te⟩
regelmäßig regelmæssig [ˈʁɛ̞ːˀəlˌmɛsi]
regeln ordne [ˈˀɔːdnə] ⟨-ede⟩
Regierung regering [ʁɛˈɡeːˀʁ̩en] ⟨-en, -er⟩
regnen regne [ˈʁaɪnə] ⟨-ede⟩
reich rig [ʁiːˀ]
reichen *(aus~)* slå til [slɔːˀ ˈtel] ⟨slog, slået⟩, være tilstrækkelig [ˈvɛːɔ teˈsdʁæɡəli] ⟨var, været⟩; *(geben)* give [ɡiːˀ] ⟨gav, givet⟩
reichlich rigelig [ˈʁiːəli]
Reichtum rigdom [ˈʁiːˀˌdɔmˀ] ⟨-men, -me⟩
reif moden [ˈmoːˀðən]
Reihe række [ˈʁæɡə] ⟨-n, -r⟩
reinigen rense [ˈʁænsə] ⟨-ede⟩
Reinigung *(Geschäft)* renseri [ʁænsə-ˈʁiːˀ] ⟨-et, -er⟩
Reise rejse [ˈʁaɪsə] ⟨-n, -r⟩; **auf der ~** på rejse [pɔ ˈʁaɪsə]
Reiseführer rejsefører [ˈʁaɪsəˌføːɔ] ⟨-en, -e⟩, guide [ɡaɪd] ⟨-n, -r⟩
Reisegesellschaft rejseselskab [ˈʁaɪsəˌsɛlsɡɛ̞ːˀb] ⟨-et, -er⟩
reisen (nach) rejse (til) [ˈʁaɪsə (tel)] ⟨-te⟩
Reisende, der, die ~ rejsende [ˈʁaɪsənə]
Reiseroute rejserute [ˈʁaɪsəˌʁuːdə] ⟨-n, -r⟩
reißen *(ziehen)* trække [ˈtʁæɡə] ⟨trak, trukket⟩; *(kaputtgehen)* rive itu [ˈʁiːvə iˈtuːˀ] ⟨rev, revet⟩

Reklame reklame [ʁeˈklɛˈməˈ] ⟨-n, -r⟩
reklamieren reklamere [ʁɛklæˈmeːʔɔ] ⟨-ede⟩
rennen løbe [ˈløːbə] ⟨løb, løbet⟩
Reparatur reparation [ʁepaaˈsoːʔn] ⟨-en, -er⟩
reparieren reparere [ʁepaˈʁeːʔɔ] ⟨-ede⟩
reservieren reservere [ʁesɛʁɔˈveːʔɔ] ⟨-ede⟩
Rest rest [ʁæsd] ⟨-en, -er⟩
Restaurant restaurant [ʁɛsdoˈʁaŋ] ⟨-en, -er⟩
retten redde [ˈʁɛðə] ⟨-ede⟩
Revue revy [ʁeˈvyˀ] ⟨-en, -er⟩
richtig rigtig [ˈʁɛgdi]; *(geeignet)* egnet [ˈainəð]
richtigstellen korrigere [kɒiˈgeːʔɔ] ⟨-ede⟩, rette [ˈʁædə] ⟨-ede⟩
Richtung retning [ˈʁædneŋ] ⟨-en, -er⟩
riechen lugte [ˈlɔgdə] ⟨-ede⟩
Riegel slå [slɔˀ] ⟨-en, -er⟩
Riemen rem [ʁæmˀ] ⟨-men, -me⟩
Ring ring [ʁɛŋˀ] ⟨-en, -e⟩
Risiko risiko [ˈʁisiko] ⟨-en, -er⟩
Rohr rør [ʁœːʔɒ] ⟨-et, -⟩
Route rute [ˈʁuːðə] ⟨-n, -r⟩
Rückfahrt tilbagerejse [teˈbɛːʌˌʁaisə] ⟨-n, -r⟩
Rückkehr hjemkomst [ˈjɛmˌkɔmˀsd] ⟨-en⟩
Rucksack rygsæk [ˈʁœgˌsɛg] ⟨-ken, -ke⟩
Rücksicht hensyn [ˈhɛnˌsyːʔn] ⟨-et, -⟩
rücksichtslos hensynsløs [ˈhɛnsynsˌløːˀs]
rückwärts baglæns [ˈbaulɛnˀs]
rufen råbe [ˈʁɔːbe] ⟨-te⟩
Ruhe ro [ʁoːˀ] ⟨-en⟩, hvile [ˈviːlə] ⟨-n⟩; *(seelisch)* ro [ʁoːˀ] ⟨-en⟩; *(Stille)* stilhed [ˈsdelˌheːˀð] ⟨-en⟩
ruhen *(aus~)* hvile (ud) [ˈviːlə (ˈuðˀ)] ⟨-ede⟩
ruhig rolig [ˈʁoːli]
rund rund [ʁɒnˀ]
Runde runde [ˈʁɒndə] ⟨-n, -r⟩

S

Saal sal [sɛːˀl] ⟨-en, -e⟩
Sache *(Ding)* ting [teŋˀ] ⟨-en, -⟩; *(Angelegenheit)* sag [sɛːˀ] ⟨-en, -er⟩
Sack sæk [sɛg] ⟨-ken, -ke⟩
sagen sige [ˈsiːə] ⟨sagde, sagt⟩
Saison sæson [sɛˈsɔŋ] ⟨-en, -er⟩; **außerhalb der** ~ uden for sæsonen [ˈuðən fɔ sɛˈsɔŋʔən]

sammeln samle [ˈsamlə] ⟨-ede⟩
Sammlung samling [ˈsamleŋ] ⟨-en, -er⟩
satt mæt [mɛd]
Satz sætning [ˈsɛdneŋ] ⟨-en, -er⟩
sauber ren [ʁɛːˀn]
sauer sur [suːˀɒ]
Schachtel æske [ˈɛsgə] ⟨-n, -r⟩
schade, es ist ~ det er en skam [de ɛɒ en ˈsgamˀ]; **wie** ~**!** sikken en skam! [ˈsegən en ˈsgamˀ]
schaden skade [ˈsgɛːðə] ⟨-ede⟩
Schaden skade [ˈsgɛːðə] ⟨-n, -r⟩
Schadenersatz skadeserstatning [ˈsgɛːðəsɛʁɒˌsdædneŋ] ⟨-en, -er⟩
schädlich skadelig [ˈsgɛːðəli]
Schaf får [fɔːˀ] ⟨-et, -⟩
Schalter *(Fahrkarten)* billethul [biˈlɛdˌhɔlˀ] ⟨-let, -ler⟩; *(Bank)* skranke [ˈsgʁaŋgə] ⟨-n, -r⟩; *(el)* kontakt [kɔnˈtagd] ⟨-en, -er⟩
scharf skarp [ska:b]
Schatten skygge [ˈsgygə] ⟨-n, -r⟩
schätzen *(Wert)* vurdere [vuɒˈdeːʔɔ] ⟨-ede⟩; *(Person)* sætte pris på [ˈsɛðə ˈpriːˀs pɒ] ⟨satte, sat⟩
schauen kigge [ˈkigə] ⟨-ede⟩
Schaufenster udstillingsvindue [ˈuðsdelʔeŋsˌvendu] ⟨-t, -r⟩
Scheibe skive [ˈsgiːvə] ⟨-n, -r⟩; *(Fenster)* rude [ˈʁuːðə] ⟨-n, -r⟩
Schein *(Geld)* seddel [ˈseðˀəl] ⟨-len, -ler⟩; *(Anschein)* skin [sgenˀ] ⟨-et⟩
scheinen synes [ˈsynəs] ⟨-tes, -tes⟩; *(glänzen)* skinne [ˈsgenə] ⟨-ede⟩
schenken skænke [ˈsgɛŋgə] ⟨-ede⟩
Schere saks [sags] ⟨-en, -e⟩
Scherz spøg [sbɔiˀ] ⟨-en⟩
schicken sende [ˈsɛnə] ⟨-te⟩
schieben skubbe [ˈsgɒbə] ⟨-ede⟩
schießen skyde [ˈsgyːðə] ⟨skød, skudt⟩
Schild skilt [sgelˀd] ⟨-et, -e⟩
Schilf siv [siːˀv] ⟨-et, -⟩
schimpfen skælde ud [ˈsgɛlə ˈuðˀ] ⟨-te⟩
Schirm skærm [sgɛɒˀm] ⟨-en, -e⟩
Schlaf søvn [sœuˀn] ⟨-en⟩
schlafen sove [ˈsouə] ⟨sov, sovet⟩
Schlag slag [slɛːˀ] ⟨-et, -⟩
schlagen *(auch Uhr)* slå [slɔːˀ] ⟨slog, slået⟩
Schlamm mudder [ˈmuðˀɔ] ⟨-et⟩
Schlange *(Tier)* slange [ˈslaŋə] ⟨-n, -r⟩; *(Menschen~)* kø [køːˀ] ⟨-en, -er⟩; ~ **stehen** stå i kø [sdɔːˀ i ˈkøːˀ] ⟨stod, stået⟩
schlank slank [slaŋˀg]
schlau snu [snuːˀ]

Schlauch slange ['slaŋə] ⟨-n, -r⟩
schlecht *adj* dårlig ['dɔ:li]; *adv* dårligt ['dɔ:lid]
schließen lukke ['loɡə] ⟨-ede⟩, slutte ['sludə] ⟨-ede⟩
schlimm slem [slɛm']
Schloß slot [slɔd] ⟨-tet, -te⟩; *(Tür)* lås [lɔ:'s] ⟨-en, -e⟩
Schluck tår [tɔ:'] ⟨-en⟩
Schluß *(Ende)* slutning ['sludneŋ] ⟨-en, -er⟩
schmal smal [smæl']
schmecken smage ['smɛ:ə] ⟨-te⟩
schmerzen smerte ['smɛɐdə] ⟨-ede⟩, gøre ondt ['ɡœ:ɐ 'ɒn'd] ⟨gjorde, gjort⟩
schmerzhaft smertefuld ['smɛɐdə ful']
schminken, s. ~ sminke sig ['smeŋɡə sai] ⟨-ede⟩
schmuggeln smugle ['smu:lə] ⟨-ede⟩
Schmutz snavs [snau's] ⟨-et⟩; *(Schlamm)* mudder ['muð'ɐ] ⟨-et⟩
schmutzig snavset ['snausəd]
schnarchen snorke ['snɔ:ɡə] ⟨-ede⟩
schneiden skære ['sɡɛ:ɔ] ⟨skar, skåret⟩
schneien sne [sne:'] ⟨-ede⟩
schnell *adj* hurtig ['huɐdi]; *adv* hurtigt ['huɐdid]
Schnelligkeit hurtighed ['huɐdi he:'ð] ⟨-en⟩
Schnellimbiß fast food ['fæsd fu:d]
Schnur snor [snɔ:'ɐ] ⟨-en, -e⟩
Schnürsenkel snørebånd ['snœ:ɔ bɒn'] ⟨-et, -⟩
schon allerede [ælə'ʁɛ:ðə]
schön smuk [smʌɡ]
Schönheit skønhed ['sɡœn he:'ð] ⟨-en, -er⟩
schrecklich skrækkelig ['sɡʁæɡəli]
schreiben skrive ['sɡʁi:və] ⟨skrev, skrevet⟩
schreien skrige ['sɡʁi:ə] ⟨skreg, skreget⟩
Schrift *(Hand~)* skrift [sɡʁɛfd] ⟨-en, -er⟩
schriftlich skriftlig ['sɡʁɛfdli]
Schritt skridt [sɡʁid] ⟨-et, -⟩
schüchtern genert [ʃe'neɐ'd]
Schuh sko [sɡo:'] ⟨-en, -⟩
Schuld skyld [sɡyl'] ⟨-en⟩; *(Geld)* gæld [ɡɛl'] ⟨-en⟩
schulden skylde ['sɡylə] ⟨-te⟩
Schule skole ['sɡo:lə] ⟨-n, -r⟩
Schuß skud [sɡuð] ⟨-det, -⟩
Schutz beskyttelse [be'sɡødəlsə] ⟨-n⟩

schwach svag [svɛ:']
Schwäche svaghed ['svɛ: he:'ð] ⟨-en, -er⟩
Schwager svoger ['svɒu'ɔ] ⟨-en, svogre⟩
Schwägerin svigerinde [sviɔ'enə] ⟨-n, -r⟩
schwanger gravid [ɡʁa'við']
Schweigen tavshed ['taus he:'ð] ⟨-en⟩
schweigen tie ['ti:ə] ⟨tav, tiet⟩
Schweiz Schweiz [svai'ðs]
Schweizer/in svejtser ['svai'dsɔ] ⟨-en, -e⟩
schwer *(Gewicht)* tung [toŋ']; *(Krankheit)* svær [svɛ:'ɐ], alvorlig [æl'vo:'li]; *(schwierig)* svær [svɛ:'ɐ], vanskelig ['vænsɡəli]
Schwester søster ['søsdɔ] ⟨-en, søstre⟩; *(Kranken~)* sygeplejerske ['sy:ə plaiɔsɡə] ⟨-n, -r⟩; *(Ordens~)* søster ['søsdɔ] ⟨-en, søstre⟩
schwierig vanskelig ['vænsɡəli]
Schwierigkeit besværlighed [be'svɛɐli he:'ð] ⟨-en, -er⟩
schwimmen svømme ['svœmə] ⟨-ede⟩
schwindeln svindle ['svenlə] ⟨-ede⟩
Schwindler svindler ['svenlɔ] ⟨-en, -e⟩
schwindlig svimmel ['svem'əl]
schwitzen svede ['sve:ðə] ⟨-te⟩
See *(Meer)* hav [hau] ⟨-et, -e⟩; *(Binnengewässer)* sø [sø:'] ⟨-en, -er⟩
Seeigel søpindsvin ['sø pensvi:'n] ⟨-et, -⟩
sehen se [se:'] ⟨så, set⟩
sehr meget ['maiəð]
Seil snor [snɔ:'ɐ] ⟨-en, -e⟩
sein (1) *verb* være ['vɛ:ɔ] ⟨var, været⟩
sein (2) *poss prn* hans [hæns]; dens, dets [dɛns, dɛds]
seit *prp/conj* siden ['si:ðən]; **~ wann?** siden hvornår ['si:ðən vɒ'nɒ:']
seitdem siden den tid ['si:ðən 'dɛn' tið']
Seite side ['si:ðə] ⟨-n, -r⟩
Sekunde sekund [se'kɒn'd] ⟨-et, -er⟩
selbst selv [sɛl']
Selbstbedienung selvbetjening ['sɛlbe tjɛ:'neŋ] ⟨-en⟩
selten *adj* sjælden ['sɛlən]; *adv* sjældent ['sɛlənd]
senden *(schicken)* sende ['sɛnə] ⟨-te⟩
Sendung *(Radio, Fernsehen)* udsendelse ['uð sɛn'əlsə] ⟨-n, -r⟩
servieren servere [sɛɐ've:'ɔ]
setzen sætte ['sɛdə] ⟨satte, sat⟩; **s. ~** sætte sig ['sɛdə sai]

Sex sex [sɛgs]
sicher *adj* sikker [ˈsegɔ]; *adv* sikkert [ˈsegɔd]
Sicherheit sikkerhed [ˈsegɔˌheːˀð]
⟨-en, -er⟩
Sicherung *(el)* sikring [ˈsegʁɛŋ]
⟨-en, -er⟩
Sicht udsigt [ˈuðˌsegd] ⟨-en, -er⟩
sichtbar synlig [ˈsyːnli]
sie *prn f sing* hun [hun]; *prn pl* de [di]
Sie *prn* De [di]
Signal signal [siˈnɛːˀl] ⟨-et, -er⟩
singen synge [ˈsøŋə] ⟨sang, sunget⟩
Sinn mening [ˈmeːneŋ] ⟨-en, -er⟩
Sitz (sidde)plads [(ˈseðəˌ)plæs]
⟨-en, -er⟩
sitzen sidde [ˈseðə] ⟨sad, siddet⟩
Skagerrak Skagerrak [ˈsgɛːəˌʁag]
Skorpion skorpion [sgɔpiˈoːˀn]
⟨-en, -er⟩
so således [ˈsɔˌleːðəs]
sofort straks [sdʁags]
sogar endog [enˈʔɔu]
Sohn søn [sœn] ⟨-nen, -ner⟩
solch sådan [ˈsɔˌdæn]
sollen skulle [ˈsgulə] ⟨skulle, skullet⟩
Sonder … special … [sbeˈsɛːˀl]
sondern men [mɛn]
Sonne sol [soːˀl] ⟨-en, -e⟩
Sonnenaufgang, bei ~ ved
solopgang [veð ˈsoːlˌɔbgaŋˀ]
Sonnenbrille solbriller [ˈsoːlˌbʁɛlɔ] *pl*
Sonnenuntergang, bei ~ ved
solnedgang [veð ˈsoːlˌneðgaŋˀ]
sonnig solrig [ˈsoːlʁiːˀ]
sonst ellers [ˈɛlˀɔs]; **~ noch** foruden
[fɔˈuːðən]
Sorge bekymring [beˈkømˀʁeŋ]
⟨-en, -er⟩
sorgen, ~ für sørge for [ˈsœʁuə fɔ]
⟨-ede⟩; **s. ~ um** bekymre sig om
[beˈkømˀʁʊ sai ɔm] ⟨-ede⟩
Sorgfalt omhu [ˈɔmˌhuːˀ] ⟨-en⟩
sorgfältig omhyggelig [ɔmˈhygəli]
Sorte slags [slags] ⟨-en, -⟩
sparen spare [ˈsbaːa] ⟨-ede⟩
Spaß *(Scherz)* spøg [sbɔiˀ] ⟨-en⟩;
(Vergnügen) fornøjelse [fɔˈnɔiˀəlsə]
⟨-n, -r⟩
spät sent [seːˀnd]
später senere [ˈseːnɔɔ]
spazierengehen gå en tur [ˈgɔːˀ en
ˈtuːˀɒ] ⟨gik, gået⟩
Spaziergang spadseretur
[sbæˈseːˀɔˌtuːˀɒ] ⟨-en, -e⟩; **einen ~
machen** gå en tur [ˈgɔːˀ en ˈtuːˀɒ]
⟨gik, gået⟩

Sperre *(Bahnhof)* bom [bɔmˀ]
⟨-men, -me⟩
Spesen udgifter *pl* [ˈuðˌgifdɔ],
omkostninger [ˈɔmˌkɔsdneŋɔ] *pl*
speziell speciel [sbeˈsɛlˀ]
spielen spille [ˈsbelə] ⟨-ede⟩; *(Kin-
der)* lege [ˈlaiə] ⟨-ede⟩
Spielzeug legetøj [ˈlaiəˌtɔi] ⟨-et, -⟩
Spiritus *(Brenn~)* spiritus
[ˈsbiːˀɒitus] ⟨-en⟩
spitz spids [sbes]
Spitze spids [sbes] ⟨-en, -er⟩; *(Gebir-
ge)* tinde [ˈtenə] ⟨-n, -r⟩; *(Gewebe)*
blonde [ˈblɔndə] ⟨-n, -r⟩
Sport sport [sbɒːd] ⟨-en⟩
Sprache sprog [sbʁɔːˀu] ⟨-et, -⟩
sprechen tale [ˈtɛːlə] ⟨-ede⟩
springen springe [ˈsbʁɛŋə] ⟨sprang,
sprunget⟩
Spur spor [sbɒːˀɒ] ⟨-et, -⟩
Staat stat [sdɛːˀd] ⟨-en, -er⟩
Stadt by [byːˀ] ⟨-en, -er⟩
Stadtplan byplan [ˈbyˌplɛːˀn] ⟨-en, -er⟩
stammen stamme [ˈsdamə] ⟨-ede⟩
Stange stang [sdaŋˀ] ⟨-en, stænger⟩;
(Zigaretten) karton [kaˈtɔŋ] ⟨-en, -er⟩
stark stærk [sdɛʁɒg] *(beleibt)* svær
[svɛːˀɒ]; *(dick)* tyk [tyg]
Stärke styrke [ˈsdyɒgə] ⟨-n, -r⟩
starten starten [ˈsdaːdə] ⟨-ede⟩
statt i stedet for [i ˈsdɛːˀðəd fɔ]
stattfinden finde sted [ˈfenə ˈsdɛːˀð]
⟨fandt, fundet⟩
Staub støv [sdøːˀv] ⟨-et⟩
stechen stikke [ˈsdegə] ⟨stak, stukket⟩
Stecknadel knappenål [ˈknabəˌnɔːˀl]
⟨-en, -e⟩
Steg gangbro [ˈgaŋˌbʁɒːˀ] ⟨-en, -er⟩
stehen stå [sdɔːˀ] ⟨stod, stået⟩
stehenbleiben *(anhalten)* blive
stående [ˈbliːə ˈsdɔːˀənə] ⟨blev, blevet⟩
stehlen stjæle [ˈsdjɛːlə] ⟨stjal, stjålet⟩
steigen stige [ˈsdiːə] ⟨steg, steget⟩
steil stejl [sdaiˀl]
Stein sten [sdeːˀn] ⟨-en, -⟩
steinig stenet [ˈsdeːnəð]
Stelle *(Ort)* sted [sdɛːˀð] ⟨-et, -er⟩;
(Arbeit) stilling [ˈsdeleŋ] ⟨-en, -er⟩
stellen stille [ˈsdelə] ⟨-ede⟩
Stellung stilling [ˈsdeleŋ] ⟨-en, -er⟩;
(An~) ansættelse [ˈænˌsɛdəlsə] ⟨-n, -r⟩
Stempel stempel [ˈsdɛmˀbəl]
⟨-let, -ler⟩
sterben dø [døːˀ] ⟨døde, død⟩
Stern stjerne [ˈsdjɛɒnə] ⟨-n, -r⟩
stets konstant [kɔnˈsdænˀd]
still stille [ˈsdelə]

Stimme stemme ['sdɛmə] ⟨-n, -r⟩
stimmen stemme ['sdɛmə] ⟨-te⟩
stinken stinke ['sdeŋgə] ⟨stank, stinket⟩
Stock stok [sdɔg] ⟨-ken, -ke⟩
Stoff stof [sdɔf] ⟨-fet, -fer⟩
stören forstyrre [fɔ'sdyɒ'ɒ] ⟨-ede⟩
Störung forstyrrelse [fɔ'sdyɒ'ɒlsə] ⟨-n, -r⟩; *(Unterbrechung)* afbrydelse ['auˌbɒy:'ɒəlsə] ⟨-n, -r⟩
Stoß *(Schubs)* stød [sdøð] ⟨-et, -⟩; *(Stapel)* bunke ['bɒŋgə] ⟨-n, -r⟩
stoßen støde ['sdø:ðə] ⟨-te⟩
Strafe straf [sdʁaf] ⟨-fen, -fe⟩; *(Geld~)* bøde ['bø:ðə] ⟨-n, -r⟩
Strahl stråle ['sdʁɔ:lə] ⟨-n, -r⟩
Strand strand [sdʁanˀ] ⟨-en, -e⟩
Straße gade ['gɛ:ðə] ⟨-n, -r⟩; *(Land~)* landevej ['lænəˌvaiˀ] ⟨-en, -e⟩
Strauß *(Blumen)* buket [bu'kɛd] ⟨-ten, -ter⟩
Strecke strækning ['sdʁægneŋ] ⟨-en, -er⟩; *(Bahn~)* (bane)linie ['(bɛ:nə)ˌlinjə] ⟨-n, -r⟩
Streichholz tændstik ['tɛnˌsdeg] ⟨-ken, -ker⟩
Streichholzschachtel tændstikæske ['tɛnsdegˌɛsgə] ⟨-n, -r⟩
Streit strid [sdʁiðˀ] ⟨-en⟩, skænderi [sgɛnə'ʁiˀ] ⟨-et, -er⟩
streiten skændes ['sgɛnəs] ⟨-tes⟩
streng streng [sdʁæŋˀ]
Strom *(Fluß)* flod [floˀð] ⟨-en, -er⟩; *(el)* strøm [sdʁœmˀ] ⟨-men, -me⟩
Strömung strømning ['sdʁœmneŋ] ⟨-en, -er⟩
Stück stykke ['sdøgə] ⟨-t, -r⟩; **ein ~ Brot** et stykke brød [ed 'sdøgə 'bʁœ:ð]
studieren studere [sdu'de:ɒ] ⟨-ede⟩
Stuhl stol [sdo:'l] ⟨-en, -e⟩
Stunde time ['ti:mə] ⟨-n, -r⟩
Sturm storm [sdɒ:'m] ⟨-en, -e⟩
Sturz styrt [sdyɒ'd] ⟨-et, -⟩
stürzen *(fallen)* falde ['fælə] ⟨faldt, faldet⟩
suchen søge ['sø:ə] ⟨-te⟩
Süden, der ~ syden ['sy:'ðən]
südlich sydlig ['sy:ðli]; ~ **von** syd for [syð fɒ]
Summe sum [sɒmˀ] ⟨-men, -mer⟩
Sumpf sump [sɒmˀb] ⟨-en, -e⟩
süß sød [sø:'ð]
Swimmingpool swimmingpool ['svemeŋˌpu:l] ⟨-en, -s⟩
sympathisch sympatisk [sym'pɛ:'tisg]

T

Tabak tobak [to'bag] ⟨-ken, -ker⟩
Tag dag [dɛ:'] ⟨-en, -e⟩; **alle ~e** hver dag [vɛ:'ɒ dɛ:']; **bei ~** om dagen [ɔm 'dɛ:'ən]
tanken tanke op ['taŋgə ɔb] ⟨-ede⟩
Tante tante ['tændə] ⟨-n, -r⟩
Tanz dans [dænˀs] ⟨-en, -e⟩
Tasche *(Hosen~)* lomme ['lɔmə] ⟨-n, -r⟩; *(Hand~)* taske ['tæsgə] ⟨-n, -r⟩
Tat handling ['hænleŋ] ⟨-en, -er⟩; **in der ~** i virkeligheden [i 'viʁɒgəliˌhe:'ðən]
Tätigkeit virksomhed ['viʁgsɒmˌhe:'ð] ⟨-en, -er⟩
Tatsache kendsgerning ['kɛnˀsˌgɛɒneŋ] ⟨-en, -er⟩
tauschen bytte ['bydə] ⟨-ede⟩
täuschen, s. ~ tage fejl [tɛ:' 'faiˀl] ⟨tog, taget⟩
Taxi taxa ['tagsæ] ⟨-en, -er⟩
Teil del [de:'l] ⟨-en, -e⟩
teilen dele ['de:lə] ⟨-te⟩
teilnehmen (an) del|tage (i) ['delˌtɛ:' (i)] ⟨-tog, -taget⟩
telefonieren telefonere [teləfo'ne:'ɒ] ⟨-ede⟩
Teller tallerken [tæ'lɛɒgən] ⟨-en, -er⟩
Termin termin [tɛɒ'mi:'n] ⟨-en, -er⟩; *(Frist)* frist [fʁɛsd] ⟨-en, -er⟩
teuer dyr [dy:'ɒ]
tief dyb [dy:'b]; *(niedrig)* lav [lɛ:'v]
Tier dyr [dy:'ɒ] ⟨-et, -⟩
Tip tips [tibs] ⟨-et, -⟩
Tisch bord [bo:'ɒ] ⟨-et, -e⟩; **bei ~** ved bordet [veð bo:'ɒð]
Tochter datter ['dædɒ] ⟨-en, døtre⟩
Tod død [dø:'ð] ⟨-en⟩
Toilette toilet [toæ'lɛd] ⟨-tet, -ter⟩
Toilettenpapier toiletpapir [toæˌlɛdpaˌpi:'ɒ] ⟨-et⟩
Ton tone ['to:nə] ⟨-n, -r⟩
Tonwaren lervarer ['leɒˌva:a] *pl*
Tor *(Einfahrt)* port [poɒ'd] ⟨-en, -e⟩; *(Fußball)* mål [mɔ:'l] ⟨-et, -⟩
tot død [dø:'ð]
Tour tur [tu:'ɒ] ⟨-en, -e⟩
Tourist/in turist [tu'ʁisd] ⟨-en, -er⟩
Tracht dragt [dʁagd] ⟨-en, -er⟩
tragen bære ['bɛ:ɒ] ⟨bar, båret⟩
Träger *(Gepäck~)* drager ['dʁa:uɒ] ⟨-en, -e⟩
transportieren transportere [tʁansbo'te:'ɒ] ⟨-ede⟩
Traum drøm [dʁœmˀ] ⟨-men, -me⟩
träumen drømme ['dʁœmə] ⟨-te⟩

traurig bedrøvet [be'dʁœ:ʔvəð]
treffen træffe ['tʁæfə] ⟨traf, truffet⟩
trennen skille ['sgelə] ⟨-te⟩
Treppe trappe ['tʁabə] ⟨-n, -r⟩
treu tro [tʁo:ʔ]
trinkbar drikkelig ['dʁɛɡəli]
trinken drikke ['dʁɛɡə] ⟨drak, drukket⟩
trocken tør [tœ:ʔɒ]
trocknen tørre ['tœ:ɒ] ⟨-ede⟩
Tropfen dråbe ['dʁɒ:bə] ⟨-n, -r⟩
tropfen dryppe ['dʁœbə] ⟨-ede⟩
trotz trods [tʁɒs]
trotzdem ikke desto mindre ['eɡə dɛsdo 'mendʁɒ]
trüb *(Flüssigkeit)* uklar ['u̯kla:ʔ], plumret ['plɒmʁɒð]; *(Wetter)* overtrukket ['ɒu̯ɒˌtʁɒɡəð]
tschüß hej-hej ['haiˌhai]
Tube tube ['tu:bə] ⟨-n, -r⟩
Tuch dug [du:ʔ] ⟨-en, -e⟩; *(Lappen)* klud [kluð] ⟨-en, -e⟩; *(Kopf~)* tørklæde ['tœɒkle:ðə] ⟨-t, -r⟩
tüchtig dygtig ['døgdi]
tun gøre ['gœ:ɒ] ⟨gjorde, gjort⟩
Tunnel tunnel ['tɒnʔəl] ⟨-en, -er⟩
Tür dør [dœ:ʔɒ] ⟨-en, -e⟩
Tüte *(kleine)* kræmmerhus ['kʁæmoˌhu:ʔs] ⟨-et, -e⟩; *(Papier~)* papirspose [pa'pi:ʔɒsˌpo:sə] ⟨-n, -r⟩
typisch typisk ['tybisg]

U

übel ond [ɒnʔ], dårlig ['dɒ:li]; **mir ist ~** jeg føler mig dårlig [jai 'føʔlɒ mai 'dɒ:li]
üben øve ['ø:və] ⟨-ede⟩
über *prp (räumlich)* over ['ɒu̯ʔɒ]; *(von)* om [ɒmʔ]
überall overalt [ɒu̯ɒ'ælʔd]
überbringen over|bringe ['ɒu̯ɒˌbʁɛŋʔə] ⟨-bragte, -bragt⟩
überfallen over|falde ['ɒu̯ɒˌfælʔə] ⟨-faldt, -faldet⟩
überflüssig overflødig [ɒu̯ɒˈfløˀði]
überfüllt overfyldt ['ɒu̯ɒˌfylʔd]
Übergang overgang ['ɒu̯ɒˌgaŋʔ] ⟨-en, -e⟩
übergeben over|give ['ɒu̯ɒˌgi:ʔ] ⟨-gav, -givet⟩
überholen indhente ['enˌhɛnʔdə] ⟨-ede⟩; *(mit dem Auto)* overhale ['ɒu̯ɒˌhɛ:ʔlə] ⟨-ede⟩
übernachten overnatte ['ɒu̯ɒˌnædə] ⟨-ede⟩

übernehmen over|tage ['ɒu̯ɒˌtɛ:ʔ] ⟨-tog, -taget⟩
überqueren gå over [gɒ:ʔ 'ɒu̯ʔɒ] ⟨gik, gået⟩
überrascht overrasket ['ɒu̯ɒˌʁasgəð]
überreden overtale ['ɒu̯ɒˌtɛ:ʔlə] ⟨-te⟩
überschreiten over|skride ['ɒu̯ɒˌsgʁi:ʔðə] ⟨-skred, -skredet⟩
Übersee oversøisk land ['ɒu̯ɒˌsø:ʔisg lænʔ]
übersetzen over|sætte ['ɒu̯ɒˌsɛdə] ⟨-satte, -sat⟩
übertragbar som kan overføres [sɒm kæ 'ɒu̯ɒˌfø:ʔɒs]
übertrieben overdreven ['ɒu̯ɒˌdʁɛ:ʔvən]
überweisen *(Geld)* overføre ['ɒu̯ɒˌfø:ʔɒ] ⟨-te⟩
überzeugen overbevise ['ɒu̯obeˌvi:ʔsə] ⟨-te⟩
üblich sædvanlig [sɛð'vɛ:ʔnli]
übrig *adv* tilbage [te'bɛ:ə]
übrigbleiben være tilovers ['vɛ:ɒ tel'ɒu̯ʔɒs] ⟨var, været⟩
übrigens i øvrigt [i 'øu̯ʔid], for resten [fɒ 'ʁæsdən]
Übung øvelse ['ø:vəlsə] ⟨-n, -r⟩
Ufer *(Fluß)* bred [bʁɛðʔ] ⟨-den, -der⟩; *(Meer)* kyst [køsd] ⟨-en, -er⟩
Uhr ur [u:ʔɒ] ⟨-et, -e⟩
um *prp (räumlich)* omkring [ɒm'kʁɛŋʔ]; *(Zeitangabe)* ved [veð]; *(gegen)* om [ɒmʔ]
umarmen omfavne ['ɒmˌfau̯ʔnə] ⟨-ede⟩
umgekehrt omvendt ['ɒmˌvɛnʔd]; **in ~er Richtung** *adj* i den modsatte retning [i dɛn 'moðˌsæðə 'ʁædneŋ]
umkehren vende om ['vɛnə 'ɒmʔ] ⟨-te⟩
Umrechnung omregning ['ɒmˌʁai̯ʔneŋ] ⟨-en, -er⟩
umsehen, s. ~ se sig om [se:ʔ sai 'ɒmʔ] ⟨så, set⟩
umsonst *(gratis)* gratis ['gʁaˌtis]; *(vergebens)* forgæves [fɒ'gɛ:ʔvəs]
Umstände omstændigheder [ɒmˈsdɛnʔdiˌhe:ʔðɒ]
umsteigen stige om ['sti:ə 'ɒmʔ] ⟨steg, steget⟩
umtauschen bytte ['bydə] ⟨-ede⟩
Umweg omvej ['ɒmˌvai̯ʔ] ⟨-en, -e⟩
Umwelt omverden ['ɒmˌvɛɒdən] ⟨-en⟩
umziehen *(Wohnung wechseln)* flytte ['fløðə] ⟨-ede⟩; **s. ~** klæde sig om ['klɛ:ðə sai 'ɒmʔ] ⟨-te⟩
unangenehm ubehagelig [ubeˈhɛ:ʔəli]
unanständig uanstændig [uæn'sdɛnʔdi]

unbedingt *adv* ubetinget
['ube̩teŋˀəð]
unbekannt ubekendt ['ube̩kɛnˀd]
unbequem ubekvem ['ube̩kvɛmˀ]
unbeständig ustadig ['u̩sdɛ̩ˀði]
unbestimmt ubestemt ['ube̩sdɛmˀd]
und og [ɔ]; ~ **so weiter** og så videre
[ɔ sɔ ˈviːðɔɔ]
undankbar utaknemmelig
[utaɡˈnɛmˀəli]
unecht uægte ['u̩ɛɡdə]
unentbehrlich uundværlig
[uɔnˈvɛɒˀli]
unentschlossen ubeslutsom
[ube̩ˈsludsɔmˀ]
unerfahren uerfaren ['uɛɒ̩faˀˀʔan]
unerfreulich ubehagelig [ube̩ˈhɛ̩ˀʔəli]
unerträglich utålelig [u̩tɔˀˀləli]
unerwartet uventet ['u̩vɛnˀdəð]
unerwünscht uønsket ['u̩ønˀsgəð]
unfähig uduelig [u̩duˀˀəli], ude af
stand (til) ['u̩ðə æ ˀsdænˀ (tel)]
Unfall ulykke ['u̩løɡə] ⟨-en, -r⟩
unfreundlich uvenlig ['u̩vɛnli]
ungeeignet uegnet ['u̩ai̯ˀnəð]
ungefähr cirka ['siŋɡæ]
ungemütlich ubehagelig [ube̩ˈhɛ̩ˀʔəli]
ungenau unøjagtig [unɔi̯ˀaɡdi]
ungenügend utilfredsstillende
['utefɯɛs̩sdelˀˀənə]
ungerecht uretfærdig [u̩ʁæd̩fɛɒˀdi]
Ungerechtigkeit uretfærdighed
[u̩ʁæd̩fɛɒˀdiˀˀheðˀ] ⟨-en, -er⟩
ungern nødig ['nøːði]
ungesund usund ['u̩sɔnˀ]
ungewiß uvis ['u̩ves]
ungewöhnlich usædvanlig
[usɛðˀvɛ̩ˀnli]
unglaublich utrolig [u̩tʁoˀˀli]
Unglück ulykke ['u̩løɡə] ⟨-n, -r⟩
unglücklich ulykkelig [u̩løɡəli]
unglücklicherweise uheldigvis
[u̩hɛlˀdi̩viˀˀs]
ungültig ugyldig [u̩ɡylˀdi]
ungünstig ugunstig ['u̩ɡɔnˀsdi]
unhöflich uhøflig ['u̩høfli]
Unkosten omkostninger
['ɔm̩kɔsdneŋɔ] *pl*
unmittelbar umiddelbar
['u̩miðˀalbaːˀ]
unmodern umoderne ['umo̩dɛ̩ɒnə]
unmöglich umulig [u̩muːˀli]
unnötig unødvendig [unøðˀvɛnˀdi]
unnütz unødig ['u̩nøːˀði], ubrugelig
[u̩bʁuːˀəli]
Unordnung uorden ['u̩ɒːˀdən]
⟨-en⟩

unpraktisch upraktisk ['u̩pʁaɡtisg]
Unrecht *(Ungerechtigkeit)*
uretfærdighed [u̩ʁæd̩fæɒ̩ˀdiˀˀheːˀð]
⟨-en, -er⟩
unrecht haben have uret [hɛ̩ˀˀ ˀu̩ʁæd]
⟨havde, haft⟩
unregelmäßig uregelmæssig
['u̩ʁɛ̩ˀʔəl̩mɛsi]
unruhig urolig [u̩ʁoˀˀli]
uns *prn* os [ɔs]
unschuldig uskyldig [u̩sɡylˀdi]
unser *prn* vores ['vɒːɒs]
unsicher usikker ['u̩seɡɔ]; *(ungewiß)*
uvis ['u̩ves]
unten nede ['neːðə]; **dort** ~
nedenunder ['neːðən̩ɒnˀɔ]
unter under ['ɒnˀɔ]; *(zwischen)*
blandt [blænˀd]; ~ **anderem** blandt
andet [blænˀd ˀænəð]
unterbrechen af|bryde ['au̯̩bʁyˀˀðə]
⟨-brød, -brudt⟩
Unterführung viadukt [viæˈdɔɡd]
⟨-en, -er⟩
unterhalb nedenfor ['neːðən̩fɔ]
unterhalten, s. ~ *(reden)* snakke
sammen ['snaɡə ˀsamˀən] ⟨-ede⟩;
(s. vergnügen) more sig ['moːɔ sai̯]
⟨-ede⟩
unterhaltend underholdende
['ɒnɔ̩hɔlˀˀənə]
Unterhaltung *(Gespräch)* samtale
['sam̩tɛ̩ːlə] ⟨-n, -r⟩; *(Vergnügen)*
underholdning ['ɒnɔ̩hɔlˀneŋ] ⟨-en, -er⟩
Unterkunft husly ['hus̩lyːˀ] ⟨-et, -⟩
Unternehmen virksomhed
['viɒɡsɔm̩heːˀð] ⟨-en, -er⟩
unterrichten *(informieren)*
underrette ['ɒnɔ̩ʁædə] ⟨-ede⟩; *(Schu-
le)* undervise ['ɒnɔ̩viːˀsə] ⟨-te⟩
unterscheiden skelne (mellem)
['sɡɛlnə (ˀmɛlˀəm)] ⟨-ede⟩; **s.** ~ **von**
være forskellig fra ['vɛːɒ fɔˀsɡɛlˀi fʁa]
Unterschied forskel ['fɔːˀsɡɛlˀ]
⟨-len, -le⟩
unterschreiben under|skrive
['ɒnɔ̩sɡʁiːˀvə] ⟨-skrev, -skrevet⟩
Unterschrift underskrift ['ɒnɔ̩sɡʁɛfd]
⟨-en, -er⟩
Unterstützung understøttelse
['ɒnɔ̩sdødəlsə] ⟨-n, -r⟩
untersuchen undersøge ['ɒnɔ̩søˀˀə]
⟨-te⟩
unterwegs undervejs [ɒnɔˈvai̯ˀs]
unverbindlich ikke bindende ['eɡə
ˀbenənə]
unvermeidlich uundgåelig
[uɔnˀɡɔˀˀəli]

unverschämt sein være uforskammet ['vɛːɔ ufɔ'sgamˀəð] ⟨var, været⟩

unvollständig ufuldstændig ['uful,sdɛnˀdi]

unvorsichtig uforsigtig [ufɔ'segdi]

unwahrscheinlich usandsynlig [usænˀsyːˀnli]

unwichtig ubetydelig [ube'tyːˀðəli]

unwohl utilpas ['uteˌpæs]

unzufrieden utilfreds ['uteˌfʁɛs]

Urlaub ferie ['feːˀʁiə] ⟨-n, -r⟩

Ursache årsag ['ɔːˌsɛ̞ːˀ] ⟨-en, -er⟩

Urteil dom [dɔmˀ] ⟨-men, -me⟩

urteilen dømme ['dœmə] ⟨-te⟩

V

Vater far [faː] ⟨-en, fædre⟩

Vaterland fædreland ['fɛðʁɔˌlænˀ] ⟨-et, -e⟩

verabreden, s. ~ træffe aftale ['tʁæfə 'auˌtɛːlə] ⟨traf, truffet⟩

Verabredung aftale ['auˌtɛːlə] ⟨-n, -r⟩

verabschieden, s. ~ tage afsked [tɛ̞ː 'auˌsgeːˀð] ⟨tog, taget⟩

verändern forandre [fɔ'anˀdʁɔ] ⟨-ede⟩

Veränderung forandring [fɔ'anˀdʁɐŋ] ⟨-en, -er⟩

veranstalten arrangere [aaŋˈsɛːˀɔ] ⟨-ede⟩

Veranstaltung arrangement [aaŋsəˈmaŋ] ⟨-et, -er⟩

verantwortlich ansvarlig [ænˀsvaːˀli]

Verband *(med)* forbinding [fɔˌbenˀeŋ] ⟨-en, -er⟩; *(Vereinigung)* forening [fɔˈeːˀneŋ] ⟨-en, -er⟩

Verbandszeug forbindingssager [fɔˈbenˀeŋsˌsɛ̞ːɔ] *pl*

verbessern forbedre [fɔˈbɛðˀʁɔ] ⟨-ede⟩; *(Fehler)* rette [ˈʁædə] ⟨-ede⟩

verbieten for|byde [fɔˈbyːˀðə] ⟨-bød, -budt⟩

verbinden for|binde [fɔˈbenˀə] ⟨-bandt, -bundet⟩; *(tele)* få forbindelse [fɔːˀ fɔˈbenˀəlsə] ⟨fik, fået⟩

Verbindung *(Zug, tele)* forbindelse [fɔˈbenˀəlsə] ⟨-n, -r⟩

Verbot forbud ['fɔːˌbuð] ⟨-et, -⟩

verboten! forbudt! ['fɔˈbud]

Verbrauch forbrug [fɔˈbʁuːˀ] ⟨-et, -⟩

verbrauchen forbruge [fɔˈbʁuːˀə] ⟨-te⟩

verbrennen brænde ['bʁænə] ⟨-te⟩

verbringen *(Zeit)* til|bringe ['telˌbʁɛŋˀə] ⟨-bragte, -bragt⟩

Verdacht mistanke ['misˌtaŋɡə] ⟨-n, -r⟩

verderben øde|lægge ['øːðəˌlɛɡə] ⟨-lagde, -lagt⟩; *(schlecht werden)* rådne ['ʁɔðnə] ⟨-ede⟩

verdienen tjene ['tjɛːnə] ⟨-te⟩; *(wert sein)* fortjene [fɔˈtjɛːˀnə] ⟨-te⟩

Verdienst *m (Geld)* fortjeneste [fɔˈtjɛːˀnəsdə] ⟨-n, -r⟩, indtægt ['enˌtegd] ⟨-en, -er⟩; *n* fortjeneste [fɔˈtjɛːˀnəsdə] ⟨-n, -r⟩

verdorben ødelagt ['øːðəˌlagd]; *(faul)* rådden ['ʁɔðən], fordærvet [fɔˈdɛ̞ɔˀvəð]; *(sittlich)* fordærvet [fɔˈdɛ̞ɔˀvəð]

Verein forening [fɔˈeːˀneŋ] ⟨-en, -er⟩

vereinbaren blive enige om ['bliːə 'eːniːə ɔm] ⟨blev, blevet⟩, ved|tage ['veðˌtɛ̞ːˀ] ⟨-tog, -taget⟩

Vereinbarung overenskomst [ɔuˀɔˌeːˀnsˌkɔmˀsd] ⟨-en, -er⟩

Verfassung *(pol)* forfatning [fɔˈfædneŋ] ⟨-en, -er⟩; *(Zustand)* tilstand ['telˌsdænˀ] ⟨-en, -e⟩

verfehlen ikke ramme ['egə 'ʁamə] ⟨-te⟩

Vergangenheit fortid ['fɔːˌtiðˀ] ⟨-en⟩

vergehen *(Zeit)* gå [ɡɔːˀ] ⟨gik, gået⟩

vergessen glemme ['ɡlɛmə] ⟨-te⟩

vergewaltigen vold|tage ['vɔlˌtɛ̞ːˀ] ⟨-tog, -taget⟩

Vergleich sammenligning ['samənˌliːˀneŋ] ⟨-en, -er⟩

vergleichen sammenligne ['samənˌliːˀnə] ⟨-ede⟩

Vergnügen fornøjelse [fɔˈnɔiˀəlsə] ⟨-n, -r⟩

Verhandlung forhandling [fɔˈhænˀleŋ] ⟨-en, -er⟩

verheimlichen for|tie [fɔˈtiːˀə] ⟨-tav, -tiet⟩

verheiratet gift [gifd]

verhindern forhindre [fɔˈhenˀdʁɔ] ⟨-ede⟩

verirren, s. ~ fare vild ['faːa 'vilˀ] ⟨for, faret⟩

Verkauf salg [sælˀ] ⟨-et, -⟩

verkaufen sælge ['sɛljə] ⟨solgte, solgt⟩

Verkehr trafik [tʁaˈfiɡ] ⟨-ken⟩

verkehren *(Verkehrsmittel)* færdes ['fɛ̞ɔdəs] ⟨-edes⟩

Verkehrsbüro turistkontor [tuˈʁiskɔntˌtoːˀʁ] ⟨-et, -er⟩

verlangen forlange [fɔˈlaŋˀə] ⟨-te⟩, bede om ['beːðə ɔm] ⟨bad, bedt⟩; *(fordern)* kræve ['kʁɛːvə] ⟨-ede⟩

verlängern forlænge [fɔˈlɛŋˀə] ⟨-ede⟩

verlassen for|lade [fɔ'lɛ:'ðə] ⟨-lod, -ladt⟩
Verletzte, der, die ~ kvæstede ['kvɛsdəðə]
verlieren tabe ['tɛ:bə] ⟨-te⟩
verloben, s. ~ **mit** forlove sig med [fɔ'lɔ:'və saj mɛð] ⟨-ede⟩
Verlobte, der/die ~ forlovede [fɔ'lɔ:'vəðə]
Verlust tab [tɛ:'b] ⟨-et, -⟩
vermeiden und|gå ['ɔn̩gɔ:'] ⟨-gik, -gået⟩
vermieten leje ud ['lajə 'uð] ⟨-ede⟩
Vermittler mægler ['mɛ:lɔ] ⟨-en, -e⟩
vermuten formode [fɔ'mo:'ðə] ⟨-ede⟩
Vermutung formodning [fɔ'mo:'ðneŋ] ⟨-en, -er⟩
vernachlässigen forsømme [fɔ'sœm'ə] ⟨-te⟩
vernünftig fornuftig [fɔ'nɔfdi]
verpacken pakke ind ['pagə 'en'] ⟨-ede⟩
Verpackung indpakning ['en̩pagneŋ] ⟨-en, -er⟩
Verpflegung forplejning [fɔ'plai'neŋ] ⟨-en⟩
verpflichtet sein være forpligtet ['vɛ:ɔ fɔ'plegdəð] ⟨var, været⟩
Verpflichtung forpligtelse [fɔ'plegdəlsə] ⟨-n, -r⟩
verrechnen, s. ~ tage fejl [tɛ:' 'faj'l] ⟨tog, taget⟩, forregne sig [fɔ'ʁaj'nə saj] ⟨-ede⟩
verreisen rejse bort ['ʁajsə 'bɔ:d] ⟨-te⟩
verrückt forrykt [fɔ'ʁœgd]
versäumen *(verpassen)* forpasse [fɔ'pasə] ⟨-ede⟩, komme for sent ['kɔmə fɔ 'se:'nd] ⟨kom, kommet⟩
verschaffen få fat på [fɔ:' 'fæd pɔ] ⟨fik, fået⟩, skaffe ['sgafə] ⟨-ede⟩
verschieben *(zeitlich)* ud|sætte ['uð̩sɛdə] ⟨-satte, -sat⟩
verschieden forskellig [fɔ'sgɛl'i]
verschließen låse ['lɔ:sə] ⟨-ede⟩
Verschluß lås [lɔ:'s] ⟨-en, -e⟩
verschwinden for|svinde [fɔ'sven'ə] ⟨-svandt, -svundet⟩
Versehen, aus ~ ved en fejltagelse [veð en 'fajl̩tɛ:'əlsə]
versenden forsende [fɔ'sɛn'ə] ⟨-te⟩
versichern forsikre [fɔ'segʁɔ] ⟨-ede⟩
Versicherung forsikring [fɔ'segʁeŋ] ⟨-en, -er⟩
versorgen mit forsyne med [fɔ'sy:'nə mɛð] ⟨-ede⟩
verspäten, s. ~ komme for sent ['kɔmə fɔ 'se:'nd] ⟨kom, kommet⟩

Versprechen løfte ['løfdə] ⟨-t, -r⟩
versprechen love ['lɔ:və] ⟨-ede⟩
Verstand forstand [fɔ'sdæn'] ⟨-en⟩; *(Vernunft)* intelligens [entɛli'gɛn's] ⟨-en⟩
verständigen, jdn ~ informere en om [enfɔ'me:'ɔ 'e:'n ɔm] ⟨-ede⟩; **s.** ~ enes med en om noget ['e:'nəs mɛð 'e:'n ɔm 'nɔ:əð] ⟨-edes⟩; *(sprachlich)* gøre sig forståelig ['gœ:ɔ saj fɔ'sdɔ:'əli] ⟨gjorde, gjort⟩
verstecken skjule ['skju:lə] ⟨-te⟩
verstehen for|stå [fɔ'sdɔ:'] ⟨-stod, -stået⟩
verstopft forstoppet [fɔ̩sdɔbəð]
Versuch forsøg [fɔ'sø:'] ⟨-et, -⟩
versuchen forsøge [fɔ'sø:'ə] ⟨-te⟩; *(Speisen)* smage ['smɛ:ə] ⟨-te⟩
vertauschen bytte ['bydə] ⟨-ede⟩
verteidigen forsvare [fɔ'sva:'ɔ] ⟨-ede⟩
verteilen fordele [fɔ'de:'lə] ⟨-te⟩
Verteilung uddeling ['uð̩de:'leŋ] ⟨-en, -er⟩
Vertrag kontrakt [kɔn'tʁagd] ⟨-en, -er⟩
vertragen tåle ['tɔ:lə] ⟨-te⟩
Vertrauen tiltro ['tel̩tʁo:'] ⟨-en⟩
vertrauen auf stole på ['sdo:lə pɔ] ⟨-ede⟩
vertrauensvoll tillidsfuld ['teliðs̩ful']
verunglücken komme til skade ['kɔmə tel 'sgɛ:ðə] ⟨kom, kommet⟩
verursachen forårsage [fɔɒ'sɛ:'ə] ⟨-ede⟩
Verwaltung administration [æðminisdʁa'sjo:'n] ⟨-en, -er⟩
verwandt beslægtet [be'slɛgdəð]
verwechseln forveksle [fɔ'vɛgslə] ⟨-ede⟩
verwenden bruge ['bʁu:ə] ⟨-te⟩
Verwendung brug [bʁu:'] ⟨-en⟩
verwirklichen realisere [ʁeæli'se:'ɔ] ⟨-ede⟩
Verzeichnis fortegnelse [fɔ'taj'nəlsə] ⟨-n, -r⟩
verzeihen undskylde ['ɔn̩sgyl'ə] ⟨-te⟩
verzögern forsinke [fɔ'seŋ'gə] ⟨-ede⟩
verzollen fortolde [fɔ'tɔl'ə] ⟨-ede⟩
verzweifelt fortvivlet [fɔ'tviʊ'ləð]
viel megen ['majən]
vielleicht måske [mɔ'sge:']
vielmehr ydermere ['yðɔ̩me:ɔ]
viereckig firkantet ['fiʁ̩kæn'dəð]
Viertel kvarter [kva'te:'ɔ] ⟨-et, -er⟩
Villa villa ['vilæ] ⟨-en, -er⟩
Vogel fugl [fu:'l] ⟨-en, -e⟩
Volk folk [fɔl'g] ⟨-et, -⟩
voll fuld [ful']; *(~ besetzt)* optaget ['ɔb̩tɛ:'əð]; *(ganz)* hel [he:'l]

vollenden fuldende [ˈfulˌɛnˀə] ⟨-te⟩
vollkommen fuldkommen [ˈfulˌkɔmˀən]
Vollmacht fuldmagt [ˈfulˌmagd] ⟨-en, -er⟩
vollständig fuldstændig [ˈfulˌsdɛnˀdi]; *adv* hel [heːˀl]
Volt volt [vɔlˀd] ⟨-, -⟩
von fra [fʁa]; *(Passiv)* af [æ]
vor *(räumlich)* foran [ˈfoːˌænˀ]; *(zeitlich)* før [fœːˀʌ]; ~ **allem** fremfor alt [ˈfʁæmˀfʌ ælˀd]
voraus, im ~ i forvejen [i ˈfʌˈvaiˀən]
vorbei forbi [fʌˈbiːˀ]
vorbeigehen forbiˌgå [fʌˈbiˌgɔːˀ] ⟨-gik, -gået⟩
vorbeikommen komme forbi [ˈkɔmə fʌˈbiː] ⟨kom, kommet⟩
vorbereiten forberede [ˈfʌˌbeˌʁɛːˀðə] ⟨-te⟩
vorbestellen forudbestille [ˈfʌːuðbeˌsdelˀə] ⟨-te⟩
Vorfahrt forkørselsret [ˈfʌˌkøʌsəlsˌʁæð] ⟨-ten⟩
Vorfall begivenhed [beˈgiːˀvənˌheːˀð] ⟨-en, -er⟩
vorgehen *(Uhr)* gå for stærkt [gɔːˀ fʌ ˈsdɛʌgd] ⟨gik, gået⟩
Vorhang *(Theater)* tæppe [ˈtɛbə] ⟨-t, -r⟩; *(Fenster)* gardin [gaˈdiːˀn] ⟨-et, -er⟩
vorher tidligere [ˈtiðliɔɔ]
vorläufig *adv* foreløbig [ˈfʌːʌˌløːˀbi]
vorletzte(r, -s) næstsidste [ˈnɛsdˌsisdə]
Vormittag formiddag [ˈfʌːmeˌdɛːˀ] ⟨-en, -e⟩
vorn foran [ˈfʌːˌænˀ], fortil [ˈfʌːˌtel]
vornehm fornem [ˈfʌːˌnɛmˀ]
Vorort forstad [ˈfʌːˌsdæð] ⟨-en, -stæder⟩
Vorrat forråd [ˈfʌːˌʁɔːˀð] ⟨-et, -⟩
Vorschlag forslag [ˈfʌːˌslɛːˀ] ⟨-et, -⟩
vorschlagen foreˌslå [ˈfʌːʌˌslɔːˀ] ⟨-slog, -slået⟩
Vorschrift instruks [enˈsduʁugs] ⟨-en, -er⟩
Vorsicht varsomhed [ˈvaːsʌmˌheːˀð] ⟨-en⟩; ~! pas på! [pæs ˈpɔːˀ], forsigtig! [fʌˈsegdi]
vorsichtig forsigtig [fʌˈsegdi]
vorstellen præsentere [pʁɛsɛnˈteːˀʌ] ⟨-ede⟩
Vorstellung præsentation [pʁɛsɛntɑˈɕoːˀn] ⟨-en, -er⟩; *(Begriff, Theater)* forestilling [ˈfʌːʌˌsdelˀˀeɳ] ⟨-en, -er⟩
Vorteil fordel [ˈfʌːˌdeːˀl] ⟨-en, -e⟩

vorteilhaft fordelagtig [fʌˈdelˀagdi]
vorüber forbi [fʌˈbiːˀ]
vorübergehen gå forbi [gɔːˀ fʌˈbiːˀ] ⟨gik, gået⟩
vorübergehend *adv* forbigående [fʌˈbiˌgɔːˀənə]
Vorwand påskud [ˈpɔˌsguð] ⟨-det, -⟩
vorwärts fremad [ˈfʁæmˀˌæð]
vorzeigen vise frem [ˈviːsə ˈfʁæmˀ] ⟨-te⟩
vorziehen foreˌtrække [ˈfʌːˌtʁægə] ⟨-trak, -trukket⟩
Vorzug fortrin [ˈfʌːˌtʁin] ⟨-net, -⟩

W

Waage vægt [vɛgd] ⟨-en, -e⟩
wach vågen [ˈvɔːuən]
wachsen vokse [ˈvɔgsə] ⟨-ede⟩
wagen turde [ˈtuɔðə] ⟨turde, turdet⟩
Wagen bil [biːˀl] ⟨-en, -er⟩
Wahl valg [vælˀ] ⟨-et, -⟩
wählen vælge [ˈvɛljə] ⟨valgte, valgt⟩; *(pol)* stemme [ˈsdɛmə] ⟨-ede⟩; *(tele)* dreje [ˈdʁaiə] ⟨-ede⟩
wahr sand [sænˀ]
während *prp* under [ˈɔnˀʌ]; *conj* mens [mɛnˀs]
Wahrheit sandhed [ˈsænˌheːˀð] ⟨-en, -er⟩
wahrscheinlich *adv* sandsynligvis [sænˈsyːˀnliˌviːˀs]
Wahrscheinlichkeit sandsynlighed [sænˈsyːˀnliˌheːˀð] ⟨-en, -er⟩
Wand væg [vɛːˀg] ⟨-gen, -ge⟩
wandern vandre [ˈvandʁʌ] ⟨-ede⟩
Ware vare [ˈvaːa] ⟨-n, -r⟩
warm varm [vaːˀm]
Wärme varme [ˈvaːmə] ⟨-n⟩
wärmen varme [ˈvaːmə] ⟨-ede⟩
warnen (vor) advare (imod) [ˈæðˌvaːˀa (iˈmoːˀð)] ⟨-ede⟩
warten vente [ˈvɛndə] ⟨-ede⟩
was hvad [væð]; ~ **für ein/eine … ?** hvilken [ˈvelɡən]
Wäsche *(Bett~)* lagener [ˈlɛˌˀənɔ] *pl*; *(Unter~)* undertøj [ˈʌnɔˌtɔi] ⟨-et⟩; *(zum Waschen)* vasketøj [ˈvæsɡəˌtɔi] ⟨-et⟩
waschen vaske [ˈvæsɡə] ⟨-ede⟩
Wasser vand [vænˀ] ⟨-et⟩
Watt *(Meer)* vade [ˈvɛːðə] ⟨-n, -r⟩
Wechsel *(Veränderung)* forandring [fʌˈanˀdʁɛŋ] ⟨-en, -er⟩; *(Austausch)* udveksling [ˈuðˌvegsleɳ] ⟨-en, -er⟩
Wechselgeld byttepenge [ˈbydəˌpɛŋə] *pl*

wechseln *(Geld)* veksle ['vɛgslə]
⟨-ede⟩
wecken vække ['vɛgə] ⟨-ede⟩
Wecker vækkeur ['vɛgəˌuːʔɒ̯] ⟨-et, -e⟩
weder ... noch hverken ... eller
['vɛɒ̯gən ... 'ɛlɒ]
Weg vej [vaiʔ] ⟨-en, -e⟩
weg væk [vɛg]
wegen på grund af [pɒ 'gʁɒnʔ æ]
weggehen gå væk [gɒːʔ 'vɛg] ⟨gik,
gået⟩
wegnehmen fjerne ['fjɛɒ̯nə] ⟨-ede⟩
wegschicken sende bort ['sɛnə 'boːd]
⟨-te⟩
weiblich kvindelig ['kvenəli]
weich blød [bløːʔð]; *(Ton, Farbe)*
dæmpet ['dɛmbəð]
weigern, s. ~ nægte ['nɛgdə] ⟨-ede⟩
weil fordi [fɒ'diːʔ]
weinen græde ['gʁæːðə] ⟨græd,
grædt⟩
Weise *(Art)* måde ['mɒːðə] ⟨-n, -r⟩
weit *(Gegenteil von eng)* bred
[bʁeːʔð]; *(Weg)* lang [laŋʔ]
Welt verden ['vɛɒ̯dən] ⟨-er⟩
wenden vende ['vɛnə] ⟨-te⟩; **s. an jdn**
~ henvende sig til nogen ['hɛnˌvɛnʔə
saiˌtel 'noːən] ⟨-te⟩
wenig få [fɒːʔ]; **ein ~ (von)** en smule
(af) [en 'smuːlə (æ)]; ~**er** mindre
['mendʁɒ]; **das ~ste** det mindste [de
'menʔsdə]
wenigstens i det mindste [i de
'menʔsdə]
wenn *(Bedingung)* hvis [ves]; *(zeit-lich)* når [nɒːʔ]
werden blive ['bliːə] ⟨blev, blevet⟩
werfen kaste ['kæsdə] ⟨-ede⟩
werktags til hverdag [tel 'vɛɒ̯ˌdɛːʔ]
Wert værdi [vɛɒ̯'diːʔ] ⟨-en, -er⟩
wert, viel ~ **sein** være meget værd
['vɛːɒ 'maiəð vɛːʔɒ̯] ⟨var, været⟩
wertlos værdiløs [vɛɒ̯'diˌløːʔs]
Wertsachen værdisager
[vɛɒ̯'diˌsɛːɒ] *pl*
Wespe hveps [vɛbs] ⟨-en, -e⟩
Westen, der ~ vesten ['vɛsdən]
westlich vestlig ['vɛsdli]
Wettbewerb konkurrence
[kɒŋkuˈʁaŋsə] ⟨-n, -r⟩
Wette væddemål ['vɛðəˌmɒːʔl] ⟨-et, -⟩
wetten vædde ['vɛðə] ⟨-ede⟩
Wetter vejr [vɛːʔɒ̯] ⟨-et⟩; **bei diesem**
~ i dette vejr [i 'dɛdə vɛːʔɒ̯]
wichtig vigtig ['vegdi]
wie *(Frage)* hvordan [vɒ'dæn]; ~ **vie-le** hvor mange [vɒ 'maŋə]

wieder igen [i'gɛn]; *(noch einmal)* en
gang til ['eːʔn gaŋʔ 'tel]
wiederbekommen få igen [fɒːʔ i'gɛn]
⟨fik, fået⟩
wiedergeben give igen [giːʔ i'gɛn]
⟨gav, givet⟩
wiederholen gen|tage ['gɛnˌtɛːʔ] ⟨-tog,
-taget⟩
wiederkommen komme igen ['kɒmə
i'gɛn] ⟨kom, kommet⟩
wiedersehen se igen [seːʔ i'gɛn] ⟨så,
set⟩
wiegen veje ['vaiə] ⟨-ede⟩
Wiese eng [ɛŋʔ] ⟨-en, -e⟩
Wild vildt [vilʔd] ⟨-et⟩
wild vild [vilʔ]
willkommen velkommen
['vɛlˌkɒmʔən]
windig blæsende ['blɛsənə]
Winkel *(Ecke)* hjørne ['jœɒnə] ⟨-t, -r⟩
winken vinke ['veŋə] ⟨-ede⟩
wir *prn* vi [vi]
wirklich virkelig ['viɒ̯gəli]; *(echt)*
sand [sænʔ]
Wirklichkeit realitet [ʁɛælˈiˈteːʔd]
⟨-en, -er⟩
wirksam virksom ['viɒ̯gsɒmʔ]
Wirkung virkning ['viɒ̯gneŋ] ⟨-en, -er⟩
Wirt vært [vɛɒ̯d] ⟨-en, -er⟩
Wissen viden ['viːðən] ⟨-en⟩
wissen vide ['viːðə] ⟨ved, vidste⟩
Witz vittighed ['vidiˌheːʔð] ⟨-en, -er⟩
Woche uge ['uːə] ⟨-n, -r⟩; **in einer** ~
om en uge [ɒm en 'uːə]
wochentags om hverdagen [ɒm
'vɛɒ̯ˌdɛːʔən]
wöchentlich *adj* ugentlig ['uːəndli];
adv om ugen [ɒm 'uːən]
Wohl velgående ['vɛlˌgɒːʔənə] ⟨-t⟩
wohl *(vermutlich)* godt [gɒd]
Wohlbefinden velbefindende
['vɛlbeˌfenʔənə] ⟨-t⟩
wohlhabend velhavende
['vɛlˌhɛːʔvənə]
wohlwollend venlig ['vɛnli]
wohnen bo [boːʔ] ⟨-ede⟩
Wohnort, ~sitz bopæl ['boˌpɛːʔl]
⟨-en, -e⟩
Wohnung bolig ['boːli] ⟨-en, -er⟩;
möblierte ~ møbleret lejlighed
[mø'bleːʔð 'lailiˌheːʔð]
Wolkenkratzer skyskraber
['sgyˌsgʁaːbɒ] ⟨-en, -e⟩
wollen *(wünschen)* ønske ['ønsgə]
⟨-ede⟩, ville ['vilə] ⟨ville, villet⟩; *(aus
Wolle)* ulden ['ulən]
Wort ord ['oːʔɒ̯] ⟨-et, -⟩

wunderbar vidunderlig [við'ɒnˀɔli]
wundern, s. ~ (über) undre sig (over)
['ɒndʁɐ sai ('ɒuˀɔ)] ⟨-ede⟩
Wunsch ønske ['ønsgə] ⟨-et⟩
wünschen ønske ['ønsgə] ⟨-ede⟩
Wurf kast [kæsd] ⟨-et, -⟩
Würfel terning ['tɛɒneŋ] ⟨-en, -er⟩
Wurm orm [ɒɒˀm] ⟨-en, -e⟩
Wut raseri [ʁaːsəˈʁiːˀ] ⟨-et⟩
wütend rasende ['ʁaːsənə]; **~ werden**
blive rasende ['bliːə 'ʁaːsənə]

Z

Zahl tal [tæl] ⟨-let, -⟩
zahlen betale [beˈtɛːˀlə] ⟨-te⟩
zählen tælle ['tɛlə] ⟨talte, talt⟩
zahlreich talrig ['tælˌʁiːˀ]
Zahlung betaling [beˈtɛːˀleŋ] ⟨-en, -er⟩
Zange tang [taŋˀ] ⟨-en, tænger⟩
zanken, s. ~ skændes ['sgɛnəs]
⟨-tes⟩
zart *(weich)* sart [saːˀd]; *(~fühlend)*
følsom ['føːlsɒmˀ]
zärtlich sart [saːˀd]
Zeichen tegn [taiˀn] ⟨-et, -⟩
zeichnen tegne ['tainə] ⟨-ede⟩
zeigen vise ['viːsə] ⟨-te⟩; *(hinweisen)*
pege ['paiə] ⟨-ede⟩
Zeit tid [tiðˀ] ⟨-en, -er⟩; **zur ~** for
tiden [fɔ 'tiːˀðən]; **von ~ zu ~** fra tid
til anden [fʁa 'tiðˀ tel 'ænən]
Zeitlang, eine ~ en tid lang [en tiðˀ
laŋˀ]
Zeitung avis [æˈviːˀs] ⟨-en, -er⟩
zentral central [sɛnˈtʁaːˀl]
Zentrum centr|um ['sɛntʁɒm] ⟨-et, -er⟩
zerbrechen brække itu ['bʁægə iˈtuːˀ]
⟨-ede⟩
zerbrechlich skrøbelig ['sgʁœːbəli]
zerreißen rive itu ['ʁiːvə iˈtuːˀ] ⟨rev,
revet⟩
zerstören øde|lægge ['øːðəˌlɛgə]
⟨-lagde, -lagt⟩
Zeuge vidne ['viðnə] ⟨-t, -r⟩
Zeugnis vidnesbyrd ['viðnəsˌbyɒˀd]
⟨-et, -⟩; *(Bescheinigung)* attest
[æˈtɛsd] ⟨-en, -er⟩
ziehen trække ['tʁægə] ⟨trak, trukket⟩
Ziel mål [mɔːˀl] ⟨-et⟩
ziemlich temmelig ['tɛməli]
Zigarette cigaret [sigaˈʁæd] ⟨-ten, -ter⟩
Zigarillo cerut [seˈʁud] ⟨-ten, -ter⟩
Zigarre cigar [siˈgaːˀ] ⟨-en, -er⟩
zögern tøve ['tøːvə] ⟨-ede⟩
Zoll told [tɔlˀ] ⟨-en⟩

zornig vred [vʁɛːˀð]
zu *(Richtung)* til [tel]; *(geschlossen)*
lukket ['lɒgəð]; *(mit adj)* for [fɔ]; **~**
sehr, ~ viel (for) meget [(fɔ) 'maiəð]
zubereiten tilberede ['telbeˌʁɛːˀðə] ⟨-te⟩
zudecken dække ['dɛgə] ⟨-ede⟩
zuerst først [fœɒsd]
Zufall tilfælde ['telˌfɛlˀə] ⟨-t, -⟩
zufällig tilfældig [teˈfɛlˀdi]
zufrieden tilfreds [teˈfʁɛs]
Zugang tilgang ['telˌgaŋˀ] ⟨-en, -e⟩
zugreifen lange til ['laŋəˈtel] ⟨-ede⟩
zugunsten til fordel for [tel 'foːˌdeːˀl
fɔ]
zuhören, jdm ~ lytte til en ['lydə tel
'eːˀn] ⟨-ede⟩
Zukunft fremtid ['fʁæmˌtiðˀ] ⟨-en⟩
zukünftig fremtidig ['fʁæmˌtiːˀði]
zulassen *(erlauben)* til|lade
['teˌlɛːˀðə] ⟨-lod, -ladt⟩
zulässig tilladelig [teˈlɛːˀðəli]
zuletzt til sidst [tel 'sisd]
zumachen lukke ['lɒgə] ⟨-ede⟩
zunächst først og fremmest ['fœɒsd ɔ
'fʁæməsd]
zunehmen *(dicker werden)* tage på
[tɛːˀ 'pɔːˀ] ⟨tog, taget⟩; *(anwachsen)*
tage til [tɛːˀ 'tel] ⟨tog, taget⟩, forøges
[fɔˈøːˀəs] ⟨-edes⟩
zurück tilbage [te(l)'bɛːə]
zurückbringen bringe tilbage ['bʁɛŋə
teˈbɛːə] ⟨bragte, bragt⟩
zurückfahren køre tilbage ['køːɒ
teˈbɛːə] ⟨-te⟩
zurückgeben give tilbage [giːˀ
teˈbɛːə] ⟨gav, givet⟩
zurückkehren vende tilbage ['vɛnə
teˈbɛːə] ⟨-te⟩
zurücklassen efter|lade ['ɛfdɒˌlɛːˀðə
⟨-lod, -ladt⟩
zurückweisen tilbagevise
[teˈbɛːəˌviːˀsə] ⟨-te⟩
zurückzahlen betale tilbage [beˈtɛːˀlə
teˈbɛːə] ⟨-te⟩
zurückziehen, s. ~ trække sig tilbage
['tʁægə sai teˈbɛːə] ⟨trak, trukket⟩
zusagen *(Einladung)* sige ja ['siːə
'jæ] ⟨sagde, sagt⟩
zusammen tilsammen [teˈsamˀən]
zusammenrechnen regne sammen
['ʁainə 'samˀən] ⟨-ede⟩
Zusammenstoß sammenstød
['samənˌsdøːˀð] ⟨-et, -⟩
zusätzlich ekstra ['egsdʁa]
zuschauen kigge på ['kigə 'pɔːˀ]
⟨-ede⟩
Zuschauer tilskuer ['telˌsguːˀɒ] ⟨-en, -e⟩

zuschließen lukke ['logə] ⟨-ede⟩
Zustand tilstand ['tel‚sdæn?] ⟨-en, -e⟩
zuständig ansvarlig ['æn‚sva:?li]
zusteigen stige på ['sdi:ə 'pɔ:?] ⟨steget, steg⟩
zustimmen give medhold [gi:? 'mɛð‚hɔl?] ⟨gav, givet⟩, være enig med ['vɛ:ə 'e:ni mɛð] ⟨var, været⟩
zuverlässig pålidelig [pɔ'li:?ðəli]
zuviel for meget [fɔ 'majəð]
Zwang tvang [tvaŋ?] ⟨-en⟩
Zweck formål ['fɔ:‚mɔ:?l] ⟨-et, -⟩
zwecklos formålsløs ['fɔ:‚mɔls‚lø:?s]
zweckmäßig hensigtsmæssig ['hɛn-segds‚mɛsi]; *(nützlich)* nyttig ['nødi]

Zweifel tvivl [tviu̯?l] ⟨-en, -⟩; **ohne** ~ uden tvivl ['uðən 'tviu̯?l]
zweifelhaft tvivlsom ['tviu̯lsɔm?]; *(ungewiß)* uvis ['u‚ves]
zweifellos utvivlsom [u'tviu̯?lsɔm?]
zweifeln, an etw ~ tvivle på noget ['tviu̯lə pɔ 'nɔ:əð] ⟨-ede⟩
zweite(r, -s) anden ['ænən]
zweitens for det andet [fɔ de 'ænəð]
zwingen tvinge ['tveŋə] ⟨tvang, tvunget⟩
zwischen imellem [i'mɛl?əm]; *(~ mehreren)* blandt [blæn?d]
Zwischenfall episode [epi'so:ðə] ⟨-n, -r⟩

Wörterbuch Dänisch–Deutsch

A

adgang forbudt! [ˈæðˌɡaŋˀ foˈbud] Eintritt verboten!

adgangskort [ˈæðɡaŋˀsˌkɒːd] ⟨-et, -⟩ Eintrittskarte

administration [æðminisdʁaˈsoːˀn] ⟨-en, -er⟩ Verwaltung

adresse [æˈdʁæsə] ⟨-n, -r⟩ Adresse, Anschrift

adressere [ædʁɛˈseːˀɔ] ⟨-ede⟩ adressieren

adskilt [ˈæðˌsɡelˀd] *adj* getrennt

advare (imod) [ˈæðˌvaːˀə (iˈmoːˀð)] ⟨-ede⟩ warnen (vor)

af [æ] *(Grund; Material)* aus; *(Passiv)* von

afbestille [ˈaʊbeˌsdelˀə] ⟨-te⟩ *(Zimmer, Fahr-, Flugkarten)* abbestellen

afbryde [ˈaʊˌbʁyːˀðə] ⟨afbrød, afbrudt⟩ abbrechen, unterbrechen

afbrydelse [ˈaʊˌbʁyːˀðəlsə] ⟨-n, -r⟩ Unterbrechung, Störung

affald [ˈaʊˌfælˀ] ⟨-et, -⟩ Abfall

afgift [ˈaʊˌɡifd] ⟨-en, -er⟩ Gebühr

af|gøre [ˈaʊˌɡœːˀɔ] ⟨-gjorde, -gjort⟩ entscheiden; **af|gøre en sag** [ˈaʊˌɡœːˀɔ en sɛːˀ] eine Angelegenheit erledigen

afhente [ˈaʊˌhɛnˀdə] ⟨-ede⟩ abholen; **lade afhente** [ˈlɛːðə ˈaʊˌhɛnˀdə] abholen lassen

aflevere [ˈaʊleˌveːˀɔ] ⟨-ede⟩ abgeben

afrejse [ˈaʊˌʁaiˀsə] ⟨-n, -r⟩ Abreise; **afrejse (til)** [ˈaʊˌʁaiˀsə (tel)] ⟨-te⟩ abreisen (nach)

afsides [ˈaʊˌsiːˀðəs] *adv* abgelegen

afsked [ˈaʊˌsɡeːˀð] ⟨-n, -r⟩ Abschied; **tage afsked** [tɛːˀ ˈaʊsɡeːˀð] ⟨tog, taget⟩ s. verabschieden

afsnit [ˈaʊˌsnid] ⟨-tet, -⟩ *(Buch)* Absatz

afstand [ˈaʊˌsdænˀ] ⟨-en, -e⟩ Abstand, Entfernung

aftale [ˈaʊˌtɛːlə] ⟨-n, -r⟩ Verabredung; **træffe aftale** [ˈtʁæfə ˈaʊˌtɛːlə] ⟨traf, truffet⟩ s. verabreden

aften [ˈafdən] ⟨-en, -er⟩ Abend; **i aften** [i ˈafdən] heute abend; **om aftenen** [ɔm ˈafdənən] abends, am Abend

agentur [aɡɛnˈtuːˀɒ] ⟨-et, -er⟩ Agentur

akklimatisere sig [æklimætiˈseːˀɔ] ⟨-ede⟩ s. akklimatisieren

alder [ˈælˀɔ] ⟨-en, aldre⟩ Alter

aldrig [ˈaldʁi] nie

alene [æˈleːnə] allein

alge [ˈæljə] ⟨-n, -r⟩ Alge

alle [ˈælə] *(sämtliche)* alle

allerede [ˈæləˌʁɛːðə] bereits, schon

almindelig [ælˈmenˀəli] allgemein; **almindeligvis** [ælˈmenˀəliˌviˀs] im allgemeinen

alt [ælˀd] alles

altid [ˈælˀˌtiðˀ] immer

altså [ˈælˀsɔ] also

alvorlig [ælˈvɒːˀli] ernst; *(Krankheit)* schwer

ambassade [ambæˈsɛːðə] ⟨-n, -r⟩ *(dipl. Vertretung)* Botschaft

ambulance [ambuˈlaŋsə] ⟨-n, -r⟩ Krankenwagen

anbefale [ˈænbeˌfɛːˀlə] ⟨-ede⟩ empfehlen

anbefaling [ˈænbeˌfɛːˀleŋ] ⟨-en, -er⟩ Empfehlung

anden, andet, andre [ˈænən ˈænəð ˈandʁə] andere(r, -s), zweite(r, -s); **en anden gang** [en ˈænən ˈɡaŋˀ] ein andermal; **på én eller anden måde** [pɔ ˈeːˀn ɛlɔ ˈænən ˈmɔːðə] irgendwie; **på den anden side (af)** [pɔ dɛn ˈænən ˈsiːðə (æ)] jenseits; **et eller andet** [ˈed ɛlɔ ˈænəð] irgend etwas; **et eller andet sted** [ˈed ɛlɔ ˈænəð sdɛð] irgendwo; **et eller andet sted hen** [ˈed ɛlɔ ˈænəð sdɛð ˈhɛnˀ] irgendwohin; **for det andet** [fɔ de ˈænəð] zweitens

anderledes [ˈanɔˌleːˀðəs] *adv* anders

andetsteds [ˈænəðˌsdɛðs] anderswo

anelse [ˈɛːnəlsə] ⟨-n, -r⟩ Ahnung; **ingen anelse** [ˈeŋən ˈɛːnəlsə] keine Ahnung!

angst [aŋˀsd] ⟨-en⟩ Angst

angående [ˈænˌɡɔːˀənə] betreffend

anhænger [ˈænˌhɛŋɔ] ⟨-en, -e⟩ Anhänger

an|komme [ˈænˌkɔmˀə] ⟨-kom, -kommet⟩ eintreffen

anledning [ˈænˌleːˀðneŋ] ⟨-en, -er⟩ Angelegenheit

anmelde [ˈænˌmɛlˀə] ⟨-te⟩ *(ankündigen)* anmelden

anmodning [ˈænˌmoːˀðneŋ] ⟨-en, -er⟩ Bitte

annonce [æˈnɔŋsə] ⟨-n, -r⟩ Anzeige, Inserat

anselig [ænˈseːˀli] beträchtlich

anstrengelse [ˈænˌsdʁæŋˀəlsə] ⟨-n, -r⟩ Anstrengung

anstrengende [ˈænˌsdʁæŋˀənə] anstrengend

ansvarlig [ænˈsvaːˀli] verantwortlich, zuständig

ansættelse [ˈænˌsɛdəlsə] ⟨-n, -r⟩ (An-)Stellung

an|tage [ˈænˌtɛːˀə] ⟨-tog, -taget⟩ annehmen

anvende [ˈænˌvɛnˀə] ⟨-te⟩ anwenden

anvendelse [ˈænˌvɛnˀəlsə] ⟨-n, -r⟩ Anwendung

apparat [abaˈʁaːˀd] ⟨-et, -er⟩ (Foto-, Radio-) Apparat

appetit [abaˈtid] ⟨-ten⟩ Appetit

arbejde [ˈaːˌbajˀdə] ⟨-t, -r⟩ Arbeit; ⟨-ede⟩ arbeiten

arbejdsløs [ˈaːbajdsˌløːˀs] arbeitslos

arrangement [aaŋsəˈmaŋ] ⟨-et, -er⟩ Veranstaltung

arrangere [aaŋˈseːˀɔ] ⟨-ede⟩ veranstalten

artik|el [aˈtigəl] ⟨-len, -ler⟩ Artikel

at [æd] daß

attest [æˈtɛsd] ⟨-en, -er⟩ Bescheinigung, Zeugnis

attestere [ætəˈsdeːˀɔ] ⟨-ede⟩ bescheinigen

automat [auˌtoˈmɛːˀd] ⟨-en, -er⟩ Automat

automatisk [auˌtoˈmɛːˀdisg] automatisch

autoritet [autoʁiˈteːˀd] ⟨-et, -er⟩ Behörde

avis [æˈviːˀs] ⟨-en, -er⟩ Zeitung

B

baby [ˈbɛibi] ⟨-en, -er⟩ Baby

bad [bæð] ⟨-et, -e⟩ Bad; **tage bad** [tɛːˀ ˈbæð] ⟨tog, taget⟩ *(Wanne)* baden

bade [ˈbɛːðə] ⟨-ede⟩ *(schwimmen)* baden

badested [ˈbɛːðeˌsdɛð] ⟨-et, -er⟩ Badeort

bag [bɛːˀ] hinter

bagefter [ˈbɛːˀˌɛfdɔ] nachher

baglæns [ˈbaulɛnˀs] rückwärts

bagved [ˈbɛːˀˌveð] hinten

bakke [ˈbagə] ⟨-n, -r⟩ Hügel; **ned ad bakke** [ˈneðˀ æ ˈbagə] bergab; **op ad bakke** [ˈɔb æ ˈbagə] bergauf

bank [baŋˀg] ⟨-en, -er⟩ *(Geldinstitut)* Bank

banke på [ˈbaŋgə ˈpɔː] ⟨-ede⟩ anklopfen

barbere [baˈbeːˀɔ] ⟨-ede⟩ rasieren

barn [baːˀn] ⟨-et, børn⟩ Kind

barnebarn [ˈbaːnəˌbaːˀn] ⟨-et, børnebørn⟩ Enkel/in

batteri [bædəˈʁiːˀ] ⟨-et, -er⟩ Batterie

bearbejde [beaˈbajˀdə] ⟨-ede⟩ bearbeiten

bede [ˈbeːðə] ⟨bad, bedt⟩ beten; **bede en om noget** [ˈbeːðə eːˀn ɔm ˈnɔːˀəð] ⟨bad, bedt⟩ jdn um etw bitten

be|drage [beˈdʁaːˀʊə] ⟨-drog, -draget⟩ betrügen

bedrageri [bedʁaːʊəˈʁiːˀ] ⟨-et, -er⟩ *(Handel)* Betrug

bedre [ˈbeðʁɔ] besser; **bedre end** [ˈbeðʁɔ ɛn] besser als

bedrøvet [beˈdʁœːˀveð] traurig

bedste [ˈbɛsdə] beste(r, -s)

bedste|mor [ˈbɛsdəˌmoːˀ] ⟨-en, -mødre⟩ Großmutter

bedste|far [ˈbɛsdəˌfaːˀ] ⟨-en, -fædre⟩ Großvater

bedårende [beˈdɔːˀɔnə] bezaubernd

be|finde sig [beˈfenˀə saj] ⟨-fandt, -fundet⟩ s. befinden

begejstret (over) [beˈgajˀsdʁɔð ˈɔuˀɔ] begeistert (von)

begge [ˈbɛgə] beide

begivenhed [beˈgiːˀvənˌheːˀð] ⟨-en, -er⟩ Ereignis, Vorfall

begynde [beˈgønˀə] ⟨-te⟩ anfangen, beginnen

begyndelse [beˈgønˀəlsə] ⟨-n, -r⟩ Anfang, Beginn

behag, efter ~[ɛfdɔ beˈhɛːˀ] nach Belieben

behagelig [beˈhɛːˀəli] angenehm

behandle [beˈhænˀlə] ⟨-ede⟩ behandeln

behandling [beˈhænˀleŋ] ⟨-en, -er⟩ Behandlung

behjælpelig [beˈjɛlˀbəli] behilflich

be|holde [beˈhɔlˀə] ⟨-holdt, -holdt⟩ behalten

beholder [beˈhɔlˀɔ] ⟨-en, -e⟩ Behälter, Gefäß

behøve [beˈhøːˀvə] ⟨-ede⟩ benötigen, brauchen

bekostelig [beˈkɔsdeli] kostspielig

bekendt [be'kɛn'd] bekannt; der, die Bekannte

bekendtskab [be'kɛn'd͜ˌsgɛ:'b] ⟨-et, -er⟩ Bekanntschaft

beklage [be'klɛ:'ə] ⟨-ede⟩ bedauern; **beklage sig (over)** [be'klɛ:ə saɪ ('ɔu̯'ɔ)] s. beklagen (über)

beklagelse [be'klɛ:'əlsə] ⟨-n, -r⟩ Bedauern

bekræfte [be'kʁæfdə] ⟨-ede⟩ bestätigen

bekvem [be'kvɛm'] bequem

bekvemmelighed [be'kvɛm'əliˌhe:'ð] ⟨-en, -er⟩ Bequemlichkeit

bekymre sig [be'køm'ʁʊ saɪ] ⟨-ede⟩ s. beunruhigen; **bekymre sig om** [be'køm'ʁʊ saɪ ɔm] ⟨-ede⟩ s. sorgen um

bekymret [be'køm'ʁʊð] besorgt

bekymring [be'køm'ʁeŋ] ⟨-en, -er⟩ Sorge

Belgien ['bɛl'giən] Belgien

belgier [bɛl'giə] ⟨-en, -e⟩ Belgier/in

beliggenhed [be'legənˌhe:'ð] ⟨-en, -er⟩ Lage *(eines Ortes)*

beløb [be'lø:'b] ⟨-et, -⟩ Betrag

be|løbe sig til [be'lø:'bə saɪ te] ⟨-løb, -løbet⟩ betragen

belønne [be'lœn'ə] ⟨-ede⟩ belohnen

belønning [be'lœn'eŋ] ⟨-en, -er⟩ Belohnung

bemærke [be'mɛ͜ɒgə] ⟨-ede⟩ bemerken

benytte [be'nødə] ⟨-ede⟩ benutzen

benægte [be'nɛgdə] ⟨-ede⟩ leugnen

benzin [bɛn'si:'n] ⟨-en⟩ Benzin

beregne [be'ʁaɪ'nə] ⟨-ede⟩ berechnen

beretning [be'ʁædneŋ] ⟨-en, -er⟩ Bericht

berette [be'ʁædə] ⟨-ede⟩ berichten, melden

berettiget [be'ʁædi:əð] berechtigt

beruset [be'ʁu:'səð] betrunken

berømt [be'ʁœm'd] berühmt

berøre [be'ʁœ:'ɔ] ⟨-te⟩ berühren

berøring [be'ʁœ:'ɒeŋ] ⟨-en, -er⟩ Berührung

be|se [be'se:'] ⟨-så, set⟩ besichtigen

besked [be'sge:'ð] ⟨-en, -er⟩ Bescheid

besiddelse [be'sið'əlsə] ⟨-n, -r⟩ Besitz

beskadige [be'sgɛ:'ði:ə] ⟨-ede⟩ beschädigen

beskadigelse [be'sgɛ:'ði:əlsə] ⟨-n, -r⟩ Beschädigung

be|skrive [be'sgʁi:'və] ⟨-skrev, -skrevet⟩ beschreiben

beskytte [be'sgødə] ⟨-ede⟩ beschützen

beskyttelse [be'sgødəlsə] ⟨-n⟩ Schutz

beskæftige sig med [be'sgɛfdi:ə saɪ mɛð] ⟨-ede⟩ s. kümmern um

beskæftiget [be'sgɛfdi:əð] beschäftigt

beslutning [be'sludneŋ] ⟨-en, -er⟩ Entschluß

beslutsom, være ~['vɛ:ɔ be'sludsɔm'] entschlossen sein

beslutte [be'sludə] ⟨-ede⟩ beschließen; **beslutte sig** [be'sludə saɪ] s. entschließen

beslægtet [be'slɛgdəð] verwandt

bestemt [be'sdɛm'd] bestimmt

bestræbe sig [be'sdʁɛ:'bə saɪ] ⟨-te⟩ s. bemühen

be|stå [be'sdɔ:'] ⟨-stod, -stået⟩ existieren, bestehen; **bestå af** [be'sdɔ:' æ] bestehen aus

besvare [be'sva:'ə] ⟨-ede⟩ beantworten

besvimet [beˌsvi:'məð] ohnmächtig

besværlig [be'svɛɒ'li] lästig

besværlighed [be'svɛɒliˌhe:'ð] ⟨-en, -er⟩ Schwierigkeit

besøg [be'sø:'] ⟨-et, -⟩ Besuch

besøge nogen [be'sø:'ə 'no:ən] ⟨-te⟩ jdn besuchen

betale [be'tɛ:'lə] ⟨-te⟩ bezahlen, zahlen; **betale kontant** [be'tɛ:'lə kɔn'tæn'd] bar zahlen; **betale tilbage** [be'tɛ:'lə te'bɛ:ə] zurückzahlen

betaling [be'tɛ:'leŋ] ⟨-en, -er⟩ Zahlung

betegnelse [be'taɪ'nəlsə] ⟨-n, -r⟩ Bezeichnung

betingelse [be'teŋ'əlsə] ⟨-n, -r⟩ Bedingung

betjene [be'tjɛ:'nə] ⟨-te⟩ bedienen

betjening [be'tjɛ:'neŋ] ⟨-en⟩ Bedienung

betragte [be'tʁagdə] ⟨-ede⟩ betrachten

be|træde [be'tʁɛ:'ðə] ⟨-trådte, -trådt⟩ betreten

be|tyde [be'ty:'ðə] ⟨-tød, -tydet⟩ bedeuten

betydende [be'ty:'ðənə] bedeutend

betydning [be'tyð'neŋ] ⟨-en, -er⟩ Bedeutung

beundre [be'ɔn'dʁə] ⟨-ede⟩ bewundern

bevidst [be'vesd] bewußt

bevis [be'vi:'s] ⟨-et, -er⟩ Beweis

bevise [be'vi:'sə] ⟨-te⟩ beweisen

bevogte [be'vɔgdə] ⟨-ede⟩ bewachen
bevæge [be'vɛːʔə] ⟨-ede⟩ bewegen
bevægelse [be'vɛːʔəlsə] ⟨-n, -r⟩ Bewegung
bevæget [be'vɛːʔəð] *(Gefühl)* bewegt
bi [biːʔ] ⟨-en, -er⟩ Biene
bide ['biːðə] ⟨bed, bidt⟩ beißen
bifald ['biˌfælʔ] ⟨-et⟩ Beifall
bil [biːʔl] ⟨-en, -er⟩ Auto, Wagen
bilag ['biˌlɛːʔ] ⟨-et, -⟩ *(Brief)* Anlage
billede ['beləðə] ⟨-t, -r⟩ Bild; **tage billeder** [tɛːʔ 'beləðɔ] ⟨tog, taget⟩ *(Foto)* aufnehmen
billet [biˈlɛd] ⟨-ten, -ter⟩ Fahrkarte
billethul [biˈlɛdˌhɔlʔ] ⟨-let, -ler⟩ (Fahrkarten-)Schalter
billig ['bili] billig
bind [benʔ] ⟨-et, -⟩ *m (Buch)* Band
binde ['benə] ⟨bandt, bundet⟩ binden
bindende, ikke ~ ['egə 'benənə] unverbindlich
bitter ['bedɔ] bitter
bjerg [bjɛɐ̯ʔu] ⟨-et, -e⟩ Berg
blad [blæð] ⟨-et, -e⟩ Blatt
blandet ['blænəð] gemischt
blandt [blænʔd] zwischen, unter *(mehreren)*; **blandt andet** [blænʔd 'ænəð] unter anderem
bleg [blaiʔ] bleich
blik [bleg] ⟨-ket, -ke⟩ Blick
blind [blenʔ] blind
blinke ['blengə] ⟨-ede⟩ blinken
blitz [blids] ⟨-en, -⟩ *(Foto)* Blitz
blive ['bliːə] ⟨blev, blevet⟩ bleiben, werden; **blive stående** ['bliːə 'sdɔːʔənə] stehenbleiben
blomst [blɔmˀsd] ⟨-en, -er⟩ Blume
blomstre ['blɔmsdɐɔ] ⟨-ede⟩ blühen
blonde ['blɔndə] ⟨-n, -r⟩ *(Gewebe)* Spitze
blæsende ['blɛsənə] windig
blød [bløːʔð] weich
bo [boːʔ] ⟨-ede⟩ wohnen
bog [bɔːʔu] ⟨-en, bøger⟩ Buch
bold [bɔlʔd] ⟨-en, -e⟩ Ball
bolig ['boːli] ⟨-en, -er⟩ Wohnung
bom [bɔmʔ] ⟨-men, -me⟩ *(Bahnhof)* Sperre
bonde ['bonə] ⟨-n, bønder⟩ Bauer, Landwirt
bondegård ['bonəˌgɔːʔ] ⟨-en, -e⟩ Bauernhof
bopæl ['boˌpɛːʔl] ⟨-en, -e⟩ Wohnort, -sitz
bord [boːʔ] ⟨-et, -e⟩ Tisch; **ved bordet** [veð 'boːʔɔð] bei Tisch; **gå om** ~ [gɔːʔ ɔm 'boːʔɒ] ⟨gik, gået⟩ an Bord gehen
brand [bʁanʔ] ⟨-en, -e⟩ Brand
brandalarm ['bʁanæˌlaːʔm] ⟨-en, -er⟩ Feuermelder
brandfarlig ['bʁanˌfaːli] feuergefährlich
brandvæs|en ['bʁanˌvɛːʔsən] ⟨-net, -ner⟩ Feuerwehr
bred [bʁɛːʔð] breit *(Gegenteil von eng)* weit
bred [bʁɛːʔð] ⟨-den, -der⟩ *(Fluß)* Ufer
brev [bʁɛːʔv] ⟨-et, -e⟩ Brief
brevveksling ['bʁɛu̯ˌvɛgsleŋ] ⟨-en, -er⟩ Briefwechsel
briller *(pl)* ['bʁelɔ] ⟨-ret, -⟩ Brille
bringe ['bʁeŋə] ⟨bragte, bragt⟩ bringen; **bringe tilbage** ['bʁeŋə te'bɛːʔə] ⟨bragte, bragt⟩ zurückbringen
briste ['bʁɛsdə] ⟨-ede⟩ platzen
brochure [bʁo'syːɔ] ⟨-n, -r⟩ Prospekt
broget ['bʁoːu̯əð] bunt
bror [bʁoːɔ] ⟨-en, brødre⟩ Bruder
brug [bʁuːʔ] ⟨-en⟩ Gebrauch, Verwendung; Anwendung
brugbar ['bʁuˌbaːʔ] gebräuchlich
bruge ['bʁuːə] ⟨-te⟩ gebrauchen, verwenden; anwenden; *(Zeit)* brauchen
brun [bʁuːʔn] braun
bryde ['bʁyːðə] ⟨brød, brudt⟩ brechen; **bryde op** ['bʁyːðə ɔb] aufbrechen
bryllup ['bʁœlɔb] ⟨-pet, -per⟩ Heirat; *(Feier)* Hochzeit
brække itu ['bʁægə i'tuːʔ] ⟨-ede⟩ zerbrechen
brænde ['bʁænə] ⟨-te⟩ brennen, verbrennen
brønd [bʁœnʔ] ⟨-en, -e⟩ Brunnen
bugt [bɔgd] ⟨-en, -er⟩ Bucht
buket [buˈkɛd] ⟨-ten, -ter⟩ (Blumen-)Strauß
bunke ['bɔŋgə] ⟨-n, -r⟩ Stapel, Stoß
busk [bɔsg] ⟨-en, -e⟩ Busch
by [byːʔ] ⟨-en, -er⟩ Stadt
byde ['byːðə] ⟨bød, budt⟩ bieten
bygge ['bygə] ⟨-ede⟩ bauen
bygning ['bygneŋ] ⟨-en, -er⟩ Gebäude
byplan ['byˌplɛːʔn] ⟨-en, -er⟩ Stadtplan
bytte ['bydə] ⟨-ede⟩ tauschen, vertauschen; umtauschen
byttepenge ['bydəˌpɛŋə] *pl* Wechselgeld
bæger ['bɛːɔ] ⟨-et, bægre⟩ Becher
bænk [bɛŋʔg] ⟨-en, -e⟩ (Sitz-)Bank

bære ['bɛ:ɔ] ⟨bar, båret⟩ tragen; ertragen; **bære bort** ['bɛ:ɔ 'bɔ:d] forttragen

bøde ['bø:ðə] ⟨-n, -r⟩ Geldstrafe

bøje ['bɔjə] ⟨-ede⟩ biegen

bøn [bœnˀ] ⟨-nen, -ner⟩ Bitte; Gebet

børste ['bœɒsdə] ⟨-n, -r⟩ Bürste; ⟨-ede⟩ bürsten

båd [bɔ:ð] ⟨-en, -e⟩ Boot, Kahn

bånd [bɔnˀ] ⟨-et, -⟩ n *(aus Stoff)* Band

C

café [kæ'fe:ˀ] ⟨-en, -er⟩ Café

central [sɛn'tɐaːˀl] zentral

centr|um ['sɛntɐɒm] ⟨-et, -er⟩ Zentrum

cerut [se'ɐud] ⟨-ten, -ter⟩ Zigarillo

charmerende [ʃa'me:ˀɔnə] entzückend, bezaubernd

chauffør [ʃo'fø:ˀɒ] ⟨-en, -er⟩ Chauffeur

chef [ʃɛ:ˀf] ⟨-en, -er⟩ Chef

cigar [si'ga:ˀ] ⟨-en, -er⟩ Zigarre

cigaret [siga'ɐæd] ⟨-ten, -ter⟩ Zigarette

cirka ['siŋgæ] etwa, ungefähr

D

da [dæ] *(zeitlich)* als; *(Ursache)* da

dag [dɛ:ˀ] ⟨-en, -e⟩ Tag; **hver dag** [vɛ:ˀɒ dɛ:ˀ] alle Tage; **i dag** [i 'dɛ:ˀ] heute; **om dagen** [ɔm 'dɛ:ˀən] bei Tag

dame ['dɛ:mə] ⟨-n, -r⟩ Dame

Danmark ['dænˌmaːg] Dänemark

danne ['dænə] ⟨-ede⟩ bilden

dans [dænˀs] ⟨-en, -e⟩ Tanz

dansk [dænˀsg] dänisch

dansker ['dænsgɒ] ⟨-en, -e⟩ Däne/Dänin

dato ['dɛ:to] ⟨-en, -er⟩ Datum

datter ['dædɒ] ⟨-en, døtre⟩ Tochter

de [di] *prn pl* sie; **De** *prn* Sie

defekt [de'fɛgd] defekt

definitiv [de'fini ti:ˀv] endgültig

del [de:ˀl] ⟨-en, -e⟩ Teil

dele ['de:lə] ⟨-te⟩ teilen

del|tage (i) ['delˌtɛ:ˀ (i)] ⟨-tog, -taget⟩ teilnehmen (an)

deltagelse ['delˌtɛ:ˀəlsə] ⟨-n⟩ Beileid

den der [dɛn 'dɛ:ˀɒ] jene(r, -s)

dengang ['dɛnˀˌgaŋˀ] damals

denne ['dɛnə] diese(r, -s); **denne vej** ['dɛnə vaiˀ] hierher

dens [dɛnsɒ] *poss prn* sein

deponere [depo'ne:ˀɔ] ⟨-ede⟩ hinterlegen

depositum [de'po:ˀsitɒm] ⟨-met, deposita⟩ *(Wohnung)* Kaution

der [dɛ:ˀɒ] *(Ort)* da, dort; **der er** [dɒ ɛɒ] es gibt

derefter [da'ɛfdɒ] danach

deres ['dɛ:ɔs] *pl* ihr

derfor ['dɛ:ˀɒˌfɒ] daher, deshalb

derhen [da'hɛnˀ] dorthin

deri [da'i:ˀ] drin

dernede [da'ne:ðə] dort unten

deroppe [da'ɔbə] dort oben

derovre [da'ɔuˀɒ] drüben

dertil [da'tel] dazu

derude [da'u:ðə] draußen

desuden [des'u:ðən] außerdem

desværre [des'vɛɒɔ] leider

detalje [de'tæljə] ⟨-n, -r⟩ Einzelheit

dets [dɛds] *poss prn* sein

dette ['dɛdə] *n* diese(r, -s)

diagnose [diæˀgno:sə] ⟨-n, -r⟩ Diagnose

dig [dai] dich

din [di:ˀn] dein

direkte [di'ɐægdə] *adj* direkt

direktion [diɐeg'ʃo:ˀn] ⟨-en, -er⟩ Direktion

direktør [diɐeg'tø:ˀɒ] ⟨-en, -er⟩ Direktor

disse ['disə] *pl* diese

dobbelt ['dɔbəld] doppelt

dog [dɔu] doch, jedoch

doktor ['dɔgdɒ] ⟨-en, -er⟩ Doktor

dokument [dogu'mɛnˀd] ⟨-et, -er⟩ Dokument

dom [dɔmˀ] ⟨-men, -me⟩ Urteil

doven ['dɔuˀən] faul

drager ['dɐa:ɒ] ⟨-en, -e⟩ (Gepäck-)Träger

dragt [dɐagd] ⟨-en, -er⟩ Tracht

dreje ['dɐaiə] ⟨-ede⟩ drehen; *(tele)* wählen; **dreje til højre/venstre** ['dɐaiə tel 'hɔiˀɒ/'vɛnsdɒ] nach rechts/links einbiegen

dreng [dɐɛŋˀ] ⟨-en, -e⟩ Junge

drikke ['dɐɛgə] ⟨drak, drukket⟩ trinken; **drikke sig fuld** ['dɐɛgə sai 'fulˀ] s. betrinken

drikkelig ['dɐɛgəli] trinkbar

dryppe ['dɐœbə] ⟨-ede⟩ tropfen

drøm [dɐœmˀ] ⟨-men, -me⟩ Traum

drømme ['dɐœmə] ⟨-te⟩ träumen

dråbe ['dɐɒ:bə] ⟨-n, -r⟩ Tropfen

du [du] du

dug [du:ʔ] ⟨-en, -e⟩ Tuch
dukke [ˈdɔgə] ⟨-n, -r⟩ Puppe
dum [dɔmˀ] blöd(e), dumm
dyb [dy:ˀb] tief
dygtig [ˈdøgdi] geschickt, tüchtig
dyr [dy:ˀɒ] ⟨-et, -⟩ Tier
dyr [dy:ˀɒ] teuer
dække [ˈdɛgə] ⟨-ede⟩ bedecken, zudecken
dæmpet [ˈdɛmbəð] *(Ton, Farbe)* weich
dø [dø:ʔ] ⟨døde, død⟩ sterben
død [dø:ˀð] ⟨-en⟩ Tod; tot
dømme [ˈdœmə] ⟨-te⟩ beurteilen; urteilen
dør [dœ:ˀɒ] ⟨-en, -e⟩ Tür
dårlig [ˈdɒ:li] *adj* schlecht, übel; **jeg føler mig dårlig** [jai ˈføˀlɒ mai ˈdɒ:li] mir ist übel
dårligt [ˈdɒ:lid] *adv* schlecht
dåse [ˈdɔ:sə] ⟨-n, -r⟩ *(Konserve)* Büchse, Dose

E

efter [ˈɛfdɒ] *(zeitlich)* nach
efter|lade [ˈɛfdɒˌlɛ:ˀðə] ⟨-lod, -ladt⟩ hinterlassen, zurücklassen
eftermiddag [ˈɛfdɒˌmedæ] ⟨-en, -e⟩ Nachmittag
efterprøve [ˈɛfdɒˌpʁœ:ˀvə] ⟨-ede⟩ nachprüfen
egen [ˈaiən] eigen
egenskab [ˈe:ˀənˌsgɛ:ˀb] ⟨-en, -er⟩ Eigenschaft
egentlig [ˈe:əndli] eigentlich
egn [aiˀn] ⟨-en, -e⟩ Gegend
egnet [ˈainəð] geeignet, richtig
eje [ˈaiə] ⟨-ede⟩ besitzen
ejendom [ˈaiənˌdɔmˀ] ⟨-en⟩ Eigentum, Besitz
ejer [ˈaiɒ] ⟨-en, -e⟩ Eigentümer, Besitzer
eksamen [ɛgˈsɛːmən] ⟨-en, -er⟩ Prüfung
eksemp|el [ɛgˈsɛmˀbəl] ⟨-let, -ler⟩ Beispiel; **for eksempel** [fɔ ɛgˈsɛmˀbəl] zum Beispiel
ekspedere [ɛgsbeˈde:ˀɒ] ⟨-ede⟩ erledigen
ekstra [ˈɛgsdʁa] extra, zusätzlich
elektrisk [eˈlɛgtʁisg] elektrisch
elevator [eləˈvɛ:to] ⟨-en, -er⟩ Fahrstuhl
eller [ˈɛlɒ] oder; **et eller andet** [ˈed ɛlɒ ˈænəð] irgend etwas; **et eller andet**

sted [ˈed ɛlɒ ˈænəð sdɛð] irgendwo; **et eller andet sted hen** [ˈed ɛlɒ ˈænəð sdɛð ˈhenˀ] irgendwohin; **på én eller anden måde** [pɒ ˈe:ˀn ɛlɒ ˈænən ˈmɔ:ðə] irgendwie
ellers [ˈɛlˀɒs] sonst; **ellers intet** [ˈɛlˀɒs ˈendəð] sonst nichts
elske [ˈɛlsgə] ⟨-ede⟩ lieben
elskværdig [ɛlsgˈvɛɒ̯ˀdi] liebenswürdig
elskværdighed [ɛlsgˈvɛɒ̯ˀdiˌhe:ˀð] ⟨-en, -er⟩ Liebenswürdigkeit
emanciperet [emænsiˈpe:ˀɒð] emanzipiert
en *art* ein(e); eins
ende [ˈɛnə] ⟨-n, -r⟩ Ende
endelig [ˈɛnəli] endlich
endnu [ˈɛnu] noch; **endnu ikke** [ˈɛnu ˈegə] noch nicht
endog [enˀɔu] sogar
enes med en om noget [ˈe:nəs mɛð e:ˀn ɔm ˈnɔ:əð] ⟨-edes⟩ s. verständigen
eneste [ˈe:nəsdə] einzig
enestående [ˈe:nəˌsdɔ:ˀənə] einzigartig
eng [ɛŋˀ] ⟨-en, -e⟩ Wiese
engelsk [ˈɛŋˀəlsg] englisch
enhver [enˈvɛ:ˀɒ] *prn* jede(r, -s)
enig [ˈe:ni] einig; **blive enig** [ˈbli:ə ˈe:ni] ⟨blev, blevet⟩ s. einigen; **blive enige om** [ˈbli:ə ˈe:niˌɔm] vereinbaren; **være enig med** [ˈvɛ:ɒ ˈe:ni mɛð] ⟨var, været⟩ zustimmen
enkelt [ˈɛŋˀəld] einzeln
ensom [ˈe:nˌsɔmˀ] einsam
enten … eller [ˈɛndən … ˈɛlɒ] entweder … oder
entré [aŋˈtʁɛ] ⟨-en, -er⟩ Eintritt; Eintrittspreis
episode [epiˈso:ðə] ⟨-n, -r⟩ Zwischenfall
der er [dɒ ɛɒ] es gibt
erfare [ɛɒ̯ˈfa:ˀɒ] ⟨-ede⟩ *verb* erfahren
erfaren [ɛɒ̯ˈfa:ˀən] *adj* erfahren
erfaring [ɛɒ̯ˈfa:ˀeŋ] ⟨-en, -er⟩ Erfahrung
erklære [ɛɒ̯ˈklɛ:ˀɔ] ⟨-ede⟩ erklären; angeben
erstatning [ɛɒ̯ˈsdædneŋ] ⟨-en, -er⟩ (Schaden-)Ersatz
erstatte [ɛɒ̯ˈsdædə] ⟨-ede⟩ ersetzen
eskorte [ɛsˈkɔ:də] ⟨-n, -r⟩ Begleitung
et [ed] eins; *art* ein(e)
Europa [œuˈʁo:pæ] Europa
europæer [œuʁoˈpɛ:ˀɒ] ⟨-en, -e⟩ Europäer/in
europæisk [œuʁoˈpɛ:ˀisg] europäisch
eventuelt [evɛntuˈɛlˀd] *adv* eventuell

F

fabrik [fa'bʁɛg] ⟨-ken, -ker⟩ Fabrik

fair [fɛːɐ] fair

falde ['fælə] ⟨faldt, faldet⟩ fallen, stürzen; **falde i søvn** ['fælə i 'sœuˀn] einschlafen; **falde til ro** ['fælə tel 'ʁoːˀ] s. beruhigen

falsk [falsg] *(hart)* falsch

familie [fæˈmilˀjə] ⟨-n, -r⟩ Familie

fange ['faŋə] ⟨-ede⟩ fangen

far [faː] ⟨-en, fædre⟩ Vater

fare ['faːa] ⟨-n, -r⟩ Gefahr

farlig ['faːli] gefährlich

farve ['faːvə] ⟨-n, -r⟩ Farbe

farvet ['faːvəð] farbig

fast [fæsd] *(hart)* fest

fast food ['fæsd fuːd] Schnellimbiß

fast|sætte ['fæsd sɛðə] ⟨-satte, -sat⟩ festsetzen

fattig ['fædi] arm

fed [feːˀð] dick, fett

fejl [faiˀl] ⟨-en, -⟩ Fehler, Mangel; **tage fejl** [tɛːˀ 'faiˀl] ⟨tog, taget⟩ s. täuschen; s. verrechnen

fejltagelse ['faiˌtɛːˀəlsə] ⟨-n, -r⟩ Irrtum; **ved en fejltagelse** [veð en 'faiˌtɛːˀəlsə] aus Versehen

ferie ['feːˀʁiə] ⟨-n, -r⟩ Ferien, Urlaub; **i ferien** [i 'feːˀʁiən] in den Ferien

fest [fɛsd] ⟨-en, -er⟩ Fest, Party

filial [filiˈɛːˀl] ⟨-en, -er⟩ Filiale

film [filˀm] ⟨-en, -⟩ *(Foto, Kino)* Film

filter ['filˀdɐ] ⟨-et, filtre⟩ Filter

fin [fiːˀn] fein

finde ['fenə] ⟨fandt, fundet⟩ finden; **finde sted** ['fenə 'sdɛð] ⟨fandt, fundet⟩ stattfinden

firkantet ['fiɐˌkænˀdəð] viereckig

firma ['fiɐmæ] ⟨-et, -er⟩ Firma

fisk [fesg] ⟨-en, -⟩ Fisch

fiske ['fesge] ⟨-ede⟩ angeln, fischen

fjeder ['fjeðˀɐ] ⟨-en, fjedre⟩ *(elastisch)* Feder

fjer [fjeːˀɐ] ⟨-en, -⟩ Feder

fjerne ['fjɛɐnə] ⟨-ede⟩ wegnehmen

fjernt [fjɛɐˀnd] entfernt

flad [flɛːˀð] flach

flamme ['flamə] ⟨-n, -r⟩ Flamme

flaske ['flæsgə] ⟨-n, -r⟩ Flasche

flirt [flœːd] ⟨-en, -er⟩ Flirt

flittig ['flidi] fleißig

flod [floːˀð] ⟨-en, -er⟩ Fluß, Strom

flue ['fluːə] ⟨-n, -r⟩ Fliege

flyde ['flyːðə] ⟨flød, flydt⟩ fließen

flydende ['flyːðənə] flüssig

flytte ['flydə] ⟨-ede⟩ *(Wohnung)* ausziehen, umziehen

flyve ['flyːvə] ⟨fløj, fløjet⟩ fliegen

foder ['foðˀɔ] ⟨-et, -⟩ Futter

fodgænger ['foðˌgɛŋɔ] ⟨-en, -e⟩ Fußgänger

folk [folˀg] ⟨-et, -⟩ Leute, Volk

for [fɔ] denn; *(mit adj)* zu; **for meget** [fɔ 'maiəð] zuviel; **for resten** [fɔ 'ʁæsdən] übrigens; **være for** [ˈvɛːɔ fɔ] dafür sein

foran ['fɔːˌænˀ] vorn; *(räumlich)* vor

forandre [fɔˈanˀdʁɔ] ⟨-ede⟩ verändern

forandring [fɔˈanˀdʁɛŋ] ⟨-en, -er⟩ (Ver-)Änderung

forbedre [fɔˈbɛðˀʁɔ] ⟨-ede⟩ verbessern

forberede ['fɔːbeˌʁɛːˀðə] ⟨-te⟩ vorbereiten

forbi [fɔˈbiːˀ] vorüber, vorbei

forbigående [fɔˈbiˌgɔːˀənə] *adv* vorübergehend

for|binde [fɔˈbenˀə] ⟨-bandt, -bundet⟩ verbinden

forbindelse [fɔˈbenˀəlsə] ⟨-n, -r⟩ *(Zug, tele)* Verbindung; **få forbindelse** [fɔːˀ fɔˈbenˀəlsə] ⟨fik, fået⟩ *(tele)* verbinden

forbinding [fɔˌbenˀEŋ] ⟨-en, -er⟩ *(med)* Verband

forbindingssager [fɔˈbenˀEŋsˌsɛːˀɔ] *pl* Verbandszeug

forbrug [fɔˈbʁuːˀ] ⟨-et, -⟩ Verbrauch

forbruge [fɔˈbʁuːˀə] ⟨-te⟩ verbrauchen

forbud ['fɔːˌbuðˀ] ⟨-et, -⟩ Verbot

forbudt! [fɔˈbudˀ] verboten!

forbund ['fɔːˌbɔnˀ] ⟨-et, -⟩ Bund, Verband

for|byde [fɔˈbyːˀðə] ⟨-bød, -budt⟩ verbieten

fordel ['fɔːˌdeːˀl] ⟨-en, -e⟩ Vorteil; **til fordel for** [tel 'fɔːˌdeːˀl fɔ] zugunsten

fordelagtig [fɔːdelˈagdi] vorteilhaft

fordele [fɔˈdeːˀlə] ⟨-te⟩ verteilen

fordi [fɔˈdiːˀ] da, weil

fordærvet [fɔˈdɛɐˀvəð] *(sittlich; faul)* verdorben

foreløbig ['fɔːɐˌløˀbi] *adv* vorläufig

forening [fɔˈeːˀnEŋ] ⟨-en, -er⟩ Verband, Verein

fore|slå ['fɔːɐsˌlɔːˀ] ⟨-slog, -slået⟩ vorschlagen

forestilling ['fɔːɐsdelˀEŋ] ⟨-en, -er⟩ *(Begriff, Theater)* Vorstellung

fore|trække ['fɔːɐˌtʁægə] ⟨-trak, -trukket⟩ lieber haben, vorziehen

forfatning [fɔˈfædneŋ] ⟨-en, -er⟩ Verfassung

forfriskning [fɔˈfʁɛsgneŋ] ⟨-en, -er⟩ Erfrischung

forgæves [fɔˈgɛːʔvəs] vergebens, umsonst

forhandling [fɔˈhænʔleŋ] ⟨-en, -er⟩ Verhandlung

forhindre [fɔˈhenʔdʁɔ] ⟨-ede⟩ verhindern

forhøje [fɔˈhɔjʔə] ⟨-ede⟩ *(Preise)* erhöhen

forhøre sig [fɔˈhøːʔɔ sai] ⟨-te⟩ s. erkundigen

forkert [fɔˈkeɐʔd] falsch

forklare [fɔˈklaːʔa] ⟨-ede⟩ *(deutlich machen)* erklären

forkortelse [fɔˈkɔːdəlsə] ⟨-n, -r⟩ Abkürzung

forkørselsret [ˈfɔːkøɐsəlsˌʁæd] ⟨-ten⟩ Vorfahrt

for|lade [fɔˈlɛːʔðə] ⟨-lod, -ladt⟩ verlassen

forlange [fɔˈlaŋʔə] ⟨-te⟩ verlangen

forlove sig med [fɔˈlɔːʔvə sai mɛð] ⟨-ede⟩ s. mit verloben

forlovede [fɔˈlɔːʔvəðə] der/die Verlobte

forlænge [fɔˈlɛŋʔə] ⟨-ede⟩ verlängern

form [fɔːʔm] ⟨-en, -er⟩ Form; **i form** [i ˈfɔːʔm] fit

format [fɔˈmɛːʔd] ⟨-et, -er⟩ Format

formiddag [ˈfɔːmeˌdɛːʔ] ⟨-en, -e⟩ Vormittag

formode [fɔˈmoːʔðə] ⟨-ede⟩ annehmen, vermuten

formodning [fɔˈmoːʔðneŋ] ⟨-en, -er⟩ Annahme, Vermutung

formular [fɔmuˈlaːʔ] ⟨-en, -er⟩ Formular; **udfylde en formular** [ˈuðˌfylʔə en fɔmuˈlaːʔ] ein Formular ausfüllen

formål [ˈfɔːˌmɔːʔl] ⟨-et, -⟩ Zweck

formålsløs [ˈfɔːmɔlsˌløːʔs] zwecklos

fornem [ˈfɔːˌnɛmʔ] vornehm

fornuftig [fɔˈnɔfdi] vernünftig

forny [fɔˈnyːʔ] ⟨-ede⟩ erneuern

fornærmelse [fɔˈnɛɐʔməlsə] ⟨-n, -r⟩ Beleidigung

fornøjelse [fɔˈnɔjʔəlsə] ⟨-n, -r⟩ Spaß, Vergnügen

forpasse [fɔˈpæsə] ⟨-ede⟩ *(verpassen)* versäumen

forplejning [fɔˈplaiʔneŋ] ⟨-en⟩ Verpflegung

forpligtelse [fɔˈplegdəlsə] ⟨-n, -r⟩ Verpflichtung

forpligtet, være ~[ˈvɛːɔ fɔˈplegdəð] verpflichtet sein

forretning [fɔˈʁædneŋ] ⟨-en, -er⟩ Geschäft, Laden

forrykt [fɔˈʁœgd] verrückt

forråd [ˈfɔːˌʁɔːʔð] ⟨-et, -⟩ Vorrat

forsende [fɔˈsɛnʔə] ⟨-te⟩ versenden

forsigtig [fɔˈsegdi] vorsichtig; **forsigtig!** Vorsicht!

forsikre [fɔˈseguɔ] ⟨-ede⟩ versichern

forsikring [fɔˈseguɛŋ] ⟨-en, -er⟩ Versicherung

forsinke [fɔˈseŋʔgə] ⟨-ede⟩ verzögern

forsinkelse [fɔˈseŋʔgəlsə] ⟨-n, -r⟩ Aufschub

forskel [ˈfɔːˌsgɛlʔ] ⟨-len, -le⟩ Unterschied

forskellig [fɔˈsgɛlʔi] *adj* anders, verschieden; **være forskellig fra** [ˈvɛːɔ fɔˈsgɛlʔi fʁa] s. unterscheiden von

forskrække [fɔˈsguʁægə] ⟨-ede⟩ erschrecken

forskrækket, blive ~[ˈbliːə fɔˈsguʁægəð] ⟨blev, blevet⟩ *(erschrocken sein)* erschrecken

forslag [ˈfɔːˌslɛːʔ] ⟨-et, -⟩ Vorschlag

forstad [ˈfɔːˌsdæð] ⟨-en, -stæder⟩ Vorort

forstand [fɔˈsdænʔ] ⟨-en⟩ Verstand

forstoppet [fɔˌsdɔbəð] verstopft

forstyrre [fɔˈsdyɒʔɔ] ⟨-ede⟩ stören

forstyrrelse [fɔˈsdyɒʔɔlsə] ⟨-n, -r⟩ Störung

for|stå [fɔˈsdɔːʔ] ⟨-stod, -stået⟩ verstehen

forståelig, gøre sig ~[ˈgœːɔ sai fɔˈsdɔːʔəli] ⟨gjorde, gjort⟩ *(sprachlich)* s. verständigen

forståelse [fɔˈsdɔːʔəlsə] ⟨-n⟩ Einverständnis

forsvare [fɔˈsvaːʔa] ⟨-ede⟩ verteidigen

for|svinde [fɔˈsvenʔə] ⟨-svandt, -svundet⟩ verschwinden

forsyne med [fɔˈsyːʔnə mɛð] ⟨-ede⟩ versorgen mit

forsøg [fɔˈsøːʔ] ⟨-et, -⟩ Versuch

forsøge [fɔˈsøːʔə] ⟨-te⟩ versuchen

forsømme [fɔˈsœmʔə] ⟨-te⟩ vernachlässigen

fortegnelse [fɔˈtaiʔnəlsə] ⟨-n, -r⟩ Verzeichnis

fortid [ˈfɔːˌtiðʔ] ⟨-en⟩ Vergangenheit

for|tie [fɔˈtiːʔə] ⟨-tav, -tiet⟩ verheimlichen

fortil [ˈfɔːˌtel] vorn

fortjene [fɔˈtjɛːʔnə] ⟨-te⟩ *(wert sein)* verdienen

fortjeneste [fɔˈtjɛːʔnəsdə] ⟨-n, -r⟩ *(Geld)* Verdienst *m*; Verdienst *n*

fortolde [fɔˈtʌlˀə] ⟨-ede⟩ verzollen

fortrin [ˈfɔːˌtɹin] ⟨-net, -⟩ Vorzug

fort|sætte [ˈfɔːdˌsɛdə] ⟨-satte, -sat⟩ fortsetzen

fortvivlet [fɔˈtviuˀləð] verzweifelt

for|tælle [fɔˈtɛlˀə] ⟨-talte, -talt⟩ erzählen

forudbestille [ˈfɔːuðbeˌsdelˀə] ⟨-te⟩ vorbestellen

foruden [fɔˈuːðən] sonst noch, außer

forvejen, i ~ [i ˈfɔːˌvajˀən] im voraus

forveksle [fɔˈvɛgslə] ⟨-ede⟩ verwechseln

forældre [fɔˈɛlˀdɐ] Eltern

forøges [fɔˈøːˀes] ⟨-edes⟩ *(anwachsen)* zunehmen

forårsage [fɔɐˈsɛˀə] ⟨-ede⟩ verursachen

foto [ˈfoto] ⟨-et, -s⟩ Aufnahme, Foto

fotografere [fotogɐaˈfeːˀɔ] ⟨-ede⟩ fotografieren

fotografi [fotogɐaˈfiˀ] ⟨-et, -er⟩ Foto, Bild

fotografiapparat [fotogɐaˈfiˀ-abaˌɐaːˀd] ⟨-et, -er⟩ Fotoapparat

fra [fɐa] *(Herkunft)* aus, von; **fra København** [fɐa købənˈhauˀn] aus Kopenhagen

fragt [fɐagd] ⟨-en, -er⟩ Fracht

fransk [fɐanˀsg] französisch

fraværende [ˈfɐaˌvɛːˀɔnə] abwesend

fred [fɐɛð] ⟨-en⟩ Friede

fremad [ˈfɐæmˀˌæð] vorwärts

fremfor alt [ˈfɐæmˀfɔ ælˀd] vor allem

fremkalde [ˈfɐæmˌkælˀə] ⟨-te⟩ *(Film)* entwickeln

fremmed [ˈfɐæməð] fremd

fremmede *adj* [ˈfɐæməðə] der, die Fremde

fremskridt [ˈfɐæmˌsgɹid] ⟨-et, -⟩ Fortschritt

fremskynde [ˈfɐæmˌsgønˀə] ⟨-te⟩ beschleunigen

fremstille [ˈfɐæmˌsdelˀə] ⟨-ede⟩ erzeugen

fremtid [ˈfɐæmˌtiðˀ] ⟨-en⟩ Zukunft

fremtidig [ˈfɐæmˌtiːˀði] zukünftig

fri [fɐiˀ] frei; **i det fri** [i de ˈfɐiˀ] im Freien

frigjort [ˈfɐiˌgjoɐˀd] emanzipiert

(fri)mærke [(ˈfɐi)ˌmɛɐɡə] ⟨-t, -r⟩ Briefmarke

frisk [fɐɛsg] frisch

frist [fɐɛsd] ⟨-en, -er⟩ Frist, Termin

fru [fɐu] *(Anrede, vor Namen)* Frau

frygt [fɐœgd] ⟨-en⟩ Furcht

frygte [ˈfɐœgdə] ⟨-ede⟩ (be)fürchten; **frygte for** [ˈfɐœgdə fɔ] ⟨-ede⟩ s. fürchten vor

frygtelig [ˈfɐœgdəli] fürchterlich

fryse [ˈfɐyːsə] ⟨frøs, frosset⟩ frieren

frøken [ˈfɐœːˀgən] ⟨-en, -er⟩ Fräulein

fugl [fuːˀl] ⟨-en, -e⟩ Vogel

fugtig [ˈfɔgdi] feucht, naß

fuld [fulˀ] voll, besetzt; betrunken

fuldende [ˈfulˌɛnˀə] ⟨-te⟩ vollenden

fuldkommen [ˈfulˌkɔmˀən] vollkommen

fuldmagt [ˈfulˌmagd] ⟨-en, -er⟩ Vollmacht

fuldstændig [ˈfulˌsdɛnˀdi] vollständig

fungere [fɔŋˈgeːˀɔ] ⟨-ede⟩ funktionieren

fylde [ˈfylə] ⟨-te⟩ füllen

Fyn [fyˀn] Fünen

fyringsolie [ˈfyːɹeŋsˌoljə] ⟨-n, -r⟩ Heizöl

fyrtøj [ˈfyɐˌtɔj] ⟨-et, -er⟩ Feuerzeug

fyrtårn [ˈfyɐˌtɔːˀn] ⟨-et, -e⟩ Leuchtturm

fyrværkeri [fyɐvɛɐɡəˈɹiˀ] ⟨-et⟩ Feuerwerk

fædreland [ˈfɛðɐˌlænˀ] ⟨-et, -e⟩ Vaterland

fælles [ˈfɛlˀəs] gemeinsam

færdes [ˈfɛɐdəs] ⟨-edes⟩ *(Verkehrsmittel)* verkehren

færdig [ˈfɛɐdi] *(vollständig)* fertig; **gøre færdig** [ˈgœːɔ ˈfɛɐdi] ⟨gjorde, gjort⟩ erledigen

fætter [ˈfɛdɔ] ⟨-en, fætre⟩ Cousin

føds|el [ˈføsəl] ⟨-len, -ler⟩ Geburt

fødselsdag [ˈføsəlsˌdɛˀ] ⟨-en, -e⟩ Geburtstag

født [føˀd] geboren; **født i** [føˀd i] gebürtig aus

føle [ˈføːlə] ⟨-te⟩ fühlen; **jeg føler mig dårlig** [jai ˈføˀɔ mai ˈdɔːli] mir ist übel

følelse [ˈføːləlsə] ⟨-n, -r⟩ Gefühl

følge [ˈføljə] ⟨fulgte, fulgt⟩ (be)folgen

følsom [ˈføːlsɔmˀ] zartfühlend

før [fœːˀɐ] bevor, *(zeitlich)* vor

føre [ˈføːɔ] ⟨-te⟩ führen

fører [ˈføːɔ] ⟨-en, -e⟩ Fahrer; *(für Fremde)* Führer

først [fœɐsd] erst, zuerst; **først og fremmest** [ˈfœɐsd ɔ ˈfɐæməsd] zunächst

første [ˈfœɐsdə] erste(r, -s); **for det første** [fɔ de ˈfœɐsdə] erstens

førstehjælp [ˈfœɐsdəˌjɛlˀb] ⟨-en⟩ Erste Hilfe

første klasses ['fœɐ̯sdəˌklæsəs] erstklassig
få [fɔ:ʔ] ⟨fik, fået⟩ bekommen, erhalten, erlangen; besorgen; **få fat på** [fɔ:ʔ ˈfæd pɔ] ⟨fik, fået⟩ verschaffen; **få igen** [fɔ:ʔ iˈgɛn] ⟨fik, fået⟩ wiederbekommen; **få forbindelse** [fɔ:ʔ fɔˈbenʔəlsə] ⟨fik, fået⟩ *(tele)* verbinden
få [fɔ:ʔ] wenig
får [fɔ:ʔ] ⟨-et, -⟩ Schaf

G

gabe ['gɛ:bə] ⟨-te⟩ gähnen
gade ['gɛ:ðə] ⟨-n, -r⟩ Straße; **på gaden** [pɔ ˈgɛ:ðən] auf der Straße
gadedør ['gɛ:ðəˌdœ:ʔɐ̯] ⟨-en, -e⟩ Haustür
gammel ['gaməl] alt
gang [gaŋʔ] ⟨-en, -e⟩ Mal; **en gang** [en ˈgaŋʔ] einmal; **en anden gang** [en ˈænən ˌgaŋʔ] ein andermal; **en gang til** ['e:ʔn gaŋʔ ˈtel] noch einmal, wieder; **hundrede gange** ['hunɐ̯ðə ˈgaŋə] hundertmal; **hver gang** [vɛ:ʔɐ̯ gaŋʔ] jedesmal
gangbro ['gaŋˌbʁo:ʔ] ⟨-en, -er⟩ Steg
ganske ['gænsgə] *(vollständig)* ganz
garage [gaˈʁa:sə] ⟨-n, -r⟩ Garage
garanti [gaʁanˈti:ʔ] ⟨-en, -er⟩ Garantie
gardin [gaˈdi:ʔn] ⟨-et, -er⟩ *(Fenster)* Vorhang
gave ['gɛ:və] ⟨-n, -r⟩ Geschenk
gear [gi:ʔɐ̯] ⟨-et, -⟩ *(Auto)* Gang
genere [seˈne:ʔɔ] ⟨-ede⟩ belästigen
genert [seˈne:ʔd] schüchtern
genkende ['gɛnˌkɛnʔə] ⟨-te⟩ erkennen
gennem ['gɛnʔəm] *(quer)* durch
gennemblødt ['gɛnəmˌblø:ʔd] durchnäßt, naß
gennemrejse ['gɛnəmˌʁaisə] ⟨-n, -r⟩ Durchreise, Durchfahrt; **på gennemrejse** [pɔ ˈgɛnəmˌʁaisə] auf der Durchreise
gennemsnitlig ['gɛnəmˌsnidli] *adj* durchschnittlich
genstand ['gɛnˌsdænʔ] ⟨-en, -e⟩ Gegenstand
gen|tage ['gɛnˌtɛ:ʔ] ⟨-tog, -taget⟩ wiederholen
genvej ['gɛnˌvai̯ʔ] ⟨-en, -e⟩ *(Weg)* Abkürzung
gerne ['gɛɐ̯nə] gern; **ikke gerne** ['egə ˈgɛɐ̯nə] nicht gern
gevinst [geˈvenʔsd] ⟨-en, -er⟩ Gewinn

gift [gifd] ⟨-en, -e⟩ Gift
gift [gifd] verheiratet
gifte sig ['gifdə sai̯] ⟨-ede⟩ heiraten
giftering ['gifdəˌʁɛŋʔ] ⟨-en, -e⟩ Ehering
giftig ['gifdi] giftig
gips [gibs] ⟨-en⟩ Gips
gitter ['gidɐ̯] ⟨-et, gitre⟩ Gitter
give [gi:ʔ] ⟨gav, givet⟩ geben, reichen; gewähren; **give igen** [gi:ʔ iˈgɛn] wiedergeben; **give medhold** [gi:ʔ ˈmeðˌhɔlʔ] zustimmen; **give tilbage** [gi:ʔ teˈbɛ:ə] zurückgeben; **give ud** [gi:ʔ ˈuð] ausgeben; *(Geld, Bücher)* herausgeben
glad [glæð] froh; **glad (over)** [glæð (ˈɔuʔɔ)] erfreut (über)
glas [glæs] ⟨-set, -⟩ Glas
glat [glæd] glatt
glemme ['glɛmə] ⟨-te⟩ vergessen
glimrende ['glemʁɐ̯nə] prima
glæde ['glɛ:ðə] ⟨-n, -r⟩ Freude; **glæde sig over/til** ['glɛ:ðə sai̯ ˈɔuʔɔ/tel] ⟨-ede⟩ s. freuen über/auf
glød [glø:ʔð] ⟨-en⟩ Glut
gnist [gnisd] ⟨-en, -er⟩ Funke
god [go:ʔð] *adj* gut
gods [gɔs] ⟨-et, -er⟩ Landgut
godt [gɔd] *adv* gut; wohl
grad [gʁa:ʔð] ⟨-en, -er⟩ Grad
gratis ['gʁa:tis] gratis, frei, umsonst
gratulere [gʁatuˈle:ʔɔ] ⟨-ede⟩ gratulieren
gravid [gʁaˈviðʔ] schwanger
gribe ['gʁi:bə] ⟨greb, grebet⟩ ergreifen
grund [gʁɔnʔ] ⟨-en, -e⟩ Grund; **af denne grund** [æ ˈdɛnə gʁɔnʔ] aus diesem Grund; **på grund af** [pɔ ˈgʁɔnʔ æ] wegen
gruppe ['gʁubə] ⟨-n, -r⟩ Gruppe
græde ['gʁæ:ðə] ⟨græd, grædt⟩ weinen
grænse ['gʁænsə] ⟨-n, -r⟩ Grenze
græsplæne ['gʁæsˌplɛ:nə] ⟨-n, -r⟩ Rasen
Grønland ['gʁœnˌlænʔ] Grönland
gud [guð] ⟨-en, -er⟩ Gott; **gud være lovet!** ['guð vɛ:ɔ ˈlo:vəð] Gott sei Dank!
guitar [giˈta:ʔ] Gitarre
gulv [gɔl] ⟨-et, -e⟩ (Fuß-)Boden
gunstig ['gɔnsdi] *(Preis)* günstig
gyldig ['gyldi] gültig
gyldighed ['gyldiˌhe:ʔð] ⟨-en⟩ Gültigkeit
gæld [gɛlʔ] ⟨-en⟩ (Geld-)Schuld

gælde [ˈgɛlə] ⟨gjaldt, gældt⟩ gelten

gæst [gɛsd] ⟨-en, -er⟩ Gast

gæstfrihed [ˈgɛsdfɐiˌheːˀð] ⟨-en⟩ Gastfreundschaft

gætte [ˈgɛdə] ⟨-ede⟩ (er)raten

gøre [ˈgœːɔ] ⟨gjorde, gjort⟩ tun; **gøre én en tjeneste** [ˈgœːɔ eːˀn en ˈtjɛːnəsdə] jdm einen Gefallen tun; **gøre sig umage** [ˈgœːɔ sai ˈuˌmɛːə] ⟨gjorde, gjort⟩ s. Mühe geben; **gøre sig forståelig** [ˈgœːɔ sai fɔˈsdɔːˀəli] ⟨gjorde, gjort⟩ *(sprachlich)* s. verständigen; **gøre færdig** [ˈgœːɔ ˈfɛɐdi] ⟨gjorde, gjort⟩ erledigen; **gøre mulig** [ˈgœːɔ ˈmuːli] ⟨gjorde, gjort⟩ ermöglichen

gå [gɔːˀ] ⟨gik, gået⟩ gehen; *(Zeit)* vergehen; **gå en tur** [gɔːˀ en tuːˀɐ] spazierengehen, einen Spaziergang machen; **gå for langsomt** [gɔːˀ fɔ ˈlaŋsɔmˀd] *(Uhr)* nachgehen; **gå for stærkt** [gɔːˀ fɔ ˈsdɛɐɡd] *(Uhr)* vorgehen; **gå forbi** [gɔːˀ fɔˈbiːˀ] vorübergehen; **gå fremad** [gɔːˀ ˈfɐɛmˀˌæð] vorwärts gehen; **gå i gang** [gɔːˀ i gaŋˀ] anspringen; **gå i seng** [gɔːˀ i ˈsɛŋˀ] zu Bett gehen; **gå ind** [gɔːˀ ˈenˀ] hineingehen; **gå lige ud** [gɔːˀ ˈliːə ˈuðˀ] geradeaus gehen; **gå ned** [gɔːˀ ˈneðˀ] hinuntergehen; **gå om bord** [gɔːˀ ɔm ˈboːˀɐ] an Bord gehen; **gå over** [gɔːˀ ˈɔuˀɔ] überqueren; **gå tilbage** [gɔːˀ teˈbɛːə] zurückgehen; **gå ud** [gɔːˀ ˈuðˀ] *(Haus verlassen, Licht)* ausgehen; hinausgehen; **gå væk** [gɔːˀ ˈvɛg] weggehen

gård [gɔːˀ] ⟨-en, -e⟩ Hof

H

hal [hælˀ] ⟨-len, -ler⟩ Halle

hallo [hæˈlo] hallo

halv [hælˀ] halb

halvanden [hælˈænən] anderthalb

halvdel [ˈhælˌdeːˀl] ⟨-en, -e⟩ Hälfte

hammer [ˈhamɔ] ⟨-en, hamre⟩ Hammer

han [hæn] er

handling [ˈhænleŋ] ⟨-en, -er⟩ Tat

hane [ˈhɛːnə] ⟨-n, -r⟩ *(auch Wasser-)* Hahn

hans [hæns] *poss prn* sein

hav [hau] ⟨-et, -e⟩ Meer

have [ˈhɛːˀ] ⟨havde, haft⟩ haben; **have til hensigt** [hɛːˀ tel ˈhɛnˌsegd] beabsichtigen; **have travlt** [hɛːˀ ˈtɐauˀld] es eilig haben; **have ret** [hɛːˀ ˈɐæd] recht haben; **have uret** [hɛːˀ ˈuˌɐæd] unrecht haben

have [ˈhɛːvə] ⟨-n, -r⟩ Garten

hedde [ˈheðə] ⟨hed, heddet⟩ heißen

hej-hej [ˈhaiˌhai] tschüß

hektisk [ˈhɛgtisg] hektisch

hel [heːˀl] *adj* ganz; voll; *adv* vollständig

held [hɛlˀ] ⟨-et⟩ Glück; **held og lykke!** [ˈhɛlˀ ɔ ˈløgə] viel Glück!

hele [ˈheːlə] *pl* ganz; **det hele** [de ˈheːlə] das Ganze;

heller ikke [ˈhɛlˀɔ ˈegə] auch nicht

hellere [ˈhɛlɔɔ] lieber, eher

hellig [ˈhɛli] heilig

helligdag [ˈhɛliˌdɛːˀ] ⟨-en, -e⟩ Feiertag

helt [heːˀld] *adv* ganz

hemmelig [ˈhɛməli] geheim, heimlich

hende [ˈhɛnə] *pers prn* sing ihr

hendes [ˈhɛnəs] *poss prn* sing ihr

henimod [ˈhɛniˌmoːˀð] *(in Richtung auf, zeitlich)* gegen

henrykt [ˈhɛnˌɐœgd] entzückt

hensigt [ˈhɛnsegd] ⟨-en, -er⟩ Absicht; **have til hensigt** [hɛːˀ tel ˈhɛnˌsegd] ⟨havde, haft⟩ beabsichtigen

hensigtsmæssig [ˈhɛnsegdsˌmɛsi] zweckmäßig

hensyn [ˈhɛnˌsyːˀn] ⟨-et, -⟩ Rücksicht

hensynsløs [ˈhɛnsynsˌløːˀs] rücksichtslos

hente [ˈhɛndə] ⟨-ede⟩ holen

henvende sig til nogen [ˈhɛnˌvɛnˀə sai tel ˈnoːən] ⟨-te⟩ s. an jdn wenden

her [hɛːˀɐ] hier

herlig [ˈhɛɐli] herrlich

herre [ˈhɛɐɔ] ⟨-n, -r⟩ Herr

hilse [ˈhilsə] ⟨-te⟩ (be)grüßen; **hilse og sige** [ˈhilsə ɔ ˈsiːə] *(Gruß)* ausrichten

him|mel [ˈheməl] ⟨-len, -le⟩ Himmel

hinanden [henˈænən] einander

hindre [ˈhendɐɔ] ⟨-ede⟩ hindern

historie [hiˈsdoːˀɔiə] ⟨-n, -r⟩ Geschichte

hittegodskontor [ˈhidəgoskɔnˌtoːˀɐ] ⟨-et, -er⟩ Fundbüro

hjemkomst [ˈjɛmˌkɔmˀsd] ⟨-en⟩ Rückkehr

hjemme [ˈjɛmə] daheim

hjemrejse [ˈjɛmˌɐaisə] ⟨-n, -r⟩ Heimreise

hjemstavn [ˈjɛmˌsdauˀn] ⟨-en⟩ Heimat

hjerte [ˈjɛɐdə] ⟨-t, -r⟩ Herz

hjertelig [ˈjɛɐdəli] herzlich

hjertelighed [ˈjɛɐdəliˌheːˀð] ⟨-en⟩ Herzlichkeit

hjælp [jɛl'b] ⟨-en⟩ Hilfe; **ved hjælp af** [veð jɛl'b æ] *(mittels)* durch
hjælpe nogen ['jɛlbə 'no:ən] ⟨hjalp, hjulpet⟩ jdm helfen
hjørne ['jœɐnə] ⟨-t, -r⟩ Ecke
hobby ['hɔbi] ⟨-en⟩ Hobby
hold [hɔl'] ⟨-et, -⟩ *(Sport)* Mannschaft
holdbar ['hɔl,ba:'] haltbar
holde ['hɔlə] ⟨holdt, holdt⟩ (fest-)halten; **holde op** ['hɔlə 'ɔb] aufhören; **holde øje** ['hɔlə 'ɔiə] achtgeben; **holde øje med** ['hɔlə 'ɔiə mɛð] beobachten
holdt! [hɔl'd] halt!
honorar [hono'ʁa:'] ⟨-et, -er⟩ Honorar
hoste ['ho:sdə] ⟨-ede⟩ husten
hotel [ho'tɛl'] ⟨-let, -ler⟩ Hotel; Gasthof, Gasthaus
hovedindgang ['ho:əðen,gaŋ'] ⟨-en, -e⟩ Haupteingang
hovedsageligt [hoəð'sɛ:'əlid] *adv* hauptsächlich
hovedstad ['ho:əð,sdæð] ⟨-en, -stæder⟩ Hauptstadt
hul [hɔl] ⟨-let, -ler⟩ Loch
hun [hun] *prn f sing* sie
hund [hun'] ⟨-en, -e⟩ Hund
hundrede ['hunʁəðə] hundert; **hundrede gange** ['hunʁəðə 'gaŋə] hundertmal
hurtig ['huɒdi] *adj* schnell
hurtighed ['huɒdi,he:'ð] ⟨-en⟩ Geschwindigkeit, Schnelligkeit
hurtigt ['huɒdid] *adv* rasch, schnell; **så hurtigt som muligt** [sɔ 'huɒdid sɔm 'mu:lid] so bald wie möglich
hus [hu:'s] ⟨-et, -e⟩ Haus
huske (på) ['husgə (pɔ)] ⟨-ede⟩ (jdn/sich) erinnern (an)
husly ['hus,ly:'] ⟨-et, -⟩ Unterkunft
hustru ['husdʁu] ⟨-en, -er⟩ Ehefrau
hvad [væð] was; **hvad behager?** [vabə'ha:'] wie bitte?
hveps [vɛbs] ⟨-en, -e⟩ Wespe
hver [vɛ:'ɒ] *adj* jede(r, -s); **hver anden time** [vɛ:'ɒ 'ænən 'ti:mə] alle zwei Stunden; **hver dag** [vɛ:'ɒ 'dɛ:'] alle Tage; **hver gang** [vɛ:'ɒ gaŋ'] jedesmal
hverdag, til ~ [tel 'vɛɒ,dɛ:'] werktags; **om hverdagen** [ɔm 'vɛɒ,dɛ:'ən] wochentags
hverken ... eller ['vɛɒgən ... 'ɛlɒ] weder ... noch
hvile (ud) ['vi:lə ('uð')] ⟨-ede⟩ (s. aus-) ruhen

hvilken ['velgən] was für ein/eine ... ?; **hvilken som helst** ['velgən sɔm 'hɛl'sd] jede(r, -s) beliebige
hvis [ves] *(Bedingung)* wenn, falls
hvordan [vo'dæn] *(Frage)* wie
hyggelig ['hygəli] gemütlich
hyppigt ['hybid] *adv* häufig
hytte ['hydə] ⟨-n, -r⟩ Hütte
hæfte ['hɛfdə] ⟨-t, -r⟩ Heft
hæl [hɛ:'l] ⟨-en, -e⟩ *(Schuh)* Absatz
hænge ['hɛŋə] ⟨hang, hængt⟩ (auf-) hängen; **hænge op** ['hɛŋə 'ɔb] aufhängen
hæslig ['hɛsli] häßlich
hævde ['hɛudə] ⟨-ede⟩ behaupten
høflig ['høfli] höflich
høflighed ['høfli,he:'ð] ⟨-en, -er⟩ Höflichkeit
høj [hɔi'] hoch
højde ['hɔi'də] ⟨-n, -r⟩ Höhe
højdepunkt ['hɔi'də,pɔŋ'd] ⟨-et, -er⟩ Höhepunkt
højst ['hɔi'əsd] höchstens
højre ['hɔiʁɔ] rechte(r, -s)
højt [hɔi'd] laut; **tale højt** ['tɛ:lə 'hɔi'd] ⟨-te⟩ laut sprechen
højtidelig [hɔi'ti:'ðəli] feierlich
højttaler ['hɔi,tɛ:lɔ] ⟨-en, -e⟩ Lautsprecher
høre ['hø:ɔ] ⟨-te⟩ hören; **høre på** ['hø:ɔ 'pɔ:'] (zu)hören
høst [høsd] ⟨-en⟩ Ernte
håbe ['hɔ:bə] ⟨-ede⟩ hoffen
hånd [hɔn'] ⟨-en, hænder⟩ Hand
håndhæve ['hɔn,hɛ:'və] ⟨-ede⟩ *(Gesetz)* anwenden
håndlavet ['hɔn,lɛ:vəð] handgemacht
håndtag ['hɔn,tɛ:'] ⟨-et, -⟩ (Hand-)Griff
hård [hɔ:'] hart
hårdhed ['hɔ:,he:'ð] ⟨-en⟩ Härte

I

I [i] *pl* ihr
i [i] in; **i øvrigt** [i 'øuʁid] übrigens; **i det mindste** [i de 'men'sdə] mindestens; **i dette vejr** [i 'dedə vɛ:'ɒ] bei diesem Wetter; **i virkeligheden** [i 'viɒgəli,he:'ðən] in der Tat; **i aften** [i 'afdən] heute abend; **i dag** [i 'dɛ:'] heute; **i ferien** [i 'fe:'ɒiən] in den Ferien; **i forvejen** [i 'fɔ:,vai'ən] im voraus; **i mellemtiden** [i 'mɛləm,tið'ən] inzwischen; **i nat** [i 'næd] heute nacht; **i stand (til)** [i 'sdæn' (tel)] fähig (zu)

iagttage [i'ag.tɛ:ˀe] ⟨-tog, -taget⟩ beobachten

identitetskort [idɛnti'te:ˀds.ko:d] ⟨-et, -⟩ Personalausweis

idiotisk [idi'o:ˀdisg] blöd(e)

idé [i'de:ˀ] ⟨-en, -er⟩ Idee

igen [i'gɛn] wieder

ikke ['egə] nicht; **ikke bindende** ['egə 'benənə] unverbindlich; **ikke desto mindre** ['egə dɛsdo 'mendʊɔ] trotzdem; **ikke engang** ['egə en'gaŋˀ] nicht einmal; **ikke sandt?** ['egə 'sænˀd] nicht wahr?

ild [il'ˀ] ⟨-en⟩ Feuer

ildslukker ['il.slɔgɔ] ⟨-en, -e⟩ Feuerlöscher

illumineret [ilumi'ne:ˀɔð] *(festlich)* beleuchtet

imellem [i'mɛlˀəm] zwischen

imidlertid [i'miðˀlɔ.tiðˀ] jedoch

imod [i'mo:ˀð] *(wider)* gegen; **være imod** ['vɛ:ɔ i'mo:ˀð] dagegen sein

ind|byde ['en.by:ˀðə] ⟨-bød, -budt⟩ einladen

indbydelse ['en.by:ˀðəlsə] ⟨-n, -r⟩ Einladung

indbygger ['en.bygɔ] ⟨-en, -e⟩ Bewohner, Einwohner

inde|holde ['enə.hɔlˀə] ⟨-holdt, -holdt⟩ enthalten

inden ['enən] *(zeitlich)* innerhalb; **inden længe** ['enən 'lɛŋə] demnächst

indenfor ['enən.fɔ] innen

indfødt ['en.fø:ˀd] einheimisch

indgang ['en.gaŋˀ] ⟨-en, -e⟩ Eingang

indhente ['en.hɛnˀdə] ⟨-ede⟩ überholen; **indhente oplysning** ['en.hɛnˀdə 'ɔb.ly:ˀsneŋ] Auskunft einholen

indhold ['en.hɔlˀ] ⟨-et⟩ Inhalt

indkørs|el ['en.køɔˀsəl] ⟨-len, -ler⟩ Einfahrt

indland ['en.lænˀ] ⟨-et⟩ Inland

indlevere ['enlɛ.ve:ˀɔ] ⟨-ede⟩ *(Gepäck)* aufgeben

indpakning ['en.pagneŋ] ⟨-en, -er⟩ Verpackung

indre, det ~[de 'endʊɔ] das Innere

indsigelse ['en.si:ˀəlsə] ⟨-n⟩ Beanstandung

indtil ['en.tel] bis; **indtil nu** ['en.tel 'nu] bis jetzt

indtryk ['en.tʊɔeg] ⟨-ket, -⟩ Eindruck

indvillige ['en.vilˀiə] ⟨-ede⟩ einwilligen

information [enfɔ.mæ'ʃo:ˀn] ⟨-en, -er⟩ Auskunft

informere [enfɔ'me:ˀɔ] ⟨-ede⟩ benachrichtigen, informieren; **informere en om** [enfɔ'me:ˀɔ e:ˀn ɔm] ⟨-ede⟩ jdn verständigen

ingen ['eŋən] keine(r), kein, niemand; **ingen steder** ['eŋən 'sdeːˀðɔ] nirgends

insekt [en'sɛgd] ⟨-et, -er⟩ Insekt

insistere på [ensi'sde:ˀɔ pɔ] ⟨-ede⟩ bestehen auf

installation [ensdælæ'ʃo:ˀn] ⟨-en, -er⟩ Anlage

instruks [en'sdʊugs] ⟨-en, -er⟩ Vorschrift

intelligens [entɛli'gɛnˀs] ⟨-en⟩ *(Vernunft)* Verstand

interessant [entʊɛ'sænˀd] interessant

interesse [entə'ʁæsə] ⟨-n, -r⟩ Interesse

interessere sig (for) [entʊɛ'se:ˀɔ sai (fɔ)] s. interessieren (für)

international ['endɔnæsɔ.nɛ:ˀl] international

intet ['endəð] nichts; **intet som** ['endəð sɔm] nichts als

is [i:ˀs] ⟨-en⟩ (Glatt-, Speise-) Eis

Island ['is.lænˀ] Island

islandsk ['is.lænˀsg] isländisch

itu [i'tu:ˀ] kaputt

J

jeg [jai] *prn* ich

jer [jɛɒ] euch

jeres ['jɛ:ɔs] euer

jern [jɛɒˀn] ⟨-et⟩ Eisen

jo [jo] je

job [djɔb] ⟨-bet, -⟩ *(Anstellung)* Arbeit

jord [jo:ˀɒ] ⟨-en, -er⟩ Boden, Erde

jyde ['jy:ðə] ⟨-n, -r⟩ Jüte

Jylland ['jy.lænˀ] Jütland

jysk [jysg] jütisch

K

kabine [kæ'bi:nə] ⟨-n, -r⟩ Kabine

kaffe ['kafə] ⟨-n, -r⟩ Kaffee

kakerlak [kagɔ'lag] ⟨-ken, -ker⟩ Kakerlak(e)

kalde ['kælə] ⟨-te⟩ nennen

kanal [kæ'nɛ:ˀl] ⟨-en, -er⟩ Kanal

kapel [kæ'pɛlˀ] ⟨-let, -ler⟩ *(Gebäude, Musik-)* Kapelle

karton [ka'tɔŋ] ⟨-en, -er⟩ *(Zigaretten)* Stange

kasse [ˈkæsə] ⟨-n, -r⟩ Büchse, Kiste; Kasse

kast [kæsd] ⟨-et, -⟩ Wurf

kaste [ˈkæsdə] ⟨-ede⟩ werfen

kat [kæd] ⟨-ten, -te⟩ Katze

Kattegat [ˈkædəˌgæd] Kattegat

kaution [kauˈsoːˀn] ⟨-en, -er⟩ Kaution

kedelig [ˈkeːðəli] langweilig

kende [ˈkɛnə] ⟨-te⟩ kennen; **lære at kende** [ˈlɛːɔ ɔ ˈkɛnə] kennenlernen

kendetegn [ˈkɛnəˌtaiˀn] ⟨-et, -⟩ Kennzeichen

kendsgerning [ˈkɛnˀsˌgɛɐ̯neŋ] ⟨-en, -er⟩ Tatsache

kendskab [ˈkɛnˌsgɛːˀb] ⟨-et⟩ Kenntnis

kendt, være ~[ˈvɛːɔ ˈkɛnˀd] bekannt sein

keramik [keɐ̯aˈmig] ⟨-ken⟩ Keramik

kigge [ˈkigə] ⟨-ede⟩ schauen; **kigge på** [ˈkigə pɔːˀ] zuschauen

kikkert [ˈkigəd] ⟨-en, -er⟩ Fernglas

kilde [ˈkilə] ⟨-n, -r⟩ Quelle

klage [ˈklæːə] ⟨-n, -r⟩ Beschwerde; **klage (over)** [ˈklɛːə (ˈɔu̯ˀɔ)] ⟨-ede⟩ s. beschweren (über)

klang [klɑŋ] ⟨-en, -e⟩ Klang

klar [klɑːˀ] *(bereit)* fertig; *(Wetter)* heiter, klar

klasse [ˈklæsə] ⟨-n, -r⟩ Klasse

klima [ˈkliːmæ] ⟨-et⟩ Klima

klippe [ˈklebə] ⟨-n, -r⟩ Fels

klog [klɔːˀu̯] klug

klokke [ˈklɔgə] ⟨-n, -r⟩ Klingel

klud [kluðˀ] ⟨-en, -e⟩ Lappen, Tuch

klæde sig af [ˈklɛːðə sai ˈɛ̝ːˀ] ⟨-te⟩ s. ausziehen; **klæde sig om** [ˈklɛːðə sai ˈɔmˀ] ⟨-te⟩ s. umziehen; **klæde sig på** [ˈklɛːðə sai ˈpɔːˀ] ⟨-te⟩ s. anziehen

klø [kløːˀ] ⟨-ede⟩ jucken

knage [ˈknɛːə] ⟨-n, -r⟩ (Kleider-)Haken

knap [knab] ⟨-pen, -per⟩ Knopf; **trykke på en knap** [ˈtʁøgə pɔ en ˈknab] ⟨-ede⟩ (auf) einen Knopf drücken

knappenål [ˈknabəˌnɔːˀl] ⟨-en, -e⟩ Stecknadel

knipse [ˈknebsə] ⟨-ede⟩ *(fotografieren)* knipsen

knude [ˈknuːðə] ⟨-n, -r⟩ Knoten

ko [koːˀ] ⟨-en, køer⟩ Kuh

koge [ˈkɔːu̯ə] ⟨-te⟩ kochen

kold [kɔlˀ] kalt

kollega [kɔˈleːgæ] ⟨-en, kolleger⟩ Kollege

kom ind! [kɔmˀ ˈenˀ] herein!

komme [ˈkɔmə] ⟨kom, kommet⟩ kommen; **komme for sent** [ˈkɔmə fɔ ˈseːˀnd] s. verspäten; versäumen; **komme forbi** [ˈkɔmə fɔˈbiː] vorbeikommen; **komme igen** [ˈkɔmə iˈgɛn] wiederkommen; **komme ind** [ˈkɔmə ˈenˀ] hereinkommen; **komme til skade** [ˈkɔmə tel ˈsgɛːðə] verunglücken

kompas [kɔmˈpæs] ⟨-set, -ser⟩ Kompaß

kondolence [kɔndoˈlaŋsə] ⟨-n⟩ Beileid

kondom [kɔnˈdoːˀm] ⟨-et, -er⟩ Kondom

kone [ˈkoːnə] ⟨-n, -r⟩ (Ehe-)Frau

konkurrence [kɔŋkuˈʁaŋsə] ⟨-n, -r⟩ Wettbewerb

konstant [kɔnˈsdænˀd] stets

konsulat [kɔnsuˈlɛːˀd] ⟨-et, -er⟩ Konsulat

konsultere [kɔnsulˈteːˀɔ] ⟨-ede⟩ konsultieren

kontakt [kɔnˈtagd] ⟨-en, -er⟩ Kontakt; *(el)* Schalter

kontant, betale ~[beˈtɛːˀlə kɔnˈtænˀd] ⟨-te⟩ bar zahlen

kontor [kɔnˈtoːˀɔ] ⟨-et, -er⟩ *(Dienststelle)* Amt, Büro

kontrakt [kɔnˈtagd] ⟨-en, -er⟩ Vertrag

kontrollere [kɔntʁoˈleːˀɔ] ⟨-ede⟩ kontrollieren

kopi [koˈpiːˀ] ⟨-en, -er⟩ Kopie

kor [koːˀ] ⟨-et, -⟩ Chor

korrekt [koˈʁægd] korrekt

korridor [kɔiˈdoːˀɔ] ⟨-en, -er⟩ Flur, Gang

korrigere [kɔiˈgeːˀɔ] ⟨-ede⟩ richtigstellen

kort [kɔːd] ⟨-et, -⟩ (Spiel-)Karte

kort [kɔːd] *(räumlich)* kurz

kortfattet [ˈkɔːdˌfædəð] *(kurzgefaßt)* kurz

kortfristet [ˈkɔːdˌfʁɛsdəð] kurzfristig

koste [ˈkɔsdə] ⟨-ede⟩ kosten

kraft [kʁafd] ⟨-en, kræfter⟩ Kraft

kraftig [ˈkʁafdi] kräftig

krav [kʁaːˀv] ⟨-et, -⟩ Forderung

kreativ [kʁɛæˈtiːˀv] kreativ

kredit [kʁɛˈdid] ⟨-ten, -ter⟩ Kredit

krig [kʁiːˀ] ⟨-en, -e⟩ Krieg

kritisere [kʁitiˈseːˀɔ] ⟨-ede⟩ kritisieren

krog [kʁɔːˀu̯] ⟨-en, -e⟩ Haken

krop [kʁɔb] ⟨-pen, -pe⟩ Körper

kryds [kʁys] ⟨-et, -⟩ *(Straße)* Kreuzung

kræmmerhus [ˈkʁæmɔˌhuːˀs] ⟨-et, -e⟩ kleine Tüte

kræve [ˈkʁɛːvə] ⟨-ede⟩ fordern, verlangen

kuffert ['kofəd] ⟨-en, -er⟩ Koffer
kul [kɒlˀ] ⟨-let, -⟩ Kohle
kultur [kulˈtuːˀ] ⟨-en, -er⟩ Kultur
kun [kɒn] nur
kunde ['kɒnə] ⟨-n, -r⟩ Kunde
kunne ['kunə] ⟨kunne, kunnet⟩ können; **kunne lide** ['kunə 'liːðə] *(gern haben)* mögen
kupon [kuˈpɒn] ⟨-en, -er⟩ (Kontroll-) Abschnitt
kurs [kuɒˀs] ⟨-en, -er⟩ *(Unterricht, Wechsel-)* Kurs
kurv [kuɒˀv] ⟨-en, -e⟩ Korb
kurve ['kuɒvə] ⟨-n, -r⟩ Kurve
kvalitet [kvæliˈteːˀd] ⟨-en, -er⟩ Qualität
kvarter [kvaˈteːˀɒ] ⟨-et, -er⟩ Viertel
kvinde ['kvenə] ⟨-n, -r⟩ Frau
kvindelig ['kvenəli] weiblich
kvittere [kviˈteːˀɒ] ⟨-ede⟩ quittieren, bescheinigen
kvittering [kviˈteːˀɒeŋ] ⟨-en, -er⟩ Quittung
kvæstede ['kvɛsdəðə] der/die Verletzte
kys [køs] ⟨-set, -⟩ Kuß
kysse ['køsə] ⟨-ede⟩ küssen
kyst [køsd] ⟨-en, -er⟩ Küste, Ufer
kæde ['kɛːðə] ⟨-n, -r⟩ *(auch Schmuck)* Kette
kær [kɛːˀɒ] lieb
kærlig ['kɛɒli] herzlich
kærlighed ['kɛɒliheːˀð] ⟨-en⟩ Liebe
kø [køːˀ] ⟨-en, -er⟩ *(Menschen-)* Schlange; **stå i kø** [sdɒːˀ i køːˀ] ⟨stod, stået⟩ Schlange stehen
køb [køːˀb] ⟨-et, -⟩ Kauf
købe ['køːbə] ⟨-te⟩ kaufen; **købe ind** ['køːbə enˀ] ⟨-te⟩ einkaufen
køber ['køːbɒ] ⟨-en, -e⟩ Käufer
køb|slå ['købˌslɒːˀ] ⟨-slog, -slået⟩ feilschen
kød [køð] ⟨-et⟩ Fleisch
køkken ['køgən] ⟨-et, -er⟩ Küche
kølig ['køːli] kühl
køre ['køːɒ] ⟨-te⟩ *(lenken)* fahren; **køre bil** ['køːɒ biːˀl] Auto fahren; **køre bort** ['køːɒ bɒːd] abfahren; **køre tilbage** ['køːɒ teˈbɛːə] zurückfahren

L

lade afhente ['lɛːðə 'auˌhɛnˀdə] ⟨lod, ladet⟩ abholen lassen; **lade lave** [læ 'lɛːvə] machen lassen; **lade ligge** [læ 'lɛgə] *(vergessen)* liegenlassen

lagener ['lɛːˀənɒ] *pl* Bettwäsche
lampe ['lambə] ⟨-n, -r⟩ Lampe
land [lænˀ] ⟨-et, -e⟩ Land
landevej ['lænəˌvaiˀ] ⟨-en, -e⟩ (Land-) Straße
landkort ['lænˌkɒːd] ⟨-et, -⟩ Landkarte
landsby ['lænˀsˌbyːˀ] ⟨-en, -er⟩ Dorf, Ortschaft
landskab ['lænˌsgɛːˀb] ⟨-et, -er⟩ Gelände
landsmand ['lænˀsˌmænˀ] ⟨-en, -mænd⟩ Landsmann
landsted ['lænˌsdɛð] ⟨-et, -er⟩ Landhaus
lang [laŋˀ] lang; *(Weg)* weit
lange til ['laŋəˈtel] ⟨-ede⟩ zugreifen
langs [laŋˀs] entlang
langsom ['laŋsɒmˀ] langsam
larm [laːˀm] ⟨-en⟩ Geräusch, Lärm
latterlig ['lædɒli] lächerlich
lav [lɛːˀv] niedrig, nieder, tief
lave ['lɛːvə] ⟨-ede⟩ *(herstellen)* machen; **lade lave** [læ 'lɛːvə] ⟨lod, ladet⟩ machen lassen
le [leːˀ] ⟨lo, let⟩ lachen
leder ['leːðɒ] ⟨-en, -e⟩ Leiter/in
ledning ['leðneŋ] ⟨-en, -er⟩ *(el, tele, Gas, Wasser)* Leitung
ledsage ['leðˌsɛːˀə] ⟨-ede⟩ begleiten
lege ['laiə] ⟨-ede⟩ *(Kinder)* spielen
legetøj ['laiəˌtɒi] ⟨-et, -⟩ Spielzeug
leje ['laiə] ⟨-n, -r⟩ Miete; ⟨-ede⟩ mieten; **leje ud** ['laiə 'uðˀ] vermieten
lejlighed ['lailiˌheːˀð] ⟨-en, -er⟩ Gelegenheit, Anlaß; Wohnung
lejlighedsvis ['lailiheðsˌviːˀs] *adv* gelegentlich
lervarer ['leɒˌvaːa] *pl* Tonwaren
let [lɛd] leicht
leve ['leːvə] ⟨-ede⟩ leben
levende ['leːvənə] lebend
levere [leˈveːˀɒ] ⟨-ede⟩ liefern
levnedsmid|del ['lɛunəðsˌmiðˀəl] ⟨-let, -ler⟩ Lebensmittel
lidt [led] gering
lige ['liːə] *(flach)* eben; *adj* gerade; *adj* gleich; **lige ud** ['liːə 'uðˀ] geradeaus
ligeledes ['liːəˌleːðəs] gleichfalls
ligge ['lɛgə] ⟨lå, ligget⟩ liegen
lighter ['laidɒ] ⟨-en, -e⟩ Feuerzeug
ligne ['liːnə] ⟨-ede⟩ gleichen
lignende ['liːnənə] ähnlich
lille ['lilə] klein; gering; **lille måltid** ['lilə 'mɒlˌtiðˀ] ⟨-et, -er⟩ Imbiß
linie ['linjə] ⟨-n, -r⟩ Linie; **(bane)linie** ['(bɛːnə)ˌlinjə] ⟨-n, -r⟩ (Bahn-)Strecke

liste ['lesdə] ⟨-n, -r⟩ Liste
liv [li:ʔv] ⟨-et, -⟩ Leben
livlig ['liuli] lebhaft
loft [lɔfd] ⟨-et, -er⟩ *(Zimmer-)* Decke
logisk ['lo:ˀgisg] logisch
lomme ['lɔmə] ⟨-n, -r⟩ (Hosen-)Tasche
love ['lɔ:və] ⟨-ede⟩ versprechen
luft [lɔfd] ⟨-en⟩ Luft
lufte ['lɔfdə] ⟨-ede⟩ lüften
lugt [lɔgd] ⟨-en, -e⟩ Geruch
lugte ['lɔgdə] ⟨-ede⟩ riechen
lukke ['lɔgə] ⟨-ede⟩ schließen, zuma-
chen; zuschließen; **lukke inde**
['lɔgə 'enə] ⟨-ede⟩ einschließen;
lukke op ['lɔgə 'ɔb] ⟨-ede⟩ aufma-
chen
lukket ['lɔgəð] geschlossen, zu
luksuriøs [lɔgsuɒiˀøːʔs] luxuriös
luksus ['lɔgsus] ⟨-en⟩ Luxus
lune ['lu:nə] ⟨-t, -r⟩ Laune
lyde ['ly:ðə] ⟨lød, lydt⟩ lauten
lykkelig ['løgəli] glücklich, froh
lykønskning [løgˀønˀsgnen] ⟨-en, -er⟩
Glückwunsch
lyn [lyːʔn] ⟨-et, -⟩ *(Wetter)* Blitz
lys [lyːʔs] ⟨-et, -⟩ Licht; **tænde/slukke**
lyset ['tɛnə/sløgə 'lyːʔsəð] ⟨-te/-ede⟩
Licht anmachen/ausmachen
lys [lyːʔs] hell
lysbillede ['lysˌbeləðə] ⟨-t, -r⟩ Dia
lysende ['ly:sənə] leuchtend
lyst [løsd] ⟨-en, -er⟩ Lust
lystig ['løsdi] lustig
lytte til en ['lydə tel 'eːʔn] ⟨-ede⟩ jdm
zuhören
læder ['lɛðˀɔ] ⟨-et⟩ Leder
lægge ['lɛgə] ⟨lagde, lagt⟩ legen;
lægge hen ['lɛgə 'hɛnˀ] hinlegen;
lægge mærke (til) ['lɛgə 'mɛɒgə
(tel)] ⟨lagde, lagt⟩ achtgeben (auf);
lægge mærke til ['lɛgə 'mɛɒgə tel]
beachten; **lægge sig** ['lɛgə sai] s.
hinlegen
længde ['lɛŋdə] ⟨-n, -r⟩ Länge
lære ['lɛ:ɔ] ⟨-te⟩ lehren; lernen; **lære**
at kende ['lɛ:ɔ ɔ 'kɛnə] kennenlernen
læse ['lɛ:sə] ⟨-te⟩ lesen
læsse af ['lɛsə 'ɛ:ʔ] ⟨-ede⟩ abladen;
læsse på ['lɛsə 'pɔ:ʔ] ⟨-ede⟩ aufladen
løbe ['lø:bə] ⟨-t, løbet⟩ laufen, ren-
nen; **løbe ud** ['lø:bə 'uðˀ] ablaufen;
(Fluß, Straße) münden
løfte ['løfdə] ⟨-t, -r⟩ Versprechen
løfte ['løfdə] ⟨-ede⟩ heben
løgn [lɔiˀn] ⟨-en, -e⟩ Lüge
løn [lønˀ] ⟨-nen⟩ Lohn
løsne ['løsnə] ⟨-ede⟩ lösen

låne af ['lɔ:nə æ] ⟨-te⟩ (ent)leihen;
låne ud ['lɔ:nə 'uðˀ] (ver)leihen
lås [lɔ:ʔs] ⟨-en, -e⟩ *(Tür)* Schloß; Ver-
schluß
låse ['lɔ:sə] ⟨-ede⟩ verschließen; **låse**
af ['lɔ:sə 'ɛ:ʔ] abschließen

M

mad [mæð] ⟨-en⟩ *(Nahrung)* Essen
under maden ['ɒnɔ 'mɛːʔðən] beim
Essen
mager ['mɛːʔɔ] mager
male ['mɛ:lə] ⟨-ede, -te⟩ malen
maleri [mælɒˈʉiːʔ] ⟨-et, -er⟩ *(Gemäl-*
de) Bild
man [mæn] man
mand [mænˀ] ⟨-en, mænd⟩ Mann
mandig ['mændi] männlich
mandskab ['mænˌsgɛːʔb] ⟨-et, -er⟩
(Schiff) Mannschaft
mange, hvor ~[vɒ 'maŋə] wie viele
mangel ['maŋˀəl] ⟨-en, mangler⟩ Man-
gel
mangle ['maŋlə] ⟨-ede⟩ fehlen
mappe ['mabə] ⟨-n, -r⟩ (Akten-)Map-
pe
mark [ma:g] ⟨-en, -er⟩ Feld
maskine [mæˈsgi:nə] ⟨-n, -r⟩ Maschi-
ne
masse ['mæsə] ⟨-n, -r⟩ eine Menge
materiale [mætʉiˈɛ:lə] ⟨-t, -r⟩ Material
med [mɛð] mit; **med vilje** [mɛð 'viljə]
adv absichtlich
med|bringe ['mɛðˌbɹɛŋˀə] ⟨-bragte,
-bragt⟩ mitbringen
meddele ['mɛðˌde:ʔlə] ⟨-te⟩ mitteilen
meddelelse ['mɛðˌde:ʔləlsə] ⟨-n, -r⟩
Mitteilung, Nachricht
medlidenhed [mɛðˈli:ʔðənˌhe:ʔð]
⟨-en⟩ Mitleid
medregnet ['mɛðˌɹɑiʔnəð] inbegriffen
megen ['maiən] viel; **meget** ['maiəð]
sehr; **(for) meget** [(fɔ) 'maiəð] viel
zu sehr; **for meget** [fɔ 'maiəð] zu-
viel; **meget snart** ['maiəð sna:ʔd]
demnächst
melde ['mɛlə] ⟨-te⟩ melden
mellemtiden, i ~ [i 'mɛləmˌtiðˀən]
inzwischen
men [mɛn] aber; sondern
mene ['me:nə] ⟨-te⟩ *verb* meinen
mening ['me:nen] ⟨-en, -er⟩ Ansicht,
Meinung; Sinn; **efter min mening**
['ɛfdɔ 'mi:ʔn 'me:nen] meiner Mei-
nung nach

menneske [ˈmɛnəsgə] ⟨-t, -r⟩ Mensch
menneskelig [ˈmɛnəsgəli] menschlich
mens [mɛnˀs] *conj* während
mere [ˈmeːɔ] mehr; **mere eller mindre** [ˈmeːɔ ɛlɔ ˈmendɐɔ] mehr oder weniger; **mere end** [ˈmeːɔ ɛn] mehr als
messe [ˈmɛsə] ⟨-n, -r⟩ *(rel, Ausstellung)* Messe
middag [ˈmedæ] ⟨-en⟩ Mittag
mid|del [ˈmiðˀəl] ⟨-let, -ler⟩ Mittel
midlertidig [ˈmiðˀlɔˌtiːʔði] provisorisch
midnat [ˈmiðˌnæd] Mitternacht; **ved midnat** [veð ˈmiðˌnæd] um Mitternacht
midte [ˈmedə] ⟨-n⟩ Mitte
mig [maj] *prn* mir; mich
mild [milˀ] mild
min [miːʔn] *prn* meiner; **for min skyld** [fɔ ˈmiːʔn sgylʔ] meinetwegen
mindre [ˈmendɐɔ] weniger, geringer; **ikke desto mindre** [ˈegə dɛsdo ˈmendɐɔ] trotzdem
det mindste [de ˈmenˀsdə] das wenigste; **i det mindste** [i de ˈmenˀsdə] mindestens
minus [ˈmiːnus] minus
minut [miˈnud] ⟨-tet, -ter⟩ Minute
misbrug [ˈmisˌbʁuːʔ] ⟨-et⟩ Mißbrauch
misbruge [ˈmisˌbʁuːʔə] ⟨-te⟩ mißbrauchen
misfor|stå [ˈmisfɔˌsdɔːʔ] ⟨-stod, -stået⟩ mißverstehen
misforståelse [ˈmisfɔˌsdɔːʔəlsə] ⟨-n, -r⟩ Mißverständnis
mistanke [ˈmisˌtaŋgə] ⟨-n, -r⟩ Verdacht
mistro [ˈmisˌtʁoːʔ] ⟨-ede⟩ mißtrauen
mode [ˈmoːðə] ⟨-n, -r⟩ Mode
moden [ˈmoːʔðən] reif
moderat [modəˈʁaːʔd] *adj* mäßig
moderne [moˈdɛɐnə] modern
modsat [ˈmoðˌsæd] entgegengesetzt; **i den modsatte retning** [i dɛn ˈmoðˌsædə ˈʁædneŋ] *adj* in umgekehrter Richtung
modsætning [ˈmoðˌsɛdneŋ] ⟨-en, -er⟩ Gegenteil
mod|tage [ˈmoðˌtɛːʔə] ⟨-tog, -taget⟩ empfangen
modtagelse [ˈmoðˌtɛːʔəlsə] ⟨-n, -r⟩ Annahme; *(Empfang)* Aufnahme; *(Erhalt)* Empfang
mole [ˈmoːlə] ⟨-n, -r⟩ Mole

mor [moːɒ] ⟨-en, mødre⟩ Mutter
more sig [ˈmoːɔ saj] ⟨-ede⟩ s. amüsieren, s. unterhalten
morgen [ˈmɒːɒn] ⟨-en, -er⟩ Morgen
morsom [ˈmoɒsɒmˀ] *(erheiternd)* lustig
mudder [ˈmuðˀɔ] ⟨-et⟩ Schlamm, Schmutz
mulig [ˈmuːli] möglich; **gøre mulig** [ˈgœːɔ ˈmuːli] ⟨gjorde, gjort⟩ ermöglichen; **så hurtigt som muligt** [sɔ ˈhuɒdid sɔm ˈmuːlid] so bald wie möglich
mulighed [ˈmuːliˌheːʔð] ⟨-en, -er⟩ Möglichkeit
munding [ˈmoneŋ] ⟨-en, -er⟩ Mündung
munter [ˈmonˀdɔ] *(lustig)* froh, heiter
musik [muˈsiɡ] ⟨-ken⟩ Musik
myg [myg] ⟨-gen, -⟩ Mücke
myndighed [ˈmøndiˌheːʔð] ⟨-en, -er⟩ Behörde
mægler [ˈmɛːlɔ] ⟨-en, -e⟩ Vermittler
mængde [ˈmɛŋˀðə] ⟨-n, -r⟩ Menge
mærke [ˈmɛɐɡə] ⟨-ede⟩ merken; **mærke sig noget** [ˈmɛɐɡə saj ˈnɔːəð] s. etw merken
mærkelig [ˈmɛɐɡəli] seltsam, eigen
mæt [mɛd] satt
møb|el [ˈmøːʔbəl] ⟨-let, -ler⟩ Möbel
møblere [møˈbleːʔɔ] ⟨-ede⟩ möblieren; **møbleret lejlighed** [møˈbleːʔð ˈlajliˌheːʔð] möblierte Wohnung
møde [ˈmøːðə] ⟨-ede⟩ begegnen
møje [ˈmɔjə] ⟨-n, -r⟩ Mühe
mønst|er [ˈmønˀsdɔ] ⟨-ret, -re⟩ Muster
mønt [mønˀd] ⟨-en, -er⟩ Geldstück, Münze
mørk [mœɒɡ] dunkel, finster
mørkt [mœɒɡd] *(Haar)* braun
måde [ˈmɔːðə] ⟨-n, -r⟩ *(Art)* Weise; **på én eller anden måde** [pɔ ˈeːʔn ɛlɔ ˈænən ˈmɔːðə] irgendwie; **på ingen måde** [pɔ ˈeŋən ˈmɔːðə] keinesfalls
måge [ˈmɔːʉə] ⟨-n, -r⟩ Möwe
mål [mɔːʔl] ⟨-et, -⟩ Maß; Ziel; *(Fußball)* Tor
måle [ˈmɔːlə] ⟨-te⟩ messen
måltid [ˈmɔlˌtiðˀ] ⟨-en, -er⟩ Mahlzeit, Essen; **lille måltid** [ˈlilə ˈmɔlˌtiðˀ] ⟨-et, -er⟩ Imbiß
måne [ˈmɔːnə] ⟨-n, -r⟩ Mond
måned [ˈmɔːnəð] ⟨-en, -er⟩ Monat
månedlig [ˈmɔːnəðli] monatlich
måske [mɔˈsgeːʔ] vielleicht
måtte [ˈmɔdə] ⟨måtte, måttet⟩ dürfen; müssen

N

nabo [ˈnɛːbo] ⟨-en, -er⟩ Nachbar/in
nat [næd] ⟨-ten, nætter⟩ Nacht; **i nat** [i ˈnæd] heute nacht; **om natten** [ɔm ˈnæðən] bei Nacht, nachts
nation [næˈsoːˀn] ⟨-en, -er⟩ Nation
natur [næˈtuːˀɒ] ⟨-en, -er⟩ Natur
naturlig [næˈtuɒˀli] adj natürlich
naturligvis [næˈtuɒˀliˌviːˀs] adv natürlich
navn [nauˀn] ⟨-et, -e⟩ Name
navnedag [ˈnaiːunəˌdɛːˀ] ⟨-en, -e⟩ Namenstag
ned ad bakke [ˈneðˀ æ ˈbagə] bergab
nedad [ˈneðˀˌɛːˀ] abwärts
nede [ˈneːðə] unten
nedenfor [ˈneːðənˌfɔ] unterhalb
nedenunder [ˈneːðənˌonˀɔ] dort unten
negativ [ˈnegæˌtiːˀv] negativ
negl [naiˀl] ⟨-en, -e⟩ Fingernagel
nervøs [nɛɒˌvøːˀs] nervös
net [nɛd] ⟨-tet, -⟩ Netz
netop [ˈnɛdɔb] (zeitlich) eben, gerade
nevø [neˈvøˀ] ⟨-en, -er⟩ Neffe
niece [niˈɛːsə] ⟨-n, -r⟩ Nichte
nogen [ˈnoːen] jemand; **nogen sinde** [ˈnoːən ˈsenə] jemals
noget [ˈnɔːəð] etwas
nogle [ˈnoːlə] einige
nok [nɔg] genug
nonne [ˈnɔnə] ⟨-n, -r⟩ Nonne
nord for [ˈnoːˀɒ fɔ] nördlich von
norden [ˈnoːˀɒn] der Norden
nordisk [ˈnoɒdisg] nordisch
nordlig [ˈnoɒli] nördlich
normal [nɔˌmɛːˀl] adj normal
normalt [nɔˌmɛːˀld] adv normalerweise
notere [noˈteːˀɔ] ⟨-ede⟩ notieren
nu [nu] jetzt, nun
nummer [ˈnɔmˀɔ] ⟨-et, numre⟩ Nummer
nummerere [nɔməˈʁeːˀɔ] ⟨-ede⟩ numerieren
ny [nyːˀ] neu
nyde [ˈnyːðə] ⟨nød, nydt⟩ genießen
nydelse [ˈnyːðəlsə] ⟨-n, -r⟩ Genuß
nyhed [ˈnyːˌheːˀð] ⟨-en, -er⟩ Neuheit, Neuigkeit
nylig [ˈnyːli] neulich
nyse [ˈnyːsə] ⟨nøs/nyste⟩ niesen
nysgerrig [ˈnysˌgɛɒˀi] neugierig
nytteløs [ˈnødəˌløːˀs] nutzlos
nyttig [ˈnødi] nützlich; zweckmäßig
nægte [ˈnɛgdə] ⟨-ede⟩ ablehnen, s. weigern

næppe [ˈnɛbə] kaum
nær [nɛːˀɒ] nahe
nærende [ˈnɛːɔnə] nahrhaft
nærhed [ˈnɛɒˌheːˀð] ⟨-en⟩ Nähe
næring [ˈnɛːɒɐŋ] ⟨-en, -er⟩ Nahrung
næringsmiddel [ˈnɛːɒɐŋsˌmiðˀəl] ⟨-let, -ler⟩ Nahrungsmittel
nærme sig [ˈnɛɒmə sai] ⟨-ede⟩ s. nähern
nærved [ˈnɛːˀɒˌveð] nahe bei
næste [ˈnɛsdə] nächste(r, -s)
næsten [ˈnɛsdən] beinahe, fast
næstsidste [ˈnɛsdsisdə] vorletzte(r, -s)
nævne [ˈnɛunə] ⟨-ede⟩ nennen
nødig [ˈnøːði] ungern
nødstilfælde, i ~ [i ˈnøðstelfɛlˀə] im Notfall
nødvendig [nøðˈvɛnˀdi] notwendig, nötig
nødvendighed [nøðˈvɛnˀdiˌheːˀð] ⟨-en, -er⟩ Notwendigkeit
nøgen [ˈnɔiən] nackt
nøgtern [ˈnøgdən] nüchtern
nøjagtig sådan som [nɔiˈagdi ˈsɔdən sɔm] genauso … wie
nøjagtighed [nɔiˈagdiˌheːˀð] ⟨-en, -er⟩ Genauigkeit
nøje [ˈnɔiə] genau
nå [nɔːˀ] ⟨-ede⟩ erreichen
nål [nɔːˀl] ⟨-en, -e⟩ Nadel
når [nɔːˀ] (zeitlich) wenn

O

ocean [oseˈɛːˀn] ⟨-et, -er⟩ Ozean
offentlig [ˈɔfɛndli] öffentlich
officiel [ɔfiˈsɛlˀ] amtlich; offiziell
ofte [ˈɔfdə] oft
og [ɔ] und; **og så videre** [ɔ sɔ ˈviːðɔ] und so weiter
også [ˈɔsə] auch
olie [ˈoljə] ⟨-n, -r⟩ Öl
om [ɔmˀ] ob; über, von; gegen, um; **om aftenen** [ɔm ˈafdənən] am Abend, abends; **om dagen** [ɔm ˈdɛːˀən] bei Tag; **om natten** [ɔm ˈdɛːˀən] bei Nacht; **om søndagen** [ɔm ˈsønˀdɛːˀən] am Sonntag, sonntags
omfang [ˈɔmˌfaŋˀ] ⟨-et⟩ (Ausdehnung) Größe
omfavne [ˈɔmˌfauˀnə] ⟨-ede⟩ umarmen
omhu [ˈɔmˌhuːˀ] ⟨-en⟩ Sorgfalt
omhyggelig [ɔmˈhygəli] sorgfältig

omkostninger [ˈɔmˌkɔsdneŋɔ] *pl* Kosten, Unkosten, Spesen; **uden omkostninger** [ˈuðən ˈɔmˌkɔsdneŋɔ] kostenlos

omkring [ɔmˈkʁɐŋ] *prp (räumlich)* um

omregning [ˈɔmˌʁɑiˀneŋ] ⟨-en, -er⟩ Umrechnung

omstændigheder [ɔmˈsdɛnˀdiˌheˀðɔ] Umstände

omvej [ˈɔmˌvɑiˀ] ⟨-en, -e⟩ Umweg

omvendt [ˈɔmˌvɛnˀd] umgekehrt

omverden [ˈɔmˌvɛɐdən] ⟨-en⟩ Umwelt

ond [ɔnˀ] böse, übel

onkel [ˈɔŋˀɡəl] ⟨-en, onkler⟩ Onkel

op ad bakke [ˈɔb æ ˈbaɡə] bergauf

opad [ˈɔbˌæð] aufwärts, nach oben

opbevare [ˈɔbbeˌvaˀɑ] ⟨-ede⟩ aufbewahren

opdage [ˈɔbˌdɛˀɑ] ⟨-ede⟩ entdecken

opdragelse [ˈɔbˌdʁɑːˀuəlsə] ⟨-n⟩ Erziehung

operere [obɐˈʁeˀɔ] ⟨-ede⟩ operieren

op|finde [ˈɔbˌfenˀə] ⟨-fandt, -fundet⟩ erfinden

opfordre [ˈɔbˌfoˀdʁɔ] ⟨-ede⟩ aufrufen, auffordern

opførsel [ˈɔbføɐˀsəl] ⟨-en⟩ Benehmen

ophold [ˈɔbˌhɔlˀ] ⟨-et, -⟩ Aufenthalt

op|holde [ˈɔbˌhɔlˀə] ⟨-holdt, -holdt⟩ jdn aufhalten; **opholde sig** [ˈɔbˌhɔlˀə ˌsɑi] s. aufhalten

oplysning [ˈɔbˌlyːˀsneŋ] ⟨-en, -er⟩ Angabe; **nærmere oplysninger** [ˈnɛɐ̯mɔ ˈɔbˌlyːˀsneŋɔ] nähere Angaben; **give oplysninger** [giˀ ˈɔbˌlyːˀsneŋɔ] ⟨gav, givet⟩ Angaben machen; **indhente oplysning** [ˈenˌhɛnˀdə ˈɔbˌlyːˀsneŋ] ⟨-ede⟩ Auskunft einholen

oplyst [ˈɔbˌlyːˀsd] beleuchtet

opmærksom [ɔbˈmɛɐɡsɔmˀ] aufmerksam

opmærksomhed [ɔbˈmɛɐɡsɔmˌheˀð] ⟨-en, -er⟩ Aufmerksamkeit

opnå [ˈɔbˌnɔːˀ] ⟨-ede⟩ erlangen; *(durch Bemühung)* erhalten

opnåelig [ɔbˈnɔːˀəli] erhältlich

oprørt [ˈɔbˌʁœɐˀd] *(Meer)* bewegt

opsynsmand [ˈɔbsynsˌmænˀ] ⟨-en, -mænd⟩ *(Wächter)* Aufseher

optaget [ˈɔbˌtɛˀɔð] *(Platz)* besetzt; voll

optegnelse [ˈɔbˌtɑiˀnəlsə] ⟨-n, -r⟩ Aufzeichnung

opvarme [ˈɔbˌvaˀmə] ⟨-ede⟩ heizen

ord [ˈoːˀɐ] ⟨-et, -⟩ Wort

orden [ˈoːˀdən] ⟨-en, -er⟩ *(rel, Auszeichnung)* Orden

ordentlig [ˈɒːˀdənli] ordentlich

ordne [ˈoːdnə] ⟨-ede⟩ regeln

ordning [ˈoːdneŋ] ⟨-en, -er⟩ Ordnung

orm [ɔɒˀm] ⟨-en, -e⟩ Wurm

os [ɔs] *prn* uns

oven [ˈouˀən] oben; **oven i købet** [ˈouˀən i ˈkøːˀbəð] dazu

over [ˈouˀɔ] *prp (räumlich)* über; **over for** [ˈouˀɔ fɔ] gegenüber

overalt [ˌouˀælˀd] überall

overbevise [ˈouˀɔbeˌviːˀsə] ⟨-te⟩ überzeugen

over|bringe [ˈouˀɔˌbʁɛŋˀə] ⟨-bragte, -bragt⟩ überbringen

overdreven [ˈouˀɔˌdʁɐːˀvən] übertrieben

overenskomst [ˈouˀɔˈeːˀnsˌkɔmˀsd] ⟨-en, -er⟩ Vereinbarung

over|falde [ˈouˀɔˌfælˀə] ⟨-faldt, -faldet⟩ überfallen

overflødig [ɔuˀɔˈfløːˀði] überflüssig

overfyldt [ˈouˀɔˌfylˀd] überfüllt

over|føre [ˈouˀɔˌføːˀɔ] ⟨-te⟩ *(Geld)* überweisen

overføres, som kan ~ [sɔm kæ ˈouˀɔˌføːˀɔs] übertragbar

overgang [ˈouˀɔˌɡaŋˀ] ⟨-en, -e⟩ Übergang

over|give [ˈouˀɔˌgiːˀ] ⟨-gav, -givet⟩ übergeben

overhale [ˈouˀɔˌhɛːˀlə] ⟨-ede⟩ *(mit dem Auto)* überholen

overhovedet ikke [ˌouˀɔˈhoːˀðəð ˈeɡə] durchaus nicht, gar nicht

overnatte [ˈouˀɔˌnædə] ⟨-ede⟩ übernachten

overrasket [ˈouˀɔˌʁasɡəð] überrascht

over|skride [ˈouˀɔˌsgʁiːˀðə] ⟨-skred, -skredet⟩ überschreiten

over|sætte [ˈouˀɔˌsɛdə] ⟨-satte, -sat⟩ übersetzen

oversøisk land [ˈouˀɔˌsøːˀisg lænˀ] Übersee

over|tage [ˈouˀɔˌtɛːˀ] ⟨-tog, taget⟩ übernehmen

overtale [ˈouˀɔˌtɛːˀlə] ⟨-te⟩ überreden

overtrukket [ˈouˀɔˌtʁɒɡəð] *(Wetter)* trüb

ovn [ɔuˀn] ⟨-en, -e⟩ Ofen

P

pakke [ˈpaɡə] ⟨-n, -r⟩ Paket

pakke [ˈpaɡə] ⟨-n, -r⟩ *(Koffer)* packen; **pakke ind** [ˈpaɡə ˈenˀ] ⟨-ede⟩ einpacken, verpacken; einwickeln; **pakke ud** [ˈpaɡə ˈuðˀ] ⟨-ede⟩ *(Koffer)* auspacken

pakning ['pagneŋ] ⟨-en, -er⟩ Packung
panorama [pæno'ʋaːmæ] ⟨-et, -er⟩ Panorama
pant [pænˀd] ⟨-et, -er⟩ Pfand
papirspose [pa'piːˀɒsˌpoːsə] ⟨-n, -r⟩ (Papier-)Tüte
par [pa] ⟨-ret, -⟩ Paar; **et par** [pa] ein paar
parat [pa'ʋaːˀd] bereit
park [paːg] ⟨-en, -er⟩ Park
parkere [pa'keːˀɒ] ⟨-ede⟩ parken
pas [pæs] ⟨-set, -⟩ (Ausweis, Gebirge) Paß
Pas på! [pæs 'pɔːˀ] Achtung! Vorsicht!
passage [pæ'sɛːɟə] ⟨-n, -r⟩ Durchfahrt, Durchgang; Gang; Passage
passager [pæsæ'ɟeːˀɒ] ⟨-en, -er⟩ Fahrgast
passe ['pæsə] ⟨-ede⟩ passen; **passe (på)** ['pæsə 'pɔːˀ] aufpassen (auf)
passere [pæ'seːˀɒ] ⟨-ede⟩ passieren
pege ['paiə] ⟨-ede⟩ (hinweisen) zeigen
pels [pɛlˀs] ⟨-en, -e⟩ Pelz
penge ['pɛŋə] pl Geld
periferi [peɒife'ʋiːˀ] ⟨-en, -er⟩ Peripherie
person [pɛɒ'soːˀn] ⟨-en, -er⟩ Person
personale [pɛɒso'næːlə] ⟨-t, -r⟩ Personal
personalia [pɛɒso'næːliæ] Personalien
personlig ['seðɒ'soːˀnli] persönlich
pibe ['piːbə] ⟨-n, -r⟩ Pfeife
pige ['piːə] ⟨-n, -r⟩ Mädchen
plade ['plɛːðə] ⟨-n, -r⟩ Schallplatte
pladespiller ['plɛːðəˌsbelɒ] ⟨-en, -e⟩ Plattenspieler
plads [plæs] ⟨-en, -er⟩ Platz; **(sidde)plads** ['seðəˌplæs] ⟨-en, -er⟩ Sitz
plakat [pla'kɛːˀd] ⟨-en, -er⟩ Plakat
plan [plɛːˀn] ⟨-en, -er⟩ Plan
plante ['plændə] ⟨-n, -r⟩ Pflanze
plastic [plæ'sdig] ⟨-en⟩ (Material) Plastik
plet [plɛd] ⟨-ten, -ter⟩ Fleck(en)
pligt [plegd] ⟨-en, -er⟩ Pflicht
pludselig ['plusli] adv plötzlich
plukke ['ploɡə] ⟨-de⟩ pflücken
plumret ['ploⱦuɒɔ] (Flüssigkeit) trüb
plus [plus] plus
politik [poli'tik] ⟨-ken, -ker⟩ Politik
port [poɒˀd] ⟨-en, -e⟩ (Einfahrt) Tor
positiv ['poːsiˌtiːˀv] positiv
post [pɔsd] ⟨-en⟩ Post
poste ['pɔsdə] ⟨-ede⟩ (Post) aufgeben; (Briefe) einwerfen

postkort ['pɔsdˌkɒːd] ⟨-et, -⟩ Postkarte
praksis ['pⱦagsis] ⟨-en, -⟩ Praxis
praktisk ['pⱦagtisg] praktisch
presserende [pⱦɛ'seːˀɒnə] dringend
pris [pⱦiːˀs] ⟨-en, -er⟩ Preis; **sætte pris på** ['sɛdə 'pⱦiːˀs pɒ] ⟨satte, sat⟩ (Person) schätzen
privat [pⱦiˈvɛːˀd] privat
pro [pⱦoːˀ] pro
procent [pⱦo'sɛnˀd] ⟨-en, -er⟩ Prozent
procentsats [pⱦo'sɛnˀdˌsæds] ⟨-en, -er⟩ Prozentsatz
procession [pⱦosɛˈɟoːˀn] Prozession
produkt [pⱦo'dogd] ⟨-et, -er⟩ Erzeugnis, Produkt
program [pⱦo'gⱦamˀ] ⟨-met, -mer⟩ Programm
protestere [pⱦodɛ'sdeːˀɒ] ⟨-ede⟩ protestieren
præcis [pⱦɛˌsiːˀs] pünktlich
prædiken ['pⱦɛðɡən] ⟨-en, -er⟩ Predigt
præsentation [pⱦɛsɛntæ'ɟoːˀn] ⟨-en, -er⟩ Vorstellung
præsentere [pⱦɛsɛn'teːˀɒ] ⟨-ede⟩ vorstellen, bekannt machen
præst [pⱦæsd] ⟨-en, -er⟩ Priester
prøve [pⱦœːvə] ⟨-ede⟩ anprobieren, Probe
publikum ['publikɒm] ⟨-(m)et, -(m)er⟩ Publikum
pude ['puːðə] ⟨-n, -r⟩ Kissen
pudse ['pusə] ⟨-ede⟩ putzen
pulver ['pɒlˀvɒ] ⟨-et, -e⟩ Pulver
pumpe op ['pɒmbə 'ɔb] ⟨-ede⟩ aufpumpen
pung [pɒŋˀ] ⟨-en, -e⟩ Beutel
punkt [pɒŋˀd] ⟨-et, -er⟩ Punkt
pæn [pɛːˀn] hübsch, nett
pære ['pɛːɒ] ⟨-n, -r⟩ (auch el) Birne
på [pɒ] prp auf; an **på posthuset** [pɒ 'pɔsdˌhuːˀsəð] auf die/der Post; **på Bornholm** [pɒ bɒːn'hɒlˀm] auf Bornholm; **på en gang** [pɒ 'oˈeːˀn gaŋˀ] auf einmal; **på grund af** [pɒ 'gⱦʊɒnˀ æ] wegen; **på ingen måde** [pɒ 'eŋən 'mɒːðə] keinesfalls; **på rejse** [pɒ 'ⱦaisə] auf der Reise
påklædning ['pɒˌklɛːˀðneŋ] ⟨-en, -er⟩ Kleidung
pålidelig [pɒ'liːðəli] zuverlässig
påskud ['pɒˌsguð] ⟨-det, -⟩ Vorwand

R

rabat [ʁaˈbæd] ⟨-ten, -ter⟩ Rabatt
radio [ˈʁaːˀdio] ⟨-en, -er⟩ Radio
ramme, ~ [ˈʁɡəˈʁamə] ⟨-te⟩ verfehlen
rand [ʁanˀ] ⟨-en, -e⟩ Rand
rar [ʁaːˀ] angenehm
rasende [ˈʁaːsənə] wütend; **blive rasende** [ˈbliːə ˈʁaːsənə] ⟨blev, blevet⟩ wütend werden
raseri [ʁaːsəˈʁiːˀ] ⟨-et⟩ Wut
rask [ʁasg] gesund
realisere [ʁɛæliˈseːˀɔ] ⟨-ede⟩ verwirklichen
realitet [ʁɛæliˈteːˀd] ⟨-en, -er⟩ Wirklichkeit
redde [ˈʁɛðə] ⟨-ede⟩ retten
reduktion [ʁɛdugˈsoːˀn] ⟨-en, -er⟩ Ermäßigung
referere til [ʁɛfəˈʁeːˀɔ tel] ⟨-ede⟩ s. beziehen auf
regelmæssig [ˈʁɛːˀəlˌmɛsi] regelmäßig
regering [ʁɛˈgeːˀpeŋ] ⟨-en, -er⟩ Regierung
regne [ˈʁainə] ⟨-ede⟩ rechnen; regnen; **regne sammen** [ˈʁainə ˈsamˀən] zusammenrechnen
regning [ˈʁainen] ⟨-en, -er⟩ Rechnung
rejse [ˈʁaisə] ⟨-n, -r⟩ Reise; **på rejse** [pɔ ˈʁaisə] auf der Reise
rejse [ˈʁaisə] ⟨-te⟩ fahren; **rejse (til)** [ˈʁaisə (tel)] ⟨-te⟩ reisen (nach); **rejse bort** [ˈʁaisə ˈboːd] ⟨-te⟩ verreisen; **rejse ind** [ˈʁaisə ˈenˀ] ⟨-te⟩ einreisen; **rejse ud** [ˈʁaisə ˈuðˀ] ⟨-te⟩ ausreisen
rejsefører [ˈʁaisəˌføːɔ] ⟨-en, -e⟩ Reiseführer
rejsende [ˈʁaisənə] der, die Reisende
rejserute [ˈʁaisəˌʁuːdə] ⟨-n, -r⟩ Reiseroute
rejseselskab [ˈʁaisəˌsɛlsgɛˀb] ⟨-et, -er⟩ Reisegesellschaft
reklame [ʁɛˈklɛːmə] ⟨-n, -r⟩ Reklame
reklamere [ʁɛklæˈmeːˀɔ] ⟨-ede⟩ reklamieren
rekreation [ʁɛkʁɛæˈsoːˀn] ⟨-en⟩ Erholung
rekreere sig [ʁɛkʁɛˈeːˀɔ sai] ⟨-ede⟩ s. erholen
rektor [ˈʁægtɔ] ⟨-en, -er⟩ (Gymnasium) Direktor
rem [ʁæmˀ] ⟨-men, -me⟩ Riemen
ren [ʁɛːˀn] (Wäsche) frisch, sauber

rense [ˈʁænsə] ⟨-ede⟩ reinigen
renseri [ʁænsəˈʁiːˀ] ⟨-et, -er⟩ (Geschäft) Reinigung
reparation [ʁɛpaaˈsoːˀn] ⟨-en, -er⟩ Reparatur
reparere [ʁɛpaˈʁeːˀɔ] ⟨-ede⟩ reparieren, flicken
reservere [ʁɛsɛɐˈveːˀɔ] ⟨-ede⟩ (Platz) buchen, reservieren; **reservere en plads** [ʁɛsɛɐˈveːˀɔ en plæs] ⟨-ede⟩ einen Platz belegen
rest [ʁæsd] ⟨-en, -er⟩ Rest; **for resten** [fɔ ˈʁæsden] übrigens
restaurant [ʁɛsdoˈʁaŋ] ⟨-en, -er⟩ Restaurant
resultat [ʁɛsulˈtɛːˀd] ⟨-et, -er⟩ Ergebnis
ret [ʁæd] ⟨-ten, -ter⟩ (Essen) Gang, Gericht; Recht; **have ret** [hɛ̝ːˀ ˈʁæd] ⟨havde, haft⟩ recht haben
retfærdig [ʁædˈfɛ̝ːˀdi] gerecht
retning [ˈʁædneŋ] ⟨-en, -er⟩ Richtung; **i den modsatte retning** [i dɛn ˈmoðˌsædə ˈʁædneŋ] adj in umgekehrter Richtung
rette [ˈʁædə] ⟨-ede⟩ (Fehler) verbessern, korrigieren
rettidig [ˈʁædˌtiːˀðiˀ] rechtzeitig
revy [ʁɛˈvy] ⟨-en, -er⟩ Revue
rig [ʁiːˀ] reich
rigdom [ˈʁiːˌdɔmˀ] ⟨-men, -me⟩ Reichtum
rigelig [ˈʁiːəli] reichlich
rigtig [ˈʁɛgdi] richtig
ring [ʁɛŋˀ] ⟨-en, -e⟩ Ring
ringe [ˈʁɛŋə] ⟨-ede⟩ klingeln; **ringe til** [ˈʁɛŋə tel] anrufen
risiko [ˈʁisiko] ⟨-en, -er⟩ Risiko
rive itu [ˈʁiːvə iˈtuːˀ] ⟨rev, revet⟩ (kaputtgehen) reißen, zerreißen
ro [ʁoːˀ] ⟨-en⟩ (seelisch) Ruhe; **falde til ro** [ˈfælə tel ˈʁoːˀ] ⟨faldt, faldet⟩ s. beruhigen
rolig [ˈʁoːli] ruhig
rose [ˈʁoːsə] ⟨-te⟩ loben
rude [ˈʁuːðə] ⟨-n, -r⟩ (Fenster-)Scheibe
rum [ʁomˀ] ⟨-met, -⟩ Raum
rund [ʁonˀ] rund
runde [ˈʁondə] ⟨-n, -r⟩ Runde
rute [ˈʁuːdə] ⟨-n, -r⟩ Route
ryge [ˈʁyːə] ⟨røg, røget⟩ rauchen
rygsæk [ˈʁœgˌsɛg] ⟨-ken, -ke⟩ Rucksack
række [ˈʁægə] ⟨-n, -r⟩ Reihe
røg [ʁɔiˀ] ⟨-en⟩ Rauch
rør [ʁœːˀɔ] ⟨-et, -⟩ Rohr
råbe [ˈʁɔːbe] ⟨-te⟩ rufen

råd [ʁɒ:ˀð] ⟨-et, -⟩ Rat; **spørge nogen om råd** [ˈsbœɐ̯ʊə no:ən ɔm ˈʁɒ:ˀð] jdn um Rat fragen

rådden [ˈʁɒðən] *(Obst)* faul, verdorben

råde [ˈʁɒ:ðə] ⟨-ede⟩ *(Rat erteilen)* raten

rådne [ˈʁɒðnə] ⟨-ede⟩ *(schlecht werden)* verderben

S

sag [sɛ:ˀ] ⟨-en, -er⟩ *(Angelegenheit)* Sache

saks [sags] ⟨-en, -e⟩ Schere

sal [sɛ:ˀl] ⟨-en, -e⟩ Saal

salg [sælˀ] ⟨-et, -⟩ Verkauf

samfund [ˈsamˌfɔnˀ] ⟨-et, -⟩ *(Staat)* Gesellschaft

samle [ˈsamlə] ⟨-ede⟩ sammeln

samling [ˈsamleŋ] ⟨-en, -er⟩ Sammlung

samme, den ~ [dɛnˀ ˈsamə] derselbe; **det samme** [de ˈsamə] dasselbe

sammenligne [ˈsamənˌliːˀnə] ⟨-ede⟩ vergleichen

sammenligning [ˈsamənˌliːˀneŋ] ⟨-en, -er⟩ Vergleich

sammenstød [ˈsamənˌsdø:ˀð] ⟨-et, -⟩ Zusammenstoß

samtale [ˈsamˌtɛːlə] ⟨-n, -r⟩ *(Gespräch)* Unterhaltung

samtidig [ˈsamˌtiːˀði] *adv* gleichzeitig

samvittighedsfuld [samˈvidiheðsˌfulˀ] gewissenhaft

sand [sænˀ] wahr; *(echt)* wirklich

sandhed [ˈsænˌheːˀð] ⟨-en, -er⟩ Wahrheit

sandsynlighed [sænˈsyːˀnliˌheːˀð] ⟨-en, -er⟩ Wahrscheinlichkeit

sandsynligvis [sænˈsyːˀnliviːˀs] *adv* wahrscheinlich

sang [saŋˀ] ⟨-en, -e⟩ Gesang, Lied

sart [sa:ˀd] zärtlich; *(weich)* zart

Schweiz [svaiˀds] Schweiz

se [se:ˀ] ⟨så, set⟩ sehen; **se efter** [se:ˀ ˈɛfdɒ] nachsehen; **se igen** [se:ˀ iˈgɛn] wiedersehen; **se på** [se:ˀ pɔ] anschauen, ansehen, betrachten; **se sig om** [se:ˀ sai ˈɔmˀ] s. umsehen; **se ud** [se:ˀ ˈuðˀ] aussehen

sed|del [ˈsɛðˀəl] ⟨-len, -ler⟩ Geldschein

sejlgarn [ˈsailˌgaːˀn] ⟨-et, -⟩ Bindfaden

sekund [seˈkɔnˀd] ⟨-et, -er⟩ Sekunde

selskab [ˈsɛlˌsgɛ:ˀb] ⟨-et, -er⟩ *(Party)* Gesellschaft

selv [sɛlˀ] selbst

selvbetjening [ˈsɛlbeˌtjɛːˀneŋ] ⟨-en⟩ Selbstbedienung

sende [ˈsɛnə] ⟨-te⟩ schicken, senden; **sende bort** [ˈsɛnə ˈbɒ:d] wegschicken

senere [ˈse:nɔɔ] später

seng [sɛŋˀ] ⟨-en, -e⟩ Bett; **gå i seng** [gɒ:ˀ i ˈsɛŋˀ] ⟨gik, gået⟩ zu Bett gehen

(senge)tæppe [(ˈsɛŋə)ˈtɛbə] ⟨-et, -er⟩ (Bett-)Decke

sent [se:ˀnd] spät; **komme for sent** [ˈkɔmə fɔ ˈse:ˀnd] ⟨kom, kommet⟩ s. verspäten

servere [sɛɐ̯ˈve:ˀɔ] servieren

sex [sɛgs] Sex

sidde [ˈseðə] ⟨sad, siddet⟩ sitzen

(sidde)plads [(ˈseðə)ˌplæs] ⟨-en, -er⟩ Sitz

side [ˈsi:ðə] ⟨-n, -r⟩ Seite; **på den anden side (af)** [pɔ dɛn ˈænən ˈsi:ðə (æ)] jenseits

siden [ˈsi:ðən] *prp/conj* seit; **siden den tid** [ˈsi:ðən ˈdɛnˀ tiðˀ] seitdem; **siden hvornår** [ˈsi:ðən voˈnɒ:ˀ] seit wann?

sidste [ˈsisdə] letzte(r, -s)

sige [ˈsi:ə] ⟨sagde, sagt⟩ sagen; **sige ja** [ˈsi:ə ˈjæ] ⟨sagde, sagt⟩ *(Einladung)* zusagen

signal [siˈnɛ:ˀl] ⟨-et, -er⟩ Signal

sikker [ˈsegɒ] *adj* sicher

sikkerhed [ˈsegɒˌheːˀð] ⟨-en, -er⟩ Sicherheit

sikkert [ˈsegɒd] gewiß; *adv* sicher

sikring [ˈseguɛŋ] ⟨-en, -er⟩ *(el)* Sicherung

simpel [ˈsemˀbəl] einfach

situation [siduæˈsˀoːˀn] ⟨-en, -er⟩ Lage

siv [si:ˀv] ⟨-et, -⟩ Schilf

sjælden [ˈsɛlən] *adj* selten

sjældent [ˈsɛlənd] *adv* selten

skade [ˈsgɛːðə] ⟨-ede⟩ schaden; ⟨-n, -r⟩ Schaden; **komme til skade** [ˈkɔmə tel ˈsgɛːðə] ⟨kom, kommet⟩ verunglücken

skadelig [ˈsgɛːðəli] schädlich

skadeserstatning [ˈsgɛːðəsɛɐ̯ˌsdædneŋ] ⟨-en, -er⟩ Schadenersatz

skaffe [ˈsgafə] ⟨-ede⟩ beschaffen; verschaffen

Skagerrak [ˈsgɛ:əˌʁag] Skagerrak

skam, det er en ~ [de ɛɒ̯ en ˈsgamˀ] es ist schade; **sikken en skam!** [ˈsegən en ˈsgamˀ] wie schade!

skarp [ˈskaːb] scharf

ske [sgeːˀ] ⟨-te⟩ s. ereignen, geschehen; **hvad er der sket?** [ˈvæð ɛɒ̯ dɒ ˈsgeːˀd] was ist geschehen?

skelne (mellem) [ˈsgɛlnə (ˈmɛlˀəm)] ⟨-ede⟩ unterscheiden

skille [ˈsgelə] ⟨-te⟩ trennen

skilt [sgelˀd] ⟨-et, -e⟩ Schild

skin [sgenˀ] ⟨-et⟩ Anschein, Schein

skind [sgenˀ] ⟨-et, -⟩ Fell

skinne [ˈsgenə] ⟨-ede⟩ glänzen, scheinen

skive [ˈsgiːvə] ⟨-n, -r⟩ Scheibe

skjule [ˈskjuːlə] ⟨-te⟩ verstecken

sko [sgoːˀ] ⟨-en, -⟩ Schuh

skole [ˈsgoːlə] ⟨-n, -r⟩ Schule

skorpion [sgɒpiˈoːˀn] ⟨-en, -er⟩ Skorpion

skrald [sgʁalˀ] ⟨-et⟩ Müll

skraldespand [ˈsgʁaləˌsbænˀ] ⟨-en, -e⟩ Mülltonne

skranke [ˈsgʁaŋgə] ⟨-n, -r⟩ (Bank) Schalter

skridt [sgʁidˀ] ⟨-et, -⟩ Schritt

skrift [sgʁefd] ⟨-en, -er⟩ (Hand-) Schrift

skriftlig [ˈsgʁɛfdli] schriftlich

skrige [ˈskʁiːə] ⟨skreg, skreget⟩ schreien

skrive [ˈsgʁiːvə] ⟨skrev, skrevet⟩ schreiben; **skrive op** [ˈsgʁiːvə ˈɔb] aufschreiben

skrækkelig [ˈsgʁægəli] schrecklich

skrænt [sgʁænˀd] ⟨-en, -er⟩ (Ab-) Hang

skrøbelig [ˈsgʁøːbəli] zerbrechlich

skubbe [ˈsgɔbə] ⟨-ede⟩ drücken, schieben

skud [sguð] ⟨-det, -⟩ Schuß

skuffet [ˈsgɔfəð] enttäuscht

skulle [ˈsgulə] ⟨skulle, skullet⟩ sollen

skulptur [sgulbˈtuːˀɒ̯] ⟨-en, -er⟩ Skulptur, Plastik

skyde [ˈsgyːðə] ⟨skød, skudt⟩ schießen

skygge [ˈsgygə] ⟨-n, -r⟩ Schatten

skyld [sgylˀ] ⟨-en⟩ Schuld; **for min skyld** [fɒ ˈmiːˀn sgylˀ] meinetwegen

skylde [ˈsgylə] ⟨-te⟩ schulden

skynde sig [ˈsgønə sai̯] ⟨-te⟩ s. beeilen

skyskraber [ˈsgyˌsgʁaːbɒ] ⟨-en, -e⟩ Wolkenkratzer

skælde ud [ˈsgɛlə ˈuðˀ] ⟨-te⟩ schimpfen

skændes [ˈsgɛnəs] ⟨-tes⟩ streiten, s. zanken

skænke [ˈsgɛŋgə] ⟨-ede⟩ schenken

skære [ˈsgɛːɒ] ⟨skar, skåret⟩ schneiden

skærm [sgɛɒ̯ˀm] ⟨-en, -e⟩ Schirm

skødesløs [ˈsgøːðəsˌløːˀs] nachlässig

skønhed [ˈsgœnˌheːˀð] ⟨-en, -er⟩ Schönheit

skønt [sgønˀd] obwohl

slag [slɛːˀ] ⟨-et, -⟩ Schlag

slags [slags] ⟨-en, -⟩ Art, Sorte

slange [ˈslaŋə] ⟨-n, -r⟩ Schlauch; (Tier) Schlange

slank [slaŋˀg] schlank, dünn

slem [slɛmˀ] schlimm

slentretur [ˈslɛndʁɒˌtuːˀɒ̯] ⟨-en, -e⟩ Bummel

slette [ˈslɛdə] ⟨-n, -r⟩ Ebene

slot [slɒd] ⟨-tet, -te⟩ Schloß

slukke [ˈslɔgə] ⟨-ede⟩ (Licht) ausmachen, löschen

slutning [ˈsludneŋ] ⟨-en, -er⟩ Ende, Schluß

slutte [ˈsludə] ⟨-ede⟩ beenden, enden

slå [slɒːˀ] ⟨-en, -er⟩ Riegel;

slå [slɒːˀ] ⟨slog, slået⟩ (auch Uhr) schlagen; **slå til** [slɒːˀ ˈtel] ⟨slog, slået⟩ (aus)reichen

smag [ˈsmɛːˀ] ⟨-en⟩ Geschmack

smage [ˈsmɛːə] ⟨-te⟩ schmecken; (Speisen) versuchen

smal [smælˀ] schmal

smerte [ˈsmɛɒ̯də] ⟨-ede⟩ schmerzen

smertefuld [ˈsmɛɒ̯dəˌfulˀ] schmerzhaft

sminke sig [ˈsmeŋgə sai̯] ⟨-ede⟩ s. schminken

smugle [ˈsmuːlə] ⟨-ede⟩ schmuggeln

smuk [smɔg] schön

smule, en ~ (af) [en ˈsmuːlə (æ)] ein bißchen (von), ein wenig (von)

småpakke [ˈsmɔˌpagə] ⟨-n, -r⟩ Päckchen

snakke sammen [ˈsnagə ˈsamˀən] ⟨-ede⟩ (reden) s. unterhalten

snart [snaːˀd] bald; **meget snart** [ˈmai̯əð snaːˀd] demnächst; **så snart som muligt** [sɒ ˈsnaːˀd sɒm ˈmuːlid] so bald wie möglich

snavs [snau̯ˀs] ⟨-et⟩ Schmutz

snavset [ˈsnau̯səð] schmutzig

sne [sneːˀ] ⟨-ede⟩ schneien

snor [snoːˀɒ̯] ⟨-en, -er⟩ Schnur, Seil

snorke [ˈsnɒːgə] ⟨-ede⟩ schnarchen

snu [snuːˀ] schlau

snyde [ˈsnyːðə] ⟨snød, snydt⟩ betrügen

snæver [ˈsnɛːˀvɐ] eng
snørebånd [ˈsnœːɔˌbɔnˀ] ⟨-et, -⟩ Schnürsenkel
sol [soˀl] ⟨-en, -e⟩ Sonne
solbriller [ˈsoːlˌbʁɛlɐ] *pl* Sonnenbrille
solbrændt [ˈsoːlˌbʁænˀd] *(gebräunt)* braun
solid [soˈliðˀ] *(dauernd)* fest
solnedgang, ved ~ [veð ˈsoːlˌneðgaŋˀ] bei Sonnenuntergang
solopgang, ved ~ [veð ˈsoːlˌɔbgaŋˀ] bei Sonnenaufgang
solrig [ˈsoːlˌʁiˀ] sonnig
som [sɔm] *(bei Vergleich)* als; **som om** [sɔm ɔmˀ] als ob; **som kan overføres** [sɔm kæ ˈɔʊɔˌføːˀɔs] übertragbar
sorg [sɒˈuˀ] ⟨-en⟩ Kummer
souvenir [suvəˈniːɒ] ⟨-en, -er⟩ Andenken
sove [ˈsoʊə] ⟨sov, sovet⟩ schlafen
spadsere [sbæˈseːˀɔ] ⟨-ede⟩ *(zu Fuß)* gehen
spadseretur [sbæˈseːˀɔˌtuːˀɒ] ⟨-en, -e⟩ Spaziergang
spare [ˈsbaːa] ⟨-ede⟩ sparen
special … [sbeˈsɛːˀl] Sonder …
speciel [sbeˈsɛlˀ] speziell
spids [sbes] ⟨-en, -er⟩ Spitze; spitz
spiritus [ˈsbiːˀɒitus] ⟨-en⟩ (Brenn-) Spiritus
spise [ˈspiːsə] ⟨-te⟩ essen; **spise morgenmad** [ˈsbiːsə ˈmɔːɒnˌmæð] ⟨-te⟩ frühstücken
spisekort [ˈsbiːsəˌkɒːd] ⟨-et, -⟩ Speisekarte
spiselig [ˈsbiːsəli] eßbar
spor [sboˈuˀ] ⟨-et, -⟩ Spur
sport [sbɒːd] ⟨-en⟩ Sport
springe [ˈsbʁɛŋə] ⟨sprang, sprunget⟩ springen
sprog [sbʁɒˈuˀ] ⟨-et, -⟩ Sprache
spøg [sbɔiˀ] ⟨-en⟩ Scherz, Spaß
spørge [ˈsbœɒuə] ⟨spurgte, spurgt⟩ fragen; **spørge nogen om råd** [ˈsbœɒuə noːən ɔm ˈʁɒːˀð] jdn um Rat fragen
spørgsmål [ˈsbœɒsˌmɒːˀl] ⟨-et, -⟩ Frage
stamme [ˈsdamə] ⟨-ede⟩ stammen
stand, i ~ (til) [i ˈsdænˀ (tel)] fähig (zu); **være i stand (til)** [ˈvɛːɔ i ˈsdænˀ (tel)] ⟨var, været⟩ imstande sein (zu)
stang [sdaŋˀ] ⟨-en, stænger⟩ Stange
starte [ˈsdaːdə] ⟨-ede⟩ starten; **starte (fra)** [ˈsdaːdə (fʁa)] abfahren (von)

stat [sdɛːˀd] ⟨-en, -er⟩ Staat
stave [ˈsdɛːvə] ⟨-ede⟩ buchstabieren
stearinlys [sdeaˈʁiːˀnˌlyːˀs] ⟨-et, -⟩ Kerze
sted [sdɛð] ⟨-et, -er⟩ Ort, Stelle; **ingen steder** [ˈeŋən ˈsdɛːðɔ] nirgends; **i stedet for** [i ˈsdɛːˀðəd fɔ] anstatt, statt
steg [sdaiˀ] ⟨-en, -e⟩ Braten
stege [ˈsdaiə] ⟨-te⟩ braten
stejl [sdaiˀl] steil
stemme [ˈsdɛmə] ⟨-n, -r⟩ Stimme; ⟨-te⟩ stimmen; *(pol)* wählen
stempel [ˈsdɛmˀbəl] ⟨-let, -ler⟩ Stempel
sten [sdeːˀn] ⟨-en, -⟩ Stein
stenet [ˈsdeːnəð] steinig
sti [sdiˀ] ⟨-en, -er⟩ Pfad
stige [ˈsdiːə] ⟨-n, -r⟩ *f* Leiter
stige [ˈsdiːə] ⟨steg, steget⟩ steigen; **stige om** [ˈstiːə ɔmˀ] umsteigen; **stige op** [ˈsdiːə ɔb] hinaufgehen; **stige på** [ˈsdiːə pɔːˀ] zusteigen
stikke [ˈsdegə] ⟨stak, stukket⟩ stechen
stilhed [ˈsdelˌheːˀð] ⟨-en⟩ *(Stille)* Ruhe
stille [ˈsdelə] leise, still
stille [ˈsdelə] ⟨-ede⟩ stellen; **stille op** [ˈsdelə ɔb] ⟨-ede⟩ aufstellen; **stille væk** [ˈsdelə ˈvɛg] ⟨-ede⟩ abstellen
stilling [ˈsdeleŋ] ⟨-en, -er⟩ Beruf; *(Arbeit)* Stelle, Stellung
stinke [ˈsdeŋgə] ⟨stank, stinket⟩ stinken
stjerne [ˈsdjɛɒnə] ⟨-n, -r⟩ Stern
stjæle [ˈsdjɛːlə] ⟨stjal, stjålet⟩ stehlen
stof [sdɔf] ⟨-fet, -fer⟩ Stoff
stok [sdɔg] ⟨-ken, -ke⟩ Stock
stol [sdoˈuˀl] ⟨-en, -e⟩ Stuhl
stole på [ˈsdoːlə pɔ] ⟨-ede⟩ vertrauen auf
stoppe [ˈsdɔbə] ⟨-ede⟩ (an)halten
stor [sdoːˀɒ] groß
storartet [ˈsdɒɒˌaːˀðəð] großartig
storhed [ˈsdɒɒˌheːˀð] ⟨-en, -er⟩ *(geistige)* Größe
storm [sdɒːˀm] ⟨-en, -e⟩ Sturm
stormagasin [ˈsdɒɒmægæˌsiːˀn] ⟨-et, -er⟩ Kaufhaus
straf [sdʁaf] ⟨-fen, -fe⟩ Strafe
straks [sdʁags] direkt, gleich, sofort
strand [sdʁanˀ] ⟨-en, -e⟩ Strand
streng [sdʁɛŋˀ] streng
strid [sdʁiðˀ] ⟨-en⟩ Streit
strygejern [ˈsdʁyːəˌjɛɒˀn] ⟨-et, -⟩ Bügeleisen
strækning [ˈsdʁægneŋ] ⟨-en, -er⟩ Strecke

strøm [sdɐœmʔ] ⟨-men, -me⟩ *(el)* Strom

stråle [ˈsdɐɔːlə] ⟨-n, -r⟩ Strahl

strålende [ˈsdɐɔːlənə] glänzend

studere [sduˈdeːˀɔ] ⟨-ede⟩ studieren

stueetage [ˈsduːæɛˌtɛːˀsə] ⟨-n, -r⟩ Erdgeschoß

stykke [ˈsdøgə] ⟨-t, -r⟩ Stück

styre [ˈsdyːɔ] ⟨-ede⟩ lenken, fahren

styrke [ˈsdyɐgə] ⟨-n, -r⟩ Stärke, Kraft

styrt [sdyɒˀd] ⟨-et, -⟩ Sturz

stærk [sdɛɒg] stark

stød [sdøð] ⟨-et, -⟩ *(Schubs)* Stoß

støde [ˈsdøːðə] ⟨-te⟩ stoßen

strømning [ˈsdɐœmneŋ] ⟨-en, -er⟩ Strömung

størrelse [ˈsdœɒɔlsə] ⟨-n, -r⟩ *(Kleidung, Schuhe)* Größe

støv [sdøːˀv] ⟨-et⟩ Staub

stå [sdɔːˀ] ⟨stod, stået⟩ stehen; **stå i kø** [sdɔːˀ i køːˀ] Schlange stehen; **stå op** [sdɔːˀ ˀɔb] aufstehen

succes [sygˈseː] ⟨-en, -er⟩ Erfolg

sult [sulˀd] ⟨-en⟩ Hunger

sulten [ˈsuldən] hungrig; **være sulten** [ˈvɛːɔ ˈsuldən] Hunger haben

sum [sɔmˀ] ⟨-men, -mer⟩ Summe

sump [sɔmˀb] ⟨-en, -e⟩ Sumpf

sundhed [ˈsɔnˌheːˀð] ⟨-en⟩ Gesundheit

sur [suːˀɔ] sauer

svag [svɛːˀ] schwach

svaghed [ˈsvɛːˌheːˀð] ⟨-en, -er⟩ Schwäche

svar [svaːˀ] ⟨-et, -⟩ Antwort

svare [ˈsvaːa] ⟨-ede⟩ antworten, erwidern

svede [ˈsveːðə] ⟨-te⟩ schwitzen

svejtser [ˈsvaiˀdsɔ] ⟨-en, -e⟩ Schweizer/in

svigerinde [svicˈenə] ⟨-n, -r⟩ Schwägerin

svimmel [ˈsvemˀəl] schwindlig

svindel [ˈsvenˀəl] ⟨-en⟩ *(Gaunerei)* Betrug

svindle [ˈsvenlə] ⟨-ede⟩ schwindeln

svindler [ˈsvenlɔ] ⟨-en, -e⟩ Schwindler

svoger [ˈsvɒuˀɔ] ⟨-en, svogre⟩ Schwager

svær [svɛːˀɒ] *(schwierig)* schwer; *(Krankheit)* schwer; *(beleibt)* stark

svømme [ˈsvœmə] ⟨-ede⟩ schwimmen

swimmingpool [ˈsvemeŋˌpuːl] ⟨-en, -s⟩ Swimmingpool

syd for [syð fɔ] südlich von

syden [ˈsyːˀðən] der Süden

sydlig [ˈsyðli] südlich

syg [syːˀ] krank; **blive syg** [ˈbliːə ˈsyːˀ] ⟨blev, blevet⟩ krank werden

sygeplejerske [ˈsyːəˌplaiɔsgə] ⟨-n, -r⟩ Krankenschwester

sympatisk [symˌpɛːˀtisg] sympathisch

synes [ˈsynəs] ⟨-tes, -tes⟩ scheinen; **synes om** [ˈsyːnəs ˀɔmˀ] ⟨-tes⟩ gefallen

synge [ˈsøŋə] ⟨sang, sunget⟩ singen

synlig [ˈsyːnli] sichtbar

sædvanlig [sɛðˈvɛːˀnli] gewöhnlich, üblich

sæk [sɛg] ⟨-ken, -ke⟩ Sack

sælge [ˈsɛljə] ⟨solgte, solgt⟩ verkaufen

særlig [ˈsɛɒli] besonders; eigenartig

sæson [sɛˈsɔŋ] ⟨-en, -er⟩ Saison; **uden for sæsonen** [ˈuðən fɔ sɛˈsɔŋˀən] außerhalb der Saison

sætning [ˈsɛdneŋ] ⟨-en, -er⟩ Satz

sætte [ˈsɛdə] ⟨satte, sat⟩ setzen; **sætte farten op** [ˈsɛdə ˈfaːˀdən ɔb] beschleunigen; **sætte fra sig** [ˈsɛdə ˈfɐa sai] abstellen; **sætte ned** [ˈsɛdə ˈneðˀ] *(Preise)* herabsetzen; **sætte op** *(Preise)* heraufsetzen; **sætte pris på** [ˈsɛdə ˈpɐiːˀs pɔ] *(Person)* schätzen; **sætte sig** [ˈsɛdə sai] s. hinsetzen, s. setzen

sø [søːˀ] ⟨-en, -er⟩ *(Binnengewässer)* See

sød [søːˀð] süß

søge [ˈsøːə] ⟨-te⟩ suchen; **søge ud** [ˈsøːə ˈuðˀ] aussuchen

søm [sømˀ] ⟨-met, -⟩ *(Stift)* Nagel

søn [sœn] ⟨-nen, -ner⟩ Sohn

søpindsvin [ˈsøˌpensviːˀn] ⟨-et, -⟩ Seeigel

sørge for [ˈsœɒuə fɔ] ⟨-ede⟩ sorgen für

søster [ˈsøsdɔ] ⟨-en, søstre⟩ Schwester; Ordensschwester

søvn [sœuˀn] ⟨-en⟩ Schlaf; **falde i søvn** [ˈfælə i ˈsœuˀn] ⟨faldt, faldet⟩ einschlafen

så [sɔ] dann; **så snart som muligt** [sɔ ˈsnaːˀd sɔm ˈmuːlid] so bald wie möglich

sådan [ˈsɔˌdæn] solch

således [ˈsɔˌleːðəs] so

såre [ˈsɔːɒ] ⟨-ede⟩ beleidigen

T

tab [tɛ:ˀb] ⟨-et, -⟩ Verlust

tabe [ˈtɛ:bə] ⟨-te⟩ verlieren; **tabe sig** [ˈtɛ:bə sai] ⟨-te⟩ *(dünner werden)* abnehmen

tage [tɛ:ˀ] ⟨tog, taget⟩ nehmen; (weg)bringen; *(Verkehrsmittel)* benutzen; **tage af** [ˈtɛ:ˀ ˈɛ:ˀ] abnehmen; *(Kleidungsstück)* ausziehen; **tage afsked** [tɛ:ˀ ˈau̯ sge:ˀð] s. verabschieden; **tage bad** [tɛ:ˀ ˈbæð] *(Wanne)* baden; **tage billeder** [tɛ:ˀ ˈbeləðə] *(Foto)* aufnehmen; **tage fejl** [tɛ:ˀ ˈfai̯ˀl] s. irren, s. täuschen; s. verrechnen; **tage med** [tɛ:ˀ ˈmɛð] mitnehmen; **tage på** [tɛ:ˀ ˈpɔ:ˀ] *(Kleidungsstück)* anziehen; *(dicker werden)* zunehmen; **tage sig af** [tɛ:ˀ sai ˈɛ:ˀ] s. kümmern um; **tage til** [tɛ:ˀ ˈtel] *(anwachsen)* zunehmen

tak [tag] ⟨-ken, -ke⟩ Dank; *(Antwort auf Dank)* bitte; **tak i lige måde** [ˈtag i ˈli:ə ˈmɔðə] danke gleichfalls

takke [ˈtagə] ⟨-ede⟩ danken

taknemmelig [tagˈnɛmˀli] dankbar

tal [tæl] ⟨-let, -⟩ Zahl

tale [ˈtɛ:lə] ⟨-te⟩ reden, sprechen; **tale højt** [ˈtɛ:lə ˈhɔi̯ˀd] ⟨-te⟩ laut sprechen; **tale sagte** [ˈtɛ:lə ˈsɛ:ˀðə] ⟨-te⟩ leise sprechen

tallerken [tæˈlɛɒgən] ⟨-en, -er⟩ Teller; *(zum Anrichten)* Platte

talon [tæˈlɒŋ] ⟨-en, -s⟩ *(Scheck)* Abschnitt

talrig [ˈtælˌʁi:ˀ] zahlreich

tang [taŋˀ] ⟨-en, tænger⟩ Zange

tanke [ˈtaŋgə] ⟨-n, -r⟩ Gedanke

tanke op [ˈtaŋgə ˈɔb] ⟨-ede⟩ tanken

tante [ˈtændə] ⟨-n, -r⟩ Tante

tarvelig [ˈta:vəli] gemein

taske [ˈtæsgə] ⟨-n, -r⟩ (Hand-)Tasche

tavshed [ˈtau̯sˌhe:ˀð] ⟨-en⟩ Schweigen

taxa [ˈtagsæ] ⟨-en, -er⟩ Taxi

tegn [tai̯ˀn] ⟨-et, -⟩ Zeichen

tegne [ˈtai̯nə] ⟨-ede⟩ zeichnen

tegne|bog [ˈtai̯nəˌbɔ:ˀu] ⟨-bogen, -bøger⟩ Brieftasche

telefonere [teləfoˈne:ˀɒ] ⟨-ede⟩ telefonieren

temmelig [ˈtɛməli] ziemlich

termin [tɛɒˈmi:ˀn] ⟨-en, -er⟩ Termin

terning [ˈtɛɒnəŋ] ⟨-en, -er⟩ Würfel

tid [tiðˀ] ⟨-en, -er⟩ Zeit; **en tid lang** [en tiðˀ laŋˀ] eine Zeitlang; **fra tid til anden** [fʁa ˈtiðˀ tel ˈænən] von

Zeit zu Zeit; **for tiden** [fɔ ˈti:ˀðən] zur Zeit

tidlig [ˈtiðli] früh

tidligere [ˈtiðliɒ] eher, früher, vorher

tie [ˈti:ə] ⟨tav, tiet⟩ schweigen

til [tel] für; *(räumlich)* nach; *(Richtung)* zu; **til højre** [tel ˈhɔi̯ɒ] rechts; **til Danmark** [tel ˈdænma:g] nach Dänemark; **til sidst** [tel ˈsisd] am Ende, zuletzt; **til vejrs** [tel ˈvɛ:ˀɒs] nach oben

tilbage [teˈbɛːˀə] *adv* übrig; zurück

tilbagerejse [teˈbɛːˀə̯ʁaisə] ⟨-n, -r⟩ Rückfahrt

tilbagevise [teˈbɛːˀə̯vi:ˀsə] ⟨-te⟩ zurückweisen

tilberede [ˈtelbeˌʁɛ:ˀðə] ⟨-te⟩ zubereiten

til|bringe [ˈtelˌbʁɛŋˀə] ⟨-bragte, -bragt⟩ *(Zeit)* verbringen

til|byde [ˈtelˌby:ˀðə] ⟨-bød, -budt⟩ anbieten

tilfreds [teˈfʁɛs] zufrieden

tilfredsstillet [teˈfʁɛsˌsdelˀəð] befriedigt

tilfælde [teˈfɛlˀə] ⟨-et, -⟩ *(Vorfall)* Fall; Zufall; **i alle tilfælde** [i ˈælə ˈtelˌfɛ:ˀlə] auf alle Fälle

tilfældig [teˈfɛlˀdi] zufällig

tilføje [ˈtelˌfʌi̯ˀə] ⟨-ede⟩ hinzufügen

tilgang [ˈtelˌgaŋˀ] ⟨-en, -e⟩ Zugang

tilhøre [ˈtelˌhø:ˀɒ] ⟨-te⟩ gehören

til|lade [ˈtelˌlɛ:ˀðə] ⟨-lod, -ladt⟩ erlauben, genehmigen, zulassen

tilladelig [teˈlɛ:ˀðəli] zulässig

tilladelse [teˈlɛ:ˀðəlsə] ⟨-n, -r⟩ Erlaubnis

tillidsfuld [ˈteliðsˌfulˀ] vertrauensvoll

tilsammen [teˈsamˀən] zusammen

tilskuer [ˈtelˌsgu:ˀɒ] ⟨-en, -e⟩ Zuschauer

tilstand [ˈtelˌsdænˀ] ⟨-en, -e⟩ Verfassung, Zustand

tilstede, være ~ [ˈvɛ:ɔ teˈsdɛ:ˀðə] dasein

tilstedeværende [teˈsdɛ:ðə̯vɛ:ˀɒnə] anwesend

til|stå [ˈtelˌsdɔ:ˀ] ⟨-stod, -stået⟩ gewähren

tilsvarende værdi [ˈtelˌsva:ˀɒnə vɛɒˈdi:ˀ] ⟨-en, -er⟩ Gegenwert

tilsyneladende [teˈsy:nə̯lɛ:ˀðənə] *adv* anscheinend

tiltro [ˈtelˌtʁo:ˀ] ⟨-en⟩ Vertrauen

time [ˈti:mə] ⟨-n, -r⟩ Stunde

tinde [ˈtenə] ⟨-n, -r⟩ *(Gebirge)* Spitze

ting [teŋˀ] ⟨-en, -⟩ Ding, Sache

tips [tibs] ⟨-et, -⟩ Tip

tjene [ˈtjɛːnə] ⟨-te⟩ dienen; verdienen

tjeneste [ˈtjɛːnəsdə] ⟨-n, -r⟩ Dienst, Gefälligkeit; **gøre én en tjeneste** [ˈgœːɔ eːˀn en ˈtjɛːnəsdə] jdm einen Gefallen tun

to gange [ˈtoːˀ ˈgaŋə] zweimal

tobak [toˈbag] ⟨-ken, -ker⟩ Tabak

toilet [toæˈlɛd] ⟨-tet, -ter⟩ Toilette

toiletpapir [toæˈlɛdpaˌpiːˀɐ] ⟨-et⟩ Toilettenpapier

told [tɔlˀ] ⟨-en⟩ Zoll

tom [tɔmˀ] leer

tone [toːnə] ⟨-n, -r⟩ Ton

top [tɔb] ⟨-pen, -pe⟩ Gipfel

trafik [tʁaˈfig] ⟨-ken⟩ Verkehr

transportere [tʁansbɔˈteːˀɔ] ⟨-ede⟩ befördern, transportieren

trappe [ˈtʁabə] ⟨-n, -r⟩ Treppe

travl [tʁauˀl] eilig

tredje [ˈtʁɛðjə] dritte(r, -s); **for det tredje** [fɔ de ˈtʁɛðjə] drittens

tredjedel [ˈtʁɛðjəˌdeːˀl] ⟨-en, -e⟩ Drittel

tro [tʁoːˀ] ⟨-en⟩ Glaube; ⟨-ede⟩ glauben

tro [tʁoːˀ] treu

trods [tʁɔs] trotz

trykke på en knap [ˈtʁœgə pɔ en ˈknab] ⟨-ede⟩ (auf) einen Knopf drücken

træ [tʁɛːˀ] ⟨-et, -er⟩ Baum, Holz

træde ind [ˈtʁɛːðə ˈenˀ] ⟨trådte, trådt⟩ eintreten

træffe [ˈtʁæfə] ⟨traf, truffet⟩ treffen; **træffe aftale** [ˈtʁæfə ˈauˌtɛːlə] s. verabreden

træk [tʁæg] ⟨-ken⟩ Luftzug

trække [ˈtʁægə] ⟨trak, trukket⟩ ziehen; reißen; **trække sig tilbage** [ˈtʁægə sai teˈbɛːˀə] s. zurückziehen

træt [tʁæd] müde

tråd [tʁɔːˀð] ⟨-en, -e⟩ Draht; Faden

tube [ˈtuːbə] ⟨-n, -r⟩ Tube

tung [tɔŋˀ] *(Gewicht)* schwer

tunnel [ˈtɔnˀəl] ⟨-en, -er⟩ Tunnel

tur [tuːˀɐ] ⟨-en, -e⟩ Fahrt, Tour

turde [ˈtuɐðə] ⟨turde, turdet⟩ wagen

turist [tuˈʁisd] ⟨-en, -er⟩ Tourist/in

turistkontor [tuˈʁisdkɔnˌtoːˀɐ] ⟨-et, -er⟩ Verkehrsbüro

tvang [tvaŋˀ] ⟨-en⟩ Zwang

tvinge [ˈtveŋə] ⟨tvang, tvunget⟩ zwingen

tvivl [tviuˀl] ⟨-en, -⟩ Zweifel; **uden tvivl** [ˈuðən ˈtviuˀl] ohne Zweifel

tvivle på noget [ˈtviulə pɔ ˈnɔːˀəð] ⟨-ede⟩ an etw zweifeln

tvivlsom [ˈtviulsɔmˀ] zweifelhaft

tværs igennem [tvɛɐs iˈgɛnˀəm] quer durch

tydelig [ˈtyːðəli] deutlich

tyggegummi [ˈtygəˌgɔmi] ⟨-et, -⟩ Kaugummi

tyk [tyg] dick, stark

tynd [tønˀ] dünn

typisk [ˈtybisg] typisch

tysk [tysg] deutsch

tysker [ˈtysgɐ] ⟨-en, -e⟩ der, die Deutsche

Tyskland [ˈtysgˌlænˀ] Deutschland

tælle [ˈtɛlə] ⟨talte, talt⟩ zählen

tænde [ˈtɛnə] ⟨-te⟩ *(Licht)* anmachen, anzünden, einschalten

tændstik [ˈtɛnˌsdeg] ⟨-ken, -ker⟩ Streichholz

tændstikæske [ˈtɛnsdegˌɛsgə] ⟨-n, -r⟩ Streichholzschachtel

tænke på [ˈtɛŋgə pɔ] ⟨-te⟩ denken an

tæppe [ˈtɛbə] ⟨-t, -r⟩ *(Theater)* Vorhang; **(senge)tæppe** [(ˈsɛŋə)ˈtɛbə] ⟨-et, -er⟩ (Bett-)Decke

tæt [tɛd] *(Nebel)* dicht; **tæt ved** [tɛd veð] dicht dabei

tør [tœːˀɐ] *(Wein)* herb, trocken

tørklæde [ˈtœɐklɛːðə] ⟨-t, -r⟩ Kopftuch

tørre [ˈtœːɔ] ⟨-ede⟩ trocknen

tørst [tœɐsd] ⟨-en⟩ Durst

tørstig [ˈtœɐsdi] durstig; **være tørstig** [ˈvɛːɐ ˈtœɐsdi] Durst haben

tøve [ˈtøːvə] ⟨-ede⟩ zögern

tåget [ˈtɔːʊəð] neblig

tåle [ˈtɔːlə] ⟨-te⟩ vertragen

tålmodig [tɔlˈmoːˀði] geduldig

tålmodighed [tɔlˈmoːˀðiˌheːˀð] ⟨-en⟩ Geduld

tår [tɔːˀ] ⟨-en⟩ Schluck

U

uanstændig [uænˈsdɛnˀdi] unanständig

ubehagelig [ubeˈhɛːˀəli] unangenehm; unerfreulich; ungemütlich

ubekendt [ˈubeˌkɛnˀd] unbekannt

ubekvem [ˈubeˌkvɛmˀ] unbequem

ubeslutsom [ubeˈsludsɔmˀ] unentschlossen

ubestemt [ˈubeˌsdɛmˀd] unbestimmt

ubetinget [ˈubeˌteŋˀəð] *adv* unbedingt

ubetydelig [ubeˈtyːˀðəli] unwichtig

ubrugelig [uˈbʁuːˀəli] unnütz

A/Z

uddannelse ['uð,dæn²əlsə] ⟨-n, -r⟩ Ausbildung

uddeling ['uð,de:²leŋ] ⟨-en, -er⟩ Verteilung

ude af stand (til) ['u:ðə æ 'sdæn² (tel)] unfähig

udefra ['u:ðə,fʁa:²] von außen

udelukket ['u:ðə,lɒgəð] ausgeschlossen

uden ['uðən] ohne; **uden for sæsonen** ['uðən fɒ sɛ'son²ən] außerhalb der Saison

uden for *prp* ['u:ðən ,fɒ] außerhalb, außen

udenlandsk ['uðən,læn²sg] ausländisch

udfylde en formular ['uð,fyl²ə en fomu'la:²] ein Formular ausfüllen

udføre ['uð,fø:²ɒ] ⟨-te⟩ *(Arbeit)* ausführen; *(Beruf)* ausüben

udførlig [uð'fø:ɒ²li] ausführlich

udgang ['uð,gaŋ²] ⟨-en, -e⟩ Ausgang

udgifter ['uð,gifdɒ] *pl* Ausgaben; Spesen

ud|komme ['uð,kɔm²ə] ⟨-kom, -kommet⟩ *(Buch)* erscheinen

udkørsel ['uð,køɒsəl] ⟨-len, -ler⟩ Ausfahrt

udland ['uð,læn²] ⟨-et⟩ Ausland; **i/til udlandet** [i/tel 'uð,læn²əð] im/ins Ausland

udlænding ['uð,lɛn²eŋ] ⟨-en, -e⟩ Ausländer

udmattet ['uð,mædəð] erschöpft

udmunde ['uð,mɔn²ə] *(Fluß)* münden

udmærket ['uð,mɛɒgəð] ausgezeichnet

udrette ['uð,ʁædə] ⟨-ede⟩ *(Auftrag)* ausrichten

udsalg ['uð,sæl²] ⟨-et, -⟩ Ausverkauf

udsendelse ['uð,sɛn²əlsə] ⟨-n, -r⟩ *(Radio, Fernsehen)* Sendung

udsigt ['uð,segd] ⟨-en, -er⟩ Ansicht; Aussicht, Blick, Sicht

udstillingsvindue ['uðsdel²eŋs,vendu] ⟨-t, -r⟩ Schaufenster

udstyr ['uð,sdy:²ɒ] ⟨-et, -⟩ Ausstattung

ud|sætte ['uð,sɛdə] ⟨-satte, -sat⟩ *(zeitlich)* aufschieben, verschieben

udtale ['uð,tɛ:²lə] ⟨-te⟩ aussprechen; ⟨-n, -r⟩ Aussprache

udtryk ['uð,tʁœg] ⟨-ket, -⟩ Ausdruck

udtrykkeligt [uð'tʁœgəli] *adv* ausdrücklich

uduelig [u'du:²əli] unfähig

udvalg ['uð,væl²] ⟨-et, -⟩ Auswahl

udveksle ['uð,vɛgslə] ⟨-ede⟩ austauschen

udveksling ['uð,vɛgsleŋ] ⟨-en, -er⟩ Austausch, Wechsel

udvikling ['uð,vegleŋ] ⟨-en, -er⟩ Entwicklung

uegnet ['u,ai²nəð] ungeeignet

uerfaren ['uɛɒ,fa:²ən] unerfahren

uforsigtig [ufɒ'segdi] unvorsichtig

uforskammet [ufɒ'sgam²əð] unverschämt

ufuldstændig ['uful,sdɛn²di] unvollständig

uge ['u:ə] ⟨-n, -r⟩ Woche; **om en uge** [ɔm en 'u:ə] in einer Woche; **om ugen** [ɔm 'u:ən] *adv* wöchentlich

ugentlig ['u:əndli] *adj* wöchentlich

ugift ['u,gifd] ledig

ugunstig ['u,gɒn²sdi] ungünstig

ugyldig [u'gyl²di] ungültig

uheldigvis [u'hɛl²di,vi:²s] unglücklicherweise

uhøflig ['u,høfli] unhöflich

uklar ['u,kla:²] *(Flüssigkeit)* trüb

ulempe ['u,lɛmbə] ⟨-n, -r⟩ Nachteil

ulykke ['u,løgə] ⟨-n, -r⟩ Unglück; Unfall

ulykkelig [u'løgəli] unglücklich

umiddelbar ['u,mið²əlba:²] unmittelbar

umoderne ['umo,dɛɒnə] unmodern

umulig ['u,mu:²li] unmöglich

und|gå ['ɒn,gɔ:²] ⟨-gik, -gået⟩ vermeiden

under ['ɒn²ɒ] unter; *prp* während; **under maden** ['ɒnɒ ,mɛ:²ðən] beim Essen

underholdende ['ɒnɒ,hɔl²ənə] unterhaltend

underholdning ['ɒnɒ,hɔl²neŋ] ⟨-en, -er⟩ *(Vergnügen)* Unterhaltung

underrette ['ɒnɒ,ʁædə] ⟨-ede⟩ *(informieren)* unterrichten

underskrift ['ɒnɒ,sgʁefd] ⟨-en, -er⟩ Unterschrift

under|skrive ['ɒnɒ,sgʁi:²və] ⟨-skrev, -skrevet⟩ unterschreiben

understøttelse ['ɒnɒ,sdødəlsə] ⟨-n, -r⟩ Unterstützung

undersøge ['ɒnɒ,sø:²ə] ⟨-te⟩ prüfen, untersuchen

undertøj ['ɒnɒ,tɔi] ⟨-et, -er⟩ Unterwäsche

undervejs [ɒnɒ'vai²s] unterwegs

undervise ['ɒnɒ,vi:²sə] ⟨-te⟩ *(Schule)* unterrichten

und|gå ['ɒn,gɔ:²] ⟨-gik, -gået⟩ vermeiden

undre sig (over) [ˈɒndʁɐ sɑi (ˈɔuˀɔ)] ⟨-ede⟩ s. wundern (über)

undskyld [ˈɒnˌsgylˀ] bitte; entschuldigen Sie bitte!

undskylde [ˈɒnˌsgylˀə] ⟨-te⟩ entschuldigen, verzeihen; **undskylde sig** [ˈɒnˌsgylˀə sɑi] ⟨-te⟩ s. entschuldigen

undskyldning [ˈɒnˌsgylˀneŋ] ⟨-en, -er⟩ Entschuldigung; **jeg beder om undskyldning** [jɑi beːˀɒ ɔm ˈɒnˌsgylˀneŋ] ich bitte um Entschuldigung

undtagelse [ˈɒnˌtɛːˀəlsə] ⟨-n, -r⟩ Ausnahme

undtagen [ˈɒnˌtɛːˀən] außer

ung [ɒŋˀ] jung

ungdom [ˈɒnˌdɔmˀ] ⟨-men⟩ Jugend

ungkarl [ˈɒnˌkɑːˀl] ⟨-en, -e⟩ Junggeselle

unødig [ˈuˌnøːði] unnütz

unødvendig [unøðˈvenˀdi] unnötig

unøjagtig [unɔiˈagdi] ungenau

uorden [ˈuˌoːˀdən] ⟨-en⟩ Unordnung

upraktisk [ˈuˌpʁagtisg] unpraktisch

ur [uːˀɒ] ⟨-et, -e⟩ Uhr

uregelmæssig [ˈuʁɛːˀəlˌmɛsi] unregelmäßig

uret, have ~ [hɛˀ uˌʁæd] unrecht haben

uretfærdig [uʁædˈfɛɒˀdi] ungerecht

uretfærdighed [uʁædˈfɛɒˀdiˌheːˀð] ⟨-en, -er⟩ Ungerechtigkeit, Unrecht

urolig [uˈʁoːˀli] unruhig

usandsynlig [usænˈsyːˀnli] unwahrscheinlich

usikker [uˈsegɒ] unsicher

uskyldig [uˈsgylˀdi] unschuldig

ustadig [uˈsdɛːˀði] unbeständig

usund [ˈuˌsɒnˀ] ungesund

usædvanlig [usɛðˈvɛːˀnli] außergewöhnlich, ungewöhnlich

utaknemmelig [utagˈnɛmˀəli] undankbar

utilfreds [ˈuteˌfʁɛs] unzufrieden

utilfredsstillende [ˈutefʁɛsˌsdelˀənə] ungenügend

utilpas [ˈuteˌpæs] unwohl

utrolig [uˈtʁoːˀli] unglaublich

utvivlsom [uˈtviuˀlsɔmˀ] zweifellos

utålelig [uˈtɔːˀləli] unerträglich

uundgåelig [uɒnˈgɔːˀəli] unvermeidlich

uundværlig [uɒnˈvɛɒˀli] unentbehrlich

uvejr [ˈuˌvɛːˀɒ] ⟨-et, -⟩ Gewitter

uvenlig [ˈuˌvɛnli] unfreundlich

uventet [ˈuˌvɛnˀdəð] unerwartet

uvis [ˈuˌves] ungewiß, unsicher, zweifelhaft

uægte [ˈuˌɛgdə] unecht

uønsket [ˈuˌønˀsgəð] unerwünscht

V

vade [ˈvɛːðə] ⟨-n, -r⟩ *(Meer)* Watt

valg [vælˀ] ⟨-et, -⟩ Wahl

vand [vænˀ] ⟨-et⟩ Wasser

vand|mand [ˈvænˌmænˀ] ⟨-en, -mænd⟩ Qualle

vandre [ˈvandʁɒ] ⟨-ede⟩ wandern

vane [ˈvɛːnə] ⟨-n, -r⟩ Gewohnheit

vanskelig [ˈvænsgəli] schwierig, schwer

vant, være ~ (til) [ˈvɛːˀɔ ˈvænˀd (tel)] gewohnt sein (an)

vare [ˈvaːa] ⟨-ede⟩ dauern; *(dauern)* halten

vare [ˈvaːa] ⟨-n, -r⟩ Ware

varemærke [ˈvaːaˌmɛɒgə] ⟨-t, -r⟩ *(Handels-)*Marke

varighed [ˈvaːiˌheːˀð] ⟨-en⟩ Dauer

varm [vaːˀm] warm, heiß

varme [ˈvaːmə] ⟨-n⟩ Wärme; ⟨-ede⟩ wärmen

varsomhed [ˈvaːsɔmˌheːˀð] ⟨-en⟩ Vorsicht

vaske [ˈvæsgə] ⟨-ede⟩ waschen

vasketøj [ˈvæsgəˌtɔi] ⟨-et⟩ Wäsche *(zum Waschen)*

ved [veð] *(nahe)* bei; *(Zeitangabe)* um; **ved bordet** [veð ˈboːˀɒð] bei Tisch; **ved hjælp af** [veð jɛlˀb æ] *(mittels)* durch; **ved midnat** [veð ˈmiðˌnæð] um Mitternacht; **ved siden af** [veð ˈsiːðən æ] neben; **ved Skagerrak** [veð ˈsgɛːjəˌʁag] am Skagerrak

vej [vɑiˀ] ⟨-en, -e⟩ Weg; **denne vej** [ˈdɛnə vɑiˀ] hierher

veje [ˈvɑiə] ⟨-ede⟩ wiegen

vejr [vɛːˀɒ] ⟨-et⟩ Wetter; **i dette vejr** [i ˈdɛðə vɛːˀɒ] bei diesem Wetter

veksle [ˈvɛgslə] ⟨-ede⟩ *(Geld)* wechseln

velbefindende [ˈvɛlbeˌfenˀənə] ⟨-t⟩ Wohlbefinden

velgående [ˈvɛlˌgɔːˀənə] ⟨-t⟩ Wohl

velhavende [ˈvɛlˌhɛːˀvənə] wohlhabend

velkommen [ˈvɛlˌkɔmˀən] willkommen

ven [vɛn] ⟨-nen, -ner⟩ Freund; **være venner** [ˈvɛːˀɒ ˈvɛnɒ] ⟨var, været⟩ befreundet sein

vende [ˈvɛnə] ⟨-te⟩ wenden; **vende om** [ˈvɛnə ˈɔmˀ] umkehren; **vende tilbage** [ˈvɛnə teˈbɛ̣ːə] zurückkehren

venlig (mod) [ˈvɛnli (moːˀð)] freundlich (zu)

venlighed [ˈvɛnliˌheːˀð] ⟨-en, -er⟩ Freundlichkeit

venskab [ˈvɛnˌsgɛ̣ːˀb] ⟨-et, -er⟩ Freundschaft

venstre [ˈvɛnsdʁɔ] linke(r, -s); **til venstre** [tel ˈvɛnsdʁɔ] links

vente [ˈvɛndə] ⟨-ede⟩ warten; erwarten

verden [ˈvɛ̣ɐ̯dən] ⟨-, -er⟩ Welt

vesten [ˈvɛsdən] der Westen

Vesterhavet [ˈvɛsdɔˌhɛ̣ːˀvəð] die Nordsee

vestlig [ˈvɛsdli] westlich

vi [vi] *prn* wir

viadukt [viæˈdɔgd] ⟨-en, -er⟩ Unterführung

vide [ˈviːðə] ⟨ved, vidste⟩ wissen

viden [ˈviːðən] ⟨-en⟩ Wissen

vidne [ˈviðnə] ⟨-t, -r⟩ Zeuge

vidnesbyrd [ˈviðnəsˌbyɐ̯ˀd] ⟨-et, -⟩ Zeugnis

vidunderlig [viðˈɔnˀɔli] wunderbar

vigtig [ˈvegdi] wichtig

vigtighed [ˈvegdiˌheːˀð] ⟨-en⟩ Wichtigkeit, Bedeutung

vild [vilˀ] wild; **fare vild** [ˈfaːa ˈvilˀ] ⟨for, faret⟩ s. verirren

vildt [vilˀd] ⟨-et⟩ Wild

vilje, med ~ [mɛð ˈviljə] *adv* absichtlich

villa [ˈvilæ] ⟨-en, -er⟩ Villa

ville gerne [ˈvilə ˈgɛ̣ɐ̯nə] ⟨ville, villet⟩ *(wünschen)* mögen

vinde [ˈvenə] ⟨vandt, vundet⟩ gewinnen

vinke [ˈveŋgə] ⟨-ede⟩ winken

virkelig [ˈviɐ̯gəli] wirklich

virkning [ˈviɐ̯gneŋ] ⟨-en, -er⟩ Wirkung

virksom [ˈviɐ̯gsɔmˀ] wirksam

virksomhed [ˈviɐ̯gsɔmˌheːˀð] ⟨-en, -er⟩ Wirksamkeit, Tätigkeit; Unternehmen

vise [ˈviːsə] ⟨-te⟩ zeigen; **vise frem** [ˈviːsə ˈfʁæmˀ] vorzeigen; **vise sig** [ˈviːsə sai] erscheinen

vittighed [ˈvidiˌheːˀð] ⟨-en, -er⟩ Witz

vokse [ˈvɔgsə] ⟨-ede⟩ wachsen

voksen [ˈvɔgsən] Erwachsene(r)

voldsom [ˈvɔlsɔmˀ] gewaltig

voldtage [ˈvɔlˌtɛ̣ːˀ] ⟨-tog, -taget⟩ vergewaltigen

volt [vɔlˀd] ⟨-, -⟩ Volt

vores [ˈvoːɔs] *prn* unser

vred [vʁɛːˀð] *(verärgert)* böse, zornig

vulgær [vulˈgɛːˀɔ] *(ordinär)* gemein

vurdere [vuɐ̯ˈdeːˀɔ] ⟨-ede⟩ *(Wert)* schätzen

vædde [ˈvɛðə] ⟨-ede⟩ wetten

væddemål [ˈvɛðəˌmɔːˀl] ⟨-et, -⟩ Wette

væg [vɛːˀg] ⟨-gen, -ge⟩ Wand

vægt [vɛgd] ⟨-en, -e⟩ Gewicht; Waage

vægter [ˈvɛgdɔ] ⟨-en, -e⟩ Wächter, Aufseher

væk [vɛg] fort, weg

vække [ˈvɛgə] ⟨-ede⟩ (auf)wecken

vækkeur [ˈvɛgəˌuːˀɐ̯] ⟨-et, -e⟩ Wecker

vælge [ˈvɛljə] ⟨valgte, valgt⟩ wählen; aussuchen

vænne sig til [ˈvɛnə sai tel] ⟨-ede⟩ s. gewöhnen an

værd, være meget ~ [ˈvɛːɔ ˈmaiəð vɛːˀɔ] viel wert sein

værdi [vɛ̣ɐ̯ˈdiːˀ] ⟨-en, -er⟩ Wert; **af samme værdi** [æ ˈsamə vɛ̣ɐ̯ˈdiːˀ] gleichwertig

værdikupon [vɛ̣ɐ̯ˈdikuˌpɔŋ] ⟨-en, -er⟩ Gutschein

værdiløs [vɛ̣ɐ̯ˈdiˌløːˀs] wertlos

værdisager [vɛ̣ɐ̯ˈdiˌsɛ̣ːɔ] *pl* Wertsachen

være [ˈvɛːɔ] ⟨var, været⟩ *verb* sein; **være for** [ˈvɛːɔ fɔ] dafür sein; **være i stand (til)** [ˈvɛːɔ i ˈsdænˀ (tel)] imstande sein (zu); **være imod** [ˈvɛːɔ iˈmoːˀð] dagegen sein; **være meget værd** [ˈvɛːɔ ˈmaiəð vɛːˀɔ] viel wert sein; **være sulten** [ˈvɛːɔ ˈsuldən] Hunger haben; **være tilovers** [ˈvɛːɔ telˈʔɔuˀɔs] übrigbleiben; **være tilstede** [ˈvɛːɔ teˈsdeːˀðə] dasein; **være tilstrækkelig** [ˈvɛːɔ teˈsdʁægəli] (aus)reichen; **være vant til** [ˈvɛːɔ ˈvænˀd tel] gewohnt sein

vært [vɛ̣ɐ̯d] ⟨-en, -er⟩ Gastgeber; Wirt

værtinde [vɛ̣ɐ̯ˈdenə] ⟨-n, -r⟩ Gastgeberin; Wirtin

værtshus [ˈvɛ̣ɐ̯dsˌhuːˀs] ⟨-et, -e⟩ Gaststätte, Lokal

væv [vɛːˀu] ⟨-et, -⟩ Gewebe

våd [vɔːˀð] naß

vågen [ˈvɔːuən] wach

vågne op [ˈvɔu̯nə ˈɔb] ⟨-ede⟩ aufwachen

Y

ydermere [ˈyðɔˌmeːɔ] vielmehr
ydre [ˈyːðɐɔ] äußerlich
yndling [ˈønleŋ] ⟨-en, -er⟩ Liebling

Æ

æg [ɛːˀg] ⟨-get, -⟩ Ei
ægte [ˈɛgdə] echt
ægte|mand [ˈɛgdəˌmænˀ] ⟨-manden, -mænd⟩ Ehemann
ægtepar [ˈɛgdəˌpa] ⟨-ret, -⟩ Ehepaar
ægteskab [ˈɛgdəˌskɛːˀb] ⟨-et, -er⟩ Ehe
ændre [ˈɛndɐɔ] ⟨-ede⟩ ändern
ængstelig [ˈɛŋsdəli] besorgt
ære [ˈɛːɔ] ⟨-n⟩ Ehre
ærgre sig over [ˈɛɐ̯uɐɔ saiˌˈɔu̯ˀɔ] ⟨-ede⟩ s. ärgern über
ærinde [ˈɛːɔnə] ⟨-t, -r⟩ Besorgung
æs|el [ˈɛːˀsəl] ⟨-let, -ler⟩ Esel
æske [ˈɛsgə] ⟨-n, -r⟩ Schachtel

Ø

ø [øːˀ] ⟨-en, -er⟩ Insel
ødelagt [ˈøːðəˌlagd] verdorben
øde|lægge [ˈøːðəˌlɛgə] ⟨-lagde, -lagt⟩ verderben; zerstören
øje [ˈɔiə] ⟨øjet, øjne⟩ Auge
øjeblik [ˈɔiəˌbleg] ⟨-ket, -ke⟩ Augenblick, Moment
ønske [ˈønsgə] ⟨-ede⟩ mögen, wollen, wünschen; ⟨-t, -r⟩ Wunsch
østen [ˈøsdən] der Osten
Østersøen [ˈøsdɔˌsøːˀən] die Ostsee
Østrig [ˈøsdɐi] Österreich
østriger [ˈøsdɐiːˀɔ] ⟨-en, -e⟩ Österreicher/in
øve [ˈøːvə] ⟨-ede⟩ üben
øvelse [ˈøːvəlsə] ⟨-n, -r⟩ Übung
øvrigt, i ~ [iˈøɔu̯ɐid] übrigens

Å

åben [ˈɔːbən] *adv* offen, auf
åbne [ˈɔːbnə] ⟨-ede⟩ öffnen
åbnet [ˈɔːbnəð] geöffnet
åbningstid [ˈɔːbnɛŋsˌtiðˀ] ⟨-en, -er⟩ Öffnungszeit
ånde [ˈɔnə] ⟨-n⟩ Atem
år [ɔːˀ] ⟨-et, -⟩ Jahr
årlig [ˈɔːli] jährlich
årligt [ˈɔːlid] *adv* jährlich
årsag [ˈɔːˌsɛːˀ] ⟨-en, -er⟩ Ursache
årstid [ˈɔːsˌtiðˀ] ⟨-en, -er⟩ Jahreszeit

Notizen

Notizen

Notizen

Notizen

Notizen